Mitwirkungspflichten des Steuerpflichtigen und Folgen ihrer Verletzung

Trierer Studien zum Internationalen Steuerrecht

Herausgegeben von Gabriele Burmester

Band 1

PETER LANG

Frankfurt am Main · Berlin · Bern · Bruxelles · New York · Oxford · Wien

Steffen Alexander Lindenthal

Mitwirkungspflichten des Steuerpflichtigen und Folgen ihrer Verletzung

Unter besonderer Berücksichtigung der Dokumentationspflichten bei Verrechnungspreisen

PETER LANG
Europäischer Verlag der Wissenschaften

Bibliografische Information Der Deutschen Bibliothek
Die Deutsche Bibliothek verzeichnet diese Publikation in der Deutschen Nationalbibliografie; detaillierte bibliografische Daten sind im Internet über <http://dnb.ddb.de> abrufbar.

Zugl.: Trier, Univ., Diss., 2006

Gedruckt auf alterungsbeständigem,
säurefreiem Papier.

D 385
ISSN 1861-695X
ISBN 3-631-55074-X

Printed in Germany 1 2 3 4 5 7

www.peterlang.de

Vorwort des Autors

Die vorliegende Arbeit wurde im Wintersemester 2005/2006 vom Fachbereich Rechtswissenschaft der Universität Trier als Dissertation angenommen. Ich möchte Frau Prof. Dr. Burmester für die Erstellung des Erstgutachtens und Herrn Prof. Dr. Bülow als Zweitgutachter danken. Bedanken möchte ich mich auch bei der Kanzlei Clifford Chance in Frankfurt, insbesondere Herrn Dr. Brinkhaus, die durch meine dortige Tätigkeit als wissenschaftlicher Mitarbeiter diese Arbeit nicht nur in materieller Hinsicht gefördert, sondern auch durch die Zurverfügungstellung der dort vorhandenen Ressourcen einen nicht unerheblichen Beitrag geleistet haben. Mein Dank gilt in besonderem Maße Frau Martina Kirchenbaur, ohne deren stete Ermunterung diese Arbeit nicht zustande gekommen wäre.

Inhaltsverzeichnis

Abkürzungsverzeichnis

a.A.	anderer Ansicht
aaO.	am angegebenen Ort
ABl.	Amtsblatt
ABl. EG	Amtsblatt der EG
AcP	Archiv für die civilistische Praxis
Abs.	Absatz
AEAO	Anwendungserlass zur Abgabenordnung
a.F.	alter Fassung
AfA	Absetzung für Abnutzung
AG	Aktiengesellschaft, Arbeitsgemeinschaft
AG	Die Aktiengesellschaft
Anm.	Anmerkung
AO	Abgabenordnung
AO-StB	AO-Steuerberater
Art.	Artikel
AStG	Außensteuergesetz
Aufl.	Auflage
AWD/RIW	Außenwirtschaftsdienst des Betriebsberaters/Recht der internationalen Wirtschaft
BB	Der Betriebsberater
BBK	Betrieb und Rechnungswesen (früher unter dem Titel: Buchführung, Bilanz, Kostenrechnung)
BC	Bilanzbuchhalter und Controller (Zeitschrift)
Bd.	Band
BdF	Bundesminister der Finanzen
Begr.	Begründung
betr.	Betreff
BFH	Bundesfinanzhof
BFHE	Sammlung der Entscheidungen des Bundesfinanzhofs
BFH-NV	Sammlung der nichtveröffentlichten Entscheidungen des Bundesfinanzhofs
BGB	Bürgerliches Gesetzbuch
BGBl.	Bundesgesetzblatt
BGH	Bundesgerichtshof
BGHZ	Amtliche Sammlung von Entscheidungen des Bundesgerichtshofs in Zivilsachen
BinnenmarktRL	Binnenmarktrichtlinie
BLP	Bestimmungslandprinzip
BMF	Bundesministerium der Finanzen
BMJ	Bundesministerium der Justiz
BR-Drs.	Bundesrat-Drucksache

BReg	Bundesregierung
Bsp.	Beispiel
BStBl.	Bundessteuerblatt
BT	Bundestag
BT-Drs.	Bundestag-Drucksache
Buchst.	Buchstabe
BVerfG	Bundesverfassungsgericht
BVerfGE	Amtliche Sammlung der Entscheidungen des Bundesverfassungsgerichts
BVerwG	Bundesverwaltungsgericht
BVerwGE	Amtliche Sammlung der Entscheidungen des Bundesverwaltungsgerichts
bzgl.	bezüglich
bzw.	beziehungsweise
C.F.E.	Confédération Fiscale Européenne
DB	Der Betrieb
DBA	Doppelbesteuerungsabkommen
ders.	Derselbe
dies.	dieselben
Diss.	Dissertation
DJT	Deutscher Juristentag
DOC	Document
DStJG	Veröffentlichungen der Deutschen Steuerjuristischen Gesellschaft
DStR	Deutsches Steuerrecht
DStRE	DStR-Entscheidungsdienst
DStZ	Deutsche Steuer-Zeitung
DSWR	Datenverarbeitung, Steuer, Wirtschaft, Recht
EFG	Entscheidungen der Finanzgerichte
EG	Europäische Gemeinschaft
EGAHG	EG-Amtshilfegesetz
EGAO	Einführungsgesetz zur Abgabenordnung
EGV	Vertrag zur Gründung der Europäischen Gemeinschaft vom 7.2.1992 i.d.F. vom 2.10.1997
Einf.	Einführung
EL	Ergänzungslieferung
EMRK	Europäische Konvention der Menschenrechte
endg.	endgültig
ErbStG	Erbeschaftsteuergesetz
Erl.	Erläuterung(en)
ESt	Einkommensteuer
EStG	Einkommensteuergesetz
EStR	Einkommensteuerrichtlinien
EU	Europäische Union
EuGH	Europäischer Gerichtshof

EuGHE	Entscheidungen des EuGH
EuZW	Europäisches Wirtschafts- und Steuerrecht
EUV	Vertrag über die Europäische Union vom 7.2.1992 i.d.F. vom 2.10.1997
EWR-Abkommen	Abkommen über den Europäischen Wirtschaftsraum vom 2.5.1992 (BGBl. 1993 II S. 267 und S. 1294)
f.	folgende
F.	Fach
FA	Finanzarchiv bzw. Finanzamt
ff.	fortfolgende
FG	Finanzgericht
FGO	Finanzgerichtsordnung
Fn.	Fußnote
FR	Finanzrundschau
FS	Festschrift
FStR	Fachanwälte für Steuerrecht
GAufzV	Gewinnabgrenzungsaufzeichnungsverordnung vom 13.11.2003
GewStG	Gewerbesteuergesetz
GG	Grundgesetz für die Bundesrepublik Deutschland
ggf.	gegebenenfalls
GmbHR	GmbH-Rundschau
GoB	Grundsätze ordnungsgemäßer Buchführung
Gr.	Gruppe
GrS	Großer Senat
GS	Gedächtnisschrift
GVBl.	Gesetz- und Verordnungsblatt
Habil.	Habilitation
HFR	Höchstrichterliche Finanzrechtsprechung
HGB	Handelsgesetzbuch
h.M.	herrschende Meinung
HS	Halbsatz
Hrsg.	Herausgeber
i.d.F.	in der Fassung
i.d.R.	in diesem Rahmen
i.d.S.	in diesem Sinn
IDW	Institut der Wirschaftsprüfer
i.E.	im Ergebnis
i.e.S.	im engeren Sinne
INF	Die Information über Steuer und Wirtschaft
insbes.	Insbesondere
i.R.m.	im Rahmen der/des
i.S.d.	im Sinne des
IStR	Internationales Steuerrecht

ITPJ	International Transfer Pricing Journal de International Bureau of Fiscal Documentation
i.V.m.	in Verbindung mit
IWB	Internationale Wirtschafts-Briefe
i.w.S.	im weiteren Sinn
JbFfStR	Jahrbuch der Fachanwälte für Steuerrecht
JuS	Juristische Schulung
JZ	Juristenzeitung
Kap.	Kapitel
KOM	Legislativvorschläge und sonstige Mitteilungen der Europäischen Kommission an den Rat und/oder an die anderen Organe sowie die entsprechenden vorbereitenden Dokumente. Dokumente der Kommission für die anderen Organe (Legislativvorschläge, Mitteilungen, Berichte usw.)
Komm.	Kommentar
KÖSDI	Kölner Steuer-Dialog
KSt	Körperschaftsteuer
KStG	Körperschaftsteuergesetz
Losebl.-Ausg.	Loseblatt-Ausgabe
MA	Musterabkommen
m.a.W.	mit anderen Worten
m.E.	meines Erachtens
MM.	Mindermeinung
m.w.N.	mit weiteren Nachweisen
NJW	Neue Juristische Wochenschrift
NWB	Neue Wirtschaftsbriefe
NStZ	Neue Zeitschrift für Strafrecht
NStZ-RR	Neue Zeitschrift für Strafrecht - Rechtsprechungsreport
OECD	Organisation for Economic Cooperation and Development
OECD-MA	OECD-Musterabkommen
o.g.	oben genannte(r)
OLG	Oberlandesgericht
PIStB	Praxis Internationale Steuerberatung
PStR	Praxis Steuerstrafrecht
RAO	Reichsabgabenordnung
Reg.-Begr.	Regierungsbegründung
RegE	Regierungsentwurf
RFH	Reichsfinanzhof
RFHE	Sammlung der Entscheidungen des Reichsfinanzhofs
RGSt	Entscheidungen des Reichsgerichts in Strafsachen
Rh.-Pf.	Rheinland-Pfalz
RIW	Recht der Internationalen Wirtschaft
RL	Richtlinie

Rn.	Randnummer
Rs.	Rechtssache
Rsp.	Rechtsprechung
RStBl.	Reichssteuerblatt
Rz.	Randziffer
S.	Seite
SEK/SEC	Dokumente der Europäischen Kommission, die weder zu den KOM-Dokumenten noch zu den Protokollen gehören
Slg.	Amtliche Sammlung der Entscheidungen des Europäischen Gerichtshofes
s.o.	siehe oben
StÄndG	Steueränderungsgesetz
StB	Der Steuerberater
Stbg	Die Steuerberatung
StbJb	Steuerberaterjahrbuch
StBp	Die steuerliche Betriebsprüfung
StBKongrRep	Steuerberater-Kongress-Report
SteuerR	Steuerrecht
StGB	Strafgesetzbuch
Stpfl.	Steuerpflichtige/r/n
StR	Steuerrecht
Str.	Strittig
StraFo	Strafverteidiger-Forum
StrafV	Der Strafverteidiger
StRK	Steuerrechtskartei
StuB	Steuer- und Bilanzpraxis
StuW	Steuer und Wirtschaft
StVergAbG	Steuervergünstigungsabbaugesetz
StVj	Steuerliche Vierteljahresschrift
s.u.	siehe unten
u.a.	unter anderem bzw. und andere
TMTR	Tax Management Transfer Pricing Report
Tz.	Textziffer
u.d.T.	unter dem Titel
ULP	Ursprungslandprinzip
UR	Umsatzsteuer-Rundschau
Urt.	Urteil
USt	Umsatzsteuer
USt-ID-Nr.	Umsatzsteueridentifikationsnummer
UStBG	Umsatzsteuer-Binnenmarktgesetz
UStG	Umsatzsteuergesetz
u.U.	unter Umständen
v.	vom
Verf.	Verfasser
VerwArch	Verwaltungsarchiv

VerwGrs	Verwaltungsgrundsätze
VerwGrs 1983	BMF, Grundsätze für die Prüfung der Einkunftsabgrenzung bei international verbundenen Unternehmen, IV C 5 – S 1341 – 4/83, BStBl. I 1983, 218
VerwGrs-E	BMF, Entwurf der Grundsätze für die Prüfung der Einkunftsabgrenzung zwischen international verbundenen Unternehmen in Bezug auf Berichtigungen, Verfahren und verbindliche Auskünfte (Verwaltungsgrundsätze – Verfahren) v. 24.8.2000, IV B 4 – S 1341-/00
VerwGrs-Verf 2005	Grundsätze für die Prüfung der Einkunftsabgrenzung zwischen nahe stehenden Personen mit grenzüberschreitenden Geschäftsbeziehungen in Bezug auf Ermittlungs- und Mitwirkungspflichten, Berichtigungen sowie auf Verständigungs- und EU-Schiedsverfahren (Verwaltungsgrundsätze – Verfahren), BMF v. 12.4.2005, BStBl. I 2005, 570
vGA	verdeckte Gewinnausschüttung
vgl.	vergleiche
v.H.	vom Hundert
VO	Verordnung
VwGO	Verwaltungsgerichtsordnung
VwVfG	Verwaltungsverfahrensgesetz
VZ	Veranlagungszeitraum
wistra	Zeitschrift für Wirtschaft, Steuer, Strafrecht
Wpg	Die Wirtschaftsprüfung
WTD	Worldwide Tax Daily
z.B.	zum Beispiel
ZfB	Zeitschrift für Betriebswirtschaft
ZGR	Zeitschrift für Unternehmens- und Gesellschaftsrecht
ZIP	Zeitschrift für Wirtschaftsrecht
ZPO	Zivilprozessordnung
z.T.	zum Teil
zutr.	zutreffend

Einleitung

Die für das finanzielle Funktionieren eines Staates notwendige Besteuerung setzt die vollständige und richtige Kenntnis des steuererheblichen Sachverhaltes durch die Finanzbehörde voraus. Diesen kann die Finanzbehörde allerdings zumeist nicht allein in Erfahrung bringen, sondern benötigt dabei vielmehr die Unterstützung des zu Besteuernden. Dass dieser keinen übermäßigen Ehrgeiz an den Tag legen wird, seiner eigenen Besteuerung Vorschub zu leisten, versteht sich von selbst, und so finden sich im Gesetz die verschiedensten Pflichten, die den Steuerpflichtigen zur Unterstützung und Mitwirkung anhalten und ebenso (schmerzhafte) Sanktionen, für den Fall, dass er es nicht tut.

Dementsprechend wird die vorliegende Arbeit – nach einer Einführung in das für die Mitwirkungspflichten als Eingriffsbefugnisse maßgebliche Verhältnis zum Verfassungsrecht und einem Überblick über den Gang des Besteuerungsverfahrens – eine Darstellung der dem Steuerpflichtigen obliegenden Mitwirkungspflichten geben. Hierbei wird eine Unterscheidung zwischen Mitwirkungspflichten in innerstaatlichen und solchen bei grenzüberschreitenden Sachverhalten getroffen. Im Zuge der fortschreitenden Globalisierung erlangen vor allem letztere immer größere Bedeutung und sind einer rasanten, stetig fortschreitenden Entwicklung unterworfen, und so soll der aktuellen Thematik durch eine verstärkte Auseinandersetzung mit den Mitwirkungspflichten bei Verrechnungspreisen Rechnung getragen werden. Ziel soll sein, die neu in die Abgabenordnung eingefügten Regelungen über Dokumentationsvorschriften in den weiteren Zusammenhang der einschlägigen Verfahrensvorschriften zu stellen und ihre systematische Einordnung vorzunehmen, insbesondere zu untersuchen, inwieweit ihre Verletzung Einfluss auf die materielle Entscheidung hat. Interessante Aspekte ergeben sich dabei insbesondere im Hinblick auf Umfang und inhaltliche Anforderungen an Dokumentationspflichten, aber auch das Verhältnis der Mitwirkungspflichten zum Europarecht ist durchaus erörterungsbedürftig. Gerade der Einfluss des Europäischen Gemeinschaftsrechts, besonders der Grundfreiheiten, auf nationales Steuerrecht wird immer größer[1] und macht auch vor den Verfahrensvorschriften der AO nicht halt.

Bevor dann die Rechtsfolgen von Mitwirkungspflichtverletzungen – insbesondere ihr Einfluss auf den Untersuchungsgrundsatz, die freie Beweiswürdigung, die Schätzung von Besteuerungsgrundlagen und die objektiven Beweislastregeln – dargestellt und untersucht werden, soll eine Darstellung des Verhältnisses von Mitwirkungspflichten zum (strafrechtlichen) Selbstbelastungsverbot erfolgen.

[1] Vgl. Kessler/Spengel DB Beilage Nr. 6/2004 zu Heft Nr. 43, 1 ff.; Schön IStR 2004, 289 ff.

Den Abschluss der Arbeit bildet eine Zusammenfassung der erarbeiteten Ergebnisse.

A. Grundlagen der Mitwirkung im Besteuerungsverfahren

Bevor auf die einzelnen Mitwirkungspflichten und die Rechtsfolgen einer Mitwirkungspflichtverletzung eingegangen wird, soll zunächst eine systematische Einordnung der Mitwirkungspflichten im Steuerrecht erfolgen und deren Verhältnis zum Verfassungsrecht sowie ihre Stellung im Besteuerungsverfahren dargestellt werden.

I. Systematische Einordnung der Mitwirkungspflichten im Steuerrecht

Mitwirkungspflichten im Steuerrecht dienen vornehmlich der Aufklärung des steuererheblichen Sachverhalts. Sie sind daher alle einem Steuerpflichtigen oder einem Dritten durch ein Steuergesetz auferlegten verfahrensmäßigen Handlungs-, Duldungs- oder Unterlassungspflichten, die der Ermittlung und Durchsetzung der Steuerleistungspflicht dienen[2].
Die Mitwirkungspflichten in der AO und in den Einzelsteuergesetzen lassen sich unter verschiedenen Gesichtspunkten einteilen. Nach der vom Mitwirkungspflichtigen geforderten Tätigkeit lassen sie sich einteilen in Melde- und Anzeigepflichten, Buchführungs- und Aufzeichnungspflichten, Auskunfts- und Vorlagepflichten, Erklärungspflichten, Gestattungs- bzw. Duldungspflichten sowie Nachweispflichten[3]. Durch das Steuervergünstigungsabbaugesetz ist 2003 nunmehr eine sog. „Dokumentationspflicht“ bei Verrechnungspreisen hinzugekommen[4]. Nach ihrer Wirkung lassen sie sich in sog. unmittelbare Mitwirkungspflichten, d.h. solche, die kraft Gesetzes entstehen und zu befolgen sind, und sog. mittelbare Mitwirkungspflichten, d.h. solche, die erst nach Aufforderung durch die Finanzbehörde zu erfüllen sind, einteilen[5]. Zu den unmittelbaren Mitwirkungspflichten, die zu ihrer Wirksamkeit keiner weiteren Aufforderung durch die Finanzbehörden bedürfen, gehören z.B. Buchführungspflichten größerer Unternehmen, die Pflicht zur Kontenwahrheit, die Berichtigungspflicht aufgrund späterer besserer Erkenntnis und die generellen Mitwirkungsgebote nach § 90 Abs. 1 und § 200 Abs. 1 AO. Zu den mittelbaren, der Aufforderung durch die Finanzbehörden bedürftigen Mitwirkungspflichten gehören etwa die Auskunftspflicht, Pflicht zur Vorlage von Urkunden, Abgabe einer eidesstattlichen Versicherung, die Duldung des Betretens von Grundstücken, die Vorlage von Wertsachen, Personenstands- und Betriebsaufnahmen und die Pflicht zur Be-

[2] Reuß, Grenzen steuerlicher Mitwirkungspflichten, S. 9 f.; vgl. Sidow, Die Vereinbarkeit steuerlicher Mitwirkungspflichten mit dem Grundgesetz, S. 10.
[3] Ähnlich vgl. Birk StVj 1991, 310, 312; Nierhaus, Beweismaß, S. 296.
[4] Die Einordnung dieser „Dokumentationspflicht“ in die eben dargestellte Einteilung wird an späterer Stelle detailliert zu untersuchen sein.
[5] Wenzig DStZ 1986, 375 f.; auch: Seer in: Tipke/Kruse § 90 AO Rn. 4.

nennung von Gläubigern und Zahlungsempfängern. Daneben bestehen Pflichten, die sowohl eine unmittelbare gesetzliche Pflicht sein können, als auch von der Finanzbehörde zur Pflicht gemacht werden können, so z.B. die Abgabe einer Steuererklärung nach § 149 Abs. 1 AO oder die Buchführungspflichten nach §§ 140, 141 AO.

II. Verhältnis der Mitwirkungspflichten zum Verfassungsrecht

1. Gesetzmäßigkeit der Besteuerung

Als Teil des Öffentlichen Rechts gilt für das Steuerrecht das in Art. 20 Abs. 3 GG normierte Rechtsstaatsprinzip, wonach die Verwaltung und Gesetzgebung, also insbesondere auch Finanzverwaltung und die Finanzrechtsprechung, an Gesetze und Recht gebunden sind. Ausfluss des Rechtsstaatsprinzips sind die wichtigen Grundsätze vom Vorbehalt und vom Vorrang des Gesetzes.

a) Vorbehalt des Gesetzes

Der Grundsatz des Vorbehaltes des Gesetzes bestimmt, dass die Verwaltung nur aufgrund eines Gesetzes in Grundrechte des Bürgers eingreifen darf[6]. Denn „in grundlegenden normativen Bereichen, zumal im Bereich der Grundrechtsausübung, soweit diese staatlicher Regelung zugänglich ist“, muss der Gesetzgeber „alle wesentlichen Entscheidungen selbst treffen“[7] (Wesentlichkeitstheorie). Uneingeschränkt gilt dies für die klassische Eingriffsverwaltung, der die Besteuerung unterfällt[8]. Die finanzbehördliche und -gerichtliche Sachaufklärung sowie die Steuererhebung greifen, insbesondere durch Mitwirkung des Steuerpflichtigen, in dessen Freiheitsbereich ein und benötigen damit einer gesetzlichen Ermächtigungsgrundlage.

b) Vorrang des Gesetzes

Der Grundsatz des Vorranges des Gesetzes verlangt, dass sich die Verwaltung und die Rechtsprechung an bestehende Gesetze halten[9]. Diesem Grundsatz unterfallen daher auch die Finanzbehörden und -gerichte. Einerseits enthält Art. 20 Abs. 3 GG für die vollziehende Gewalt zunächst ein Abweichungsverbot dergestalt, dass sie nicht gegen die geltenden Rechtssätze verstoßen darf, andererseits ein Anwendungsgebot, dass sie bestehende Gesetze anwenden und ausführen muss. Auf das Steuerrecht übertragen bedeutet dies, dass die Finanzbehörden nicht nur berechtigt, sondern auch verpflichtet sind, die gesetzlich geschuldeten Steuern fest- und durchzusetzen[10].

c) Einfachgesetzliche Normierung der Verfassungsprinzipien im Steuerrecht und Notwendigkeit der Mitwirkungspflicht

Die eben erläuterten allgemeinen Verfassungsgrundsätze von Vorbehalt und Vorrang des Gesetzes sind im Steuerrecht wegen ihrer überragenden Bedeutung

---

[6] Jarass in: Jarrass/Pieroth Art. 20 GG Rn. 44.
[7] BVerfG Beschluss v. 8.8.1978 2 BvL 8/77, BVerfGE 49, 89, 126.
[8] Söhn in: Hübschmann/Hepp/Spitaler § 85 AO Rn. 31.
[9] Jarass in: Jarass/Pieroth Art. 20 GG Rn. 37 ff.
[10] Seer, Verständigungen in Steuerverfahren, S. 125.

und ihrer Signalwirkung für die Finanzverwaltung explizit einfachgesetzlich normiert. Diese Normierung findet sich in § 85 S. 1 AO wieder. Danach haben die Finanzbehörden die Steuern *nach Maßgabe der Gesetze* festzusetzen und zu erheben (sog. Gesetzmäßigkeit der Besteuerung). Ausfluss dieses Grundsatzes ist, wie zum Teil bereits erläutert, dass für die Besteuerung eine Ermächtigungsgrundlage existiert und deren Tatbestand erfüllt ist (§ 38 AO)[11]. Bevor die Finanzbehörden die Steuern festsetzen können, haben sie den der Besteuerung zugrunde liegenden Sachverhalt erst einmal zu ermitteln. Diese Ermittlung des Sachverhalts erfolgt nach § 88 Abs. 1 S. 1 AO von Amts wegen (Untersuchungsgrundsatz), was sich damit begründen lässt, dass es nicht der Willkür der Beteiligten überlassen sein darf, welcher Sachverhalt Grundlage einer Entscheidung ist. Daraus folgt, dass die Finanzbehörde als Herrin des Verfahrens die Verantwortung für die Sachaufklärung[12] trägt und die „Herrschaft über die Sachaufklärung“[13] hat. Da es der Finanzverwaltung aus zeitlichen, wirtschaftlichen und personellen Gründen vor dem Hintergrund der Vielzahl von Steuerfällen und der teilweise erheblichen Komplexität der Steuerfälle tatsächlich nicht möglich ist, den Sachverhalt alleine vollständig und zutreffend aufzuklären, ist sie zur Mitwirkung der Beteiligten und darüber hinaus anderer Personen, die zur Feststellung des für die Besteuerung erheblichen Sachverhalts beitragen können, angewiesen. Meistens werden die steuererheblichen Umstände in der Sphäre des Steuerpflichtigen verwirklicht, so dass es zwingenderweise der Mitwirkung des Steuerpflichtigen bedarf. Deshalb hat der Gesetzgeber eine Vielzahl von Mitwirkungspflichten festgelegt, die teilweise vor dem eigentlichen Besteuerungsverfahren zu erfüllen sind, teilweise auch erst im Besteuerungsverfahren. Die Beteiligten haben danach eine Mitverantwortung für die Sachaufklärung (sog. Kooperationsmaxime)[14].

2. Gleichmäßigkeit der Besteuerung

§ 85 S. 1 AO verpflichtet die Finanzbehörden auf einfachgesetzlicher Ebene, die Steuern gleichmäßig festzusetzen und zu erheben. Die Regelung ist Ausdruck des Grundsatzes der Gleichmäßigkeit und Gerechtigkeit der Besteuerung, der seine Wurzel in Art. 3 Abs. 1 GG, der Gleichheit vor dem Gesetz, findet. Art. 3 Abs. 1 GG schreibt sowohl eine Rechtsetzungsgleichheit durch den Gesetzgeber

---

[11] Vgl. Nierhaus, Beweismaß, S. 133 f.; zur Vereinbarkeit der Typisierung im Steuerrecht mit Verfassungsrecht, insbesondere der Gesetzmäßigkeit vgl. Isensee, Typisierende Verwaltung, S. 125 ff., 127: „Gesetzmäßigkeit schließt Sachverhaltswahrheit ein.“.

[12] Tipke in: Tipke/Kruse § 88 AO Rn. 1.

[13] Schuhmann DStZ 1986, 583, 584.

[14] Tipke in: Tipke/Kruse § 88 AO Rn. 1.

(Art. 1 Abs. 3, 20 Abs. 3 GG) als auch die gleichmäßige Anwendung der Steuergesetze durch die Finanzbehörden und die Finanzgerichte vor[15]. Eine Verfassungswidrigkeit kann sich daher dann ergeben, wenn die rechtliche Grundlage an sich alle Steuerpflichtigen nach dem Leistungsfähigkeitsprinzip gleichermaßen belastet, die tatsächliche gleichmäßige Erhebung aber nicht gewährleistet ist. Hierzu hat das BVerfG[16] entschieden, dass zur Vermeidung der Verfassungswidrigkeit eines materiellen Steuergesetzes dieses in ein normatives Umfeld eingebettet sein muss, das auch die tatsächliche Lastengleichheit der Steuerpflichtigen gewährleistet. Dies kann mit dem Instrument des Quellenabzugs oder im Veranlagungsverfahren mit der Ergänzung des Deklarationsprinzips (Prinzip der Mitwirkung des Steuerpflichtigen) durch das Verifikationsprinzip gewährleistet werden. Steuergerechtigkeit kann daher nur erreicht werden, wenn die Besteuerungsgrundlagen aller Steuerpflichtigen gleichermaßen umfassend ermittelt werden können[17], d.h. einzelne Steuerpflichtige gegenüber anderen Steuerpflichtigen weder bevorzugt noch benachteiligt werden[18]. Die Gleichmäßigkeit der Besteuerung kann daher, sofern sie von den Finanzbehörden verifiziert wird, durch Mitwirkung der Steuerpflichtigen erreicht werden. Aus ökonomischen Gründen muss dabei die Finanzbehörde nicht jede mögliche Unklarheit des Sachverhalts aufklären, sondern kann den Angaben des Beteiligten im wesentlichen folgen, soweit sich keine Anhaltspunkte dafür ergeben, dass die Angaben des Steuerpflichtigen unzutreffend oder unvollständig sind (sog. maßvoller Gesetzesvollzug)[19].

Der Steuerpflichtige erhält durch die Mitwirkung daher einen Glaubwürdigkeits[20] bzw. Vertrauensvorschuss[21].

---

[15] Lang in: Tipke/Lang, Steuerrecht, § 4 Rn. 70.

[16] BVerfG Urteil v. 27.6.1991 2 BvR 1493/89, BVerfGE 84, 239, 268 ff., 273 (sog. Zinsurteil); Urteil v. 9.3.2004 2 BvL 17/2002, HFR 2004, 471, 472 (sog. Wertpapierspekulationsurteil); In diesem Urteil hat das BVerfG angenommen, dass u.a. fehlende Mitwirkungspflichten des Steuerpflichtigen zu einem faktischen und rechtlichen Ermittlungshemmnis führen können, wodurch ein strukturelles Vollzugsdefizit entsteht und zur Verfassungswidrigkeit eines Steuertatbestandes führt (HFR 2004, 471, 474 f., 476 f.)

[17] Voss-Jäger DB 1979, 1315.

[18] Wünsch in: Pahlke/Koenig § 85 AO Rn. 8.

[19] BFH Urteil v. 11.7.1978 VIII R 120/75, BStBl. II 1979, 57; Wünsch in: Pahlke/Koenig § 85 AO Rn.13; vgl. Seer FR 1997, 553, 558 der maßvolle Gesetzesvollzug dient dem praktischen Ausgleich zwischen Gesetzmäßigkeit der Besteuerung, Rechtsanwendungsgleichheit und den betroffenen Freiheitsgrundrechten.; kritisch: Buciek DStZ 1995, 513 ff.; Gleichlautende Erlasse der obersten Finanzbehörden der Länder, Organisation der Finanzämter und Neuordnung des Besteuerungsverfahrens (GNOFÄ) BStBl. I 1996, 1391 Tz. 3; vgl. Söhn in: Hübschmann/Hepp/Spitaler § 88 AO Rn. 146.

[20] Isensee, Typisierende Verwaltung, S. 106.

3. Zusammenfassung

Der Steuerpflichtige unterstützt durch seine Mitwirkung die Finanzbehörde bei der Aufklärung des steuererheblichen Sachverhalts. Die Feststellung des Sachverhalts ist wiederum Voraussetzung der Besteuerung, welche gesetzmäßig und gleichmäßig erfolgen muss. Daher ist die Mitwirkung des Steuerpflichtigen notwendig zur Verwirklichung der Grundsätze der Gesetzmäßigkeit und Gleichmäßigkeit der Besteuerung.

[21] Tipke in: Tipke/Kruse § 88 AO Rn. 11; vgl. Osterloh, Gesetzesbindung und Typisierungsspielräume, S. 290 ff., 295 f.; Seer, Verständigungen in Steuerverfahren, S. 187.

III. Stellung der Mitwirkung im Besteuerungsverfahren

Die Mitwirkung des Steuerpflichtigen ergibt sich während eines Besteuerungsverfahrens, denn regelmäßig wird der Steuerpflichtige nur innerhalb eines Besteuerungsverfahrens zur Mitwirkung herangezogen.

1. Mitwirkung im Verhältnis zur Verfahrenseinleitung

Ein Besteuerungsverfahren wird aufgrund des Legalitätsprinzips regelmäßig von der Finanzbehörde von Amts wegen eingeleitet (§ 86 S. 2 Nr. 1 1. Alt. AO), wenn und sobald dies zur Erfüllung ihrer Aufgaben, nämlich zur Festsetzung und Erhebung von Steuern, notwendig ist[22]. Im Besteuerungsverfahren muss für die Verfahrenseinleitung auf Grund konkreter Momente oder auf Grund allgemeiner Erfahrung ein *begründeter Anlass* bzw. ein *konkreter Anlass* für die Ermittlungen gegeben sein. Dabei kann die Mitwirkung zum einen Ursache für die Verfahrenseinleitung, zum anderen Folge hiervon sein. Ursächlich für die Verfahrenseinleitung und damit konkreter Anlass ist die Mitwirkungshandlung des Steuerpflichtigen dann, wenn die Finanzbehörde erst durch diese Mitwirkungshandlung selbst Kenntnis von einem steuererheblichen Sachverhalt erlangt. Dies ist etwa dann der Fall, wenn der Steuerpflichtige erstmals eine Steuererklärung abgibt. Die Mitwirkung ist Folge der Einleitung eines Besteuerungsverfahrens, wenn ein solches bereits eingeleitet wurde und eine weitere Sachverhaltsaufklärung durch den Steuerpflichtigen notwendig ist; so etwa im Falle der Abgabe einer in sich widersprüchlichen Steuererklärung. Fehlt aber ein solcher konkreter Anlass, sind Ermittlungen und damit Mitwirkungsverlangen „ins Blaue hinein" unzulässig und Ermittlungsmaßnahmen rechtswidrig[23].

2. Ermittlungsgegenstand

Ermittlungsgegenstand und damit Gegenstand der Mitwirkung des Steuerpflichtigen sind nur steuererhebliche Tatsachen. Tatsachen sind alle vergangenen oder gegenwärtigen, äußeren und inneren Ereignisse oder Zustände, die sinnlich wahrgenommen werden können. Darunter fallen vorwiegend sich in der Außenwelt abspielende, aber auch geistige Vorgänge (wie z.B. Gewinnerzielungsabsicht)[24]. Eine Mitwirkungspflicht kann daher nicht bestehen hinsichtlich

---

[22] Nachweise bei: Wittmann StuW 1987, 35, 37.

[23] BFH Urteil v. 29.10.1986 VII R 82/85, BStBl. II 1988, 359, 362; v. 21.3.2002 VII B 152/01, BStBl. II 2002, 495, 498; BVerfG Beschluss v. 6.4.1989 1 BvR 33/87, HFR 1989, 440, 441.

[24] Tipke in: Tipke/Kruse § 88 AO Rn. 5.

Rechtsmeinungen, allgemein bekannter oder amtskundiger Tatsachen, gesetzlich fingierter Tatsachen, Tatsachen, die verbindlich von anderen Behörden festzustellen oder festgestellt sind[25], sowie Tatsachen, die bereits von einem Gericht rechtskräftig festgestellt worden sind. Voraussetzung ist, dass die aufzuklärenden Tatsachen *steuererheblich* sind, was dann der Fall ist, wenn sie nach objektiven Maßstäben zum Tatbestand des jeweils in Betracht kommenden Rechtssatzes gehören und für dessen Anwendung vorausgesetzt werden[26]. Steuererheblichkeit einer Tatsache liegt dann vor, wenn sie die konkrete finanzbehördliche Entscheidung beeinflusst bzw. beeinflussen kann. Erheblichkeit liegt danach also immer dann vor, wenn die jeweilige Entscheidung bei Berücksichtigung einer Tatsache anders ausfallen würde als ohne ihre Berücksichtigung[27].

3. Mitwirkungspflichtige im Besteuerungsverfahren

Benötigt die Finanzbehörde zur Aufklärung des Sachverhalts weitere Informationen, so zieht sie nach den §§ 90 ff. AO primär die „Beteiligten“ heran, subsidiär können aber auch „andere Personen“ herangezogen werden. Diese können jedoch nur unter erhöhten Voraussetzungen verpflichtet werden, so dass der Abgrenzung beider Personengruppen eine grundlegende Bedeutung zukommt.
„Beteiligte“ im Besteuerungsverfahren sind nach § 78 AO Antragsteller und Antragsgegner, sowie diejenigen, an die die Finanzbehörde den Verwaltungsakt richten will oder gerichtet hat, und diejenigen, mit denen die Finanzbehörde einen öffentlich-rechtlichen Vertrag schließen will oder geschlossen hat.
Meist ist dies der in § 33 Abs. 1 AO legaldefinierte *Steuerpflichtige* selbst, also grundsätzlich die Person, die in eigener Steuersache die Steuern schuldet.
Dem Steuerpflichtigen gleichgestellt sind seine gesetzlichen Vertreter und Vermögensverwalter (§ 34 AO), die Verfügungsberechtigten (§ 35 AO), die Bevollmächtigten (§ 80 Abs. 1 AO)[28], sowie die von Amts wegen bestellten Vertreter (§ 81 AO). Sie alle erfüllen dessen Mitwirkungspflichten[29] und sind daher ter-

---

[25] Ausführlich hierzu: Söhn in: Hübschmann/Hepp/Spitaler § 88 AO Rn. 57 ff.
[26] Seeliger, Beweislast, S. 40; Söhn in: Hübschmann/Hepp/Spitaler § 90 AO Rn. 53; Wenzig DStZ 1986, 375, 377.
[27] Söhn in: Hübschmann/Hepp/Spitaler § 88 AO Rn. 37.
[28] M.E. nicht aber der Beistand i.S.d. § 80 Abs. 4 AO, denn dieser unterstützt den Beteiligten, vertritt ihn aber nicht. Vgl. Helsper in: Koch/Scholtz § 80 AO Rn. 10; Wünsch in: Pahlke/Koenig § 80 AO Rn. 70; für die Außenprüfung; a.A. Voss-Jäger DB 1979, 1315 f.
[29] So auch: Mösbauer DB 1985, 410, 411; Schuster in: Hübschmann/Hepp/Spitaler § 93 AO Rn. 14; Voss-Jäger DB 1979, 1315 f.; a.A. zu § 90 Abs. 1 AO Wenzig DStZ 1986, 375, 376; Sie werden dadurch aber nicht zugleich zu Verfahrensbeteiligten i.S.d. § 78 AO, vgl. Kruse in: Tipke/Kruse § 78 AO Rn. 6.

minologisch nicht als „andere Personen“ zu betrachten. Die AO verwendet den Begriff der Beteiligten aber nicht einheitlich, so etwa im Rahmen der Auskunfts- und Vorlageverweigerungsrechte. Dort sind diese Personen nicht „Beteiligte“[30], sondern Personen, die „die Auskunftspflicht für einen Beteiligten zu erfüllen haben“ (§ 101 Abs. 1 S. 1 AO) bzw. die „für einen Beteiligten auskunftspflichtig sind“ (§ 103 S. 1 AO).
Alle übrigen Personen, also diejenigen, die zwar Kenntnisse über steuerrelevante Umstände in fremder Steuersache im Hinblick auf den Steuerpflichtigen haben, die aber nicht aufgrund ihrer Stellung verpflichtet sind, für den Beteiligten steuerliche Pflichten zu erfüllen, sind „andere Personen“ i.S.d. §§ 93, 94, 97 und 100 AO (Außenstehende, Dritte). Sie werden durch die Aufforderung des Finanzamtes zur Mitwirkung nicht Beteiligte des Verfahrens, an dem sie mitwirken sollen (wie man aus dem Wortlaut des § 78 Nr. 2 AO schließen könnte), sondern Beteiligte eines gesonderten Verwaltungsverfahrens[31].

4. Beweistätigkeit

Eine Mitwirkungspflicht trifft den Steuerpflichtigen bei der Beweistätigkeit der Finanzbehörde und des Finanzgerichts hinsichtlich der Beschaffung und der Aufnahme der Beweismittel (Beweiserhebung)[32]. Im Rahmen der Beweiserhebung kann die Finanzbehörde zur Aufklärung des Sachverhalts die Beweismittel heranziehen, die sie nach pflichtgemäßem Ermessen für erforderlich hält (§ 92 S. 1 AO). Als solche kommen insbesondere die einen Eingriff rechtfertigenden Mitwirkungspflichten nach den §§ 90 ff. AO in Betracht[33]. Der Steuerpflichtige wird daher zum Aufklärungsgehilfen der Finanzbehörde und muss kurioserweise das ihn belastende Material selbst zusammentragen[34]. Die Mitwirkung des Steuerpflichtigen ist aber nicht nur Beweismittel, sondern auch Recht und Pflicht des Beteiligten. Seine Verpflichtung, die ihm bekannten Beweismittel anzugeben, impliziert das Recht, Beweisanträge zu stellen oder in sonstiger Weise zur Aufklärung des Sachverhalts beizutragen[35].
Haben Finanzbehörde und Steuerpflichtiger die steuererheblichen Informationen und Beweismittel zusammengetragen, stellt sich sodann im Rahmen der Beweiswürdigung die Frage, „welche Schlussfolgerungen aus den im Verfahren gewonnenen Informationen auf die konkret zu beurteilende Wirklichkeit zu zie-

[30] So auch: Mösbauer DB 1985, 410, 411; a.A. Voss-Jaeger DB 1979, 1315 ff.
[31] So: Mösbauer DB 1985, 410, 412.
[32] Vgl. Eder DStZ/A 1975, 356.
[33] Grupp VerwArch 80 (1989), 44, 71.
[34] Knauer VerwArch 60 (1969), 148, 155.
[35] Söhn in: Hübschmann/Hepp/Spitaler § 88 AO Rn. 105.

hen sind“[36]. Dabei bestimmt § 96 Abs. 1 S. 1 FGO unmittelbar für das Gericht, entsprechend anwendbar für die Finanzbehörden[37], dass die erhobenen Beweise frei zu würdigen sind. Dieser Freiheit sind jedoch insofern Grenzen gesetzt, als dass keine Denkgesetze verletzt werden dürfen und die allgemeinen Regeln der Lebenserfahrung sowie die Regeln einer besonderen Sach- und Fachkunde eingehalten werden müssen. „Ziel der Beweiswürdigung ist die Herbeiführung der Überzeugung des Richters“[38] von der Wahrheit. Dieses Maß an richterlicher Überzeugung bezeichnet man als Beweismaß, welches die Frage betrifft, mit welchem Grad an Gewissheit oder Wahrscheinlichkeit der Sachverhalt feststehen muss, damit er unter einen Tatbestand subsumiert werden kann. Nach zutreffender h.M.[39] ist dafür eine *an Sicherheit grenzende Wahrscheinlichkeit* der Tatbestandsverwirklichung erforderlich, d.h. ein so hoher Grad an Wahrscheinlichkeit, dass er praktisch der Gewissheit gleichkommt[40]. Dabei genügt ein für das praktische Leben brauchbarer Grad an Gewissheit, der den Zweifeln Schweigen gebietet, ohne sie völlig auszuschließen[41].

---

[36] Osterloh, Gesetzesbindung und Typisierungsspielräume, S. 214.

[37] Osterloh, Gesetzesbindung und Typisierungsspielräume, S. 208 m.w.N.; so auch für das Beweismaß Herter DB 1985, 1311, 1315; ähnlich: Hey, Beweislast und Vermutungen, S. 23 f.

[38] M. Schmidt, Beweislast, S. 33.

[39] Müller-Franken, Maßvolles Verwalten, S. 279 ff., 302 ff.; M. Schmidt, Beweislast, S. 54 f.; Pfuhl DStR 1991, 1141, 1142 f.; Söhn in: Hübschmann/Hepp/Spitaler § 88 AO Rn. 222; Tipke in: Tipke/Kruse § 88 AO Rn. 26; Uterhark in: Schwarz § 88 AO Rn. 15; eine ältere Auffassung lässt die *überwiegende Wahrscheinlichkeit* bzw. die *größte Wahrscheinlichkeit* genügen (sog. annähernde Wahrheit): RFH Urteil v. 7.3.1922 V-A-293/21, RFHE 8, 304 f.; BFH Urteil v. 26.6.1963 I 384/60, HFR 1964, 167, 168; Spitaler FR 1963, 134 f.; Brockmann, Lebenserfahrungssätze, S. 28 ff., 44 ff.; Westerhoff, Unklare Rechtsgestaltungen, S. 26 ff., 41 ff.; Ein Teil der Literatur lässt eine „*größtmögliche Wahrscheinlichkeit*“ genügen, da das Ideal einer „an Sicherheit grenzenden Wahrscheinlichkeit“ im steuerlichen Massenverfahren mit verhältnismäßigen und zumutbaren Mitteln nicht erreichbar sei. Vgl. Söhn in: Hübschmann/Hepp/Spitaler § 88 AO Rn. 223 f.; ähnlich: Müller-Franken, Maßvolles Verwalten, S. 293, der hinsichtlich Quantitäten der Besteuerung eine möglichst große Wahrscheinlichkeit genügen lässt; vgl. Birkenfeld DStJG 1986, 245, 328 f. zum Lohnsteuer-Besteuerungsverfahren (Glaubhaftmachung).

[40] Kupfer KÖSDI 1994, 10024, 10031.

[41] Seer in: Tipke/Kruse § 96 FGO Rn. 66 mit Verweis auf die Anastasia-Entscheidung des BGH v. 17.2.1970 III ZR 139/67, BGHZ 53, 245, 256.

IV. Auslegungstendenzen von Mitwirkungspflichten im Spannungsverhältnis von Steuerpflichtigem und Finanzbehörde

Naturgemäß haben Finanzbehörden und Steuerpflichtige gegenläufige Interessen. Während der Steuerpflichtige ein Interesse daran hat, möglichst wenig Steuern zahlen zu müssen, strebt die Finanzbehörde ein möglichst großes Steueraufkommen an. Aus diesem Grund wird der Steuerpflichtige verständlicherweise bei steuerbegründenden und -erhöhenden Maßnahmen die ihn belastenden Informationen nur widerwillig zusammentragen, während die Finanzbehörde genau in diesem Fall eine entsprechende Mitwirkung vom Steuerpflichtigen erwartet. Umgekehrt wird der Steuerpflichtige bei ihn begünstigenden Informationen von der Behörde erwarten, dass sie in seinem Fall „alle Hebel in Bewegung setzt“ und ihre gesamten Ermittlungsmöglichkeiten ausschöpft, um die Wahrheit festzustellen. Die Finanzbehörden werden dagegen in diesem Fall vielfach versucht sein, sich darauf zu berufen, dass die Sachverhaltsaufklärung der Mitwirkung des Steuerpflichtigen obliegt. Ihrerseits werden sie ihre Ermittlungen auf das notwendige Minimum reduzieren, um auch für die übrigen Fälle ausreichende Kapazitäten zur Verfügung zu haben („maßvoller Gesetzesvollzug“)[42].

Vor diesem Hintergrund liegt es nahe, dass die Finanzverwaltung Mitwirkungspflichten eher extensiv auslegt, wohingegen der Steuerpflichtige zur restriktiven Auslegung tendieren wird.

[42] So anschaulich: Schromek, Mitwirkungspflichten, S. 2 f., 186.

B. Mitwirkungspflichten bei der Sachverhaltsaufklärung

Die in Kapitel A. angesprochenen Mitwirkungspflichten werden im Folgenden überblicksartig dargestellt. Dabei werden im ersten Teil die Mitwirkungspflichten des Steuerpflichtigen und Dritter bei innerstaatlichen Sachverhalten dargestellt. Im zweiten Teil wird ausführlich auf die Mitwirkungspflichten des Steuerpflichtigen bei grenzüberschreitenden Sachverhalten eingegangen, wobei schwerpunktmäßig die Dokumentationspflichten bei Verrechnungspreisen im Vordergrund stehen werden.

I. Mitwirkungspflichten in innerstaatlichen Sachverhalten

1. Mitwirkungspflichten des Steuerpflichtigen im Vorfeld der eigentlichen Besteuerung

a) Mitwirkungspflichten des Steuerpflichtigen bei seiner Erfassung

Bevor ein Besteuerungsverfahren überhaupt eingeleitet werden und Steuern festgesetzt sowie erhoben werden können, muss sichergestellt sein, dass sämtliche Steuerpflichtigen erfasst werden. Zu diesem Zweck sieht die AO vor, dass Gemeinden für die Finanzbehörden eine Personenstands- und Betriebsaufnahme (§ 134 AO) durchführen können. Hierbei sind Grundstückseigentümer, Wohnungsmieter und Inhaber von Geschäftsräumen verpflichtet, Angaben insbesondere zu Art und Umfang der Nutzung der Räume und zu den Personen, die diese Räume nutzen, zu machen[43]. Zudem haben die Meldebehörden die Finanzbehörden über die ihnen bekannt gewordenen Änderungen (Umzug, Wegzug, Zuzug) bzgl. natürlicher Personen zu unterrichten(§ 136 AO). Die Personenstands- und Betriebsaufnahme wird ergänzt durch Anzeigepflichten, die dazu beitragen sollen, unbekannte Steuerfälle aufzudecken[44]. So besteht eine Pflicht für nicht natürliche Personen, z.B. Körperschaften, Vereinigungen und Vermögensmassen, innerhalb von einem Monat nach Eintritt dem zuständigen Finanzamt und den für die Erhebung der Realsteuern zuständigen Gemeinden die Umstände anzuzeigen, die für die steuerliche Erfassung von Bedeutung sind. Hierunter fallen insbesondere die Gründung, der Erwerb der Rechtsfähigkeit, die Änderung der Rechtsform, die Verlegung der Geschäftsleitung oder des Sitzes und die Auflösung (§ 137 AO). Ferner ist innerhalb eines Monats gegenüber der zuständigen Gemeinde anzeigepflichtig, wer einen Betrieb der Land- und Forstwirtschaft, einen gewerblichen Betrieb oder eine Betriebstätte eröffnet, verlegt oder aufgibt

[43] Eine Erfassung aufgrund §§ 134, 135 AO hat seit Jahrzehnten nicht mehr statt gefunden und wird dies wohl auch nicht in absehbarer Zeit, vgl. Tipke in: Tipke/Kruse Vor § 134 AO.
[44] Mösbauer DB 1985, 410, 414.

(§ 138 Abs. 1 AO). Gleiches gilt bei freiberuflicher Tätigkeit gegenüber dem Finanzamt. Die Anzeigepflicht nach § 139 Abs. 1 AO stellt sicher, dass Vorgänge erfasst werden, bei denen Verbrauch- oder Verkehrsteuern anfallen. Auch die Einzelsteuergesetze sehen Anzeigepflichten vor, die der Erfassung sowohl des Steuerpflichtigen als auch des verwirklichten Sachverhaltes dienen[45].

b) Buchführungs- und Aufzeichnungspflichten

Steuerliche Buchführungs- und Aufzeichnungspflichten verlangen vom Steuerpflichtigen die Erfassung von steuerrelevanten Vorgängen und ermöglichen der Finanzbehörde die steuerliche Überprüfung des ausgewiesenen betrieblichen Ergebnisses.
Sie sind allgemein in den §§ 140 bis 148 AO normiert, zusätzliche Aufzeichnungspflichten für steuerrelevante Umstände können sich jedoch aus den Einzelsteuergesetzen ergeben[46]. Entsprechen Bücher und Aufzeichnungen den Vorschriften der §§ 140 bis 148 AO, sind sie der Besteuerung zugrunde zu legen, soweit nach den Umständen des Einzelfalles kein Anlass besteht, ihre sachliche Richtigkeit zu beanstanden (§ 158 AO).
Es wird unterschieden zwischen derivativen und originären Buchführungspflichten. Derivative Buchführungspflichten sind solche Buchführungs- und Aufzeichnungspflichten, die nach anderen Gesetzen als den Steuergesetzen bestehen. Diese sind auch für die Besteuerung zu erfüllen (§ 140 AO). Hierunter fallen hauptsächlich die Buchführungs- und Aufzeichnungspflichten des Handels-, Gesellschafts- und Genossenschaftsrecht[47], zum anderen kommen besondere Buchführungs- und Aufzeichnungspflichten für bestimmte Betriebe und Berufe in Betracht[48]. Originär steuerrechtlich sind Buchführungspflichten für gewerbliche Unternehmer sowie Land- und Forstwirte bei Überschreiten bestimmter Buchführungsgrenzen (§ 141 AO).
Die Buchführungspflicht umfasst die Pflicht, Bücher zu führen und auf Grund jährlicher Bestandsaufnahmen Abschlüsse zu machen und richtet sich nach den §§ 238, 240 bis 242 Abs. 1, §§ 243 bis 256 HGB. Dagegen keinesfalls buchführungspflichtig im Sinne von §§ 140, 141 AO sind Steuerpflichtige mit Einkünften aus selbständiger Arbeit (§ 18 EStG) und Steuerpflichtige mit Überschusseinkünften i.S.d. § 2 Abs. 2 Nr. 2 EStG. Eine solche Buchführungspflicht kann

---

[45] Z.B. § 30 Abs. 1 ErbStG, § 33 Abs. 1 ErbStG, § 34 ErbStG, §§ 31, 31a RennwLottAB, § 19 GrEStG.
[46] Z.B. § 4 Abs. 7 i.V.m. Abs. 5 S. 1 Nr. 1-4, §§ 6b und 7, 41 EStG, § 22 UStG, § 13, 17 RennwLottAB, § 9 FeuerschStG; Aufbewahrungspflichten, z.B. § 14b Abs. 1 S. 1 UStG, § 10 VersStG.
[47] Z.B. §§ 238 ff., 264 ff., 290 ff. HGB, §§ 91, 270, 286 AktG, § 41 GmbHG.
[48] Übersicht bei: Kruse/Drüen in: Tipke/Kruse § 140 AO Rn. 12 ff.

auch nicht aus der allgemeinen Mitwirkungspflicht des § 90 Abs. 1 AO abgeleitet werden[49]. Für diese Personen können sich aber Aufzeichnungspflichten aus den Einzelsteuergesetzen[50] ergeben.
§ 147 AO sieht eine 10jährige bzw. 6jährige Aufbewahrungspflicht für Unterlagen vor, zu denen Bücher, Aufzeichnungen und sonstige Unterlagen bei steuerlicher Relevanz gehören.

c) Steuererklärungspflichten

Die Pflicht zur Abgabe einer Steuererklärung gehört zu den geläufigsten Leistungspflichten des Bürgers gegenüber dem Staat und ist wichtigste Informationsquelle für die Finanzbehörde im Rahmen der Sachverhaltsermittlung.

aa) Inhalt und Umfang

Sie bestimmt sich gemäß § 149 Abs. 1 S. 1 AO nach den Einzelsteuergesetzen[51]. Zur Abgabe einer Steuererklärung ist auch verpflichtet, wer hierzu von der Finanzbehörde aufgefordert wird (§ 149 Abs. 1 S. 2 AO)[52].
Zur Steuererklärung gehören auch Schriftstücke, die der Steuerpflichtige kraft Gesetzes vorlegen muss (§ 150 Abs. 4 AO)[53], z.B. die Bilanz, Gewinn- und Verlustrechnung (§ 60 Abs. 1 bis 3 EStDV), sowie seit dem VZ 2004 auch die

---

[49] Drüen in: Tipke/Kruse § 141 AO Rn. 7a; vgl. zur Überschussrechnung: Offerhaus BB 1977, 1493.

[50] Für Einkünfte aus selbständiger Tätigkeit: vgl. Drüen in: Tipke/Kruse § 141 AO Rn. 7; Hartmann StBp 1992, 139 ff.; Schmitz StBp 1988, 43 f.; z.B. §§ 4 Abs. 3 S. 5; 4 Abs. 7; 6 Abs. 2 S. 4; 6c Abs. 2 S. 1; 7 Abs. 2; 7a Abs. 8 S. 1; 7g Abs. 3 S. 3, Abs. 6; 41 EStG, § 73d EStDV; § 4 LStDV; § 22 UStG i.V.m. §§ 63 ff. UStDV.

[51] Z.B. § 25 Abs. 3 EStG i.V.m. §§ 56, 60 EStDV, § 18 Abs. 1 und 3 UStG: § 181 Abs. 2 AO, § 18 Abs. 3 AStG, § 41a EStG, § 22b UStG; § 31 KStG, § 28 Abs. 1 und 3 BewG, §§ 8 Abs. 1 , 2 BierStG i.V.m. § 17 BStDV, § 14a GewStG i.V.m. § 25 GewStDV, § 19 GrEStG; § 31 ErbStG, § 8 VersStG, § 9 KaffeeStG, §§ 3, 11, 13 KraftStDV, § 10 MineralölStG i.Vm. § 15 MinerölStV, § 18 RennwLottAB, § 12 Abs. 2 TabakStG; § 8 Abs. 1 FeuerschutzStG, § 19 VStG, § 3 KraftStDV; § 137 Abs. 2 BranntwMonG i.V.m. § 16 BrStV; § 8 SchaumwZwG; § 8 StromStG.

[52] Umstritten ist, ob diese Aufforderung für die Steuererklärungspflicht deklaratorisch, d.h. nur Aufforderung zur Erfüllung der einzelsteuergesetzlichen Erklärungspflicht ist, so: Carl/Klos JuS 1996, 402, 403; Sommerfeld, Sachverhaltsermittlung, S. 86 f.; Tipke in: Tipke/Kruse § 149 AO Rn. 6, oder konstitutive Wirkung hat, also den Kreis der Erklärungspflichtigen erweitert, so: BFH Urteil v. 16.7.1981 V R 156/78, BStBl. II 1981, 720, 722 f.; v. 20.10.1981 VII R 13/80, BStBl. II 1982, 371, 373; Beschluss v. 18.11.1986 VII S 16/86, BFH/NV 1987, 669, 670.

[53] Schick StuW 1988, 301, 317 f; ähnlich: Krabbe in: Koch/Scholtz § 150 AO Rn. 5.; a.A. Sommerfeld, Sachverhaltsermittlung, S. 81 m.w.N. und Tipke in: Tipke/Kruse § 150 AO Rn. 20, die sie als selbständige Beweismittel einordnen.

Gewinnermittlung nach § 4 Abs. 3 EStG nach amtlich vorgeschriebenem Vordruck (§ 60 Abs. 4 EStDV).
Während § 60 Abs. 1 bis 3 EStDV vorsieht, dass lediglich eine Abschrift der nach anderen Vorschriften zu erstellenden Aufzeichnungen beizufügen ist, enthält § 60 Abs. 4 EStDV nunmehr eine originäre Pflicht, eine Gewinnermittlung nach amtlichem Vordruck beizufügen. Da § 4 Abs. 3 EStG nur eine Erklärung des Überschusses ohne Abschluss, aber keine allgemeine Aufzeichnungspflicht für Betriebseinnahmen und -ausgaben[54] und keinen Nachweis in einer bestimmten Form für die Einnahme-/Überschuss-Rechnung fordert, wird geltend gemacht, der amtliche Vordruck entbehre einer Rechtsgrundlage, da dieser auf einer EStDV beruht, die eine Vorschrift des EStG nicht ändern könne[55]. Dieser Sichtweise kann nicht gefolgt werden. Auch wenn es seltsam anmutet, dass der legislative Gesetzgeber eine Vorschrift in eine Rechtsverordnung einfügt, hat er dennoch die Vorschrift des § 60 Abs. 4 EStDV durch ein formelles Bundesgesetz[56] erlassen. Unabhängig von der konkreten Ausgestaltung des Vordrucks[57] besteht für diesen eine legislative Rechtsgrundlage, die auch die Vorschrift des § 4 Abs. 3 EStG ergänzen kann.
Die Vorlage von Belegen mit der Einreichung der Steuererklärung, z.B. für Betriebsausgaben oder Werbungskosten, ist nicht zwingend vorgeschrieben, empfiehlt sich aber regelmäßig, da ansonsten die allgemeinen Regeln für die Sachverhaltsermittlung oder der objektiven Beweislast in Kraft treten.
Während in den meisten Fällen eine Steuerfestsetzung durch die Finanzbehörde erfolgt, kann sich aus Einzelsteuergesetzen ergeben, dass der Steuerpflichtige in der Steuererklärung die Steuer selbst zu berechnen (sog. Steueranmeldung nach § 150 Abs. 1 S. 3 AO). Diese Steueranmeldung steht dann einer Steuerfestsetzung unter Vorbehalt der Nachprüfung gleich (§ 168 S. 1 AO). Häufigster Fall hierfür ist die USt-Anmeldung nach § 18 Abs. 3 UStG bzw. die USt-Voranmeldung nach § 18 Abs. 1 UStG[58].
Die Angaben in der Steuererklärung hat der Steuerpflichtige wahrheitsgemäß nach bestem Wissen und Gewissen vorzunehmen (§ 150 Abs. 2 S. 1 AO). Dabei ist er nicht verpflichtet, zur Klärung einer Rechtsfrage den Rat eines fachkundi-

[54] Heinicke in: Schmidt § 4 EStG Rn. 374.
[55] Weilbach DB 2005, 578, 579.
[56] Gesetz zur Förderung von Kleinunternehmern und zur Verbesserung der Unternehmensfinanzierung v. 31.7.2003, BGBl. I 2003, 1550.
[57] Vgl. Neufang/Schmid Stbg 2004, 161.
[58] Weitere Fälle: Lohnsteueranmeldung § 41a EStG, Kapitalertragsteueranmeldung § 45a Abs. 1 EStG, Verbrauchsteueranmeldungen, z.B. nach § 10 MineralölStG, § 12 Abs. 2 TabaksteuerG.

gen Dritten einzuholen[59]. Denn dies würde zwangsläufig dazu führen, dass sich jeder Steuerpflichtige wegen der Komplexität des Steuerrechts und der zum Ausfüllen der Steuererklärung notwendig vorzunehmenden rechtlichen Wertungen eines Steuerberaters bedienen müsste.

bb) Pflicht zur Offenbarung abweichender Rechtsauffassungen

Es stellt sich die Frage, ob der Steuerpflichtige oder sein steuerlicher Berater von der höchstrichterlichen Rechtsprechung bzw. der Auffassung der Finanzbehörde abweichende Rechtsauffassungen in der von ihm abgegebenen Steuererklärung kenntlich zu machen hat.

(1) Dies wird von einem *Teil der Literatur*[60] gefordert, da eine (nach § 370 AO strafrechtlich bewehrte) Pflicht für den Steuerpflichtigen und seinen Berater bestehe, sich primär an der höchstrichterlichen Rechtsprechung und den Richtlinien der Finanzverwaltung zu orientieren. Deshalb müsse der Steuerpflichtige der Finanzbehörde Tatsachen, die bei verständiger Würdigung der Gesetze und der Rechtsprechung nach objektiven Maßstäben für seine Steuerangelegenheiten erheblich sind, unverzüglich zur Kenntnis bringen, ob in der Steuererklärung oder auf andere Weise. Begründet wird dies nach *Krabbe*[61] mit den Grundsätzen von Treu und Glauben. Dem im Ergebnis folgend, verlangt *Ulmer*[62] für jede besondere Gestaltung der steuerlichen Verhältnisse, die möglicherweise als Steuerumgehung beurteilt werden könnte, eine ausdrückliche Kenntlichmachung für das Finanzamt.

(2) Demgegenüber verneint die *Gegenauffassung*[63] das Bestehen einer Pflicht, vertretbare Rechtsansichten offen zu legen, da eine strenge Bindung weder an die höchstrichterliche Rechtsprechung noch an die Verwaltungsauffassung bestehe. *Tipke*[64] argumentiert, de lege lata sei es ausreichend, dass ein Angehöriger der steuerberatenden Berufe (oder der Steuerpflichtige) das Gesetz eigenverantwortlich in vertretbarer Weise auslegt. Es wird jedoch prophylaktisch zur Kennt-

---

59 H.M., statt aller: Sommerfeld, Sachverhaltsermittlung, S. 83 m.w.N.

60 Danzer in: Kohlmann, Strafverfolgung und Strafverteidigung, S. 67, 94 ff.; Hildebrandt StBp 1991, 108, 110; Trzaskalik in: Hübschmann/Hepp/Spitaler § 150 AO Rn. 18; Weiß StBp 2004, 220, 221; Wenzig DStZ 1986, 375, 381; vgl. Wenzig, Außenprüfung, S. 166; auch Schick StuW 1988, 301, 319 f. hält es ggf. für zumutbar, auf eine außergewöhnliche Rechtsauffassung aufmerksam zu machen.; so wohl auch: Mösbauer StBp 2004, 229, 233.

61 In: Koch/Scholtz § 150 AO Rn.4/1.

62 DStZ 1986, 292, 296; enger: Stahl KÖSDI 1991, 8360, 8366, der „hinreichende Gewißheit" verlangt.

63 Dörn DStZ 1993, 478, 483 Fn. 43; ders. wistra 1992, 241 ff.; vgl. Carl/Klos JuS 1996, 402, 405 und Meilicke, wiedergegeben in: Niemann FR 1988, 70; Weigell IStR 2005, 162, 164.

64 Die Steuerrechtsordnung § 27 1. S. 1189.

lichmachung geraten, um dem Vorwurf einer Steuerhinterziehung zu entgehen[65].
(3) Der letztgenannten Ansicht ist dem Grunde nach zu folgen. Die Mitwirkungspflicht des Steuerpflichtigen bezieht sich nur auf die Sachverhaltsermittlung. So hat der Steuerpflichtige nach § 90 Abs. 1 S. 2 AO „die für die Besteuerung erheblichen Tatsachen vollständig und wahrheitsgemäß" offen zu legen. Den Finanzbehörden obliegt dagegen die rechtliche Würdigung. Fragen der rechtlichen Beurteilung sind nicht Gegenstand der Mitwirkung des Steuerpflichtigen[66]. Deshalb ist der Steuerpflichtige bei der Beantwortung der Vordruckfragen in der Steuererklärung nicht an eine bestimmte Rechtsauffassung (des BFH oder der Finanzverwaltung) gebunden[67]. Aus diesem Grund kann es nicht richtig sein, von einer dem Steuerpflichtigen obliegenden Pflicht zur Mitteilung einer von ihm vertretenen Rechtsmeinung auszugehen. Dies kann auch nicht damit begründet werden, dass sich der Steuerpflichtige bei Nichtmitteilung seiner abweichenden Rechtsansicht der Steuerhinterziehung strafbar mache. Denn § 370 Abs. 1 Nr. 1 AO knüpft die Strafandrohung der Steuerhinterziehung gleichfalls an unrichtige oder unvollständige Angaben über „steuerlich erhebliche Tatsachen". § 370 AO setzt eine Mitwirkungspflicht des Steuerpflichtigen voraus, kann eine solche aber nicht begründen. Wie eben dargelegt, hat der Steuerpflichtige aber keine Pflicht zur Mitteilung seiner Rechtsansichten. Daher kann er sich alleine dadurch, dass er einer abweichenden, aber nachvollziehbaren und vertretbaren Rechtsauffassung folgt und nicht offen legt, auch nicht der Steuerhinterziehung strafbar machen[68].
Ihm obliegt deshalb lediglich, die Sachverhaltselemente vollständig offen zu legen, deren rechtliche Relevanz objektiv zweifelhaft ist[69]. So entschied der BFH im Urteil vom 10.11.1999[70], dass es ausreichend sein kann, „die abwei-

[65] Blumers DB 1987, 807 ff., 810; Irrgang DB 1988, 781 f.
[66] Söhn in: Hübschmann/Hepp/Spitaler § 90 AO Rn. 50.
[67] Hanßen, Steuerhinterziehung, S. 84 ff., 112 ff.; Sommerfeld, Sachverhaltsermittlung, S. 84 f.
[68] Vgl. Harms Stbg 2005, 12, 14; Dabei ist die Nachvollziehbarkeit und Vertretbarkeit der Rechtsmeinung eine Grenze der freien (Rechts-)Einschätzung durch den Steuerpflichtigen. An der Nachvollziehbarkeit fehlt es zutreffend nach Hanßen, Steuerhinterziehung, S.148 f., wenn der Steuerpflichtige willkürliche Einschätzungen vornimmt oder dabei Denkgesetze und Erfahrungssätzen verletzt.
[69] BGH Urteil v. 25.9.1985 3 StR 209/85 (LG Düsseldorf) wistra 1986, 27, 28; Urteil v. 15.11.1995 5 StR 237/94 (LG Berlin) wistra 1995, 69; v. 10.11.1999 5 StR 221/99, wistra 2000, 137, 140, HFR 2000, 676, 677.
[70] Urteil v. 10.11.1999 5 StR 221/99, wistra 2000, 137, 140, HFR 2000, 676, 677. Die Entscheidung lässt ausdrücklich offen, ob in allen Fällen eine Miteilungspflicht hinsichtlich der vertretenen Rechtsansicht besteht, in denen der Steuerpflichtige eine abweichende Rechtsansicht der Finanzverwaltung auch nur für möglich hält.

chende Rechtsauffassung mitzuteilen, *wenn* [Hervorhebung d. Verf.] deren Schilderung die erforderliche Tatsachenmitteilung enthält." Hier wird deutlich, dass es dem BGH entscheidend auf die Tatsachenmitteilung, nicht auf die Rechtsansichtsmitteilung ankommt. Daher macht der Steuerpflichtige sich nicht strafbar, wenn er eine abweichende Rechtsansicht vertritt, aber die steuerlich erheblichen Tatsachen richtig und vollständig vorträgt und es dem Finanzamt dadurch ermöglicht, die Steuer unter abweichender rechtlicher Beurteilung festzusetzen[71]. So ist im Umkehrschluss klar, dass es den Steuerpflichtigen nicht entlasten kann, wenn die Unvollständigkeit der Steuererklärung (hinsichtlich des Tatsachenvortrags) darauf beruht, dass er einer vertretbaren Rechtsansicht folgte[72]. Entscheidendes Kriterium ist daher die Vollständigkeit seines Tatsachenvortrages. Ob eine Steuererklärung unvollständig ist, ist nicht nach der Auffassung des Finanzamtes, sondern objektiv zu bestimmen[73]. M.E. ist eine Steuererklärung erst dann vollständig, wenn alle die Tatsachen offenbart werden, so dass eine vollständige rechtliche Beurteilung durch die Finanz-behörde und das Finanzgericht möglich ist[74].

cc) Abgabefrist und spezielle Rechtsfolgen der Verletzung

Der Steuerpflichtige hat die Steuererklärung nicht nur vollständig, sondern auch fristgemäß abzugeben. Steuererklärungen, die sich auf ein Kalenderjahr (wie die Einkommensteuer) oder einen gesetzlich bestimmten Zeitpunkt beziehen, sind spätestens fünf Monate nach Ablauf des Kalenderjahres bzw. des Zeitpunktes abzugeben, soweit sich aus den Steuergesetzen nichts anderes ergibt (§ 149 Abs. 2 S. 1 AO). Hieraus ergibt sich für den Steuerpflichtigen die Möglichkeit, sie auch schon früher abzugeben. Eine Verkürzung der Abgabefrist durch die Finanzbehörde darf nicht erfolgen, da es hierfür aufgrund des Grundsatzes des Vorbehaltes des Gesetzes an einer Rechtsgrundlage fehlt[75]. Denn eine solche Fristverkürzung widerspricht dem eindeutigen Wortlaut des § 149 Abs. 2 S. 1 AO („spätestens"). Hingegen ist nach § 109 Abs. 1 S. 1 AO eine Verlängerung der Abgabefrist zulässig,

[71] Vgl. Vögele/Collardin/von Jesche in: Vögle/Borstell/Engler, Verrechnungspreise, L Rn. 12.
[72] Zutreffende Beurteilung der Rspr.: Dörn StBp 2001, 329, 330.
[73] Zutreffend: Dörn DStZ 1993, 478, 485.
[74] Zutreffend: Meine wistra 1992, 81, 84; a.A. Dörn DStZ 1993, 478, 483 (Fn. 43) ff.; ders. wistra 1992, 241 ff. m.w.N., nach dessen Ansicht der Steuerpflichtige von sich aus nicht verpflichtet sei, zweifelhafte Sachverhalte zu offenbaren, wenn er einer vertretbaren Rechtsansicht folgt.
[75] So auch: Schick StuW 1988, 301, 323; vgl. Tipke in: Tipke/Kruse § 149 AO Rn. 8.

Als Rechtsfolge der Nichtabgabe oder der Fristversäumung sieht die AO neben Zwangsmittel und Schätzung[76] die Festsetzung eines Verspätungszuschlags vor, sofern das Versäumnis nicht als entschuldbar erscheint (§ 152 Abs. 1 AO). Er wird regelmäßig zusammen mit der Steuer festgesetzt (§ 152 Abs. 3 AO). Auch die Vornahme einer Schätzung entbindet den Steuerpflichtigen nicht davon, eine Steuererklärung abzugeben (§ 149 Abs. 1 S. 4 AO).

dd) Berichtigungspflicht

Auch nach Abgabe einer Steuererklärung trifft den Steuerpflichtigen eine Pflicht, dem Finanzamt neue steuerrelevante Kenntnisse mitzuteilen, etwa bei Wegfall von Voraussetzungen einer Steuervergünstigung oder bei Erkenntnis der Unrichtigkeit oder Unvollständigkeit einer von ihm abgegebenen Steuererklärung (§ 153 Abs. 1 Nr. 1 und Abs. 2 AO). Diese Anzeige- und Berichtigungspflicht betrifft alle Tatsachenangaben des Steuerpflichtigen gegenüber der Finanzbehörde und nicht nur Steuererklärungen im Sinne der §§ 149 ff. AO. Rechtliche Wertungen werden allerdings davon nicht erfasst[77]. Dabei ist zu beachten, dass § 153 AO den Steuerpflichtigen verpflichtet, den einer möglichen Steuerstraftat zugrunde liegenden Sachverhalt der Finanzbehörde anzuzeigen, was einen Verstoß gegen das Selbstbelastungsverbot bedeuten könnte[78].

d) Pflicht zur Kontenwahrheit

Eine lückenlose Aufklärung des Sachverhalts, insbesondere die Nachprüfung der steuerlichen Verhältnisse des Steuerpflichtigen durch Auskunftsverlangen gegenüber den Banken, kann nur dann erfolgen, wenn es dem Finanzamt möglich ist, Kenntnis über die dem Steuerpflichtigen zuzuordnenden Konten zu erlangen. Dies wird durch den Grundsatz der Kontenwahrheit sichergestellt, wonach der Steuerpflichtige nicht unter einem falschen oder erdichteten Namen ein Konto errichten, Buchungen vornehmen, Wertsachen in Verwahrung geben oder verpfänden oder sich ein Schließfach geben lassen darf (§ 154 Abs. 1 AO). Das

---

[76] Die Schätzung setzt nach der Rechtsprechung, BFH Urteil 23.10.1958 IV 203/57 U, BStBl. III 1959, 10, 11, nicht voraus, dass die Finanzbehörde versucht hat, den Steuerpflichtigen zur Abgabe einer Steuererklärung zu zwingen ; a.A. Schick StuW 1988, 301, 315, 327 der annimmt, die Finanzbehörde müsse zuerst den ernsthaften Versuch unternehmen, die Steuererklärung zu erhalten (z.B. mittels Zwangsgeld), bevor sie zur Schätzung übergehe; ähnlich: Sommerfeld, Sachverhaltsermittlung, S. 89; Tipke in: Tipke/Kruse § 149 AO Rn. 16 (Erinnerung oder Mahnung).

[77] Müller StBp 2005, 195, 197; Schick StuW 1988, 301, 325; erfasst werden aber auch z.B. unangemessene Verrechnungspreisgestaltungen, vgl. BMF, VerwGrs-Verfahren 2005, Tz. 3.2.6.

[78] Schick StuW 1988, 301, 325; Für eine vertiefte Auseinandersetzung mit dieser Problematik wird auf Kapitel C. verwiesen.

Verbot gilt nicht nur für die Einrichtung von Konten bei Kreditinstituten, sondern auch für Kontokorrentkonten bei anderen natürlichen oder juristischen Personen[79].

2. Allgemeine Mitwirkungspflichten des Steuerpflichtigen im Besteuerungsverfahren

Die in diesem Abschnitt behandelten Mitwirkungspflichten gelten nach ihrer systematischen Stellung im Gesetz[80] in allen Teilbereichen des Steuerverwaltungsverfahrens, z.B. im Ermittlungs-, Festsetzungs-, Erhebungs- und Vollstreckungsverfahren[81].

a) Generalnorm der allgemeinen Mitwirkungspflichten

Ausgangspunkt der allgemeinen Mitwirkungspflichten ist § 90 Abs. 1 AO, nach dem die Beteiligten zur Mitwirkung bei der Ermittlung des Sachverhaltes verpflichtet sind. Sie haben der Mitwirkungspflicht insbesondere dadurch nachzukommen, dass sie die für die Besteuerung erheblichen Tatsachen vollständig und wahrheitsgemäß offen legen und die ihnen bekannten Beweismittel angeben. Die Steuerpflichtigen sind danach einerseits selbst Beweismittel, andererseits Gehilfe zur Beschaffung von Beweismitteln.

§ 90 Abs. 1 AO ist eine Generalnorm, die durch die anderen Mitwirkungspflichten konkretisiert wird. Die Vorschrift enthält aufgrund ihrer Unbestimmtheit keine eigenständige Rechtsgrundlage für Maßnahmen der Finanzbehörden[82]. Sie lässt sich daher nicht für die Begründung weiterer, über die gesetzlichen hinausgehenden Mitwirkungspflichten heranziehen, hätte dies doch zur Folge, dass die Einzelvorschriften obsolet würden und nur § 90 Abs. 1 AO als Generalklausel herangezogen werden müsste. Soweit also keine Aufzeichnungs-, Beweisvorsorge-, Vorlage-, Dokumentations- oder Aufbewahrungspflichten bestehen, können Finanzbehörden solche auch nicht aufgrund des § 90 Abs. 1 AO verlangen[83]. Dagegen kann allerdings bezüglich der Aufforderung, für einen bestimmten Sachverhalt Beweismittel zu benennen, unmittelbar auf § 90 Abs. 1 AO abgestellt werden.

---

[79] Vgl. Baum in: Koch/Scholtz § 154 AO Rn. 4.

[80] Nämlich: AO. Dritter Teil.Allgemeine Verfahrensvorschriften.

[81] Mösbauer DB 1985, 410.

[82] BFH Urteil v. 11.10.1989 I R 101/87, BStBl. II 1990, 280, 282.

[83] Vgl. FG Baden-Württemberg v. 26.7.2000 12 K 446/99, EFG 2001, 352, 355.; Seer in: Tipke/Kruse § 90 AO Rn. 3.

b) Erteilung von Auskünften

aa) Anforderungen der Auskunftspflicht

Die Beteiligten[84] sind verpflichtet, der Finanzbehörde die zur Feststellung eines für die Besteuerung erheblichen Sachverhalts erforderlichen Auskünfte zu erteilen (§ 93 Abs. 1 S. 1 und 2 AO). Eine spezialgesetzliche Normierung der Auskunftspflicht findet sich beispielsweise gegenüber dem Eigentümer von Grundbesitz in § 29 Abs. 1 BewG. Auskunft ist dabei die Mitteilung von Wissen über steuererhebliche Tatsachen. Die gebräuchlichste und wichtigste Form der Auskunftserteilung ist die schon angesprochene Abgabe von Steuererklärungen. Bemerkenswert erscheint an dieser Stelle die Tatsache, dass die Auskunftspflicht auch Geschäfts- und Betriebsgeheimnisse zum Gegenstand von Auskünften haben kann. Das für die Auskunftserteilung notwendige Wissen müssen sich die Auskunftspflichtigen gegebenenfalls aus Unterlagen beschaffen (§ 93 Abs. 3 S. 2 AO), die sich in ihrer Verfügungsmacht befinden oder hinsichtlich derer sie einen Herausgabeanspruch haben[85]. § 93 Abs. 1 AO erfasst sowohl Einzelauskünfte als auch Sammelauskünfte[86], wobei sich letztere im Gegensatz zu den Einzelauskünften auf eine Vielzahl von Einzelfällen beziehen.

Eine bestimmte Form wird weder für das Auskunftsverlangen noch für die Auskunftserteilung verlangt, jedoch ist in dem Auskunftsersuchen anzugeben, worüber Auskünfte erteilt werden sollen (Beweisthema) und ob die Auskunft für die Besteuerung des Auskunftspflichtigen oder für die Besteuerung anderer Personen angefordert wird (§ 93 Abs. 2 S. 1 AO). Dies lässt sich damit begründen, dass sich der Auskunftspflichtige auf das Beweisthema einstellen können und ihm eine angemessene Bedenk- und Vorbereitungszeit eingeräumt werden soll[87]. Eine Frist für die Auskunftserteilung ist gesetzlich nicht geregelt. Es liegt daher im pflichtgemäßem Ermessen der Finanzbehörde, eine im jeweiligen Einzelfall angemessene Erledigungsfrist zu setzen, wobei eine Frist von einem Monat als zweckmäßig erscheint[88].

Speziell im Rahmen der Auskunftserteilung als Verfahrenshandlung stellt sich die Frage nach der Notwendigkeit der Verfahrensfähigkeit der Beteiligten. Grundsätzlich müssen die Beteiligten zur Vornahme von Verfahrenshandlungen

---

84 Darunter fallen insbesondere natürliche, juristische Personen, nicht rechtsfähige Vereinigungen, Vermögensmassen, Behörden und Betriebe gewerblicher Art der Körperschaften des öffentlichen Rechts.

85 BFH Beschluss v. 13.8.2002 VII B 267/01, BFH/NV 2003, 63, 64.

86 BFH vom 24.3.1987 VII R 30/86, BStBl. II 1987, 484 f.

87 Tipke in: Tipke/Kruse § 93 AO Rn. 23.

88 Schreiber, Anforderungen an die Mitwirkungspflichten, S. 48 m.w.N.; nach Tipke in: Tipke/Kruse § 93 AO Rn. 25 und Uterhark in: Schwarz § 93 AO Rn. 32: 4 Wochen.

verfahrensfähig i.S.d. § 79 Abs. 1 AO sein. Ob dieses Erfordernis auch für reine Wissenserklärungen, wie z.B. Auskünften nach § 93 Abs. 1 AO, gilt, wird in der Literatur kontrovers diskutiert. Während dies *teilweise*[89] verneint wird, sei nach der *Gegenauffassung*[90] mit unterschiedlicher Begründung Verfahrensfähigkeit zur Auskunftserteilung notwendig. Erstere Auffassung ist vorzugswürdig. Es kann nur darauf ankommen, ob der Beteiligte auskunftsfähig, d.h. fähig sein, eine verständliche, der Wahrheitsfindung dienende Sachverhaltsdarstellung zu geben. Hierfür lässt sich der Zweck der Norm, Klarheit in einen entscheidungserheblichen Sachverhalt zu bekommen[91], heranziehen. Denn selbst wenn der Beteiligte nicht handlungsfähig i.S.d. § 79 AO ist, kann er gleichwohl in der Lage sein, der steuerlichen Wahrheitsfindung zu dienen[92]. Dies ist auch systematisch begründbar. Denn § 95 Abs. 1 S. 3 AO schließt eidesunfähige Personen nach § 393 ZPO (das sind Personen, die das 16. Lebensjahr noch nicht vollendet haben) von der Verpflichtung zur Abgabe einer Versicherung an Eides Statt aus. Dieser Regelung hätte es nicht bedurft, wenn im Sinne von § 79 AO verfahrensunfähige Beteiligte von vornherein nicht beweisgeeignet wären[93]. Der Gesetzgeber geht also davon aus, dass auch handlungsunfähige Personen Auskunftsperson sein können. Dies zugrundelegend bedarf es zur Auskunftserteilung nicht der Verfahrensfähigkeit des § 79 AO.

bb) Benennung von Gläubigern und Zahlungsempfängern

Zur Sicherstellung, dass nicht nur steuermindernde Ausgaben oder Verbindlichkeiten beim Steuerpflichtigen berücksichtigt werden, sondern auch die damit korrespondierenden steuererhöhenden Einnahmen beim Geschäftspartner, werden Schulden und andere Lasten, Betriebsausgaben, Werbungskosten und andere Ausgaben steuerlich regelmäßig nur dann berücksichtigt, wenn der Steuerpflichtige dem Verlangen der Finanzbehörde nachkommt, die Gläubiger oder die Empfänger genau zu benennen (§ 160 Abs. 1 S. 1 AO). Ein Bennennungsverlangen, das im Ermessen der Finanzbehörde liegt, ist dann gerechtfertigt, wenn die Vermutung nahe liegt, dass der Zahlungsempfänger den Bezug zu Unrecht nicht versteuert hat, z.B. bei Bestechung, Schmiergeldern, Geschäften ohne Rechnung und Schwarzarbeit[94]. Umfasst werden Name und Adresse des Ge-

[89] Helsper in: Koch/Scholtz § 93 AO Rn. 6; Tipke in: Tipke/Kruse § 93 AO Rn. 8; Uterhark in: Schwarz § 90 AO Rn. 15, § 93 AO Rn. 7; Wünsch in: Pahlke/Koenig § 93 AO Rn. 6.

[90] Mösbauer DB 1985, 410, 412; Söhn in: Hübschmann/Hepp/Spitaler § 79 AO Rn. 3, 11; so wohl auch: Blesinger in: Kühn/von Wedelstädt § 79 AO Rn. 17.

[91] Hartmann in: Beermann § 93 AO Rn. 14.

[92] So auch: Schuster in: Hübschmann/Hepp/Spitaler § 93 AO Rn. 17, 18; Weber, Mitwirkungspflichten nach der Abgabenordnung, S. 26.

[93] Zutreffend: Hartmann in: Beermann § 93 AO Rn. 14; Uterhark in: Schwarz § 93 AO Rn. 7.

[94] Baum in: Koch/Scholtz § 160 AO Rn. 7.

schäftspartners, Datum und Höhe der jeweiligen Zahlung, sowie Hinweise auf den Gegenstand der Geschäftsbeziehungen. Eine ausnahmsweise Unzumutbarkeit der Benennung kann sich im Falle einer möglichen Existenzgefährdung ergeben[95].

cc) Versicherung an Eides Statt

Die Verpflichtung des Steuerpflichtigen zur Versicherung der Richtigkeit von Tatsachen an Eides Statt ist das letzte Mittel zur Wahrheitserforschung von ihm. Sie soll nur gefordert werden, wenn andere Mittel zur Erforschung der Wahrheit nicht vorhanden sind, zu keinem Ergebnis geführt haben oder einen unverhältnismäßigen Aufwand erfordern (§ 95 Abs. 1 S. 2 AO). Der Beteiligte selbst hat grundsätzlich keinen Anspruch auf Abgabe einer eidesstattlichen Versicherung[96].
Eine Besonderheit ergibt sich im Rahmen des Vollstreckungsverfahrens hinsichtlich des Verhältnisses von § 95 AO zu § 284 AO, der ebenfalls die Verpflichtung zur Abgabe einer eidesstattlichen Versicherung (nämlich der Richtigkeit und Vollständigkeit des Vermögensverzeichnisses) normiert, daran allerdings die einschneidendere Wirkung einer Eintragung in das Schuldnerverzeichnis (§ 284 Abs. 7 AO) knüpft. Grundsätzlich findet § 95 AO auch im Rahmen des Vollstreckungsverfahrens Anwendung. Aus diesem Grund wird dem Steuerpflichtigen daran gelegen sein, eine Erklärung nach § 95 AO ohne die Folge der Eintragung in das Schuldnerverzeichnis nach § 915 ZPO anzubieten. Nach ständiger Rechtsprechung[97] steht es jedoch im Ermessen der Finanzbehörde, vom Steuerpflichtigen die Abgabe nach § 95 oder § 284 AO zu verlangen, wobei vor letzterem Vorgehen auch kein vergeblicher Versuch erforderlich ist, eine eidesstattliche Versicherung nach § 95 AO zu erhalten. Dies gilt selbst dann, wenn die mit § 284 AO verbundene Eintragung in das Schuldnerverzeichnis berufsrechtliche Folgen für den Vollstreckungsschuldner hat[98].

c) Vorlage von Urkunden

aa) Anforderungen der Urkundenvorlage

Die Finanzbehörde kann von den Beteiligten und anderen Personen die Vorlage von Büchern, Aufzeichnungen, Geschäftspapieren und anderen Urkunden zur Einsicht und Prüfung an Amtsstelle oder beim Vorlagepflichtigen verlangen (§ 97 Abs. 1 S. 1 AO). Nach dem Wortlaut ist Oberbegriff die Urkunde, die in

---

[95] Tipke in: Tipke/Kruse § 160 AO Rn. 12.
[96] BFH Urteil v. 17.1.1956 I 242/54 U, BStBl. III 1956, 68, 69.
[97] BFH Urteil v. 24.9.1991 VII R 34/90, BStBl. 1992, 57, 58 f.; v. 12.12.2001 VII B 318/00 BFH/NV 2002, 617, 618 f.; Sommerfeld, Sachverhaltsermittlung, S. 105 f. m.w.N.
[98] BFH Urteil v. 22.9.1992 VII R 96/91, BFH/NV 1993, 220 f.

diesem Sinne jede schriftliche oder in der Form einer Wiedergabe auf einem Bildträger oder auf anderen Datenträgern[99] verkörperte Gedankenerklärung ist, die allgemein oder für Eingeweihte verständlich ist, einen Urheber erkennen lässt und die zum Beweis einer rechtlich erheblichen Tatsache geeignet ist[100]. Der Urkundenbegriff i.S.d. § 97 AO ist sehr weit. Er umfasst neben den in der Regelung genannten Urkunden auch z.B. Korrespondenzen, Personalakten sowie Vorstands- und Aufsichtsratsprotokolle. Verlangt werden kann die Vorlage der Originalurkunde, denn nur sie hat vollen Beweiswert[101]. Die Finanzbehörde muss allerdings eine angebotene Fotokopie akzeptieren, wenn für die Erbringung des Beweises unerheblich ist, ob das Original oder eine Fotokopie vorgelegt wird[102].

Unmögliches darf vom Steuerpflichtigen nicht verlangt werden. So kann von ihm eine Vorlage nur dann verlangt werden, soweit er über die Urkunden auch verfügen kann[103], wobei er auch einen Herausgabeanspruch gegen einen Dritten geltend machen muss[104].

Ihn trifft bei der Vorlage eine Pflicht, der Finanzbehörde die Urkunde zu überlassen[105]. Ist der Inhalt der Urkunde ihr nicht unmittelbar zugänglich, etwa in dem Fall, dass die Urkunden in einer fremden Sprache verfasst sind oder auf Datenträgern vorliegen, muss der Steuerpflichtige auf seine Kosten Zugang verschaffen, so durch Übersetzung (§ 87 Abs. 2 S. 1 AO) oder ggf. Ausdruck der Datei (§ 97 Abs. 3 S. 2 i.V.m. § 147 Abs. 5 AO). Eine Einschränkung dieser Pflicht kann unter Zumutbarkeitskriterien erfolgen, z.B. wenn die Übersetzung aller für die Prüfung notwendigen Unterlagen, wie Buchungs- und Bilanzierungsrichtlinien, Belege, Abschlussunterlagen, Bilanzen, Prüfungsunterlagen, Verträge, Rechnungen, Vermerke, Schriftverkehr usw. sehr zeitaufwendig und kostenintensiv ist[106].

---

[99] § 97 Abs. 3 S. 2 i.V.m. § 147 Abs. 5 AO.

[100] Vgl. FG Münster Urteil v. 22.8.2000 6 K 271/00, 6 K 3116/00, EFG 2001, 4; Tipke in: Tipke/Kruse § 97 AO Rn. 2; a.A. Sommerfeld, Sachverhaltsermittlung, S. 106 f. m.w.N., der den Begriff der Urkunde umfassend versteht und nicht verlangt, dass der Urheber erkennbar sein muss.

[101] Hessisches FG Beschluss v. 16.9.1982 X 74/82, EFG 1983, 217 f.

[102] BFH Urteil v. 31.8.1994 X R 2/93, BFH/NV 1995, 467, 468.

[103] BFH Urteil v. 23.8.1994 VII R 134/92, BFH/NV 1995, 570, 571.

[104] RFH Urteil v. 28.5.1929 V A 909/28-S, RStBl. 1929, 351; Tipke in: Tipke/Kruse § 97 AO Rn. 4.

[105] FG Hamburg Urteil v. 12.2.1981 II 134/80, EFG 1981, 542, 543; auch im Rahmen der Außenprüfung: Meier StBp 1987, 156 f.; ders. StBp 1987, 241; Möllinger StBp 1987, 240.

[106] Neubauer JbFfSt 1977/1978, 110, 117 f.; vgl. Tipke in: Tipke/Kruse § 97 AO Rn. 3: keine Übersetzungspflicht für Dritte.

bb) Subsidiarität der Urkundenvorlage

Die Vorlage von Urkunden ist gegenüber der Auskunftserteilung subsidiär, d.h. sie kann nur verlangt werden, wenn der Vorlagepflichtige eine Auskunft nicht erteilt hat, wenn die Auskunft unzureichend ist oder Bedenken gegen ihre Richtigkeit bestehen (§ 97 Abs. 2 S. 1 AO). Zu beachten ist allerdings, dass die Subsidiarität für *steuerliche Vergünstigungen* nicht gilt (§ 97 Abs. 2 S. 2 AO). Problematisch ist dabei, dass der Begriff der steuerlichen Vergünstigung umstritten ist.

Nach einem *engen Verständnis*[107] soll hierunter nicht schon jeder steuermindernde Umstand fallen, wie z.B. Betriebsausgaben oder normale Abschreibungen, sondern nur Befreiungen, Sonderabschreibungen, Sonderausgaben, Billigkeitsmaßnahmen und sonstige Merkmale mit Subventionscharakter. Dem folgt auch *Tipke*[108], der grundsätzlich nur soziale, wirtschaftliche oder aus anderen Gemeinwohlgründen gewährte Steuervorteile erfasst sieht. Hingegen legen Teile der *Literatur*[109] für die Auslegung des Begriffs der steuerlichen Vergünstigung ein *weites Verständnis* zugrunde, dem bereits jeder steuerlicher Vorteil unterfallen soll, für den der Steuerpflichtige die objektive Beweislast zu tragen hat. Dies sind grundsätzlich alle steuerbefreienden, steueraufhebenden oder steuermindernden Tatsachen.

Ein derart weites Verständnis vermag nicht zu überzeugen, hätte es doch starke Einschränkungen für den Steuerpflichtigen zur Folge. Grundsätzlich hat dieser die Möglichkeit, dem Vorlageverlangen der Finanzbehörde das Subsidiaritätsprinzip entgegenzuhalten. Ein weites Verständnis des die Subsidiarität einengenden Begriffs der steuerlichen Vergünstigung führt jedoch dazu, dass der Steuerpflichtige sich auf diese Subsidiarität weit weniger berufen kann, und es für Urkunden in weitem Umfang (nämlich für alle steuermindernden Umstände) nicht gelten würde. Dies erscheint problematisch. Denn gewährt der Gesetzgeber dem Steuerpflichtigen den Schutz des Subsidiaritätsprinzips, darf ihm dieser Schutz nicht über eine extensive, die Finanzbehörde begünstigende Auslegung des Begriffs der steuerlichen Vergünstigung genommen werden. Dies gebietet auch der Verhältnismäßigkeitsgrundsatz, wonach bei einem Eingriff das mildeste Mittel zu verwenden ist. Für den Steuerpflichtigen ist milderes Mittel aber

---

[107] Brockmeyer in: Klein § 97 AO Rn. 6; Helsper in: Koch/Scholtz § 97 AO Rn. 6; Wünsch in: Pahlke/Koenig § 97 AO Rn. 11; weiter: Meier in: Pump/Lohmeyer/Leibner § 97 AO Rn. 10.

[108] In: Tipke/Kruse § 97 AO Rn. 10, der sich allerdings doch dem weiten Verständnis anschließt.

[109] Schuster in: Hübschmann/Hepp/Spitaler § 97 AO Rn. 27; Sommerfeld, Sachverhaltsermittlung, S. 111; Uterhark in: Schwarz § 97 AO Rn. 8.

nicht die Urkundenvorlage, sondern die Auskunftserteilung. Einem weitem Verständnis lässt sich auch § 30a Abs. 4 AO entgegenhalten. Dieser unterscheidet zwischen steuermindernden Ausgaben (für die grundsätzlich der Steuerpflichtige die Beweislast trägt) und Vergünstigungen. Eine solche Unterscheidung steht jedoch im Gegensatz zu einem weiten Verständnis, das beide Begriffe gleichsetzt und sich damit mit dem Wortlaut des § 30a Abs. 4 AO in Widerspruch setzt. Dies zugrundelegend muss die Finanzbehörde zumindest bei der Geltendmachung normaler Vergünstigungen (Werbungskosten, Betriebsausgaben, Sonderausgaben und normale Abschreibungen) vorrangig Auskünfte einholen. Hingegen ist für besondere Steuervorteile (Sonderabschreibungen, Steuerbefreiungen, außergewöhnliche Belastungen), die eine Ausnahme gegenüber den gewöhnlichen Sachverhaltskonstellationen darstellen, ein vorrangiges Vorlageverlangen von Urkunden berechtigt. In diesem Fall wird ohnehin zur Überzeugungsbildung der erhöhte Beweiswert der Urkunde erforderlich sein[110]. Eine restriktive Handhabung des Begriffs der steuerlichen Vergünstigung ist daher geboten.

cc) Modifikationen in besonderen Verfahren

Die Vorlage von Urkunden und die Auskunftserteilung wird in den besonderen Verfahren der Außenprüfung (§ 200 AO), der Steuerfahndung (§ 208 Abs. 1 S. 3 AO) und der Steueraufsicht (§ 211 AO) teilweise modifiziert. Bei der Außenprüfung sind die tatsächlichen und rechtlichen Verhältnisse des Steuerpflichtigen zu prüfen, wobei dieser dabei nach den allgemeinen Grundsätzen mitzuwirken hat (§§ 199 Abs. 1, 200 Abs. 1 AO). Abweichend von den Verfahrensvorschriften der allgemeinen Mitwirkungspflichten kann der Steuerpflichtige hier weder verlangen, dass das Auskunftsersuchen schriftlich ergeht (§ 200 Abs. 1 S. 4 AO), noch kann er sich auf die Subsidiarität der Urkundenvorlage gegenüber der Auskunftserteilung berufen (§ 200 Abs. 1 S. 4 AO). Beide Regelungen sind mit der Eigenart einer Außenprüfung als einer sog. Buchprüfung nicht vereinbar, da der unmittelbare Zugriff auf Bücher und andere Urkunden Sinn und Zweck der Außenprüfung ist.

(1) Digitaler Datenzugriff

Der Steuerpflichtige muss im Rahmen der Außenprüfung die Finanzbehörde auf seine Kosten bei Ausübung des sog. digitalen Datenzugriffs unterstützen (§ 200 Abs. 1 S. 2 AO). § 147 Abs. 6 AO regelt das ab 1.1.2002 eingeführte Zugriffs-

110 So auch: Weber, Mitwirkungspflichten nach der Abgabenordnung, S. 54; auch in den anderen Fällen wird der Steuerpflichtige meist von sich aus Urkunden vorlegen, um seinen Vortrag zu untermauern, Sommerfeld, Sachverhaltsermittlung, S. 112.

recht auf Datenverarbeitungssysteme (digitaler Außenprüfung)[111]. Hiernach gibt es für den Datenzugriff die Formen (1) des *unmittelbaren Datenzugriffs*, nach dem die Finanzbehörde ausschließlich die Möglichkeit hat, in Form des Lesezugriffs Einsicht in die gespeicherten Daten zu nehmen, wobei dem Außenprüfer die Nutzung der erforderlichen Hard- und Software des Unternehmens zur Verfügung zu stellen ist; (2) des *mittelbaren Datenzugriffs*, wonach die Finanzverwaltung verlangen kann, dass der Unternehmer die Daten nach ihren Vorgaben maschinell auswertet oder von einem Dritten auswerten lässt, um danach den Nur-Lesezugrif durchzuführen; und (3) der *Datenträgerüberlassung*, nach der die Finanzverwaltung verlangen kann, dass ihr die gespeicherten Unterlagen auf einem maschinell verwertbaren Datenträger zur Auswertung überlassen werden.

Der Datenzugriff bezieht sich auf die aufbewahrungspflichtigen Unterlagen nach § 147 Abs. 1 AO, insbesondere auf die sonstigen Unterlagen, die für die Besteuerung von Bedeutung sind (§ 147 Abs. 1 Nr. 5 AO). Hierunter fällt auch die Dokumentation von Verrechnungspreisen nach § 90 Abs. 3 AO[112]. Tendenziell wird die Finanzverwaltung versuchen, möglichst viele Daten als verrechnungspreisrelevant und damit als steuerlich relevant zu klassifizieren[113].

Über die Reichweite der Aufbewahrungspflicht für sonstige Unterlagen i.S.d. § 147 Abs. 1 Nr. 5 AO und daher auch über die Reichweite des Datenzugriffs besteht Uneinigkeit. Fraglich ist, ob steuerlich relevante Unterlagen, die rechtlich nicht geführt werden müssen, aber freiwillig geführt werden (z.B. ein von Freiberuflern geführtes Verzeichnis von Geschäftsvorfällen/Betriebsausgaben für Einkommensteuerzwecke) aufbewahrungspflichtig sind.

So wird in der *Literatur*[114] vertreten, dass nur solche Unterlagen aufbewahrungspflichtig sind, für die der Steuerpflichtige nach §§ 140 ff. AO oder anderen Steuergesetzen buchführungs- oder aufzeichnungspflichtig ist (Akzessorietät der Aufbewahrungspflicht). Freiwillig geführte Aufzeichnungen müssten hiernach mangels einer § 146 Abs. 6 AO entsprechenden Regelung nicht aufbewahrt werden[115].

[111] Hierzu: BMF, Grundsätze zum Datenzugriff und zur Prüfbarkeit digitaler Unterlagen (GDPdU), Schreiben v. 16.7.2001, BStBl. I 2001, 415; Drüen in: Tipke/Kruse § 147 AO Rn. 69 ff.; Burchert INF 2002, 677 ff.; Schmitz StBp 2002, 189 ff., Stahl KÖSDI 2005, 14532 ff.

[112] Drüen in: Tipke/Kruse § 147 AO Rn. 23a.

[113] Kroppen/Schnell IWB F. 3, Gr. 1, 1769 ff.

[114] Drüen in: Tipke/Kruse § 147 AO Rn. 1, 23; Lammerding DB 1979, 2452, 2453 f; Schaumburg DStR 2002, 829, 832 f.; Trzaskalik in: Hübschmann/Hepp/Spitaler § 147 AO Rn. 25.

[115] Drüen in: Tipke/Kruse § 147 AO Rn. 4, 23.

Nach der *Gegenauffassung*[116] soll sich die Aufbewahrungspflicht nicht nur auf Unterlagen über Vorgänge, die aufzeichnungspflichtig sind, beschränken, sondern auch auf freiwillig geführte Unterlagen erstrecken. Als Argument dafür wird vorgebracht, dass im Rahmen einer Außenprüfung auch steuerlich bedeutsame Aufzeichnungen und Unterlagen vorzulegen seien, die weder durch Gesetz noch durch die Grundsätze ordnungsgemäßer Buchführung gefordert werden, wenn die Aufzeichnungen tatsächlich geführt werden oder die Unterlagen vorhanden sind. Entsprechend weit gehe auch die Aufbewahrungspflicht, da die Vorlagepflicht ansonsten leer liefe. Die Aufbewahrungspflichten des § 147 AO gehören danach zu den nach § 146 Abs. 6 AO einzuhaltenden Ordnungsvorschriften, da sie in der Überschrift ausdrücklich als Ordnungsvorschriften bezeichnet werden[117].
Da der Gesetzgeber darauf verzichtet hat, den Steuerpflichtigen zur Aufzeichnung sämtlicher für die Besteuerung erheblichen Umstände zu verpflichten, kann sich m.E. auch die Aufbewahrungspflicht nicht auf sämtliche steuerrechtlich relevanten Unterlagen erstrecken. Hierfür kann auf die systematische Stellung des § 146 Abs. 6 AO verwiesen werden. Dieser bezieht sich auf die Ordnungsvorschriften für die Buchführung und die Aufzeichnungen innerhalb des § 146 AO. Hätte der Gesetzgeber eine umfassende Aufbewahrungspflicht für alle steuerlich relevanten Unterlagen beabsichtigt, hätte er dies in § 147 AO zum Ausdruck bringen müssen. Auch die Gesetzesbegründung spricht für die hier vertretene Auffassung. Da nach ihr die „Aufbewahrungspflicht [...] Bestandteil der Buchführungs*pflicht* [Hervorhebung des Verf.]“[118] ist, richtet sich die Aufbewahrungspflicht alleine an Buchführungs- und Aufzeichnungspflichtige, nicht dagegen an freiwillig Buchführende. Eine darüber hinausgehende Aufbewahrungspflicht würde dazu führen, dass diejenigen benachteiligt würden, die über ihre gesetzlichen Pflichten hinaus etwas getan, nämlich Unterlagen erstellt und geführt haben[119]. Übertragen auf den Datenzugriff würde dies bedeuten, dass diejenigen Steuerpflichtigen, die mit erheblichen Kosten aus außersteuerlichen Gründen ein leistungsfähiges EDV-System aufgebaut haben, gleichsam dadurch „bestraft“ würden, dass die Außenprüfung vom Datenzugriff Gebrauch macht. Derjenige Steuerpflichtige dagegen, der nur das an Unterlagen erstellt und aufbewahrt, was gesetzlich von ihm verlangt wird, würde insofern einen über das gesetzliche Muss hinausgehenden Datenzugriff unmöglich machen und sich da-

---

[116] Brockmeyer in: Klein § 147 AO Rn. 5; Burchert INF 2002, 677, 680; Kuhfus in: Kühn/von Wedelstädt § 147 AO Rn. 2; Schmitz StBp 2002, 189, 195; Weiß StBp 2005, 42, 43.
[117] So auch: FG Hamburg Urteil v. 22.3.1991 VII 164/90, EFG 1991, 636, 637.
[118] BT-Drs. VI/1982, S. 127.
[119] Vgl. Tipke in: Tipke/Kruse § 200 AO Rn. 10.

durch gegenüber der Finanzbehörde weniger angreifbar machen[120]. Aus Gründen der Notwendigkeit der Gleichbehandlung der Steuerpflichtigen ist eine Beschränkung der Aufbewahrungspflicht und daher des Datenzugriffs auf die aufzeichnungspflichtigen Unterlagen geboten.

(2) Vorlage privater Unterlagen

Soweit Unterlagen zum Nachweis eines betrieblichen Vorganges dienen, ist ihre Anforderung rechtmäßig (so z.B. beim gemischt betrieblich-privaten Konto). Denn dann handelt es sich um für die Feststellung der für die Besteuerung erheblichen Tatsachen notwendigen Unterlagen.

Problematisch ist aber, ob (private) Unterlagen, die rechtlich nicht geführt werden müssen, aber tatsächlich geführt werden, vorlagepflichtig sind, sofern sie steuerliche Relevanz haben. So haben z.B. rein private Bankkontoauszüge zunächst keine steuerliche Relevanz, werden aber dann steuerlich relevant, wenn eine Vermögenszuwachs- oder Geldverkehrsrechnung durchgeführt werden soll[121]. Relevant wird die Frage auch für Freiberufler, die nach §§ 140 ff. AO keine Buchführungspflicht haben und für die nach der hier vertretenen Auffassung keine Aufbewahrungspflicht gilt.

Vertreten[122] wird, dass Unterlagen, die nicht aufbewahrungspflichtig sind, auch nicht vorlagepflichtig seien. Umgekehrt könne eine Vorlageverpflichtung nur für solche (privaten) Unterlagen bestehen, für die auch eine Aufbewahrungspflicht besteht bzw. von Anfang an bestanden hat. Hiernach seien private Unterlagen nur vorlagepflichtig, soweit sie *auch* geschäftsbezogene Vorgänge ausweisen (§ 147 Abs. 1 Nr. 5 AO). Nur dann wären sie aufzeichnungs- und aufbewahrungspflichtig.

Die *Gegenauffassung*[123] vertritt die Ansicht, dass sich die Vorlagepflicht nicht

---

[120] Zutreffend: Schaumburg DStR 2002, 829, 833.

[121] Vgl. Assmann DB 1989, 851, 852 mit weiteren Beispielen, in denen private Unterlagen relevant werden.

[122] FG Rh.-Pf. Urteil v. 25.4.1988 5 K 351/87, EFG 1988, 502, 503; Assmann StBp 1989, 269, 270 f.; Blumers/Frick/Müller, Betriebsprüfungshandbuch, C Rn. 112; Ditz DStR 2004, 2038, 2040 m.w.N.(Fn. 25); Kromer DStR 2001, 1017, 1018; Mrosek AO-StB 2004, 367, 370; Ruegenberg, Das nationale und internationale Steuergeheimnis, S. 139; Schick in: Hübschmann/Hepp/Spitaler § 200 AO Rn. 199; Tipke in: Tipke/Kruse § 200 AO Rn. 10.

[123] BFH Beschluss v. 13.2.1968 GrS 5/67, BStBl. II 1968, 365, 367; FG Münster Urteil v. 22.8.2000 6 K 2712/00 (AO), EFG 2001, 4; FG Hamburg, Urteil v. 13.2.2001, VI 279/99; Frotscher in: Schwarz § 200 Rn. 6; Lammerding DB 1979, 2452, 2453; Schmitz StBp 2002, 189, 195; Schuster in: Hübschmann/Hepp/Spitaler § 97 AO Rn. 8; Sommerfeld, Sachverhaltsermittlung, S. 109 f.; Wagner in: Kühn/von Wedelstädt § 97 AO Rn. 5; Weiß StBp 2004, 220, 224; ders. StBp 2005, 42, 43; Wünsch in: Pahlke/Koenig § 97 AO Rn. 3; vgl. Stahl KÖSDI 2001, 13071, 13074; unklar: Wiethölter StBp 2001, 330 ff.; vgl. Assmann DB 1989, 851, 853, 854.

nur auf gesetzlich vorgeschriebene Bücher erstrecke. Auch andere Unterlagen seien vorlagepflichtig, wenn sie tatsächlich geführt werden und vorhanden sind. Hiergegen ließe sich einwenden, dass es mit dieser Vorgabe weitgehend vom Zufall abhängt, ob eine Vorlagepflicht besteht; nämlich davon, ob der Steuerpflichtige seine privaten Unterlagen aufbewahrt oder nicht. Es erscheint unbillig, dass derjenige Steuerpflichtige, der über seine gesetzlichen Pflichten hinaus Unterlagen aufbewahrt, durch eine Vorlagepflicht „bestraft" wird.
Doch können diese Einwände angesichts des eindeutigen Wortlauts des § 97 Abs. 1 S. 1 AO nicht überzeugen, denn dieser unterscheidet für die Vorlage nicht zwischen Unterlagen, die aufbewahrt werden müssen und solchen, die nicht aufbewahrt werden müssen. Eine dahingehende Einschränkung kann ihm nicht entnommen werden. Tatsächlich geführte Unterlagen, die noch vorhanden sind, müssen deshalb bei steuerlicher Relevanz vorgelegt werden, unabhängig davon, ob sie geführt werden müssen und/oder aufbewahrungspflichtig sind. Dies entspricht auch Sinn und Zweck der Vorschrift, eine umfassende Sachaufklärung zu ermöglichen. Diese Sichtweise ist auf private Urkunden, wie Sparbücher, Kontoauszüge usw., zu übertragen[124].
Teilweise[125] wird vertreten, dass aus einer solchen Vorlagepflicht zwangsläufig auch eine entsprechende Aufbewahrungspflicht folge. Doch ist dies gerade nicht der Fall. Eine einen solchen Automatismus stützende gesetzliche Grundlage lässt sich der AO nicht entnehmen. Dies folgt auch daraus, dass nach hier vertretener Auffassung keine Aufbewahrungspflicht für freiwillig geführte Unterlagen besteht.
Daraus ergibt sich für die Praxis, dass der Außenprüfer zwar das Recht hat, bei steuerlicher Relevanz sich solche (privaten) Urkunden vorlegen zu lassen. Jedoch wird er meist nicht wissen, ob nicht zu führende und nicht aufbewahrungspflichtige Unterlagen doch existieren. In dieser Situation wird sich der Steuerpflichtige auf Unvermögen zur Herausgabe berufen, d.h. darauf, solche Unterlagen nicht geführt zu haben und/oder sie nicht mehr zu besitzen. Je weniger der Steuerpflichtige daher mitwirkend vorbringt oder vorlegt, desto weniger veranlassende Anhaltspunkte gibt er der Finanzbehörde für eine Untersuchung[126]. Es gibt keine Möglichkeit, dieses Verhalten zu sanktionieren, da ein Herausgabeverlangen mit Zwang nach § 328 AO nicht auf Unmögliches gerichtet sein darf.

---

[124] So i.E. auch: Assmann StBp 1989, 269, 271; Lammerding DB 1979, 2452, 2453; Wagner in: Kühn/von Wedelstädt § 97 AO Rn. 5.
[125] Niedersächsisches FG Urteil v. 17.8.1998 XIV-59/96, EFG 1999, 29; Brockmeyer in: Klein § 147 AO Rn. 5; Schmitz StBp 2002, 189, 195 f.; Weiß StBp 2004, 220, 224.
[126] Vgl. Assmann StBp 1989, 269, 271; ders. DB 1989, 851, 854.

Aus demselben Grund ist auch eine nachteilige Beweiswürdigung oder Schätzung unzulässig[127].

(3) Vorlage von Rechtsgutachten

In Verbindung mit der Vorlagepflicht für steuerlich relevante Unterlagen tritt die Problematik auf, ob das an den Steuerpflichtigen gerichtete Verlangen auf Vorlage vorhandener Rechtsgutachten zulässig ist[128]. Rechtsgutachten dienen häufig als Grundlage für die unternehmerischen Entscheidungen und erleichtern die Arbeit des Außenprüfers ernorm, da sie in aller Schnelle Überblick über beabsichtigte oder verwirklichte Gestaltungen verschaffen und Zusammenhänge zwischen einzelnen Geschäften und Verträgen erkennen lassen[129]. Ohne sie müsste sich der Betriebsprüfer mühevoll selbst ein Überblick über die Zusammenhänge verschaffen.

Daher wird *vertreten*[130], dass bezüglich Gutachten und Stellungnahmen, die einen steuerlichen Problembereich tangieren können, das Recht auf Datenzugriff der Finanzverwaltung eingreife. So vertritt auch die *Finanzverwaltung*[131] die Auffassung, dass die Vorlage von Rechtsgutachten, die Relevanz für die Festsetzung von Verrechnungspreisen haben, zu erfolgen hat.

Dies ist in der *Literatur*[132] zu Recht auf entschiedenen Widerspruch gestoßen. Sachverhaltsermittlung und Rechtsanwendung sind zwar keine voneinander unabhängige Tätigkeiten, sondern die Sachverhaltsermittlung ist Teil der Rechtsanwendung, beide sind zwei Seiten ein und derselben Sache[133]. Dennoch muss hier differenziert werden. Von steuerlicher Relevanz können nur Unterlagen sein, die der Sachverhaltsaufklärung dienen[134]. Dem entsprechend müssen vom Betrieb in Auftrag gegebene Gutachten nur vorgelegt werden, wenn sie für die Ermittlung der Besteuerungsgrundlagen erforderlich sind[135]. Ausgangspunkt für diese Überlegung ist, dass sowohl das Tätigwerden der Finanzbehörde aufgrund

---

127 Vgl. Lammerding DB 1979, 2452 f.

128 Sog. „Zugriff ohne Ende“ durch die Finanzbehörde, Bauer/Taetzner BB 2004, 2267.

129 Weiß StBp 2004, 220.

130 Apitz StBp 2002, 33, 44; Weiß StBp 2004, 220 ff.; ders. StBp 2005, 42 ff.

131 BMF, VerwGrs-Verfahren 2005, Tz. 3.3.2 Buchst. a.

132 Bauer/Taetzner BB 2004, 2267; dies. StBp 2005, 39; Baumhoff/Ditz/Greinert DStR 2005, 1549, 1550; Brockmeyer in: Klein § 147 AO Rn. 5; Ditz DStR 2004, 2038, 2040; Drüen in: Tipke/Kruse § 147 AO Rn. 23; Finsterwalder DStR 2005, 765, 767; Graf IStR 2005, 175, 176; Kroppen/Rasch IWB F. 3, Gr. 1, 2091, 2095; Schaumburg DStR 2002, 829, 833; Taetzner/Büssow BB 2002, 69, 70; Wehnert/Selzer DB 2005, 1295 ff.; vgl. Burchert INF 2002, 677, 680.

133 Birkenfeld DStJG 1986, 245, 248 f.; ähnlich: Zweifel, Sachverhaltsermittlung, S. 5.

134 So z.B. Kromer DStR 2001, 1017, 1018 für den Datenzugriff nach § 147 Abs. 6 AO.

135 Schick in: Hübschmann/Hepp/Spitaler § 200 AO Rn. 203.

des Untersuchungsgrundsatzes (§ 88 AO) als auch die Mitwirkung des Steuerpflichtigen (vgl. § 90 Abs. 1 AO) auf Ermittlung des für die Besteuerung erheblichen *Sachverhalts* gerichtet ist. Jedoch ist die Sachverhaltswürdigung und damit die *rechtliche Beurteilung* eines Sachverhalts ureigene Aufgabe der Finanzbehörde[136]. Eine Mitwirkungspflicht des Steuerpflichtigen bei der rechtlichen Würdigung entbehrt einer gesetzlichen Ermächtigungsgrundlage und verstößt damit gegen das Rechtsstaatsprinzip nach Art. 20 Abs. 3 GG[137].
Für (steuerliche) Rechtsgutachten mit sachverhaltsbeschreibendem und sachverhaltswürdigendem Teil ergibt sich dementsprechend, dass eine Vorlage des sachverhaltswürdigenden Teils an die Finanzbehörde nicht zu erfolgen braucht. Aber auch der sachverhaltsbeschreibende Teil braucht nicht vorgelegt zu werden. Ihm fehlt die steuerliche Relevanz, da er regelmäßig (zumindest bei Gutachten, die in der Phase der Entwicklung eines Projektes erstellt wurden) nicht *den für die Besteuerung erheblichen Sachverhalt*[138] enthält. Als solcher ist derjenige Sachverhalt anzusehen, der tatsächlich verwirklicht wurde und tatsächlich zur Einkünfteerzielung führt. Daraus ergibt sich für Gutachten, die in der Entwicklungsphase eines Projektes erstellt wurden, dass eine Vorlagepflicht nicht besteht, wenn deren vorausgesetzter Sachverhalt wegen z.B. wirtschaftlicher, rechtlicher oder sonstiger Gründe nicht umgesetzt wurde, da hier keine Kausalität zwischen Gutachten und Einkünfteerzielung besteht. Aber auch hinsichtlich Gutachten, deren vorausgesetzter bzw. vorgeschlagener Sachverhalt in die Realität umgesetzt wurde, gilt nichts anderes. Denn hier wird im Gutachten selbst nur ein (fiktiver, d.h. noch nicht verwirklichter) Sachverhalt beschrieben, der mit der späteren Einkünfteerzielung zunächst noch nichts zu tun hat. Im Gutachten beschrieben ist damit lediglich die Vorstellung eines künftigen Sachverhalts. Die Mitwirkungspflicht des Steuerpflichtigen bezieht sich aber nur auf den Sachverhalt, der tatsächlich zur Einkünfteerzielung führt. Zu beachten ist zudem, dass eine Vorlagepflicht für umgesetzte Gutachten in Anbetracht der Regelung des § 90 Abs. 1 AO, nachdem der Steuerpflichtige den steuerrelevanten Sachverhalt ohnehin offen zu legen hat, obsolet ist. Für eine gesetzlich nicht geregelte, „konstruierte" Vorlagepflicht besteht deshalb kein Bedarf. Eine wiederholte Vorlage von Informationen wäre unzumutbar und unverhältnismäßig[139]. Dieser Gedanke

---

[136] Bauer/Taetzner BB 2004, 2267, 2269.

[137] Zutreffend: Bauer/Taetzner StBp 2005, 39, 40.

[138] A.A. Weiß StBp 2004, 220, 222 f

[139] Bauer/Taetzner StBp 2005, 39, 41; a.A. Weiß StBp 2005, 42, 43: Sie eröffnen dem Betriebsprüfer die Kontrolle der Vollständigkeit der im vorgelegten Dokumente und die Verifizierung der ihm erteilten Auskünfte.

lässt sich auch auf Gutachten übertragen, die an schon tatsächlich vorhandene Umstände anknüpfen.
Dem Bemühen der Gegenauffassung, für ihre Ansicht den Beschluss des BFH vom 13.2.1968[140] heranzuziehen, kann nicht gefolgt werden. In diesem Urteil bejahte der BFH die Vorlagepflicht für Vorstands- und Aufsichtsratsprotokolle einer AG aus dem Grunde, dass auch steuerrechtlich relevante Vorgänge der Beschlussfassung des Vorstandes und damit auch der Überwachungstätigkeit durch den Aufsichtsrat unterlagen. Es handelt sich hierbei also um Unterlagen über Vorgänge, in denen die Willensbildung i.S. einer Entscheidungsfindung der Gesellschaft unmittelbar diskutiert bzw. vollzogen wurde. Bei Rechtsgutachten geht es aber gerade (noch) nicht um die entscheidende Willensbildung i.S. einer Beschlussfassung, sondern um eine der Willensbildung vorgelagerte (u.U. externe) Beurteilung, die lediglich möglicherweise willensbeeinflussende Wirkung hat.
Gegenteiliges lässt sich auch § 90 Abs. 3 AO nicht entnehmen. Danach trifft den Steuerpflichtigen die Pflicht, in internationalen Verrechnungspreisfällen den verwirklichten Sachverhalt (Sachverhaltsdokumentation) und die rechtlichen und wirtschaftlichen Grundlagen der Preisfindung (Angemessenheitsdokumentation) aufzuzeichnen. Verstünde man die Angemessenheitsdokumentation als Pflicht zur Beachtung des Fremdvergleichsmaßstabs bei der Verrechnungspreisfestsetzung könnte dies (zumindest auch) als Pflicht zur rechtlichen Würdigung des verwirklichten Sachverhaltes qualifizieren sein, denn der Steuerpflichtige hätte dabei selbständig den von ihm verwirklichten Sachverhalt unter den von einem ordentlichen und gewissenhaften Geschäftsführer hypothetisch verwirklichten Sachverhalt (Rechtsfigur des Fremdvergleichs) zu subsumieren. Die dabei vorgenommenen Überlegungen wären demnach aufzuzeichnen (Verpflichtung, vergleichende Erwägungen bzw. Angemessenheitsüberlegungen aufzuzeichnen). Da diese Aufzeichnungen der Finanzbehörde vorzulegen sind, würde sich die Vorlagepflicht folglich auch auf Dokumente mit rechtlicher Würdigung erstrecken können. Beachtet man aber Wortlaut sowie Sinn und Zweck des § 90 Abs. 3 AO, so wird deutlich, dass sich eine solche Pflicht zur rechtlichen Würdigung daraus nicht entnehmen lässt[141].

---

[140] GrS 5/67, BStBl. II 1968, 365 ff.
[141] Vgl. Kapitel B.II.2.d)cc)(2)(a)(cc); so i.E. auch: Bauer/Taetzner BB 2004, 2267 ff.; dies. StBp 2005, 39, 40 f.; IDW Wpg 2004, 1408 zu Tz. 3.3.2 lit. a; Werra IStR 2005, 19, 22.

Nicht zuletzt verletzt die Pflicht zur Vorlage von Rechtsgutachten das grundrechtlich geschützte Mandatsverhältnis zwischen Mandant und Rechtsanwalt bzw. Steuerberater[142].
Aus diesen Gründen sind Rechtsgutachten nicht vorlagepflichtig.

d) Einnahme des Augenscheins

Führen die Finanzbehörden zum Zwecke von Feststellungen im Besteuerungsverfahren eine Inaugenscheinnahme (§ 98 AO) durch, hat der Steuerpflichtige dies zu dulden. Erfasst ist davon nicht nur die bloße Besichtigung des Augenscheinsobjekts, das in einem weiten Verständnis des Begriffs alles umfasst, was einer sinnlichen Wahrnehmung zugänglich ist, z.B. Personen, Sachen, Geschehensabläufe wie chemische Prozesse, Rekonstruktionen von Vorfällen usw.[143]. So kann auch die Vornahme von Geschmacks- oder Geruchsproben o.ä. erfolgen[144]. Zur Durchsetzung der Einnahme des Augenscheins können dem Steuerpflichtigen weitere Pflichten erwachsen. So dürfen die Finanzbehörden Grundstücke und Räume betreten (§ 99 AO) und die Vorlage von Wertsachen verlangen (§ 100 AO). In Fällen, in denen die Finanzbehörde die Entscheidung nicht auf Grund eigener Sachkunde treffen kann[145], muss der Steuerpflichtige ggf. die Hinzuziehung von Sachverständigen zur Beurteilung auf Grund seiner besonderen Sachkunde dulden (§§ 96, 98 Abs. 2, 99 Abs. 1 S. 1, 100 Abs. 1 S. 2 AO). Die Maßnahmen der Inaugenscheinnahme haben den alleinigen Zweck, Feststellungen im Besteuerungsverfahren zu treffen[146], so dass der Steuerpflichtige nicht dulden muss, dass sie zur Suche nach unbekannten Gegenständen missbraucht werden (§§ 99 Abs. 2, 100 Abs. 2 AO).

3. Allgemeine Mitwirkungspflichten Dritter bei der Aufklärung des Sachverhalts

Auch Personen, die weder Steuerpflichtige noch dem Steuerpflichtigen gleichgestellte Personen sind, können zur Sachverhaltsermittlung herangezogen werden, wenn sie steuererhebliche Informationen über einen fremden Steuerfall besitzen. Dabei ist grundsätzlich zu beachten, dass die Heranziehung aus Verhältnismäßigkeitsgründen nur unter erhöhten Voraussetzungen zulässig ist.

---

[142] Kaminski/Strunk StBp 2005, 245; Wehnert/Selzer DB 2005, 1295, 1297 f.
[143] Helsper in: Koch/Scholtz § 98 AO Rn. 3.
[144] Brockmeyer in: Klein § 98 AO.
[145] Vgl. BFH Urteil v. 19.6.1968 I R 25/67, BStBl. II 1968, 543, 544.
[146] Vgl. Wenzig StBp 1991, 149 f.

a) Auskunftserteilung durch Dritte

aa) Anforderungen an die Auskunftserteilung

Dritte sollen nach § 93 Abs. 1 S. 3 AO erst dann zur Auskunft angehalten werden, wenn die Sachverhaltsaufklärung durch die Beteiligten nicht zum Ziel führt oder keinen Erfolg verspricht. Dem Merkmal der Sachverhaltsaufklärung wird ein weites Verständnis zu Grunde gelegt, das sowohl die Auskunftserteilung als auch die Urkundenvorlage durch den Beteiligten umfasst[147]. Die Auskunftserteilung durch Dritte ist daher subsidiär. Dabei ist gleichgültig, ob der Beteiligte den Sachverhalt nicht klären kann oder will, ob er mitwirkungspflichtig ist, aber nicht mitwirkt, oder ob er seine Mitwirkungspflichten bereits bis zur Grenze des Zumutbaren erfüllt hat[148]. Für die Inanspruchnahme von mehreren als Auskunftspflichtige in Betracht kommenden Personen besteht keine Rangfolge. Zudem können Dritte nicht verlangen, dass das Finanzamt dem Steuerpflichtigen zunächst eine eidesstattliche Versicherung abverlangt[149]. Unter Umständen haben sie ihre Auskunft zu beeiden (§ 95 AO)[150].

bb) Auskünfte von Banken

Auch Kreditinstitute sind zur Erteilung von Auskünften nach § 93 AO verpflichtet (§ 30a Abs. 5 S. 1 AO)[151]. Sie müssen dazu gemäß § 154 Abs. 2 S. 2 AO, der § 93 Abs. 1 S. 3 AO insofern ergänzt[152], sicherstellen, jederzeit Auskunft darüber geben zu können, über welche Konten oder Schließfächer eine Person verfügungsberechtigt ist. Zu diesem Zweck müssen sie die Identität des Verfügungsberechtigten feststellen und registrieren (§ 154 Abs. 2 S. 1 AO)[153]; dies geschieht in der Regel durch Führung eines besonderen alphabetischen Verzeichnisses. Die Vorschrift will i.V.m. § 153 Abs. 1 AO die Kontenwahrheit sichern und verhindern, dass die Nachprüfung der steuerlichen Verhältnisse durch

---

[147] Brockmeyer in: Klein § 93 AO Rn. 8: Der Begriff „Sachverhaltsaufklärung" lässt eine weite Auslegung zu; Lübbert in: Pump/Lohmeyer/Leibner § 93 AO Rn. 26.

[148] Helsper in: Koch/Scholtz § 93 AO Rn. 9.

[149] BFH Urteil v. 22.2.2000 VII R 73/98 BStBl. II 2000, 366, 368 ff.

[150] Str., ob die eidliche Vernehmung des Dritten (so: Brockmeyer in: Klein § 94 AO Rn. 2; Kanzler DStZ/A 1977, 326 f.; Schuster in: Hübschmann/Hepp/Spitaler § 94 AO Rn. 13; Tipke in: Tipke/Kruse § 94 AO Rn. 4; Uterhark in: Schwarz § 95 Rn. 10; Wünsch in: Pahlke/Koenig § 94 AO Rn. 10, § 95 AO Rn. 15) oder die eidesstattliche Versicherung des Beteiligten (so: Müller DStR 1972, 209 f.; so wohl auch: Dreßler StBp 1982, 205, 210; Hartmann in: Beermann § 95 Rn. 6) das letzte Mittel zur Wahrheitsermittlung ist. Für erstere Ansicht spricht die Schwere des Eingriffs, für letztere der Wortlaut des § 95 Abs. 1 S. 2 AO.

[151] Zur Stellung der Banken im Besteuerungsverfahren und Strafverfahren Dritter: Selmer, Steuerrecht und Bankgeheimnis.

[152] Carl/Klos DStZ 1995, 296, 298.

[153] Carl/Klos DStZ 1995, 296, 298.

Verwendung falscher oder erdichteter Namen im Rechtsverkehr erschwert wird[154].

An dieser Stelle ist darauf hinzuweisen, dass die Finanzbehörde zur Herbeiführung einer wahrheitsgemäßen Auskunft das zuständige Finanzgericht bzw. Amtsgericht um die eidliche Vernehmung (§ 94 AO) des Dritten ersuchen kann; darin liegt wegen der Strafbewehrtheit nach §§ 153-163 StGB bei Abgabe eines Falscheids eine gewisse Abschreckungswirkung für den Steuerpflichtigen, da er häufig einen Geschäftsfreund den Folgen des § 94 AO nicht aussetzen wollen wird[155].

b) Urkundenvorlage durch Dritte

Dritte haben auf Verlangen steuererhebliche Urkunden vorzulegen, wobei zu beachten ist, dass die Inanspruchnahme des Nichtbeteiligten hierzu doppelter Subsidiarität unterliegt. Zum einen soll die Vorlage von Urkunden erst dann verlangt werden können, wenn der Dritte eine Auskunft nicht erteilt hat, wenn die Auskunft unzureichend ist oder Bedenken gegen ihre Richtigkeit bestehen (Subsidiarität der Vorlagepflicht von Urkunden gegenüber der Auskunftspflicht gemäß § 97 Abs. 2 S. 1 AO). Zum anderen ist die Vorlage durch Dritte auch gegenüber der Auskunftserteilung und der Urkundenvorlage durch den Beteiligten subsidiär. Dies ergibt sich daraus, dass die Regelung voraussetzt, dass die Voraussetzungen für ein Auskunftsverlangen vorliegen. Da gemäß § 93 Abs. 1 S. 3 AO Nichtbeteiligte erst zur Auskunft verpflichtet werden können, wenn die Sachverhaltsaufklärung durch Auskünfte oder Urkundenvorlage der Beteiligten nicht zum Ziele führt oder keinen Erfolg verspricht, muss dies auch für die Vorlage von Urkunden gelten[156]. Hierfür spricht, dass unter dem Gesichtspunkt der Verhältnismäßigkeit die Vorlage von Urkunden einen schwereren Eingriff darstellt als die Auskunftserteilung.

c) Duldung der Augenscheinseinnahme

Die Pflicht zur Duldung einer Augenscheinseinnahme kann auch unbeteiligte Dritte treffen. So hat der Eigentümer (AEAO zu § 99) und auch der unmittelbare Besitzer[157] das Betreten seines Grundstückes zum Zwecke der Augenscheinsnahme beim Beteiligten nach § 99 AO zu dulden; nach § 100 AO haben auch Dritte auf Verlangen Wertsachen zur Augenscheinseinnahme vorzulegen.

---

[154] Tipke in: Tipke/Kruse § 154 AO Rn. 2.

[155] So zu Recht: Helsper in: Koch/Scholtz § 94 AO Rn. 3.

[156] Tipke in: Tipke/Kruse § 97 AO Rn. 9; Uterhark in: Schwarz § 97 AO Rn. 10; Weber, Mitwirkungspflichten nach der Abgabenordnung, S. 54 f.

[157] Er braucht weder Eigentümer noch Steuerpflichtiger zu sein, Helsper in: Koch/Scholtz § 99 AO Rn. 4.

4. Zwischenergebnis – Beweismittelreihenfolge

In den §§ 90 ff. AO sind umfangreiche Mitwirkungspflichten des Beteiligten und auch Dritter geregelt. Im Regelfall erschöpft sich die Mitwirkung des Beteiligten in der Abgabe der Steuererklärung, ergänzt durch weitere Auskünfte und durch Vorlage von Urkunden. Das Besteuerungsverfahren vollzieht sich regelmäßig nur zwischen der Behörde und dem Beteiligten. Aus Verhältnismäßigkeitsgründen sind dritte Personen regelmäßig nicht einzubeziehen. Daraus ergibt sich folgende Reihenfolge, in der die Finanzbehörden die Beweismittel in der Regel anzuwenden hat[158]: (1) Steuererklärung des Beteiligten, (2) weitere Auskünfte des Beteiligten, (3) Vorlage von Urkunden des Beteiligten, (4) Vorlage von Wertsachen durch den Beteiligten, (5) Einnahme des Augenscheins an Einrichtungen des Beteiligten, (6) Auskünfte Dritter, (7) Vorlage von Urkunden durch Dritte, (8) Vorlage von Wertsachen durch Dritte, (9) Einnahme des Augenscheins an Einrichtungen Dritter, (10) eidesstattliche Versicherung des Beteiligten, (11) eidliche Vernehmung eines Dritten.

[158] Vgl. Helsper in: Koch/Scholtz § 93 AO Rn. 4 und Uterhark in: Schwarz § 93 AO Rn. 27; Sommerfeld, Sachverhaltsermittlung, S. 37.

II. Mitwirkungspflichten des Steuerpflichtigen in grenzüberschreitenden Sachverhalten

Für den Steuerpflichtigen wie auch für (inländische) Dritte gelten grundsätzlich die allgemeinen Mitwirkungspflichten der §§ 90 ff. AO auch in grenzüberschreitenden Sachverhalten. Für ersteren gelten dabei weitere (sog. erhöhte) Mitwirkungspflichten.

1. Erhöhte Mitwirkungspflichten bei Sachverhalten mit Auslandsbezug

Nach dem Prinzip der Welteinkommensbesteuerung wird das Einkommen und Vermögen des unbeschränkt Steuerpflichtigen unabhängig davon besteuert, in welchem Staat das Einkommen erzielt wurde oder wo sich das Vermögen befindet (vgl. § 1 Abs. 1 EStG)[159]. Der deutschen Finanzverwaltung obliegt es, diesen Anspruch bei Sachverhalten mit Auslandsbezug ebenso durchzusetzen wie bei rein inländischen Sachverhalten[160]. Der praktischen Umsetzung steht allerdings das völkerrechtliche Territorialitätsprinzip entgegen, wonach kein Staat auf fremdem Staatsgebiet Hoheitsakte vornehmen darf, sofern nicht der betroffene fremde Staat deren Vornahme ausdrücklich gestattet. Es findet damit eine Begrenzung der Verwaltungshoheit Deutschlands und damit der Möglichkeit der Sachverhaltsaufklärung durch die Souveränität anderer Staaten statt[161]. Hierzu hat *Neubauer*[162] treffend formuliert: „Hinter der Grenze ist es grau." Kompensiert wird dieses verfahrensrechtliche Defizit, indem § 90 Abs. 2 AO dem Steuerpflichtigen im Inland eine erhöhte Mitwirkungspflicht auferlegt, welche auf die Urteile des RFH[163] und des BFH[164] zurückzuführen ist.

a) Anforderungen an die erhöhten Mitwirkungspflichten

Die Beteiligten haben nach § 90 Abs. 2 S. 1 AO bei Sachverhalten, die sich auf Vorgänge im Ausland beziehen, den Sachverhalt aufzuklären und die erforderlichen Beweismittel zu beschaffen. Es wird damit zusätzlich zu Abs. 1 (Pflicht, Beweismittel anzugeben) verlangt, dass der Steuerpflichtige die Beweise für den

---

159 Vgl. Reuß, Grenzen steuerlicher Mitwirkungspflichten, S. 151 ff.; Mann in: FS Mosler, S. 529, 531 f.

160 Reuß, Grenzen steuerlicher Mitwirkungspflichten, S. 19.

161 Flick DStR 1964, 479, 481 f.; Schlagheck, Sachverhaltsermittlung, S. 7 ff.

162 JbFfSt 1977/1978, 110, 115.

163 Urteil v. 30.1.1930 I A 370/29, RStBl. 1930, 151, 153; v. 12.11.1931 I A 495/30, RStBl. 1932, 60; v. 18.10.1933 VI A 1683/32, RStBl. 1934, 422; v. 9.1.1934 I A 344/32, RStBl 1934, 382; v. 23.1.1935 VI A 827/34, RStBl. 1935, 306.

164 Urteil vom 7.4.1959 I 2/58 S, BStBl. II 1959, 233; v. 21.1.1976 I R 234/73, BStBl. II 1976, 513; vgl. Oltersdorf RIW/AWD 1964, 76.

entscheidungserheblichen Sachverhalt selbst zu beschaffen hat. So sind z.B. im Ausland ansässige Zeugen zu stellen[165]. Die Aufforderung zur Beweismittelbeschaffung darf wegen des Grundsatzes der Erforderlichkeit unter Anwendung des Rechtsgedankens des § 97 Abs. 2 AO erst dann erfolgen, wenn die Auskünfte des Steuerpflichtigen zur Aufklärung des Sachverhalts nicht genügten oder Bedenken gegen ihre Richtigkeit vorliegen[166]. Dementsprechend besteht nach Sinn und Zweck der Vorschrift auch dann keine erweiterte Mitwirkungspflicht, wenn für den Auslandssachverhalt inländische Beweismittel zur Verfügung stehen, z.B. bei im Inland lebenden Zeugen für Auslandssachverhalte[167].
Die Beweismittelbeschaffungspflicht umfasst die Beibringung grundsätzlich aller aufschlussreichen Unterlagen über die Beziehungen zu ausländischen Geschäftspartnern, wie etwa Beteiligungsverhältnisse, Niederschriften über Vorstands- oder Gesellschafterversammlungen, Geschäftspapiere und Verträge jeglicher Art. Voraussetzung ist, dass die Unterlagen vorhanden sind, dem Steuerpflichtigen zugänglich sind, er sie aus dem Ausland zu besorgen vermag oder bereits in deren Besitz ist[168]. Er hat dabei alle für ihn bestehenden rechtlichen und tatsächlichen Möglichkeiten auszuschöpfen (§ 90 Abs. 2 S. 2 AO). Die Beweismittelbeschaffungspflicht wird ergänzt durch eine Beweisvorsorgepflicht, d.h. durch die Verpflichtung, für eine mögliche und rechtzeitige Beweismittelbeschaffung Vorsorge zu treffen[169]. Dies bedeutet auch, dass der Steuerpflichtige im Rahmen seiner rechtlichen und tatsächlichen Möglichkeiten sicherstellen muss, dass Unterlagen einer ausländischen nahe stehenden Person nicht vor Ablauf der inländischen Aufbewahrungspflichten vernichtet werden[170]. Damit kann sich der Steuerpflichtige nicht darauf berufen, dass er Sachverhalte nicht aufklären oder Beweismittel nicht beschaffen kann, wenn er sich nach Lage des Falles bei der Gestaltung seiner Verhältnisse die Möglichkeit dazu hätte beschaffen oder einräumen lassen können (§ 90 Abs. 2 S. 3 AO)[171].

---

165 BFH Urteil vom 1.6.1987 I R 284-286/83; v. 1.7.1987 I R 284-286/83, BFH/NV 1988, 12, 13; Beschluss v. 21.4.1995 VIII B 133/94, BFH/NV 1995, 954, 955; Beschluss v. 26.10.1998 I B 48/97, BFH/NV 1999, 506, 508; Beschluss v. 15.2.2000 X B 121/99, BFH/NV 2000, 1450 f.

166 Reuß, Grenzen steuerlicher Mitwirkungspflichten, S. 132 f.

167 BFH Urteil v. 26.2.1992 I R 155/90, BFH/NV 1992, 581 f.

168 Dreßler StBp 1992, 149, 152.

169 Hagen StBp 2005, 33, 35 mit Verweis auf BFH Urteil v. 25.8.1986 IV B 76/86, BStBl. II 1987, 481 (483).

170 BMF, VerwGrs-Verfahren 2005, Tz. 3.2.3; kritisch: Kroppen/Rasch IWB F. 3, Gr. 1, 2091, 2094.

171 Vgl. BFH Urteil v. 14.5.1982 VI R 266/80, BStBl. II 1982, 772, 773; dies kann allerdings nur dann gelten, wenn sich auch fremde Dritte einen solchen Zugang zu Unterlagen sichern würden, Kroppen/Rasch IWB F. 3, Gr. 1, 2113, 2118.

Zur Aufklärung internationaler Sachverhalte stehen den Finanzbehörden das EG-Amtshilfegesetz, die kleinen und großen Auskunftsklauseln der DBA (z.B. Art. 26 und 27 OECD-MA 2003), die Zusammenarbeits-VO, § 117 AO und bilaterale Rechtshilfevereinbarungen zur Verfügung[172].

b) Vereinbarkeit mit Europarecht

Angesichts dessen, dass nach § 90 Abs. 2 AO bei Auslandssachverhalten gegenüber inländischen Sachverhalten an den Steuerpflichtigen erhöhte Mitwirkungspflichten gestellt werden, stellt sich die Frage, ob die Regelung mit Gemeinschaftsrecht vereinbar ist.

aa) Einschlägige Grundfreiheiten

Die in Betracht kommenden Grundfreiheiten des EG-Vertrages, an denen die erhöhten Mitwirkungspflichten des Steuerpflichtigen zu messen sind, sind die Niederlassungs-, Dienstleistungs- und die Kapitalverkehrsfreiheit[173].
Die *Niederlassungsfreiheit* (Art. 43 Abs. 1 EGV [bei Gesellschaften i.V.m. Art. 48 Abs. 1 EGV]) gewährt die freie Niederlassung von Staatsangehörigen eines Mitgliedsstaates im Hoheitsgebiet eines anderen Mitgliedsstaates, wobei gleiches gilt für die Gründung von Zweigniederlassungen oder Tochtergesellschaften durch Angehörige eines Mitgliedsstaates. Sie umfasst die Aufnahme und Ausübung selbständiger Erwerbstätigkeiten sowie die Gründung und Leitung von Unternehmen nach den Bestimmungen des Aufnahmestaates für seine eigenen Angehörigen. So wird schon vom Wortlaut des Diskriminierungs- und Beschränkungsverbots der Fall erfasst, dass eine Muttergesellschaft mit Sitz im Ausland in Deutschland eine Tochtergesellschaft in Deutschland gründet (sog. Inbound-Fall), um in Deutschland wirtschaftlich tätig zu werden. Erfasst wird aber auch der umgekehrte Fall, dass eine Muttergesellschaft in Deutschland eine Tochtergesellschaft im Ausland gründet (Outbound-Fall), sich also gegen Behinderungen ihres Staates für die Wirtschaftstätigkeit in einem anderen Mitgliedsstaat wendet[174].
Die *Dienstleistungsfreiheit* (Art. 49 Abs. 1 EGV [bei Gesellschaften i.V.m. Art. 55 EGV]) gewährt den freien Dienstleistungsverkehr innerhalb der Gemeinschaft. Sie verbietet Behinderungen des Dienstleistungsverkehrs sowohl im

---

[172] Hierzu: BMF, Merkblatt zur zwischenstaatlichen Amtshilfe durch Auskunftsaustausch in Steuersachen v. 3.2.1999, BStBl. I 1999, 228; Bilsdorfer in: Grotherr, Handbuch der internationalen Steuerplanung, S. 1689, 1698 ff.; Schlagheck, Sachverhaltsermittlung, S. 147 ff.

[173] Je nach Gestaltung des Sachverhalts kommen aber alle fünf Grundfreiheiten in Betracht, zutreffend: Seer IWB F. 11, Gr. 2, 673, 674.

[174] Vgl. Urteil v. 27.11.1988, C-81/87 (Daily Mail und General Trust), Slg. 1988, I-5483 Rn. 16; EuGH Urteil v. 16.7.1998, C-264/96 (ICI), Slg. 1998, I-4695 Rn. 21 m.w.N.; Randelzhofer/Forsthoff in: Grabitz/Hilf Art. 43 EGV Rn. 61.

Herkunftsstaat als auch im Aufnahmestaat der Dienstleistung[175]. Dies gilt sowohl für Leistungserbringer, die in einem anderen Staat der Gemeinschaft als demjenigen des Leistungsempfängers ansässig sind (aktive Dienstleistungsfreiheit), als auch für Leistungsempfänger (passive Dienstleistungsfreiheit)[176]. Daher werden z.B. die Fälle erfasst, in denen ein deutsches Unternehmen Leistungen ins Ausland erbringt, sowie in denen ein deutsches Unternehmen Dienstleistungen aus dem Ausland empfängt.

Ein Verbot aller Beschränkungen des Kapitalverkehrs zwischen den Mitgliedsstaaten ergibt sich aus Art. 56 EGV (*Kapitalverkehrsfreiheit*), wobei sowohl der Fall der Weggabe von Kapital (positive Kapitalverkehrsfreiheit) als auch der Fall der Empfangnahme von Kapital (negative Kapitalverkehrsfreiheit) erfasst ist.

bb) Diskriminierung bzw. Beschränkung

Die Auferlegung der erhöhten Mitwirkungspflicht gegenüber Steuerpflichtigen mit reinen Inlandsbeziehungen führt zu einer Diskriminierung bzw. Beschränkung.

Nach ständiger Rechtsprechung liegt eine Diskriminierung dann vor, wenn vergleichbare Sachverhalte rechtlich unterschiedlich oder unterschiedliche Sachverhalte rechtlich gleich behandelt werden, ohne dass für die Gleich- bzw. Ungleichbehandlung eine objektive Rechtfertigung besteht[177]. Dabei erfassen die Diskriminierungsverbote nicht nur die nationalen materiell-rechtlichen Regelungen, sondern auch die Verfahrensvorschriften und die Modalitäten der Steuererhebung[178]. Die Aufnahme von Geschäftsbeziehungen im Ausland stellt gegenüber der Aufnahme inländischer Geschäftsbeziehungen einen vergleichbaren Sachverhalt dar. Die Grenzüberschreitung darf dabei nicht als Unterscheidungsmerkmal herangezogen werden, da dies einen Zirkelschluss bedeuten und der Verwirklichung des Binnenmarktes (vgl. Art. 14 EGV) zuwiderlaufen würde. Diskriminierend wäre daher, inländische Steuerpflichtige (z.B. inländische Gesellschaft) mit ausländischen Geschäftsbeziehungen (z.B. mit einer ausländischen Gesellschaft) (sog. Outbound-Aktivität) steuerlich schlechter zu stellen als inländische Steuerpflichtige bei rein inländischen Geschäftsbeziehungen (z.B.

---

[175] Randelzhofer/Forsthoff in: Grabitz/Hilf Art. 49/50 EGV Rn. 62 ff.

[176] Randelzhofer/Forsthoff in: Grabitz/Hilf Art. 49/50 EGV Rn. 64 ff.

[177] EuGH Urteil v. 28.1.1986, C-270/83 (avoir fiscal), Slg. 1986, I-273 Rn. 17 ff. ; Urteil v. 14.2.1995, C-279/93 (Schumacker), Slg. 1995, I-225 Rn.30; v. 27.6.1996, C-107/94 (Asscher), Slg. 1996, I-3089 Rn. 40; Urteil v. 11.8.1995, C-80/94 (Wielockx), Slg. 1995, I-2493 Rn. 17.

[178] Steichen in: FS Debatin, S. 417, 439.

mit einer inländischen Gesellschaft)[179]. Die bei Auslandssachverhalten gegenüber dem Inlandsfall um die Beweismittelbeschaffungs- und -vorsorgepflicht gesteigerte Mitwirkungspflicht des Steuerpflichtigen führt bei diesem zu einer Mehrbelastung. Sie schlägt sich sowohl rechtlich, etwa in Form einer nachteiligen Beweiswürdigung bzw. einer Schätzungspflicht, als auch finanziell, z.B. durch Verstärkung seines Verwaltungsapparates[180], nieder. Diese Schlechterstellung beinhaltet die Gefahr, dass inländische Gesellschaften ihre Geschäftsaktivitäten auf das Inland beschränken und gleichfalls, dass ausländische Muttergesellschaften ihre Aktivitäten nicht über inländische Tochtergesellschaften ausüben.

cc) Berücksichtigung der Rechtsprechung des EuGH zur EG-Amtshilferichtlinie

Dem deutschen Staat ist zur Verhinderung von Steuerausfällen (Gewährleistung der Wirksamkeit der Steueraufsicht) daran gelegen, Auslandssachverhalte aufklären zu können. Der EuGH[181] hat das Informationsinteresse der Finanzbehörde bei ausländischen Sachverhalten gesehen und als beachtenswertes Interesse zur Verhinderung von Verlagerungen der Steuerbasis ins Ausland anerkannt. So ist auch nach der *Literatur*[182] das Interesse eines Staates, für die inländische Steuer relevante Sachverhalte im Inland prüfen zu können, ein solches beachtenswertes Interesse. Dementsprechend wird von einem *Teil der Literatur*[183] unter Heranziehung einzelner Urteile des EuGH in § 90 Abs. 2 AO eine europarechtskonforme Regelung gesehen. In diesen Urteilen hält der EuGH die Auferlegung von Mitwirkungspflichten bei Auslandssachverhalten nicht pauschal für einen Verstoß gegen Europarecht. So hat ein Mitgliedsstaat ein Recht zur Anwendung von Maßnahmen, die die klare und eindeutige Feststellung der Höhe von Einkünften erlauben, insbesondere kann er verlangen, dass der Steuerpflichtige die von ihm geltend gemachten Verluste klar und eindeutig belegt[184]. Die Finanzbehörden sind auch nicht daran gehindert, vom Betroffenen die für erforderlich gehaltenen

---

179 Cordewener DStR 2004, 6, 14.

180 Schnitger BB 2002, 332, 336.

181 Vgl. z.B. Urteil v. 15.5.1997, C-250/95 (Futura Participations und Singer), Slg. 1997, I-2471.

182 Hruschka IStR 2002, 753, 757 mit Verweis EuGH (Futura Participations und Singer) aaO. Tz. 30.

183 Hruschka IStR 2002, 753, 757; Seer IWB F. 11, Gr. 2, 673, 679; Steichen in: FS Debatin, S. 417, 439 hält eine erhöhte Mitwirkungspflicht für beschränkt Steuerpflichtige für unbedenklich, es sei denn, sie ist nicht verhältnismäßig.

184 Urteil v. 15.5.1997, C-250/95 (Futura Participations und Singer), Slg. 1997, I-2471 Rn. 31, 43.

Belege für Abzugsbeträge zu verlangen[185]. Außerdem kann es gerechtfertigt sein, dass ein Mitgliedsstaat „spezifische Verfahrensregeln" erlässt, um es den zuständigen Finanzbehörden zu ermöglichen, für die Besteuerung erhebliche Auskünfte zu erhalten[186].
Der angeführten Literaturauffassung kann jedoch nicht gefolgt werden. Zum einen verlangt der EuGH mit der Vorlage von Belegen nichts anderes, als auch in *inländischen* Sachverhalten unmittelbar oder mittelbar (durch die Gefahr einer negativen Beweislastentscheidung) vom Steuerpflichtigen gefordert wird. Zum anderen verweist er in ständiger Rechtsprechung[187] auf die Möglichkeit einer grenzüberschreitenden Ermittlung nach der EG-Amtshilferichtlinie[188]. Diese berechtigt zur Beschaffung genau jener Informationen, welche die zuständigen Behörden der Mitgliedsstaaten zur Festsetzung der Steuer benötigen[189], womit dem Einwand, dass diese Ermittlungsmöglichkeiten nicht ausreichend für die Informationsgewinnung seien, regelmäßig keine Bedeutung zuzumessen ist. Damit dürfen die Grundfreiheiten nicht mit dem Hinweis auf praktische Schwierigkeiten der Finanzbehörden bei der Aufklärung von Auslandssachverhalten generell eingeschränkt werden[190].

---

185 Urteil v. 28.1.1992, C-204/90 (Bachmann), Slg. 1992, I-276 Rn. 20; Urteil v. 28.1.1992, C-300/90 (Kommission/Belgien), Slg. 1992, I-314 Rn. 13.

186 EuGH Urteil v. 26.10.1995, C-151/94 (Kommission/Luxemburg), Slg. 1995, I-3685 Rn. 21.

187 Urteil v. 28.1.1992, C-204/90 (Bachmann), Slg. 1992, I-276 Rn. 18; Urteil v. 14.2.1995, C-279/93 (Schumacker), Slg. 1995, I-225 Tz. 45; Urteil v. 12.4.1995, C-1/93 (Halliburton Services BV), Slg. 1994, I-1137 Tz. 22; Urteil v. 15.5.1997, C-250/95 (Futura Participations und Singer), Slg. 1997, I-2471 Rn. 41; Urteil v. 11.8.1995, C-80/94 (Wielockx), Slg. 1995, I-2493 Rn. 26; EuGH vom 28.10.1999 C-55/98 (Vestergaard), Slg. 1999, I-7641 Rn. 26, 28.

188 Richtlinie des Rates v. 19.12.1977 über die gegenseitige Amthilfe zwischen den zuständigen Behörden der Mitgliedstaaten im Bereich der direkten Steuern, bestimmter Verbrauchsteuern und der Steuern auf Versicherungsprämien (77/799/EWG), ABl. L 336 v. 27.12.1977, S. 15.

189 Urteil v. 15.5.1997, C-250/95 (Futura Participations und Singer), Slg. 1997, I-2471 Rn. 41; Urteil v. 28.10.1999, C-55/98 (Vestergaard), Slg. 1999, I-7641 Rn. 28; kritisch: Seer IWB F. 11, Gr. 2, 673, 676 ff.

190 Carlé KÖSDI 2003, 13583, 13588; Cordewener DStR 2004, 6, 15; Frotscher in: Lüdicke, Fortentwicklung der Internationalen Unternehmensbesteuerung, S. 167, 178 ff.; Kessler/Spengel DB Beilage Nr. 6/2004 zu Heft Nr. 43, 1, 7; Schießl NJW 2005, 849, 854; Schnitger BB 2002, 332, 336 f.; Söhn in: Hübschmann/Hepp/Spitaler § 90 AO Rn. 147 f.; Thesling DStR 1997, 848, 854 ff., der annimmt es handele sich um eine teleologische Reduktion des § 90 Abs. 2 AO; a.A. Crezelius IStR 2002, 433, 438; Hruschka IStR 2002, 753, 756 f.; Seer IWB F. 11, Gr. 2, 673 ff.; ders. in: Tipke/Kruse § 90 AO Rn. 30; Uterhark in: Schwarz § 90 AO Rn. 17.

Jedoch sind Fälle denkbar, in denen der pauschale Verweis auf den Vorrang der EG-Amtshilferichtlinie unbillig ist. Solche sind im Einzelfall zu bestimmen, wobei die Richtlinie stets Anwendung findet, wenn (1) die zur Besteuerung erforderlichen Informationen von ihrem sachlichen Anwendungsbereich erfasst, und (2) die Mitgliedsstaaten zur Mitwirkung bereit sind, und (3) die Informationen aufgrund innerstaatlichen Rechts der Mitgliedsstaaten gewonnen werden können[191]. Dieses Ergebnis lässt sich auf Ausführungen des EuGH[192] stützen, nach denen dieser immanente Schranken der EG-Amtshilferichtlinie anerkennt[193] und ausführt, dass in einem solchen Fall die Finanzbehörden den Steuerpflichtigen zur Mitwirkung auffordern dürfen.
Damit lässt sich zusammenfassen, dass die primäre Inanspruchnahme des Steuerpflichtigen nach § 90 Abs. 2 AO gegen Europarecht verstößt, wohingegen eine restriktiv verstandene, subsidiäre Inanspruchnahme nach erfolglosem Versuch einer Informationsgewinnung über die EG-Amtshilferichtlinie legitim ist.
Gleiches muss für die Möglichkeit des Auskunftsaustausches aufgrund anderer Abkommen gelten, insbesondere der kleinen und großen Auskunftsklauseln in den DBA und sonstigen bilateralen oder multilateralen Verträgen zum Auskunftsaustausch[194]. Es wäre daher wünschenswert, dass der zwischenstaatliche Informationsaustausch erweitert und intensiviert wird. Dadurch könnte eine – zur Vermeidung des Verstoßes gegen Gemeinschaftsrecht eingeführte – Ausdehnung der erweiterten Mitwirkungspflichten auf Inlandssachverhalte durch den Gesetzgeber verhindert werden.

c) Geschäftsbeziehungen zu niedrig besteuerten Auslandsgesellschaften

Während § 160 AO den Abzug von Ausgaben nur dann zulässt, wenn der Steuerpflichtige die Gläubiger oder die Empfänger benennt, hat er nach § 16 Abs. 1 AStG weit mehr als den bloßen Namen und Anschrift seines Geschäftspartners anzugeben. Die Regelung ist eine spezielle Ausgestaltung der erhöhten Mitwirkungspflicht des § 90 Abs. 2 AO[195], knüpft an § 160 AO an und erweitert diesen[196]. Sie verlangt zur Gewährung der Absetzung, dass der Steuerpflichtige *alle*

[191] Cordewener, Europäische Grundfreiheiten, S. 942.
[192] Urteil v. 28.1.1992, C-204/90 (Bachmann), Slg. 1992, I-276 Rn. 20.
[193] Die Mitgliedstaaten sind nach Art. 8 der Richtlinie nicht verpflichtet, mitzuwirken; eine entsprechende Informationsgewinnung im Mitgliedsstaat sei u.U. aus rechtlichen Gründen nicht möglich.
[194] Zutreffend: Cordewener, Europäische Grundfreiheiten, S. 942 f.
[195] Blumers/Frick/Müller, Betriebsprüfungshandbuch, C Rn. 150; Reuß, Grenzen steuerlicher Mitwirkungspflichten, S. 87.
[196] Wassermeyer in: Flick/Wassermeyer/Baumhoff § 16 AStG Rn. 4; Gross in: Wöhrle/Schelle/Gross § 16 AStG Rn. 1; vgl. Schreiber, Anforderungen an die Mitwirkungspflichten, S. 53 f.

Beziehungen offen legt, die unmittelbar oder mittelbar zwischen ihm und der ausländischen Gesellschaft oder Person bestehen und bestanden haben, wenn die Einkünfte aus der maßgeblichen Geschäftsbeziehung beim Steuerausländer nicht oder nur unwesentlich[197] besteuert werden. Erfasst werden vor allem Beteiligungen, sonstige Gesellschaftsverhältnisse und jegliche Art von Verträgen. Hierunter fallen auch Angaben über die Gesellschafter und die hinter der ausländischen Gesellschaft stehenden Interessen, sofern eine Beziehung zwischen dem Steuerpflichtigen und dem Dritten besteht[198]. Die Regelung zielt darauf ab, Geschäftsbeziehungen zu Basisgesellschaften, aber auch zu anderen Geschäftspartnern in typischen Steueroasenländern, besser kontrollieren zu können.
Ebenso wie bei § 90 Abs. 2 AO stellt sich die Frage, ob die Regelung mit den EG-Grundfreiheiten vereinbar ist, was dann nicht der Fall wäre, wenn eine nicht gerechtfertigte Ungleichbehandlung des Inlandsfalles bei Anwendung des § 160 AO[199] und des Auslandsfalles bei Anwendung des § 16 AStG vorliegt. Berücksichtigt man, dass § 160 AO im reinen Inlandsfall nur eine genaue Bezeichnung[200] des Empfängers verlangt, § 16 Abs. 1 AStG dagegen die Offenlegung aller zu ihm bestehenden Beziehungen erfordert, drängt sich die Annahme einer Ungleichbehandlung beider Sachverhalte auf.
Einer solchen Sichtweise wird allerdings mit der Begründung widersprochen, der Regelungsgehalt des § 16 AStG gehe nicht über den des § 90 Abs. 1 AO

---

[197] Die Höhe der unwesentlichen Besteuerung ist str.: für Steuerbelastung von nicht mehr als 10 v.H: Wassermeyer in: Flick/Wassermeyer/Baumhoff § 16 AStG Rn. 25; Vogt in: Blümich § 16 AStG Rn. 17; für eine Steuerbelastungsquote von weniger als 30 v.H.: Reuß, Grenzen steuerlicher Mitwirkungspflichten, S. 95; für eine Steuerbelastungsquote von weniger als 25 v.H.: Baranowski, Auslandsbeziehungen, Rn. 53; Finanzverwaltung, BMF Schreiben v. 14.5.2004, Grundsätze zur Anwendung des Außensteuergesetzes, BStBl. I 2004, Sondernummer 1, Tz. 8.3 und 16.1.2; Schmitz IStR 1997, 193, 195; Gross in: Wöhrle/Schelle/Gross § 16 AStG Rn. 4.

[198] Zutreffend: Trzaskalik in: Hübschmann/Hepp/Spitaler § 160 AO Rn. 30; Wassermeyer in: Flick/Wassermeyer/Baumhoff § 16 AStG Rn. 54, 56; vgl. Vogt in: Blümich § 16 AStG Rn. 20; Wassermeyer/Wagner, RIW 1975, 406, 407 f.; Weitergehend (keine unmittelbare Beziehung zwischen Steuerpflichtigem und Drittem fordernd): BFH Urteil v. 2.4.2003, I R 28/02, HFR 2003, 837, 839; Runge in: Brezing/Krabbe/Lempenau/Mössner/Runge § 16 AStG Rn. 18, 19; Schmitz IStR 1997, 193, 194.

[199] Wobei § 160 AO auch Anwendung auf Auslandssachverhalte findet, was Sedemund IStR 2002, 279, 280 ff. für einen Verstoß gegen Gemeinschaftsrecht hält.

[200] Richtige und vollständige Angabe des Namens und der Anschrift des Empfängers, so dass die Finanzbehörde ihn ohne Schwierigkeiten feststellen kann, vgl. BFH Urteil v. 4.4.1996 IV R 55/94, BFH/NV 1996, 801, 802; Beschluss v. 6.4.1993 XI B 94/92, BFH/NV 1993, 633, 634.

hinaus[201], denn bereits nach dieser Vorschrift seien die Beteiligten sowohl für Inlands- als auch für Auslandssachverhalte verpflichtet, die für die Besteuerung erheblichen Tatsachen vollständig und wahrheitsgemäß offen zu legen.
Dieses Argument kann nicht überzeugen. Zwar mag zutreffend sein, dass § 90 Abs. 1 AO als selbständige Rechtsgrundlage für die Benennung von Beweismitteln und damit auch von Gläubigern und Empfängern herangezogen werden kann[202], dies jedoch nur hinsichtlich der maßgeblichen konkreten schuldrechtlichen Beziehung. Darüber geht § 16 AStG mit dem Verlangen zur Offenlegung *aller* Beziehungen weit hinaus. Gleiches gilt auch für das Verhältnis von § 16 AStG zu dem den § 90 Abs. 1 AO konkretisierenden § 160 AO.
Zwischen § 160 AO und § 16 AStG besteht im Übrigen auch ein weiterer tatbestandlicher Unterschied. Dem Argument, dass der Regelungsgehalt des § 16 AStG nicht über den des § 160 AO hinausgehe, sondern lediglich eine Konkretisierung darstelle[203], kann nicht gefolgt werden. Zwar könnte dies deshalb anzunehmen sein, weil z.B. nach der Rechtsprechung[204] nach beiden Regelungen unter den Empfänger auch die hinter der Gesellschaft stehenden Dritten (wirtschaftlicher Empfängerbegriff) fallen. Damit hätten beide Regelungen denselben Eingriffsgehalt. Eine solche Argumentation greift jedoch zu kurz. Indem die Rechtsprechung die Rechtsfigur des wirtschaftlichen Empfängers im gleichen Sinne bei 16 und 160 anwendet, umgeht sie das in § 16 Abs. 1 AStG zusätzlich geforderte Merkmal der fehlenden oder unwesentlichen Besteuerung. Denn die Benennung des hinter einer ausländischen Gesellschaft stehenden Dritten als wirtschaftlicher Empfänger i.S.d. § 160 AO bedeutet nichts anderes als die Offenbarung der nach der Rechtsprechung von § 16 Abs. 1 AStG erfassten Beziehungen[205].
Die sich aus § 16 AStG ergebende erhöhte Mitwirkungspflicht stellt eine nicht gerechtfertige Ungleichbehandlung dar, die im selbem Umfang wie bei § 90

---

[201] So: Frotscher in: Lüdicke, Fortentwicklung der Internationalen Unternehmensbesteuerung, S. 167, 222 ff.
[202] Insofern sei eine selbständige Verpflichtung aus § 160 AO nicht erforderlich: Reuß, Grenzen steuerlicher Mitwirkungspflichten, S. 87.
[203] BFH Urteil v. 2.4.2003, I R 28/02, HFR 2003, 837, 839 Anm. Jahn PIStB 2004, 8; so auch: Vogt in: Blümich § 16 AStG Rn. 12 f.; a.A. Runge in: Brezing/Krabbe/Lempenau/Mössner/Runge § 16 AStG Rn. 16.
[204] BFH Beschluss v. 25.8.1986 IV B 76/86, BStBl. II 1987, 481, 482.
[205] Schmitz IStR 1997, 193, 194: Der Steuerpflichtige muss danach einen hinter dem tatsächlichen Empfänger stehenden Dritten nur benennen, wenn der tatsächliche Empfänger entweder ausdrücklich im Namen des Dritten auftritt oder sich dies dem Steuerpflichtigen aufdrängen musste.

Abs. 2 AO europarechtswidrig ist[206]. Für den Fall der ausländischen Domizilgesellschaft muss aber dieselbe Einschränkung wie bei § 17 AStG gelten (dazu sogleich). Ist Geschäftspartner eine ausländische Domizilgesellschaft, die keine eigenen wirtschaftlichen Aktivitäten entfaltet, verstößt die erhöhte Mitwirkungspflicht des § 16 AStG nicht gegen die EG-Grundfreiheiten. Denn Aktivitäten, die keine wirtschaftliche Funktion erfüllen, werden nicht vom Schutzbereich der Grundfreiheiten erfasst[207].

d) Geschäftsbeziehungen zu Zwischengesellschaften bzw. zwischengeschalteten Gesellschaften

aa) Anforderungen

§ 17 Abs. 1 AStG ist eine besondere Regelung für die Durchführung der Besteuerung bei Beteiligung an ausländischen zwischengeschalteten Gesellschaften (§ 5 AStG) und Zwischengesellschaften (§§ 7 bis 15 AStG). Die aus ihr resultierenden Mitwirkungspflichten gehen im Auslandsfall über die Mitwirkungspflichten im Inlandsfall und auch über die erhöhten Mitwirkungspflichten des § 90 Abs. 2 AO hinaus[208]. Sie erweitern dessen Anwendungsbereich, indem sie den unbeschränkt Steuerpflichtigen verpflichten, *alle* Geschäftsbeziehungen zu offenbaren, die zwischen ihm bzw. einer ihm nahe stehenden Person und der Gesellschaft bestehen. Zudem besteht eine Vorlagepflicht für sachdienliche Unterlagen einschließlich der Bilanzen und der Erfolgsrechnungen. Zur Erfüllung dieser erweiterten Mitwirkungspflicht hat der Steuerpflichtige mit anderen Personen, insbesondere anderen Gesellschaftern bei der Ausübung von Stimmrechten, zusammenzuwirken[209]. Der wesentliche, über § 90 Abs. 2 AO hinausweisende Inhalt ist damit, dass mehrere inländische (Minderheits-) Gesellschafter nicht allesamt auf ihre Minderheitsstellung verweisen können, sondern zusammenwirken müssen, um einen Gesellschafterbeschluss herbeizuführen, aufgrund dessen Unterlagen dem Finanzamt zur Verfügung gestellt werden könnten[210]. Zu beachten ist jedoch, dass, wenn die anderen Gesellschafter ihrerseits nicht zur Mitwirkung bereit sind, dem Steuerpflichtigen nicht die Verletzung seiner Mitwirkungspflicht vorgeworfen werden kann. Aus dem Mitwirkungsverlangen an den Steuerpflichtigen kann keine Verpflichtung für andere Gesellschafter oder

---

206 So auch: Thesling DStR 1997, 848, 857.

207 Zutreffend und ausführlich im Zusammenhang mit § 17 AStG: Frotscher in: Lüdicke, Fortentwicklung der Internationalen Unternehmensbesteuerung, S. 167, 183 ff.

208 A.A. Dreßler, Gewinn- und Vermögensverlagerungen, S. 411.

209 Frotscher in: Lüdicke, Fortentwicklung der Internationalen Unternehmensbesteuerung, S. 167, 176.

210 Schlagheck, Sachverhaltsermittlung, S. 62; a.A. Reuß, Grenzen steuerlicher Mitwirkungspflichten, S. 82.

Dritte begründet werden[211]. Im Gegensatz zur Schätzung im Inlandsfall enthält § 17 Abs. 2 AStG für den Fall, dass andere geeignete Anhaltspunkte nicht ermittelt werden können, einen Maßstab für die Schätzung der Besteuerungsgrundlagen (Mindestschätzung). Danach sind für die Ermittlung der zuzurechnenden Zwischeneinkünfte mindestens 20 v.H. des gemeinen Werts der von den unbeschränkt Steuerpflichtigen gehaltenen Anteile auszugehen.

bb) Vereinbarkeit mit Europarecht

Die über die Mitwirkungspflichten im Inlandsfall hinausgehenden Mitwirkungspflichten nach § 17 AStG[212] stellen ein Verstoß gegen Europarecht dar. Allerdings ist ein solcher dann nicht anzunehmen, wenn die Zwischengesellschaft i.S.d. §§ 7 ff. AStG keine wirtschaftliche Funktion erfüllt. Denn Aktivitäten, die keine wirtschaftliche Funktion erfüllen, werden nicht vom Schutzbereich der Grundfreiheiten erfasst[213]. So setzt z.B. Art. 43 Abs. 2 EGV (vgl. Art. 50 Abs. 2 EGV) die Ausübung selbständiger Erwerbstätigkeiten voraus, woran bei Zwischenschaltung einer funktionslosen Zwischengesellschaft zum Zwecke der Steuerersparnis nicht zu denken ist. In diesem Fall haben ausländische Gesellschaften keinerlei wirklichen Bezug zum Ausland, da ihre gesamte Geschäftstätigkeit auf einen anderen Mitgliedsstaat ausgerichtet ist. Dies stellt einen Missbrauch dar, der die Mitgliedsstaaten berechtigt, inländisches Recht anzuwenden[214].

2. Mitwirkungspflichten bei Verrechnungspreisen

a) Einleitung

International verbundene Unternehmen bilden wirtschaftlich eine Einheit, rechtlich sind die einzelnen Gesellschaften jedoch nach wie vor eigenständige Rechtsformen (etwa juristische Personen) und daher selbständig steuerpflichtig. Durch den Konzernverbund besteht die tatsächliche Möglichkeit, durch Leistungsaustausch willkürlich Gewinne und Verluste von einem Gliedunternehmen auf das andere (auch über Steuergrenzen hinweg) zu verlagern. Der Preis für die (konzerninternen) Liefer- und Leistungsbeziehungen zwischen den Gliedunter-

---

211 Reuß, Grenzen steuerlicher Mitwirkungspflichten, S. 82 f.

212 Vgl. Schreiber, Anforderungen an die Mitwirkungspflichten, S. 54.

213 Zutreffend und ausführlich: Frotscher in: Lüdicke, Fortentwicklung der Internationalen Unternehmensbesteuerung, S. 167, 183 ff.

214 Vgl. Randelzhofer/Forsthoff in: Grabitz/Hilf vor Art. 39-55 EGV Rn. 122 ff.; Art. 43 EGV Rn. 21; Art. 48 EGV Rn. 47.

nehmen wird als Verrechnungspreis bezeichnet[215]. Der Verrechnungspreis stellt für die leistende Einheit einen Ertrag dar und verursacht bei der empfangenden Einheit in gleicher Höhe Aufwand, so dass die Verrechnungspreise die steuerlichen Ergebnisse beider betroffenen Einheiten beeinflussen. Dabei wird der Verrechnungspreis nicht etwa durch den Markt, sondern durch die Unternehmen selbst festgelegt[216]. Deshalb ist es nicht von der Hand zu weisen, dass die Festlegung der (Verrechnungs-)Preise sowohl ein unternehmensinternes Führungs- als auch ein Steuerungsinstrument zur Verlagerung von Gewinnen aus Hochsteuerländern in Niedrigsteuerländer sein kann[217]. Als Beispiel dafür sei der Fall genannt, dass eine Tochtergesellschaft im niedrig besteuerten Ausland einer Muttergesellschaft im Hochsteuerland eine Ware zu einem übermäßig hohen Preis verkauft. Dies stellt für die Muttergesellschaft eine den Gewinn im Hochsteuerland mindernde Betriebsausgabe dar, während der Gewinn der Tochtergesellschaft erhöht und zugleich niedrig besteuert wird. Geschätzt wird, dass der Leistungsaustausch zwischen international verbundenen Unternehmen mittlerweile mehr als 60 % des Welthandels ausmacht[218], wobei davon ausgegangen wird, dass die Bedeutung der Verrechungspreisthematik durch die fortschreitende internationale Verflechtung und die damit verbundene Ausweitung des konzerninternen Transaktionsvolumens weiter zunehmen wird[219]. Bei der Besteuerung von Verrechnungspreisen handelt es sich daher um ein Zentralproblem des Internationalen Steuerrechts[220] und zugleich um einen der kompliziertesten Bereiche der internationalen Besteuerung[221]. Um eine rechtsmissbräuchliche Gewinnverlagerung in niedrig besteuernde Länder und die damit einhergehenden nationalen Steuerausfälle zu verhindern, stehen die nationalen Finanzbehörden vor der Schwierigkeit und Notwendigkeit, den Geschäftsverkehr mit den ausländischen Konzernunternehmen auf seine steuerliche Angemessenheit zu überprü-

[215] Jacobs, Internationale Unternehmensbesteuerung, S. 868; Poppe DB 1988, 973; Zatloukal, OECD-Verrechnungspreisrichtlinien, S. 93, 95; vgl. Weber/Stoffels/Kleindienst, Verrechnungspreise, S. 7 f.

[216] Rupp, Dokumentationspflichten, S. 1.

[217] Baumhoff in: Mössner, Steuerrecht, Rn. C 227; Wulf/Derlien StB 2004, 140, 141; Europäische Kommission, Studie über die Unternehmensbesteuerung im Binnenmarkt vom 23.10.2001 SEK (2001) 1681, Teil III, Kap. 5 (S. 284, 290); vgl. Baranowski in: FS Debatin, S. 1, 9; Burmester in: FS Debatin, S. 55, 69 ff., insbes. S. 74 ff.; Hillenbrand/Brosig BB 1997, 445; Lohschmidt, Festlegung von Verrechnungspreisen, S. 18; Schmid-Pickert Steuer&Studium 2005, 254, 255 f.

[218] Reuter, Das globale Monopoly, Spiegel Heft Nr. 7 v. 14.2.2005, S. 86, 88.

[219] Zutreffende Einschätzung: Weber/Stoffels/Kleindienst, Verrechnungspreise, S. 11.

[220] Strobl/Zirkel RIW 1968, 463; vgl. Rupp, Dokumentationspflichten, S. 1.

[221] Europäische Kommission, Studie über die Unternehmensbesteuerung im Binnenmarkt vom 23.10.2001 SEK (2001) 1681, Teil III, Kap. 5 (S. 284, 285).

fen. Geprüft wird durch Heranziehen von Verrechnungspreisbestimmungen[222], ob nicht durch (teil-)unentgeltliche Leistungen oder durch ein Missverhältnis von Leistung und Gegenleistung im Einzelfall Gewinne aus den ihrer Steuerhoheit unterliegenden Konzernunternehmen in ausländische Konzernteile verlagert werden.
Der Problematik einer solchen Angemessenheitsprüfung haben viele Staaten Rechnung getragen und Verrechnungspreisvorschriften erlassen[223]. Diese Entwicklung nahm ihren Anfang 1994 in den USA und wurde von der OECD fortgeführt. Als Gemeinsamkeit der Verrechnungspreisvorschriften vieler Staaten sind Regelungen über Dokumentationspflichten hervorzuheben, d.h. Pflichten zur Zusammenstellung, Ordnung und Nutzbarmachung von (verrechnungspreisspezifischen) Dokumenten und Materialien[224]. Diese Dokumentationspflichten enthalten Informations- und Offenlegungspflichten, Pflichten zur Verrechnungspreisdokumentation i.e.S. (sog. Funktions- oder Risikoanalyse), aber auch Einreichungspflichten und -zeitpunkte sowie Strafen. Sie sollen die Überprüfung der konzerninternen Verrechnungspreise ermöglichen und sicherstellen. Paradox erscheint, dass Deutschland mit international vergleichsweise hohen Körperschaftsteuersätzen, die die Verlagerung von Gewinnen ins niedrig besteuernde Ausland herausfordern, als eine der führenden Exportnationen weltweit lange Zeit zu den wenigen Ländern gehörte, die noch keine Dokumentationspflichten festschrieben.
Dies hat sich durch die Einfügung des § 90 Abs. 3 AO durch das Steuervergünstigungsabbaugesetz vom 16.5.2003[225] (StVergAbG) in die AO geändert[226]. Die Vorschrift enthält die Verpflichtung der Steuerpflichtigen, eine Dokumentation ihrer Geschäftsbeziehungen zu nahe stehenden Personen zu erstellen. Ausweislich der Gesetzesbegründung[227] soll § 90 Abs. 3 AO vor allem die Möglichkeit der Prüfung der Einkunftsabgrenzung zwischen international verbundenen Unternehmen (Verrechnungspreisprüfung) durch die Finanzverwaltung sichern. Durch die Dokumentationspflicht soll der Finanzbehörde die Einsicht erleichtert werden, welcher Sachverhalt im Einzelnen verwirklicht worden ist und ob und

[222] Marti/Wyss Der Schweizer Treuhänder 2003, 873 f.
[223] Übersicht bei: Marti/Wyss Der Schweizer Treuhänder 2003, 873, 875; vgl. auch die rechtsvergleichenden Darstellungen bei: Ernst & Young, Verrechnungspreise, B 176 ff. und Blumenberg/Kupke in: Linklaters,Verrechnungspreise, S. 148 ff.
[224] So die Wortbedeutung: Duden, Das große Wörterbuch der deutschen Sprache, „Dokumentation", S. 840.
[225] BGBl. I 2003, 660.
[226] Die Einführung der Dokumentationspflichten ist eine Reaktion des Gesetzgebers auf das Urteil des BFH vom 17.10.2001, auf das unter Kapitel B.II.2.c) eingegangen wird.
[227] BT-Drs. 15/119 S. 52.

inwieweit dabei der international anerkannte und gesetzlich in § 1 Abs. 1 AStG sowie in § 8 Abs. 3 KStG verankerte Grundsatz des Fremdvergleichs[228] beachtet wurde[229]. Nach diesem müssen die Vereinbarungen zwischen nahe stehenden Personen dem entsprechen, was voneinander unabhängige Dritte unter gleichen oder ähnlichen Verhältnissen untereinander vereinbart hätten[230]. Bei Nichtbeachtung dieses Grundsatzes stehen zur Korrektur von Einkünften die nationalen Vermögensverlagerungstatbestände[231] der verdeckten Gewinnausschüttung nach § 8 Abs. 3 S. 2 KStG, der verdeckten Einlage und der Berichtigung von Einkünften nach § 1 AStG zur Verfügung. Auf zwischenstaatlicher Ebene enthält Art. 9 OECD-MA eine ähnliche Regelung, die aber keine eigenständige Rechtsgrundlage für eine Gewinnkorrektur darstellt[232].

Bei der Verrechnungspreisbildung handelt es sich im Wesentlichen nicht um ein juristisches, sondern um ein betriebswirtschaftliches Problem, nämlich der Festsetzung eines angemessenen Verrechnungspreises. Es wurde daher die Frage aufgeworfen, ob Verrechnungspreise im Hinblick darauf, dass ein Jurist, der in der Regel weder eine kaufmännische Lehre noch ein betriebs- oder volkswirtschaftliches Studium absolviert hat, sich unversehens mit der Frage zu befassen hat, ob ein Verrechnungspreis angemessen ist, überhaupt justitiabel sind[233]. Dieser betriebswirtschaftliche Aspekt[234] soll im Weiteren nicht vertieft werden,

---

228 Zur Untersuchung des Fremdvergleichsmaßstabes der genannten Vorschriften, vgl. Rasch, Konzenerverrechnungspreise, S. 16 ff.; Zur Verfassungswidrigkeit der Praxis der Finanzämter und Finanzgerichte, die gestützt auf § 8 Abs. 3 S. 2 KStG bei von GmbH an ihre Gesellschafter-Geschäftsführer gezahlten Gehältern und Lizenzgebühren dann verdeckte Gewinnausschüttungen annehmen, wenn diese nicht dem Fremdvergleich entsprechen, vgl. Schachtschneider, Steuerverfassungsrechtliche Probleme, S. 87 ff.; zur einheitlichen Anwendung des Fremdvergleichsgrundsatzes für die Steuer und den Zoll: Möller PIStB 2005, 208.

229 BR-Drs. 583/03, Begründung, Allgemeiner Teil, S. 7.

230 Schulze zur Wiesche/Ottersbach, Verdeckte Gewinnausschüttungen, S. 45; hierfür wird auch die Rechtsfigur des sog. ordentlichen und gewissenhaften Geschäftsführers bemüht, kritisch hierzu: Oppenländer, Verdeckte Gewinnausschüttung, S. 143 ff., da dieser nicht mit einem greifbaren inhaltlichen Gewinn verbunden und ständige Ursache von Missverständnissen. Diese Rechtsfigur ist Teilaspekt des Fremdvergleichs, Schuhmann StBp 2005, 114, 115; Problematisch sind Fälle, in denen kein Fremvergleichspreis existiert, hierfür also abweichende Lösungsansätze gefunden werden müssen, vgl. Wendel IStR 2004, 122.

231 Wassermeyer in: Schaumburg, Internationale Verrechnungspreise, S. 123, 132.

232 Blumenberg/Kupke in: Linklaters, Verrechnungspreise, S. 28; Rasch, Konzernverrechnungspreise, S. 182 ff. m.w.N.

233 Bejahend: Wassermeyer in: Schaumburg, Internationale Verrechnungspreise, S. 123, 124 ff.; kritisch in Bezug auf die Überprüfung der VerwGrS 1983: Schlagheck, Sachverhaltsermittlung, S. 124.

234 Vgl. hierzu: Lohschmidt, Festlegung von Verrechnungspreisen; Weber/Stoffels/Kleindienst, Verrechnungspreise.

vielmehr wird ein Schwerpunkt auf Darstellung und Untersuchung der rechtlichen Grundlagen im Zusammenhang mit der Dokumentation von angemessenen Verrechnungspreisen zu legen sein.

b) OECD-Verrechnungspreisrichtlinien

Auf internationaler Ebene findet auf die Problematik der Einkunftsabgrenzung zwischen verbundenen Unternehmen Art. 9 OECD-MA Anwendung. Hiernach dürfen Gewinne, die ein verbundenes Unternehmen aufgrund fremdvergleichswidriger Bedingungen nicht erzielt hat, diesem Unternehmen als erzielt zugerechnet werden. Seine Ausgestaltung ist in den OECD-Verrechnungspreisgrundsätzen für mulinationale Unternehmen und Steuerverwaltungen vom 13.7.1995 (Verrechnungspreisrichtlinien)[235] niedergelegt, in denen Dokumentationspflichten angesprochen werden.

aa) Rechtsqualität der OECD-Verrechnungspreisrichtlinien

Die OECD-Verrechnungspreisrichtlinien werden gemeinhin als Interpretation bzw. als Auslegung des Art. 9 OECD-MA bzw. der ihm entsprechenden Vorschriften in den abgeschlossenen Doppelbesteuerungsabkommen qualifiziert. Rechtskonstruktiv lässt sich dies daraus ableiten, dass DBA völkerrechtliche Verträge sind, deren Auslegung nach den in Art. 31 ff. WVK[236] normierten Regeln zu erfolgen hat. Zwar enthalten die OECD-Verrechnungspreisrichtlinien keine Auslegungsmaßstäbe i.S.d. des Art. 31 Abs. 2 Buchst. a) oder b) WVK, da sie nicht anlässlich eines (bestimmten) bilateralen DBA ausgearbeitet und veröffentlicht wurden. Dennoch konkretisieren sie den Begriff des „Fremdverhaltens", der in einem DBA über eine Art. 9 OECD-MA entsprechende Regelung regelmäßig eine durch die Vertragsparteien beabsichtigte besondere Bedeutung erlangt. Aus diesem Grund sind sie bei dessen Interpretation nach Art. 31 Abs. 4 WVK heranzuziehen[237]. Eine unmittelbare rechtliche Verbindlichkeit für die Mitglieder ergibt sich aus ihnen deshalb nicht, weil sie als Empfehlungen[238] i.S.d. Art. 5 Buchst. b des OECD-Übereinkommens[239] ausgestaltet sind, während verbindliche Entscheidungen der Rechtsform des Beschlusses nach Art. 5 Buchst. a des OECD-Übereinkommens bedürften.

---

235 Abgedruckt in: Becker/Kroppen, Verrechnungspreise, OECD-Verrechnungspreisgrundsätze, Text.

236 Wiener Übereinkommen über das Recht der Verträge v. 23.5.1969, BGBl. 1985 II S. 926.

237 Vetter in: Lang, Verrechnungspreisrichtlinien der OECD, S. 9, 20 ff. m.w.N.

238 Zur Rechtswirkung von Empfehlungen: Seidl-Hohenveldern, Das Recht der Internationalen Organisationen, Rn. 1548.

239 Übereinkommen über die Organisation für Wirtschaftliche Zusammenarbeit und Entwicklung v. 14.12.1969, BGBl. 1961 II S. 1151.

Die weiteren Rechtswirkungen der OECD-Verrechnungspreisrichtlinien werden uneinheitlich beurteilt. *Teilweise*[240] wird von einer *abgeschwächten völkerrechtlichen Verpflichtung* zur Umsetzung der in ihnen vorgeschlagenen Maßnahmen ausgegangen. Dem folgend wird zum *Teil*[241] von einer Selbstbindung der Verwaltung und einer die Vertragspartner rechtlich bindenden Auslegung des in Art. 9 OECD-MA enthaltenen Grundsatzes des Fremdverhaltens ausgegangen. Weiterhin wird *vertreten*[242], dass aus ihnen selbst keine rechtliche Verbindlichkeit weder für Mitgliedsstaaten noch für die Bürger zu folgern sei, wohl aber eine rechtliche Beachtlichkeit als Auslegungsinstrument.

Zusammenfassend ist festzuhalten, dass die OECD-Verrechnungspreisrichtlinien Ausgangspunkt aller Überlegungen bei der Beurteilung von Verrechnungspreisen sind[243], was sich nicht zuletzt aus dem Verweis des BFH[244] auf diese ergibt, was dafür spricht, dass das Gericht gewillt ist, ihnen Beachtung zu schenken[245].

bb) Dokumentationserfordernisse des Steuerpflichtigen nach den OECD-Verrechnungspreisrichtlinien

Die OECD-Verrechnungspreisrichtlinien befassen sich in Kapitel V mit den Dokumentationspflichten des Steuerpflichtigen im Zusammenhang mit Verrechnungspreisfällen. Sie geben den Finanzverwaltungen der Mitgliedsländer Hinweise und Empfehlungen für die Entwicklung von Regeln und Verfahrensvorschriften zu Dokumentationspflichten an die Hand[246].

Sie empfehlen, dass sich der Steuerpflichtige vor der Preisfestsetzung überlegen soll, ob seine Verrechnungspreisgestaltung den steuerlichen Erfordernissen, sprich dem Fremdvergleichsgrundsatz entspricht. Hierzu könnte er auf Vergleichsdaten aus Fremdgeschäften zugreifen (Tz. 5.3).

Gefordert wird eine schriftliche Dokumentation, die Angaben über die Grundlagen der Verrechnungspreisfestsetzung, die hierbei berücksichtigten Faktoren

---

240 Lehner in: Vogel/Lehner, DBA, Einl. Rn. 126.

241 Becker in: Becker/Kroppen, Verrechnungspreise, O Vorbemerkungen Anm. 18; ders. in: GS Knobbe-Keuk, S. 557, 558 f.; so auch: Eigelshoven in: Vogel/Lehner, DBA, Art. 9 Rn. 30; Kroppen/Himmelsbach/Dika IWB F. 3, Gr. 1, 1965, 1966; Schlagheck, Sachverhaltsermittlung, S. 100 f.; i.E. Werra IStR 1995, 457, 458 wegen der einstimmigen Zustimmung zum OECD-Bericht.

242 Göschl in: Schuch/Zehetner, Verrechnungspreisgestaltung, S. 385, 401; Zatloukal, OECD-Verrechnungspreisrichtlinien, S. 93, 106; vgl. Höppner StBp 1981, 56, 57 f. und Schmidt DB 1983, 1389 zum OECD-Bericht als nicht bindendes, hochrangiges, amtliches Rechtsgutachten.

243 So auch: Becker in: Becker/Kroppen, Verrechnungspreise, O Vorbemerkung Anm. 19.

244 Urteil vom 17.10.2001 I R 103/00, BStBl. II 2004, 171, 176 f.

245 So auch: Kroppen/Rasch/Roeder IWB F. 3, Gr. 1, 1787, 1789.

246 Vgl. Schuch in: Lang, Verrechnungspreisrichtlinien der OECD, S. 97, 115 ff.

sowie die gewählten Methoden enthält. Dabei soll der Steuerpflichtige Belegmaterial für einen bestimmten Geschäftsfall erstellen und aufbewahren (Tz. 5.4), wobei hierfür keine längere Aufbewahrungspflicht gelten soll, als für ähnliche Belegarten vertretbar ist (Tz. 5.8).
In Tz. 5.16 bis 5.27 sind Informationen für die Ermittlung von Verrechnungspreisen aufgelistet, wobei diese keine Mindesterfordernisse darstellen, sondern sich die Maßgeblichkeit der Informationen nach den Umständen des Einzelfalles richtet. Für die Prüfung, ob die Verrechnungspreise konform mit dem Fremdvergleichsgrundsatz gehen, sind im Allgemeinen Informationen erforderlich, z.B. über die an den Geschäften beteiligten verbundenen Unternehmen, über die in Rede stehenden Geschäfte, über die wahrgenommenen Funktionen, Informationen von unabhängigen Unternehmen, sowie zusätzliche Informationen über das betreffende Geschäft (Tz. 5.17). Außerdem empfehlen sich Informationen über die Organisation und über den Geschäftsbetrieb der verbundenen Unternehmen (Tz. 5.18), über die Preisgestaltung (Tz. 5.19 bis 5.22), über Funktionen und Risiken (Tz. 5.23 und 5. 24), sowie über den Verhandlungsverlauf bei der Festsetzung von Verrechnungspreisen (Tz. 5.27). Dabei wird es von der jeweils angewandten Verrechnungspreismethode abhängen, welche Informationen am nützlichsten sind (Tz. 5.19).
Wert wird auf den Grundsatz der Verhältnismäßigkeit der Mitwirkungspflicht gelegt. So wird vom Steuerpflichtigen nicht erwartet, dass er mehr an Belegmaterial erstellt oder beschafft, als für die Beurteilung, ob er den Fremdvergleichsgrundsatz eingehalten hat, unbedingt erforderlich ist (Tz. 5.7). Aus diesem Grund wird vom Steuerpflichtigen nicht verlangt, Belege vorzulegen, die sich nicht in seinem Besitz befinden und auch nicht anderweitig in vertretbarer Weise verfügbar sind. Dies betrifft Informationen, die aus rechtlichen Gründen (vgl. Tz. 5.10 und 5.11)) oder aus Gründen unverhältnismäßig hohen Kosten- und Arbeitsaufwands nicht beschafft werden können.
Ein Nachweis der Angemessenheit der Verrechnungspreise wird bei Abgabe der Steuererklärung oder gar im Zeitpunkt der Preisfestsetzung nicht verlangt (Tz. 5.4 und 5.15). Es besteht auch keine Verpflichtung, das Belegmaterial für eine Prüfung durch die Finanzbehörden bereitzuhalten (Tz. 5.4).
Die Beweislast wird als in den meisten Staaten bei der Steuerverwaltung liegend angesehen. Trotzdem kann die Finanzbehörde auch in diesem Fall den Steuerpflichtigen in angemessener Weise zur Vorlage von Überlagen über seine Verrechnungspreisgestaltung verpflichten. Im Falle einer Mitwirkungspflichtverletzung kann eine Beweislastverlagerung eintreten, und zwar in Form einer widerlegbaren Vermutung zugunsten der von der Steuerverwaltung vorgesehenen Berichtigung. Unabhängig von der Beweislast sollen sich sowohl Steuerpflichtiger

als auch die Finanzbehörde gewissenhaft um die Übereinstimmung der Verrechnungspreise mit dem Fremdvergleichsgrundsatz bemühen. (Tz. 4.11 ff. und 5.2). Zur Einhaltung der Verrechnungspreisregelungen, insbesondere der Mitwirkungspflichten, sehen die OECD-Verrechnungspreisrichtlinien einen sachgerechten Einsatz von (verschuldensabhängigen) Strafmitteln vor, wenn sie den Zielen des OECD-Musterabkommens nicht widersprechen (Tz. 4.25 f. und Tz. 4.28). Die Verhängung von beträchtlichen Strafen wäre dann unbillig, wenn sich der Steuerpflichtige redlich in angemessener Weise bemüht hat, den Fremdvergleichsgrundsatz einzuhalten, insbesondere für den Fall, dass er für ihn unzugängliche Daten nicht beachtet oder eine Verrechnungspreismethode nicht angewendet hat, die für ihn unzugängliche Daten erfordert hätte (Tz. 4.28).

c) Rechtslage vor dem Steuervergünstigungsabbaugesetz

Vor der Einfügung des § 90 Abs. 3 AO gab es im deutschen Recht keine ausdrückliche gesetzliche Regelung von Dokumentationspflichten bei Verrechnungspreisfällen. Zurückzugreifen war daher auf die allgemeinen Mitwirkungspflichten.

Die deutsche Finanzverwaltung hatte bereits in den Verwaltungsgrundsätzen vom 23.2.1983[247] umfangreiche Mitwirkungspflichten in Bezug auf eine Einkunftsabgrenzung zwischen verbundenen Unternehmen vorgesehen[248]. Der Entwurf des BMF vom 24.8.2000[249] enthielt als Überarbeitung der Verwaltungsgrundsätze von 1983 wesentlich umfangreichere Mitwirkungspflichten als diese. Er wurde aber obsolet, als sich durch die Rechtsprechung des BFH die Rechts-

---

[247] BMF, Grundsätze für die Prüfung der Einkunftsabgrenzung bei international verbundenen Unternehmen, IV C 5 – S 1341 – 4/83, BStBl. I 1983, 218, Tz. 7.4 und 9 (VerwGrs 1983).

[248] Zur Darstellung und kritischen Auseinandersetzung dieser Mitwirkungspflichten vgl. Vögele/Brem in: Vögele/Borstell/Engler, Verrechnungspreise, E Rn. 51-77. Weiterhin sind Mitwirkungspflichten hinsichtlich der Einkünfteabgrenzung enthalten in den Grundsätzen der Verwaltung für die Prüfung der Aufteilung der Einkünfte bei Betriebsstätten international tätiger Unternehmen, BMF v. 24.12.1999, IV B 4 - S 1300 - 111/99, BStBl I 1999, 1076, Tz. 5 (Betriebsstätten-Verwaltungsgrundsätze), in den Grundsätzen für die Prüfung der Einkunftsabgrenzung durch Umlageverträge zwischen international verbundenen Unternehmen, BMF v. 30.12.1999, IV B 4 – S 1341 – 14/99, BStBl. I 1999, 1122, Tz. 5 sowie in den Grundsätzen für die Prüfung der Einkunftsabgrenzung zwischen international verbundenen Unternehmen in Fällen der Arbeitnehmerensendung, BMF v. 9.11.2001, IV B 4 - S 1341 - 20/01, BStBl I 2001, 796, Tz. 5.

[249] Entwurf der Grundsätze für die Prüfung der Einkunftsabgrenzung zwischen international verbundenen Unternehmen in Bezug auf Berichtigungen, Verfahren und verbindliche Auskünfte (Verwaltungsgrundsätze – Verfahren-E), IV B 4 – S 1341-/00, abgedruckt in: Flick/Wassermeyer/Baumhoff, § 1 AStG 6. S. 70; vgl. hierzu: Ernst & Young, Verrechnungspreise, B 121 ff.; Kroppen/Eigelshoven/Roeder IWB F. 3, Gr. 2, 925 ff.

lage wesentlich änderte. In seinem Beschluss vom 10.05.2001[250] und seinem zur selben Sache ergangenen grundlegenden Urteil vom 17.10.2001[251] hat der BFH richtungweisende Aussagen in Bezug auf Verrechnungspreisfälle getroffen, denen nach wie vor grundlegende Bedeutung beizumessen ist. Insbesondere setzte sich das Gericht erstmals mit der Frage auseinander, inwieweit für Steuerpflichtige bei internationalen Verrechnungspreisfällen eine Dokumentationsverpflichtung besteht. Trotz der auf diese Entscheidungen folgenden Einführung des § 90 Abs. 3 AO besitzt diese Rechtsprechung nach wie vor Relevanz (wenigstens) für nationale Sachverhalte und Altfälle bei internationalen Sachverhalten. Sie stellen den (nationalen) Ausgangspunkt für eine nach wie vor andauernde Entwicklung auf dem Gebiet der Verrechnungspreise dar und sind deshalb genauer zu untersuchen.
Zum besseren Verständnis der nachfolgenden Diskussion sei hier der verkürzte Entscheidungssachverhalt vorangestellt:

> Eine deutsche GmbH (Tochtergesellschaft) war Vertriebsgesellschaft für Bekleidungsartikel ihrer ausländischen produzierenden Muttergesellschaft. Im Rahmen einer Betriebsprüfung vertrat die Finanzbehörde die Auffassung, dass an die Muttergesellschaft geleistete Zahlungen für Warenlieferungen wegen zu hoher Einkaufspreise als verdeckte Gewinnausschüttungen zu qualifizieren seien. Die Finanzbehörde hielt sowohl die Höhe der an die Tochtergesellschaft gezahlten Handelsvertreterprovisionen als auch deren Rohgewinnmarge im Eigenhandel für unangemessen niedrig. Sie führte eine Schätzung mit dem Ergebnis höherer Verrechnungspreise durch, wobei sie das Recht dazu aus der Nichtvorlage von Kalkulationsunterlagen durch die Tochtergesellschaft ableitete.

aa) Pflichten im Zusammenhang mit Verrechnungspreisen

Im obigen Urteil hat der BFH[252] eine Pflicht des Steuerpflichtigen zum Nachweis der Angemessenheit der Verrechnungspreise verneint und eine Nachweispflicht nur *für den verwirklichten Sachverhalt* angenommen. Diese umfasst die Darlegung, wie der tatsächlich vereinbarte Verrechnungspreis zustande kam, welche Risiken und Funktionen die Rechtsvorgängerin übernahm und welchen Einfluss die Muttergesellschaft auf das Zustandekommen der tatsächlich vereinbarten Preise nahm. Es wird damit nur eine Sachverhaltsdokumentation ver-

---

[250] I S 3/01, BFH/NV 2001, 957; Anm.: Kroppen/Eigelshoven IWB F. 3, Gr. 1, 1745.
[251] I R 103/00, BStBl. II 2004, 171; Anm. Kroppen/Rasch/Roeder IWB F. 3, Gr. 1, 1787; Vorinstanz FG Düsseldorf, Urteil v. 8.12.1998 6 K 3661/93 K, G, F, DStRE 1999, 787; Anm. Borstell/Prick IStR 1999, 304; Kroppen/Eigelshoven IWB F. 3, Gr. 1, 1587; Kuckhoff/ Schreiber IStR 1999, 513; Schnorberger IStR 1999, 523.
[252] Urteil vom 17.10.2001 I R 103/00, BStBl. II 2004, 171, 175 Tz. 2 d) bb).

langt. Die Prüfung, ob der tatsächlich vereinbarte Preis mit einem Fremdvergleichspreis übereinstimmt (Ermittlung von Vergleichspreisen und Vergleich), also die Sachverhaltswürdigung, ist allein Sache der Finanzbehörde. Der BFH weist explizit darauf hin, dass mangels Rechtsgrundlage auch Tz. 9.2.2. Buchst. b) der VerwGrs 1983 eine andere Annahme nicht zu rechtfertigen vermag. Der Steuerpflichtige ist danach ebenfalls nicht verpflichtet, Fremdvergleichspreise zu ermitteln oder Preise mit nahe stehenden Unternehmen fremdvergleichskonform festzusetzen[253].

Zur Führung des Nachweises des verwirklichten Sachverhalts war vor diesen Entscheidungen ungeklärt, ob dem Steuerpflichtigen eine Pflicht oblag, eine Dokumentation seiner Geschäftsbeziehungen zu *erstellen*, die der Finanzbehörde die Überprüfung der Angemessenheit erleichtert hätte.

Frühere Entscheidungen des BFH[254] nahmen aufgrund § 90 Abs. 2 AO eine Beweisvorsorgepflicht an, woraus teilweise von der Literatur[255] eine Dokumentationspflicht für die Angemessenheit der Verrechnungspreise hergeleitet wurde. Auch Tz. 5.4 und 5.6 der OECD-Verrechnungspreisgrundsätze sprechen davon, dass von einem ordentlichen Geschäftsleiter die Anfertigung schriftlicher Unterlagen erwarten werden könne. Dementsprechend vertrat auch die Finanzverwaltung im VerwGrs-E 2000[256] die Auffassung, dass die Beweisvorsorgepflicht die zeitnahe und laufende Dokumentation aller für die Verrechnungspreisbildung wesentlicher Daten gebiete.

Eine Pflicht zum Erstellen einer Dokumentation für Verrechnungspreise hat der BFH[257] dagegen verneint. Der Steuerpflichtige muss lediglich *tatsächlich vorhandene* Bücher, Aufzeichnungen, Geschäftspapiere und andere Urkunden nach §§ 97 Abs. 1, 200 Abs. 1 AO vorlegen und Auskünfte jeder Art nach §§ 93, 200 Abs. 1 AO erteilen. Spezielle Aufzeichnungs- und Dokumentationspflichten neben den §§ 140 ff. AO und §§ 238 ff. HGB bestehen für verdeckte Gewinnausschüttungen dagegen nicht. Dementsprechend ist der Steuerpflichtige nicht ver-

---

[253] Kuckhoff/Schreiber IWB F. 3, Gr. 1, 1863, 1867.

[254] Z.B. Beschluss vom 22.12.1997 VIII B 87/96, BFH/NV 1998, 944; Urteil v. 25.8.1986 IV B 76/86, BStBl. II 1987, 481, 483.

[255] Z.B. Becker in: GS Knobbe-Keuk, S. 557, 574; Rasch, Konzernverrechnungspreise, S. 145 ff.; a.A. Kroppen/Eigelshoven/Roeder IWB F. 3, Gr. 2, 925, 936; Ritter FR 1985, 34, 37; vgl. Martin BB 1986, 1021, 1027.

[256] BMF, Entwurf Grundsätze für die Prüfung der Einkunftsabgrenzung zwischen international verbundenen Unternehmen in Bezug auf Berichtigungen, Verfahren und verbindliche Auskünfte (Verwaltungsgrundsätze – Verfahren) v. 24.8.2000, Az. IV B 4 – S1341 - /00, Tz. 2.2.2 und 2.2.3; kritisch: Kroppen/Eigelshoven IWB F. 2, 707, 708.

[257] Urteil vom 17.10.2001 I R 103/00, BStBl. II 2004, 171, 176 Tz. 2 d) bb); Beschluss v. 10.5.2001 I S 3/01, BFH/NV 2001, 957 f.

pflichtet, Verrechnungspreis- sowie Funktionsanalysen, Organigramme u.ä. zur Rechtfertigung der mit einem verbundenen Unternehmen vereinbarten Verrechnungspreise zu erstellen und der Betriebsprüfung vorzulegen, es sei denn, diese Unterlagen sind bereits im Unternehmen vorhanden[258].
Der Einschätzung des BFH ist uneingeschränkt zu folgen. Schon allein aus dem Grundsatz des Gesetzesvorbehaltes ergibt sich, dass der Steuerpflichtige nur insoweit zu Aufzeichnungen und Auskünften verpflichtet ist, wie ihm dies durch gesetzliche Regelungen vorgeschrieben wird. Dies kann auch den bereits angesprochenen gesetzlichen Regelungen entnommen werden, die nur eine Verpflichtung enthalten, (existente) Unterlagen, die dem Steuerpflichtigen zur Verfügung stehen, offen zu legen bzw. die ihm zugänglichen Informationen an die Finanzverwaltung weiter zu geben. Hat ein Konzernunternehmen freiwillig aus außersteuerlichen Gründen eine Verrechnungspreisdokumentation angefertigt, besteht daher eine Vorlagepflicht[259]. Eine darüber hinausgehende Verpflichtung (etwa zur Erstellung einer Dokumentation) existiert dagegen nicht[260]. Auch unter dem Gesichtspunkt der Rechtsprechungskontinuität ist der Entscheidung zuzustimmen. Bereits in einem früheren Urteil des BFH[261] entschied er, dass der Steuerpflichtige zwar verpflichtet ist, gezielte Fragen (z.B. nach den Einzelverkaufspreisen) zu beantworten und weitere sachdienliche Unterlagen vorzulegen, nicht jedoch dazu, selbst eine Nachkalkulation für Gewinne und Umsätze zu erstellen; dies ist Aufgabe des Betriebsprüfers. Es findet damit also eine strikte Trennung statt zwischen den gesetzlich normierten Auskunfts-, Vorlage- und Buchführungspflichten einerseits, und Dokumentationspflichten im Sinne von Erstellungspflichten, für die es (vor der Einfügung von § 90 Abs. 3 AO) keine gesetzliche Ermächtigungsgrundlage gab, andererseits.

bb) Vorlagepflicht für Unterlagen der ausländischen Muttergesellschaft

Neben der soeben dargestellten Beschränkung der Vorlagepflicht auf vorhandene Unterlagen, besteht ferner die Pflicht, (vorhandene) fremde Dokumente und Unterlagen zu beschaffen (§ 90 Abs. 2 S. 1 AO). Allerdings sei darauf hingewiesen, dass die Durchsetzung bzw. Sanktionierung einer solchen Pflicht häufig ins Leere laufen wird, da der Steuerpflichtige im Falle der Nichtbeschaffung der Unterlagen die Finanzbehörde kaum gleichzeitig darauf hinweisen wird, dass

---

[258] Baumhoff IStR 2001, 751, 752.
[259] Wassermeyer Wpg 2002, 10, 14; vgl. Kapitel B.I.2.c)cc)(2).
[260] Zutreffend: Strunk/Kaminski IWB F. 3, Gr. 1, 1749, 1751 ff.; vgl. Ditz, Internationale Gewinnabgrenzung, S. 275 ff.
[261] BFH Urteil v. 17.11.1981 VIII R 174/77, BStBl. II 1982, 430, 433 f.; vgl. Schöneborn DStZ 1996, 589, 595.

diese aber doch eigentlich beschaffbar sind[262]. Um seiner Beweismittelbeschaffungspflicht nachzukommen, ist allgemein anerkannt, dass der (beherrschende) Steuerpflichtige im Rahmen seiner rechtlichen Möglichkeiten auf seine ausländische Tochtergesellschaft einzuwirken hat, ihm die in ihrem Besitz befindlichen Unterlagen zur Verfügung zu stellen[263].
Bis zum Ergehen der vorliegend besprochenen Entscheidung war umstritten, ob der inländische Steuerpflichtige auch Unterlagen von Konzernunternehmen zu beschaffen verpflichtet ist, auf die er keinen Einfluss nehmen kann (z.B. ausländische Mutter- oder Schwestergesellschaften). Nach *früherer Auffassung der Finanzverwaltung*[264], *Teilen der Literatur*[265] und des *BFH*[266] sollte eine solche Verpflichtung bestehen. Konnte der inländische Steuerpflichtige bei Abschluss des Rechtsgeschäftes aufgrund von konkreten Anhaltspunkten nicht voraussehen, dass die Finanzverwaltung die Angemessenheit des Rechtsgeschäfts anzweifeln könnte, bestand auch keine Beweisvorsorgepflicht. War ihm dies dagegen möglich, konnte er sich nicht erfolgreich darauf berufen, dass der Geschäftspartner die Herausgabe von Unterlagen verweigere; er hätte dann für einen späteren Nachweis vorsorgen müssen[267].
Dem wurde von *Teilen der Literatur*[268] richtigerweise entgegen gehalten, dass eine Tochtergesellschaft keinerlei Möglichkeit hat, der Muttergesellschaft gegenüber die Herausgabe von Unterlagen gesellschaftsrechtlich durchzusetzen[269]. Dem folgend änderte der BFH[270] mit dem angesprochenen Urteil seine bisherige Rechtsprechung dahingehend, dass der Steuerpflichtige nur dann Unterlagen im Ausland beschaffen muss, wenn er hierzu die „rechtliche oder zumindest tat-

---

[262] Zutreffend: Hambacher StBp 2003, 295, 297 f.
[263] BMF, VerwGrs 1983, Tz. 9.1.1 und 9.1.2; nunmehr BMF, VerwGrs-Verfahren 2005, Tz. 3.3.2 Buchst. b; vgl. Crezelius IStR 2002, 433, 439; Hangarter RIW 1982, 176, 177; Schlagheck, Sachverhaltsermittlung, S. 56 ff.; kritisch aus völkerrechtlicher Sicht: Mann in: FS Mosler, S. 529, 540 ff.; kritisch auch: Baumhoff/Ditz/Greinert DStR 2005, 1549, 1550, etwa bei einer reinen Finanzbeteiligung; Finsterwalder DStR 2005, 765, 767;
[264] Vgl. BMF, VerwGrs 1983, Tz. 9.1.3 und BMF, VerwGrs-E, Tz. 2.1.3.
[265] Mann in: FS Mosler, S. 529, 537.
[266] BFH Urteil v. 16.4.1980 I R 75/78, BStBl. II 1981, 492, 493.
[267] BFH vom 16.4.1980 I R 75/78, BStBl. 1981, 492, 493; Kempermann FR 1990, 437, 438; Söhn in: Hübschmann/Hepp/Spitaler § 90 AO Rn. 178; ähnlich Ritter FR 1985, 34, 43 der auf die „Erkennbarkeit“ abstellt.
[268] Becker in: Becker/Kroppen, Verrechnungspreise, V § 1, Erl. zu Tz. 9.1.2. und 9.1.3 der VerwGrs 1983; vgl. Becker JbFfStR 1977/1978 S. 132, 140 f.; Crezelius IStR 2002, 433, 439; Engler in: Vögele/Borstell/Engler, Verrechnungspreise, F Rn. 12; Hangarter RIW 1982, 176, 177; Reuß, Grenzen steuerlicher Mitwirkungspflichten, S. 61 m.w.N.
[269] Hierzu: Schlagheck, Sachverhaltsermittlung, S. 41 ff.
[270] Beschluss v. 10.5.2001 I S 3/01, BFH/NV 2001, 957, 959.

sächliche Möglichkeit“ hat. Überdies muss sich die Tochtergesellschaft zwecks Beweisvorsorge gegenüber der Muttergesellschaft keinen vertraglichen Vorbehalt zur Auskunftserteilung einräumen lassen. Dies ist im Rahmen eines Fremdvergleichs nicht nur unüblich, sondern für den Regelfall ausgeschlossen[271]. Der Steuerpflichtige verletzt deshalb keine Mitwirkungspflichten, wenn er Unterlagen seiner ausländischen Muttergesellschaft nicht beschaffen kann; den Finanzbehörden obliegt fortan die Beweislast für eine *rechtliche* oder *tatsächliche* Beschaffungsmöglichkeit[272]. Die Entscheidung des BFH vermag angesichts des Wortlautes des § 90 Abs. 2 S. 2 AO zu überzeugen, da nicht nur die rechtliche, sondern auch die tatsächliche Möglichkeit zur Einflussnahme maßgeblich ist[273]. So erscheint es möglich, dass die Mutter- oder Schwestergesellschaft die Unterlagen zur Verfügung stellt, obwohl sie rechtlich nicht dazu verpflichtet wäre. Der Steuerpflichtige hat daher wenigstens den ihm zuzumutenden[274] Versuch zu unternehmen und anzufragen, ob ihm die Unterlagen zur Verfügung gestellt werden. Bei Bestehen einer Personalunion der Geschäftsführungen geht die *Finanzverwaltung*[275] von der tatsächlichen Möglichkeit zur Nachweisbeschaffung aus. Allerdings kann eine solche nur insoweit verlangt werden, als der Geschäftsführer dadurch nicht seine rechtlichen Treuepflichten gegenüber der ausländischen Gesellschaft verletzt[276]. Führt dies nicht zum Erfolg, entfällt eine Mitwirkungspflicht.

Nach *Engler*[277] kann die rechtliche Möglichkeit der Muttergesellschaft zur Beschaffung von Beweismitteln und Informationen allerdings nicht dazu führen, dass sie die Informationen über die Geschäftsbeziehungen zwischen den ausländischen und den inländischen Tochtergesellschaften beschafft. Der Finanzbehörde soll damit die Möglichkeit genommen werden, durch einen Umweg über die Muttergesellschaft an die Informationen der ausländischen Schwestergesellschaft zu gelangen.

---

271 A.A. Hambacher StBp 2003, 295, 298.

272 Vgl. Kroppen/Eigelshoven IWB F. 3, Gr. 1, 1745, 1748.

273 So auch: Hruschka IStR 2002, 753, 755; Wassermeyer in: Flick/Wassermeyer/Baumhoff § 1 AStG Rn. 822.

274 RFH vom 23.1.1935 VI A 827/34, RStBl. 1935, 306; BFH vom 13.7.1962 VI 100/61 U, BStBl. III 1962, 428, 429; Kempermann FR 1990, 437, 438; Neubauer JbFfSt 1977/1978 110, 120; a.A. Niehus RIW/AWD 1971, 225, 230.

275 BMF, VerwGrs-Verfahren 2005, Tz. 3.3.2 Buchst. b.

276 Zutreffend: Kroppen/Rasch IWB F. 3, Gr. 1, 2091, 2096; vgl. IDW Wpg 2004, 1408 zu Tz. 3.3.2 lit b; Nach Kaminski/Strunk StBp 2005, 245, 246 komme es darauf an, inwieweit in einer vergleichbaren Situation fremde Dritte in der Lage wären, entsprechende Informationen vorzulegen.

277 In: Vögele/Borstell/Engler, Verrechnungspreise, F Rn. 14.

Diese Auffassung ist im Ergebnis zutreffend. Zwar sehen die Regelungen der §§ 93 Abs. 1 und 97 Abs. 1 AO vor, dass Dritte für sie verfügbare Informationen und Unterlagen herausgeben müssen, weshalb auch die Geltendmachung eines Herausgabeanspruchs in Betracht kommt. Verpflichtete man allerdings die inländische Muttergesellschaft als Dritte zur Beschaffung von Unterlagen über die Grenze hinweg bei der ausländischen Tochtergesellschaft, bedeutete dies eine Beweismittelbeschaffungspflicht, die § 90 Abs. 2 AO für Dritte nicht vorsieht. Es fehlt daher die notwendige Rechtsgrundlage.

cc) Beweislastverteilung im Falle von Verrechnungspreisen

Nach der h.M. trägt für die Unangemessenheit der Verrechnungspreise, d.h. für das Vorliegen einer verdeckten Gewinnausschüttung (vGA), generell die Finanzverwaltung die Beweislast[278]. Unproblematisch ist dabei der Fall einer vGA in Form der verhinderten Vermögensmehrung[279]. Hier beruft sich die Finanzbehörde auf eine durch weitere (unterbliebene) Betriebseinnahmen bewirkte Einkommenserhöhung, wofür nach der herrschenden Normbegünstigungstheorie[280] die Beweislast bei der Finanzbehörde liegt.

Umstritten ist dagegen die Verteilung der objektiven Beweislast bei einer vGA in Form der Vermögensminderung. Denn hier, so wird vorgebracht[281], mache die Gesellschaft Betriebsausgaben geltend, also steuermindernde Umstände, für die sie nach der Normbegünstigungstheorie die Beweislast trägt. Nach ständiger Rechtsprechung des BFH[282] liegt aber auch in diesen Fällen die objektive Beweislast bei der Finanzbehörde.

Dem ist zuzustimmen. Die Tatbestände des Betriebsausgabenabzugs nach § 4 Abs. 4 EStG und des § 8 Abs. 3 S. 2 KStG sind zum Zwecke der Feststellung einer vGA zu trennen. Es geht auch hier um eine Einkommenserhöhung, was sich daraus ergibt, dass in einem Rechtsstreit über vGA anzuwendende Norm § 8 Abs. 3 S. 2 KStG und nicht § 4 Abs. 4 EStG ist. Das Gebot der Hinzurech-

---

[278] So schon: Strobl/Zirkel RIW 1968, 463, 468; Janssen DStR 1994, 314 f.; Kroppen/Eigelshoven/Roeder IWB F. 3, Gr. 2, 925, 938 m.w.N.; vgl. Kuckhoff/Schreiber, Verrechnungspreise, Rn. 67.

[279] Pezzer, Die verdeckte Gewinnausschüttung, S. 89.

[280] Siehe Kapitel D.IV.2.a) und b).

[281] Pezzer, Die verdeckte Gewinnausschüttung, S. 88 f. Hiernach seien Aufwendungen der Kapitalgesellschaft, die durch das Gesellschaftsverhältnis veranlasst sind und in denen eine vGA liegt, von vornherein deshalb nicht abziehbar, weil sie nicht durch den Betrieb veranlasst sind und damit schon nach § 4 Abs. 4 EStG, § 8 Abs. 1 KStG keine Betriebsausgaben darstellen. § 8 Abs. 3 S. 2 KStG habe daher nur deklaratorische Bedeutung. Eppler DStR 1988, 339, 340 f.; Seer in: Tipke/Kruse § 96 FGO Rn. 85.

[282] Z.B. BFH Urteil v. 16.3.1967 I 261/63, BStBl. III 1967, 626, 627; v. 13.7.1994 I R 43/94, BFH/NV 1995, 548, 549.

nung der vGA bei der Ermittlung des Einkommens liegt, denkt man sich § 8 Abs. 3 S. 2 KStG weg, in § 8 Abs. 3 S. 1 KStG und nicht in § 4 Abs. 4 EStG, da eine vGA wie eine offene Ausschüttung Gewinnverteilung darstellt, die keine Gewinnminderung ist[283]. Für dieses Ergebnis spricht insbesondere die neuere Rechtsprechung des BFH[284], nach der mangels außerbetrieblicher Sphäre einer Kapitalgesellschaft deren sämtliche Aufwendungen als betrieblich veranlasst anzusehen sind. Aus diesem Grund geht es bei Kapitalgesellschaften nicht mehr um den Betriebsausgabenabzug (d.h. Abgrenzung zwischen privater und betrieblicher Sphäre), sondern nur noch um die Berechtigung zur Vornahme einer außerbilanziellen Einkommenshinzurechnung[285]. Für eine solche trägt aber immer die Finanzverwaltung die Beweislast.

Als Ergebnis ist festzuhalten, dass bei Geltendmachung von Betriebsausgaben (steuermindernde Umstände) die Feststellungslast bei der Kapitalgesellschaft liegt. Soweit dagegen der Tatbestand der vGA betroffen ist, liegt die Feststellungslast – unabhängig davon, ob ein Fall einer Vermögensminderung oder einer verhinderten Vermögensmehrung in Frage steht – bei der Finanzbehörde, da es sich bei § 8 Abs. 3 S. 2 KStG um eine für die Finanzbehörde günstige, weil steuererhöhende, Norm handelt. So ist auch nach dem BFH im Urteil v. 17.10.2001[286] die Prüfung, ob der tatsächlich vereinbarte Preis mit einem Fremdvergleichspreis übereinstimme, allein die Sache der Finanzbehörden, weshalb sie für die Unangemessenheit der Verrechnungspreise die objektive Beweislast tragen[287].

dd) Folgen einer Mitwirkungspflichtverletzung durch den Steuerpflichtigen

Nachstehend sollen die Auswirkungen einer Mitwirkungspflichtverletzung des Steuerpflichtigen auf die Feststellung des Tatbestandes und der Rechtsfolgen der verdeckten Gewinnausschüttung[288] dargestellt werden. Hervorzuheben ist, dass

---

283 Zutreffend: Döllerer DStR 1989, 331, 332; vgl. Seeger in: FS Wassermeyer, S. 81, 85 ff.

284 Unter Aufgabe seiner bisherigen Rechtsprechung Urteil v. 4.12.1996 I R 54/95, HFR 1997, 327, 328; Urteil v. 22.1.1997 I R 64/96, BStBl. II 1997, 548, 549.

285 Schreiber, Anforderungen an die Mitwirkungspflichten, S. 8 f.; vgl. Oppenländer, Verdeckte Gewinnausschüttung, S. 192 f.; vgl. Seeger in: FS Wassermeyer, S. 81, 85 ff.

286 Urteil vom 17.10.2001 I R 103/00, BStBl. II 2004, 171, 175 Tz. 2 d) bb).

287 Vgl. Baumhoff IStR 2003, 1, 2; Dies setzt nach Ditz, Internationale Gewinnabgrenzung, S. 359 allerdings voraus, dass die Finanzbehörde über ein Mindestmaß an Informationen zur Überprüfung der Verrechnungspreise verfügt

288 Nach aktueller Rechtsprechung (BFH Urteil vom 17.10.2001 I R 103/00, BStBl. II 2004, 171, 173 m.w.N.) ist eine verdeckte Gewinnausschüttung (§ 8 Abs. 3 S. 2 KStG) bei einer Kapitalgesellschaft eine Vermögensminderung oder verhinderte Vermögensmehrung, die durch das Gesellschaftsverhältnis veranlasst ist, sich auf die Höhe des Einkommens auswirkt und in keinem Zusammenhang mit einer offenen Ausschüttung steht; m.a.W. eine durch das

die Nichterstellung und -beschaffung (von der ausländischen Muttergesellschaft) von Dokumenten nicht sanktioniert werden kann[289], sich Sanktionen daher nur aus einer Verletzung der allgemeinen Mitwirkungspflichten (Pflicht zur Auskunft und zur Vorlage von vorhandenen Unterlagen) ergeben können.
Der BFH[290] differenziert bei den Auswirkungen einer Pflichtverletzung danach, ob die unzureichende Mitwirkung des Steuerpflichtigen die Aufklärung einer Tatbestandsvoraussetzung oder die Rechtsfolge der verdeckten Gewinnausschüttung betreffe. Betreffe sie erstere, sei Rechtsfolge die Reduzierung des Beweismaßes für das jeweils aufzuklärende Tatbestandsmerkmal. Beziehe sie sich auf letztere, so rechtfertige sie regelmäßig die Schätzung der Besteuerungsgrundlage.
Der BFH geht daher bei der Ermittlung einer verdeckten Gewinnausschüttung zweistufig vor[291].
(1) Erste Stufe (Sachverhaltsermittlung) ist das Vorliegen einer *durch das Gesellschaftsverhältnis veranlassten Vermögensminderung* bzw. *verhinderten Vermögensmehrung* (=Aufklärung der Tatbestandsvoraussetzungen einer vGA dem Grunde nach). Hier geht es einerseits um die Beantwortung der Frage, *ob* der Gesellschafter bzw. eine ihm nahe stehende Person Einfluss auf die Verrechnungspreise genommen hat. Andererseits geht es um die Frage, *ob* dem Grunde nach eine Vermögensminderung eingetreten ist. Die Mitwirkungspflichtverletzung allein genügt nicht für das Eintreten nachteiliger Rechtsfolgen. Hinzukommen muss das Merkmal der (hypothetischen) Kausalität zwischen Mitwirkungspflichtverletzung und nicht möglicher Sachverhaltsaufklärung, welches verlangt, dass die Erfüllung der Mitwirkungspflichten geeignet gewesen wäre, ein bestimmtes Tatbestandsmerkmal aufzuklären[292].
Verletzt der Steuerpflichtige seine Mitwirkungspflicht auf dieser Stufe, dann trete eine Minderung der Ermittlungspflichten der Finanzbehörde nur bezüglich des aufzuklärenden Tatbestandsmerkmals ein, auf das sich die Mitwirkungs-

---

Gesellschaftsverhältnis veranlasste Vermögensminderung (verhinderte Vermögensmehrung); zur Entwicklung der Definition in der Rechtsprechung vgl. Oppenländer, Verdeckte Gewinnausschüttung, S. 8 ff.

289 Kapitel B.II.2.c)aa) und bb).

290 Urteil vom 17.10.2001 I R 103/00, BStBl. II 2004, 171, 175 Tz. 2 d) bb) und 6. Leitsatz.

291 Gosch StBp 2001, 360, 361 f.

292 Wassermeyer DB 2001, 2465, 2469; so auch: BFH Urteil vom 7.11.2001 I R 14/01, BStBl. II 2002, 861, 864, wonach die Verletzung einer Pflicht zur Beschaffung von Beweismitteln nur dann zu nachteiligen Rechtsfolgen führen kann, wenn zumindest Anhaltspunkte dafür bestehen, dass mit Hilfe der betreffenden Beweismittel eine weitere Sachverhaltsaufklärung möglich gewesen wäre.

pflichtverletzung bezieht[293]. Bezieht sich die Mitwirkungspflichtverletzung – nach isolierter und gesonderter Prüfung jedes Tatbestandsmerkmals[294] – auf mehrere Tatbestandsmerkmale, treten die Rechtsfolgen insofern für alle betroffenen Merkmale ein[295]. Sind daher etwa Fragen, die sich auf die Veranlassung durch das Gesellschaftsverhältnis beziehen, betroffen, darf die Finanzbehörde „nur" annehmen, dass der tatsächlich vereinbarte Preis *durch das Gesellschaftsverhältnis veranlasst* wurde[296]. Dies entspricht einer widerlegbaren Vermutung dieses Tatbestandsmerkmals[297], was rechtsdogmatisch bedeutet, dass der Richter mit Hilfe eines Erfahrungssatzes seinen Schluss auf das Vorliegen des gesetzlichen Tatbestandsmerkmals oder anderer rechtserheblicher Umstände zieht. Dabei betont *Wassermeyer*[298], dass „die Schwelle zu der widerlegbaren Vermutung [...] nicht sehr hoch" liegt.

Fraglich ist, welche Rechtsfolgen sich aus einer solchen widerlegbaren Vermutung ergeben. Rechtsdogmatisch entbinden diese das Gericht nicht von der aus dem Untersuchungsgrundsatz folgenden Maxime, den Sachverhalt vollständig und nach Kräften zu ermitteln[299]. Aus diesem Grund kann sich aufgrund der Pflichtverletzung zwar eine Beweismaßreduzierung ergeben, nicht dagegen aber eine Minderung der Ermittlungspflicht[300]. Die widerlegbare Vermutung kann durch den sog. Gegenbeweis entkräftet oder erschüttert werden, wobei es genügt, dass ein Sachverhalt dargelegt wird, der die ernstliche Möglichkeit eines anderen als des der allgemeinen Erfahrung entsprechenden Verfahrensablaufs ergibt[301].

---

293 BFH Urteil vom 17.10.2001 I R 103/00, BStBl. II 2004, 171, 175 Tz. 2 d) bb).

294 Klarstellend: Kaminski/Strunk StBp 2005, 245, 253.

295 Zutreffend: BMF, VerwGrs-Verfahren 2005, Tz. 4.4.

296 Wassermeyer in: Flick/Wassermeyer/Baumhoff § 1 AStG Rn. 824.

297 Engler in: Vögele/Borstell/Engler, Verrechnungspreise, F Rn. 71; Kaminski/Strunk IWB F. 3, Gr. 1, 1831, 1833 bzw. „Indiz für die Veranlassung im Gesellschaftsverhältnis"; Wehnert/Stalberg IStR 2004, 466, 467.

298 Wassermeyer DB 2001, 2465, 2468.

299 Berg, Die verwaltungsrechtliche Entscheidung, S. 105 ff.; Hey, Beweislast und Vermutungen, S. 61 f., 70.

300 Vgl. Kapitel D.II.3.; a.A. BFH Urteil vom 17.10.2001 I R 103/00, BStBl. II 2004, 171, 175 Tz. 2 d) bb), vgl. aber Leitsatz 6; Teilweise a.A. Engler in: Vögele/Borstell/Engler, Verrechnungspreise, F Rn. 71.

301 Hey, Beweislast und Vermutungen, S. 68 f.; Völlmeke DStR 1996, 1070, 1074 f.; a.A. Berg, Die verwaltungsrechtliche Entscheidung, S. 105 ff., wonach aus dem Untersuchungsgrundsatze folge, dass es im Verwaltungsprozeß keines Gegenbeweises bedürfe.

Teilweise wird angenommen, dass diese Pflichtverletzung gleichzeitig auch die Unangemessenheit der Verrechnungspreise indiziere[302] bzw. ein erstes Indiz für die Unangemessenheit darstelle[303]. Dem kann im Hinblick auf die Rechtsprechung des BFH[304] in dieser Weite nicht zugestimmt werden, da im Regelfall aus einer Veranlassung durch das Gesellschaftsverhältnis allenfalls ein erster Anhaltspunkt für die Unangemessenheit der Verrechnungspreise folgt. Es kann keinesfalls von einer Indiz-Wirkung im Sinne einer widerlegbaren Vermutung der vGA dem Grunde nach gesprochen werden. Denn eine vGA setzt neben der Veranlassung durch das Gesellschaftsverhältnis *zusätzlich* die Feststellung voraus, dass der tatsächlich vereinbarte Preis nicht innerhalb der Bandbreite angemessener Fremdvergleichspreise liegt. Die Vermögensminderung muss durch weitere Umstände belegt werden, weil auch ein durch das Gesellschaftsverhältnis veranlasster Preis noch angemessen sein kann[305]. Vor diesem Hintergrund kann die Vermutung der *Finanzverwaltung*[306], dass sich eine gesellschaftsrechtliche Veranlassung in einem nicht fremdvergleichskonformen Preis niedergeschlagen hat, keinen Bestand haben.
Die Finanzbehörde kann die Unangemessenheit des Verrechnungspreises dadurch nachweisen, dass sie zunächst versucht, den Fremdvergleichspreis nach einer der sog. Standardmethoden zu ermitteln, also nach der Preisvergleichsmethode, Wiederverkaufspreismethode oder Kostenaufschlagsmethode. Erzielt eine Vertriebsgesellschaft über drei Jahre nur ins Gewicht fallende Verluste, wird eine widerlegbare Vermutung dahin ausgelöst, dass der vereinbarte Verrechnungspreis durch das Gesellschaftsverhältnis veranlasst *und* unangemessen ist[307].

---

302 Schreiber, Anforderungen an die Mitwirkungspflichten, S. 70; Wassermeyer in: Flick/Wassermeyer/Baumhoff § 1 AStG Rn. 824.

303 Andresen RIW 2002, 134, 137; Wehnert/Stalberg IStR 2002, 141; dies. IStR 2004, 466, 467.

304 So der BFH Urteil vom 17.10.2001 I R 103/00, BStBl. II 2004, 171, 175 Tz. 2 d) bb).

305 Zutreffend: Kroppen/Rasch/Roeder IWB F. 3, Gr. 1, 1787, 1792; Wassermeyer in: Flick/Wassermeyer/Baumhoff § 1 AStG Rn. 824.

306 BMF, VerwGrs-Verfahren 2005, Tz. 4.4.

307 BFH Urteil vom 17.10.2001 I R 103/00, BStBl. II 2004, 171, 177 Tz. 2 d) ff) mit Verweis auf sein Urteil v. 17.2.1993 I R 3/92, BStBl. II 1993, 457, 458; vgl. BFH Urteil v. 1.2.1967 I 220/64, BStBl. III 1967, 495, 497 f.; weitere widerlebare Vermutungen aus materiellen Gründen, z.B. wegen länger dauernder Anlaufverluste, Nichterzielung eines Totalgewinns in einem überschaubaren Kalkulationszeitraum, (exzessive) Übernahme von Marketing- und Werbeaufwendungen durch die Vertriebsgesellschaft zugunsten des Herstellers, Verlagerung einer profitablen Geschäftstätigkeit ins Ausland, vgl. Schnorberger DB 2002, 2184, 2185 f. m.w.N.

Fraglich ist in diesem Zusammenhang, worauf genau sich die Mitwirkungspflichten des Steuerpflichtigen beziehen; nur auf die Veranlassung durch das Gesellschaftsverhältnis oder auch auf die Vermögensminderung.
Wehnert/Stalberg[308] interpretieren das Urteil des BFH zustimmend so, dass sich die Mitwirkungspflichten des Steuerpflichtigen generell ausschließlich auf das Tatbestandsmerkmal „Veranlassung durch das Gesellschaftsverhältnis" beziehen, demzufolge auch nur insoweit eine Beweismaßreduzierung eintreten könne. Dagegen wendet sich zu Recht ein *Teil der Literatur*[309] und auch die *Finanzverwaltung*[310], nach denen sich die Mitwirkungspflichten des Steuerpflichtigen auch auf das Tatbestandsmerkmal „Vermögensminderung" erstrecken, d.h. auf preisbildende Faktoren (z.B. über Art und Beschaffenheit von eingekauften Produkten, Markt- und Konkurrenzsituation), soweit es um die Sachverhaltsaufklärung geht. Dies hat zur Folge, dass auch insoweit bei Mitwirkungspflichtverletzungen (z.B. bei Totalverweigerung) in Bezug auf Fragen, die die Vermögensminderung betreffen – was im entschiedenen Fall gerade nicht vorlag[311] –, eine Beweismaßreduzierung erfolgen kann. Fragt beispielsweise der Betriebsprüfer den Steuerpflichtigen nach einem Umstand, der sich auf den Wert des an die ausländische Muttergesellschaft veräußerten Kfz bezieht (z.B. Km-Stand, Baujahr, Unfallfreiheit usw.), zielt seine zur Sachverhaltsaufklärung gestellte Frage primär, wenn nicht sogar ausschließlich, auf die Ermittlung bzw. Feststellung des Tatbestandsmerkmals der Vermögensminderung (d.h. Überprüfung der Angemessenheit des Verrechnungspreises), nicht dagegen auf die gesellschaftsrechtliche Veranlassung[312].Verweigert der Steuerpflichtige hierzu die Auskunft muss sich die Sanktion der Beweismaßreduzierung auch auf diesen Umstand erstrecken. Entscheidendes Argument gegen die erstgenannte Auffassung ist, dass nach ihr der Steuerpflichtige umso besser gestellt würde, je stärker er gegen seine Mitwirkungspflicht verstößt. Verweigert der Steuerpflichtige jegliche Informationen zu den den Verrechnungspreis bestimmenden Faktoren, würde er dadurch belohnt, dass die Finanzbehörde Fremdpreise nicht feststellen und folglich eine Vermögensminderung weder dem Grunde noch der Höhe nach nachweisen

[308] IStR 2004, 466, 467; vgl. dies. IStR 2002, 141; auch Hambacher StBp 2003, 295, 299 und Hruschka IStR 2002, 753, 756 fassen es so auf, vertreten aber in der Sache das Gegenteil.
[309] Kroppen/Rasch IWB F. 3, Gr. 1, 2057, 2060 f.; Schreiber IStR 2004, 694, 696; so auch: Hruschka IStR 2002, 753, 756.
[310] BMF Schreiben v. 26.2.2004, BStBl. I 2004, 270, Tz. 1 und 2.
[311] Nach Auffassung des BFH Urteil vom 17.10.2001 I R 103/00, BStBl. II 2004, 171, 175 Tz. 2 d) bb) bezogen sich die Mitwirkungspflichtverletzungen faktisch „nur auf das Tatbestandsmerkmal der Veranlassung einer Vermögensminderung [...] durch das Gesellschaftsverhältnis".
[312] Schreiber IStR 2004, 694, 695 f.

könnte. Aus diesem Umstand dürfte sie mangels Mitwirkungspflicht auch keine für den Steuerpflichtigen nachteiligen Konsequenzen ziehen. Für die hier vertretene Auffassung spricht zudem, dass §§ 90 Abs. 1 und 2, 93, 97 AO die Mitwirkungspflicht auf die Ermittlung des Sachverhalts erstrecken, wozu auch preisbildende Faktoren gehören. Eine Beschränkung auf bestimmte Tatbestandsmerkmale ist dabei nicht vorgesehen.

(2) Zweite Stufe (Sachverhaltswürdigung) ist die Annahme, dass der tatsächlich vereinbarte Preis nicht innerhalb der Bandbreite *angemessener* Fremdvergleichspreise liegt. Dies zu ermitteln ist Aufgabe der Finanzbehörde[313]. Für den Nachweis der Unangemessenheit trägt die Finanzbehörde die volle Beweislast[314]. Hier geht es mit anderen Worten um die Frage, in welcher Höhe eine Vermögensminderung vorliegt, bis zu welchem Betrag die Finanzbehörde eine Einkünftekorrektur durchführen darf (= Rechtsfolge einer vGA der Höhe nach). An dieser Stelle wird die Aussage des BFH, dass eine Schätzung regelmäßig gerechtfertigt sei, wenn sich die Mitwirkungspflichtverletzung auf eine Rechtsfolge der verdeckten Gewinnausschüttung bezieht, widersprüchlich. Denn der Steuerpflichtige muss an dem Nachweis der Unangemessenheit gar nicht mitwirken[315]. Deshalb ist der *Finanzverwaltung*[316] darin zuzustimmen, dass die Bezeichnung als „Mitwirkungspflichten des Steuerpflichtigen, die sich auf Rechtsfolgen beziehen", dogmatisch nicht haltbar ist. Die Bestimmung von Rechtsfolgen gehört systematisch zur Sachverhaltswürdigung und obliegt der Finanzverwaltung von Amts wegen, so dass sich hierauf keine Mitwirkungspflicht beziehen kann. Die widersprüchliche Aussage des BFH wird aber von *Wassermeyer*[317] dahingehend erläutert, dass aus diesem Grund der BFH die Schätzung auf § 162 Abs. 1 AO stützt und nicht auf § 162 Abs. 2 AO. Eigentlicher Grund der Schätzung ist daher nicht eine Mitwirkungspflichtverletzung, sondern die Unmöglichkeit, die verdeckte Gewinnausschüttung der Höhe nach genau zu ermitteln[318].

(3) Eine Beschränkung der Beweismaßreduzierung bei Mitwirkungspflichtverletzung nur auf das jeweils aufzuklärende Tatbestandsmerkmal ist sachgerecht. Dies ergibt sich daraus, dass z.B. bei Bestehen einer Veranlassung durch das

---

313 Wassermeyer Wpg 2002, 10, 14.

314 Kritisch: Seer FR 2002, 380, 382, der auch hierfür eine Beweismaßreduzierung vertritt wegen dem allgemeinen Verbot der Prämierung einer Mitwirkungsverweigerung.

315 So zu recht klarstellend: Baumhoff IStR 2003, 1, 2.

316 BMF Schreiben v. 26.2.2004, BStBl. I 2004, 270, Tz. 1; so wohl auch: Söhn in: Hübschmann/Hepp/Spitaler § 90 AO Rn. 131, 158.

317 Wassermeyer DB 2001, 2465, 2469; ders. in: Flick/Wassermeyer/Baumhoff § 1 AStG Rn. 824.

318 So auch: Crezelius IStR 2002, 433, 441; Vögele/Bader IStR 2002, 354, 356 f.

Gesellschaftsverhältnis die Unangemessenheit der Verrechnungspreise nicht zwingend ist[319]. Die Probleme, die bei der Interpretation des Urteils vom 17.10.2001 auftreten, resultieren daraus, dass die meisten Informationen sowohl in die Sachverhaltsermittlung (Mitverantwortlichkeit des Steuerpflichtigen) als auch in die Sachverhaltswürdigung (Alleinverantwortlichkeit der Finanzbehörde) fallen. Eine scharfe Trennung zwischen Mitwirkungspflichten des Steuerpflichtigen bei der Aufklärung von Tatbestandsvoraussetzungen und bei der Ermittlung von Rechtsfolgen ist daher praktisch nicht möglich[320]. So hängt die Frage der Vermögensminderung dem Grunde nach (Sachverhaltsermittlung) mit der Frage der Vermögensminderung der Höhe nach bzw. der Angemessenheit (Sachverhaltswürdigung) untrennbar zusammen[321]. Es ist kaum ein Fall denkbar, bei dem eine Vermögensminderung dem Grunde nach zweifelsfrei festgestellt werden kann, ohne dass zuvor die Angemessenheit der Höhe (jedenfalls der Bandbreite nach) ermittelt wurde. Darüber hinaus lässt sich auch häufig nicht deutlich unterscheiden zwischen Fragen, die sich auf die Veranlassung durch das Gesellschaftsverhältnis und Fragen, die sich auf die Vermögensminderung beziehen. Oftmals liegt der Schluss nahe, dass im Falle einer Unangemessenheit der Verrechnungspreise dem Grunde nach eine Veranlassung durch das Gesellschaftsverhältnis gegeben ist[322].

ee) Korrektur auf den für den Steuerpflichtigen günstigsten Bandbreitenwert

Ist ein Verrechnungspreis festzulegen, so ist betriebswirtschaftlich der „eine" richtige Verrechnungspreis nicht exakt zu bestimmen. Vielmehr gibt es meist eine Bandbreite angemessener Verrechnungspreise[323]. Der BFH hat – eine Mitwirkungspflichtverletzung hinsichtlich der Vermögensminderung lag dem Grunde und der Höhe nach nicht vor – daher zutreffend entschieden, dass die Schätzung der Verrechnungspreise durch die Finanzbehörde sich an dem für den Steuerpflichtigen günstigeren Ober- oder Unterwert der Bandbreite von Fremdvergleichspreisen zu orientieren hat. Dies entspricht der Überlegung, dass inner-

319 So auch: Kaminski/Strunk IWB F. 3, Gr. 1, 1831, 1834.

320 Zutreffend: Kroppen/Rasch IWB F. 3, Gr. 1, 2057, 2058; Schreiber IStR 2004, 694, 695; a.A. Wehnert/Stalberg IStR 2004, 466.

321 So wirkt sich nach Kaminski/Strunk IWB F. 3, Gr. 1, 1831, 1835 f. und Seer in: Piltz/ Schaumburg, Internationale Einkünfteabgrenzung, S. 35, 48 eine Mitwirkungspflichtverletzung in Bezug auf die vGA dem Grunde nach (Folge: Reduzierung des Beweismaßes) auch auf die Bestimmung der Höhe nach aus. Aus diesem Grund darf die Finanzbehörde (mittelbar) bei der Erbringung des Nachweises der Unangemessenheit mit vereinfachten Methoden – z.B. einer Datenbank - agieren könne.

322 Vgl. Gosch StBp 2001, 360, 361 f.

323 BFH Urteil vom 17.10.2001 I R 103/00, BStBl. II 2004, 171, 176 Tz. 2 d) ee); Brezing AG 1975, 225, 228.

halb der letztlich maßgebenden Bandbreite jeder Preis dem Fremdvergleich entsprechen kann[324]. Für eine Anwendung der Mittelwertmethode (Festlegung des Verrechnungspreises auf den Mittelwert der ermittelten Bandbreite) kann eine Rechtsgrundlage nicht gefunden werden, sofern der Mittelwert nicht aus Fremdvergleichen abgeleitet werden kann. Zudem ist zu beachten, dass Steuerrecht Eingriffsrecht ist. Die Ansetzung eines Verrechnungspreises muss deshalb stets verhältnismäßig, d.h. mildestes Mittel[325], sein, was bei Festlegen eines Wertes in der Mitte der Bandbreite (oder gar am oberen (ungünstigen) Ende) nicht gegeben ist. Unsicherheiten bei der Bandbreitenermittlung gehen zu Lasten der Finanzbehörde.
Dem vergleichbar ist das Vorgehen der *Finanzverwaltung*[326], nunmehr den vom Steuerpflichtigen angesetzten Wert zu Grunde zu legen, wenn er innerhalb der Bandbreite liegt. Hat der Steuerpflichtige dagegen einen für ihn günstigeren Wert angesetzt, ist der Wert anzusetzen, für den innerhalb der Bandbreite die größte Wahrscheinlichkeit spricht. Letzterem kann nicht gefolgt werden. Besteht eine Bandbreite von angemessenen Verrechnungspreisen, kann zwar innerhalb dieser grundsätzlich auf jeden Wert abgestellt werden, aus Gründen der Verhältnismäßigkeitsgründen aber nur auf den dem Steuerpflichtigen günstigsten Wert. Zudem würde ansonsten die Bandbreite unzulässig auf einen Wert verengt und damit die Tatsache, dass es den einen richtigen Verrechnungspreis nicht gibt, negiert. Es gibt zudem keinen sachlichen Grund, für eine Schätzung zwischen der Festlegung eines Preises durch den Steuerpflichtigen innerhalb und außerhalb der Bandbreite zu differenzieren. Gleichfalls macht es für die Tatsache, dass es eine Bandbreite angemessener Preise gibt, keinen Unterschied, ob es Werte größerer oder gleicher Wahrscheinlichkeit gibt. Dies ist einer Bandbreite immanent. Überdies ist völlig unklar, wie der Wert mit der „größten Wahrscheinlichkeit" bestimmt werden soll[327]. Aus diesen Gründen fehlt für die Auffassung der Finanzverwaltung eine Rechtsgrundlage.

---

[324] BFH Urteil vom 17.10.2001 I R 103/00, BStBl. II 2004, 171, 176 Tz. 2 d) ff); bestätigt durch BFH Urteil vom 6.4.2005 I R 22/04, BB 2005, 1721, 1722 mit Anm. Bogenschütz; hierzu: Kaminski/Strunk BB 2005, 2379; so schon: Brezing AG 1975, 225, 228; Frotscher in: FS Wassermeyer, S. 391, 405 f.; Dem wird von Büttner in: Kippenberg IStR 2002, 441, 442 und Hambacher StBp 2003, 295, 299 widersprochen, da der mit allergrößter Wahrscheinlichkeit ausgehandelte Wert unter fremden Driten in der Mitte, nicht am Rand einer Bandbreite liege.
[325] Kroppen/Rasch/Roeder IWB F. 3, Gr. 1, 1787, 1795.
[326] BMF Schreiben v. 26.2.2004, BStBl. I 2004, 270 Tz. 2.
[327] Zutreffend: Baumhoff in: FS Wassermeyer, S. 347, 355 ff.; vgl. Graf IStR 2005, 175, 177.

ff) Stellungnahme zu den Entscheidungen des BFH

Den Entscheidungen des BFH ist zunächst darin uneingeschränkt zuzustimmen, dass sie eine Dokumentationserstellungspflicht des Steuerpflichtigen hinsichtlich der Verrechnungspreise und eine Beschaffungspflicht bei der ausländischen Muttergesellschaft verneint haben. Solche Anforderungen gehen über die geregelten Pflichten hinaus und bedürften daher wegen des Vorbehaltes des Gesetzes einer gesetzlichen Ermächtigungsgrundlage. Die aufgezeigte Rechtsprechung kann daher als „ein äußerst wirkungsvolles Schutzschild" bezeichnet werden, „um sich gegen uferlose Informations- und Dokumentationsverlangen der Finanzbehörden zu wehren"[328]. Insoweit wird auch von „relativ geringen Mitwirkungspflichten" des § 90 Abs. 2 AO gesprochen[329]. Dieser Einschätzung ist insoweit zuzustimmen, als dass die Dokumentationsanforderungen deutlich geringer sind, als die Finanzverwaltung bis dato verlangt hat. Auf der Basis dieser Entscheidungen kann es nur dann zu Verrechnungspreiskorrekturen durch die Finanzbehörden kommen, wenn sie die Unangemessenheit der vereinbarten Preise anhand des Fremdvergleichsgrundsatzes nachweisen. Hieraus lässt sich die Schlussfolgerung[330] ziehen, dass die (freiwillige) Erstellung einer Dokumentation für den Steuerpflichtigen nur dann sinnvoll und zweckmäßig ist, wenn hierdurch der Nachweis über ein fremdvergleichskonformes Verhalten geführt werden kann. Ist dies nicht der Fall, bergen Dokumentationen unter Umständen Ansatzpunkte für den Vorwurf unangemessener Verrechnungspreise, so dass das Nichterstellen einer freiwilligen Dokumentation ratsamer erscheint.

Dennoch werden die Befürchtungen, die zunächst aus Entscheidungen des BFH gezogen wurden, dass eine Korrektur von Verrechnungspreisen durch die Finanzbehörden unmöglich geworden sei[331] und die Finanzverwaltung Verrechnungspreisprozesse kaum gewinnen könne[332], bei genauerer Analyse relativiert[333]. Die Beweislast für das Vorliegen einer vGA wird nicht schon durch eine

---

[328] Kroppen/Eigelshoven IWB F. 3, Gr. 1, 1745, 1748.

[329] Schreiber, Anforderungen an die Mitwirkungspflichten, S. 8.

[330] So auch: Strunk/Kaminski IWB F. 3, Gr. 1, 1749, 1758; vgl. Ditz, Internationale Gewinnabgrenzung, S. 358.

[331] Hambacher StBp 2003, 295, 296; Kuckhoff/Schreiber IWB F. 3, Gr. 1, 1863, 1874; kritsch hierzu, insbesondere zur Art der Auseinandersetzung: Crezelius BB 2002, 1121.

[332] So wohl: Kroppen/Eigelshoven IWB F. 3, Gr. 1, 1745, 1748 unter der Prämisse, dass nach dem Beschluss des BFH v. 10.5.2001 keine steuererhöhende Schätzung nach § 162 AO ergehen darf, sofern der Steuerpflichtige keine Mitwirkungspflichten verletzt hat.

[333] Insofern zutreffend: Vögele/Bader IStR 2002, 354, 356 f., 360. Die Verfasser vertreten bei einer Schätzung nach § 162 Abs. 2 AO (d.h. also im Fall einer Pflichtverletzung) ein geringeres Beweismaß als bei § 162 Abs. 1 AO und eine Schätzung an dem für den Steuerpflichtigen negativen Ende des Schätzungsrahmens, zumindest dann, wenn angenommen werden kann,

formale Pflichtverletzung umgekehrt, hinzu kommen muss noch ein materieller Umstand, der die Unangemessenheit des Verrechnungspreise nahe legt (z.B. mehrjährige Anlaufverluste). Dies ist sachgerecht, da auch bei einer Pflichtverletzung der Verrechnungspreis angemessen sein kann. Trotzdem wird mit der besagten Beweismaßreduzierung hinsichtlich des Tatbestandes der vGA eine Entscheidung im Sinne der Verwaltung getroffen[334]. Die von der Beweismaßreduzierung ausgehende „Vermutung" kann nur durch substantiierte Ausführungen des Steuerpflichtigen widerlegt werden[335]. Dies bedeutet, dass in dem Fall, in dem die Finanzbehörde einen abweichenden Fremdvergleichspreis ermittelt, es dem Steuerpflichtigen obliegt, entweder die gesellschaftsrechtliche Veranlassung oder die Unangemessenheit des Verrechnungspreises zu widerlegen. Dies kann er aber nur erreichen, wenn er eine Dokumentation über seine Geschäftsbeziehungen führt. Dies zwingt ihn mittelbar, Auskünfte und Informationen zu erteilen und Unterlagen vorzulegen, die nicht nur den Sachverhalt, sondern auch die materiell-rechtliche Angemessenheit der Verrechnungspreise dokumentieren. Die Zuordnung des Beweisrisikos in einem solchen Fall nötigt den Steuerpflichtigen also nicht nur zur Mitwirkung, sondern auch zur Dokumentation von Verrechnungspreisen und ihrer Angemessenheit[336]. Es geht mithin nicht um die Befolgung einer „Dokumentationspflicht", sondern darum, diejenigen Informationen zu sammeln, die erforderlich sind, um im Rahmen einer erst Jahre später erfolgenden Betriebsprüfung erhobene Bedenken des Finanzamtes gegen die Verrechnungspreise auszuräumen[337]. *Oppenländer*[338] spricht daher zutreffend von einer „Dokumentationsobliegenheit" des Steuerpflichtigen.

---

dass bei Vorliegen der pflichtwidrig nicht beschafften Informationen ein höherer Sicherheitsgrad (Wahrscheinlichkeitsgrad) zu erreichen gewesen wäre. M.E. kann eine solche Unterscheidung dem Wortlaut von § 162 AO nicht entnommen werden. Zudem wird zumindest für die Schätzung von Verrechnungspreisen übersehen, dass nach den Urteilen des BFH keine Mitwirkungspflichtverletzung auf der Ebene der *Sachverhaltswürdigung* eintreten kann, so dass insoweit nie eine Schätzung nach § 162 Abs. 2 AO in Betracht kommt.

334 Crezelius, BB 2002, 1121, 1123.

335 Oppenländer, Verdeckte Gewinnausschüttung, S. 207 ff.

336 Schnorberger DB 2002, 2184, 2186 f.

337 Kaminski/Strunk IWB F. 3, Gr. 1, 1831, 1841 f., 1855; Wehnert/Stalberg IStR 2002, 141, 142.

338 Oppenländer, Verdeckte Gewinnausschüttung, S. 209.

d) Dokumentationspflichten nach dem Steuervergünstigungsabbaugesetz[339]

§ 90 Abs. 3 S. 1 AO enthält erstmals eine gesetzliche Verpflichtung des Steuerpflichtigen, bei Sachverhalten mit Auslandsbezug über die Art und den Inhalt seiner Geschäftsbeziehungen mit nahe stehenden Personen Aufzeichnungen zu erstellen. Konkretisiert wird diese Pflicht durch die Gewinnabgrenzungsaufzeichnungsverordnung (GAufzV)[340] vom 13.11.2003, die aufgrund der Ermächtigung des § 90 Abs. 3 S. 5 AO durch das BMF mit Zustimmung des Bundesrates erlassen wurde. Sie wird von Verwaltungsseite ergänzt durch die Verwaltungsgrundsätze-Verfahren vom 12.4.2005[341], welche an die neue Rechtslage angepasst wurden und die Verwaltungsgrundsätze 1983 teilweise ersetzen.

aa) Mitwirkungspflichtige

Nach dem Wortlaut der Norm hat der „Steuerpflichtige" (§ 33 AO) die Aufzeichnungen zu erstellen, wenn er Geschäftsbeziehungen zu nahe stehende Personen i.S.d. § 1 Abs. 2 AStG hat. Persönliches Anknüpfungsmerkmal ist hiernach die unbeschränkte und beschränkte Steuerpflicht von natürlichen und juristischen Personen in Deutschland. Die Voraussetzungen des Nahestehens sind in § 1 Abs. 2 Nr. 1 bis 3 AStG normiert und knüpfen hauptsächlich an das Vorliegen einer wesentlichen Beteiligung oder der Möglichkeit der Ausübung eines beherrschenden Einflusses am bzw. auf den Steuerpflichtigen oder der nahe stehenden Person an. Die Aufzeichnungspflichten gelten entsprechend für Steuerpflichtige, die für die inländische Besteuerung Gewinne zwischen ihrem inländischen Unternehmen und dessen ausländischer Betriebsstätte aufzuteilen oder den Gewinn der inländischen Betriebsstätte ihres ausländischen Unternehmens zu ermitteln haben (§ 90 Abs. 3 S. 4 AO). Damit werden die Geschäftsbeziehun-

339 Literatur zu § 90 Abs. 3 AO, sofern nachfolgend nicht gesondert erwähnt: Happe BBK F. 5, 695; Lüdicke/Rieger, Unternehmenssteuerrecht, § 26 Rn. 63 ff.; Uhländer AO-StB 2003, 239.

340 BStBl. I 2003, 2296; hierzu: Schmidt/Ertle/Fölmli FR 2003, 1228; kritisch: Kaminski/Strunk StBp 2004, 1 ff., 29 ff. und Vögele/Brem IStR 2004, 48 ff.; zum 1. Entwurf, veröffentlicht in IStR 2003, 248: Kroppen/Rasch IWB F. 3, Gr. 1, 1921 ff.; zum 2. Entwurf v. 12.6.2003, veröffentlicht in BB 2003, 1423: Kaminski/Strunk RIW 2003, 561 ff.; Kroppen/Rasch IWB F. 3, Gr. 1, 1955 ff.; Wassermeyer DB 2003, 1535 ff.

341 Grundsätze für die Prüfung der Einkunftsabgrenzung zwischen nahe stehenden Personen mit grenzüberschreitenden Geschäftsbeziehungen in Bezug auf Ermittlungs- und Mitwirkungspflichten, Berichtigungen sowie auf Verständigungs- und EU-Schiedsverfahren (Verwaltungsgrundsätze – Verfahren), BMF v. 12.4.2005, BStBl. I 2005, 570; hierzu überblicksartig: Grützner StuB 2005, 442; Zum Entwurf v. 18.10.2004: Braun/Hof IStR 2005, 69; Graf IStR 2005, 175; Kroppen/Rasch IWB F. 3, Gr. 1, 2091; Werra IStR 2005, 19; Weigell IStR 2005, 162; IDW Wpg 2004, 1408.

gen von Betriebsstätten von der Dokumentationsverpflichtung vollständig erfasst[342].
Problematisch ist, dass zivilrechtlich zwingend zwischen Stammhaus und Betriebsstätte gerade keine „Geschäftsbeziehungen" bestehen, da die Betriebsstätte lediglich unselbständiger Teil des Stammhauses ist. Daraus wird im Schrifttum[343] gefolgert, dass die Dokumentationspflicht bei Betriebsstätten-Sachverhalten „ins Leere zu laufen drohe". Dem kann jedoch nicht gefolgt werden, da zur Gewinnaufteilung in Betriebsstättenfällen bestimmte Vorgänge wie Geschäftsvorfälle im Rahmen von Geschäftsbeziehungen behandelt werden[344]. Voraussetzung der entsprechenden Anwendung der Dokumentationspflichten auf Betriebsstätten ist daher zutreffend, dass aufgrund der Überführung von Wirtschaftsgütern oder der Erbringung von Dienstleistungen steuerlich ein Gewinn anzusetzen ist oder dass Aufwendungen mit steuerlicher Wirkung aufzuteilen sind (§ 7 S. 1 GAufzV). Die Regelung kann deshalb nur dann Wirkung entfalten, wenn die innerbetrieblichen Vorgänge zu Gewinnrealisierungen führen[345].
Indes ist die Frage, wann in Fällen innerbetrieblicher Vorgänge Gewinnrealisierung eintritt, nicht unumstritten.
Auf abkommensrechtlicher Ebene will ein Teil der Literatur[346] aufgrund der Selbständigkeitsfiktion der Betriebsstätte gemäß Art. 7 Abs. 2 OECD-MA jede Leistung des Stammhauses an die Betriebsstätte und umgekehrt gewinnrealisierend erfassen (absolute Selbständigkeitsfiktion auf Ebene der Ergebnisermittlung und -abgrenzung), während nach der Gegenauffassung[347] Gewinne erst dann als realisiert behandelt werden, wenn sie nach den allgemeinen Grundsätzen tatsächlich realisiert sind (eingeschränkte Selbständigkeitsfiktion nur auf Ebene der Ergebnisabgrenzung). Dies wäre erst dann der Fall, wenn die betreffenden Leistungen in Außenumsätze eingehen (bei Weiterveräußerung oder

---

342 Andresen RIW 2003, 489, 490.
343 Wassermeyer DB 2003, 1535, 1539; ders. in: Flick/Wassermeyer/Baumhoff § 1 Rn. 823.35; Graf Steuer&Studium 2004, 380, 386; Kaminsi/Strunk StBp 2004, 29, 33 f.; Schnorberger DB 2003, 1241, 1244; vgl. Eigelshoven/Kratzer IStR 2004, 30, 36.
344 Naumann/Förster NWB F. 2, 8483, 8485.
345 Wagner in: Kühn/von Wedelstädt § 90 AO Rn. 10.
346 Burmester, Probleme der Gewinn- und Verlustrealisierung, S. 87 ff., 185 ff.; Kroppen IStR 2005, 74 m.w.N., ders. in: Becker/Höppner/Grotherr/Kroppen Art. 7 OECD-MA Rn. 98 f. m.w.N., 107 ff.; In diese Richtung geht auch ein Vorschlag der OECD v. 2.8.2004, Discussion Draft on the Attribution of Profits to Permanent Establishment – Part I (General Considerations).
347 Ditz, Internationale Gewinnabgrenzung, S. 58 ff.; Kuckhoff in: FS Wassermeyer, S. 681, 683 f.; Schaumburg, Internationales Steuerrecht, Rn. 16.264; Wassermeyer in: Debatin/Wassermeyer Art. 7 OECD-MA Rn. 185, 324 m.w.N.

Verzehrung), nicht aber bereits bei Überführung des Wirtschaftsgutes in die ausländische Betriebsstätte.
Die *deutsche Finanzverwaltung*[348] unterscheidet für die Frage der Gewinnrealisierung bei der Überführung von Wirtschaftsgütern in eine Betriebsstätte zwischen dem Fall, in dem die Betriebsstätte in einem Nicht-DBA-Staat unterhalten wird oder für die nach einem DBA die Anrechnungsmethode gilt, und dem Fall, dass die Betriebsstätte in einem DBA-Staat gelegen ist, und das DBA deren Einkünfte freistellt von der deutschen Besteuerung. Während im ersten Fall die Erfassung der stillen Reserven wegen des Welteinkommensprinzips gesichert bleibt[349] und deshalb die Überführung nicht zu einer Gewinnrealisierung zu führen braucht, führt der zweite Fall im Zeitpunkt der Überführung zu einer Gewinnrealisierung zum Fremdvergleichspreis. In diesem Fall kann der Steuerpflichtige zwischen der sofortigen Besteuerung und der aufgeschobenen Besteuerung der stillen Reserven wählen.
Ohne auf die Problematik der Gewinnrealisierung und ihres Zeitpunktes vertieft einzugehen, muss m.E. für Zwecke späterer Gewinnermittlung und -abgrenzung sichergestellt sein, dass interne Leistungsbeziehungen zwischen beiden Unternehmensteilen identifiziert und der Ertrag aufgeteilt werden kann. Aus diesem Grund erscheint die dokumentationsmäßige Niederlegung von Informationen gerechtfertigt[350]. Daher sind zumindest Aufzeichnungen anzufertigen über Art und Umfang der Leistungsbeziehungen, deren zeitlicher Anfall, bei Überführung von Wirtschaftsgütern Aufzeichnungen über ihren Zustand und Wert im Zeitpunkt der Überführung und über den Wert zum Zeitpunkt des Ausscheidens aus der Betriebsstätte[351]. Neben den allgemein erforderlichen Aufzeichnungen[352] bedarf es in Betriebsstätten-Fällen insbesondere Aufzeichnungen über die Funktionen der Betriebsstätte und in welcher Eigenschaft die Betriebsstätte als selbständiges Unternehmen diese Funktionen erfüllt, Unterlagen für die Zuordnung von Wirtschaftsgütern und für die Wertermittlung beim Waren- und Leistungs-

---

348 BMF-Schreiben v. 24.12.1999, Grundsätze der Verwaltung für die Prüfung der Aufteilung der Einkünfte bei Betriebsstätten international tätiger Unternehmen (Betriebsstätten-Verwaltungsgrundsätze), BStBl. I 1999, 1076, Tz. 2.6.1.

349 Strunk/Kaminski IStR 2000, 33, 36; vgl. die Regelung des § 6 Abs. 5 EStG; vgl. hierzu: Pfaar IStR 2000, 42.

350 So auch: Hruschka IStR 2002, 753, 756; vgl. auch Rupp, Dokumentationspflichten, S. 56 ff.; a.A. Kaminsi/Strunk StBp 2004, 29, 33 f.; dies. StBp 2005, 213, 215 f.: Art. 7 Abs. 2 OECD-MA vermöge den erforderlichen Besteuerungstatbestand des nationalen Rechts nicht begründen; wohl auch: Schmidt/Ertle/Fölmli FR 2003, 1228, 1231.

351 Vgl. bei Anwendung der direkten Methode BMF, VerwGrs-Verfahren 2005, Tz. 3.4.5.1 Buchst. a.

352 Vgl. Kapitel B.II.2.d)cc).

verkehr zwischen Stammhaus und Betriebsstätte[353]. In der Praxis sollte daher auch die internationale Gewinnabgrenzung zwischen Stammhaus und Betriebsstätte dokumentiert werden[354]. Da das Bestehen einer Betriebsstätte in der Praxis nicht immer hinreichend zuverlässig festgestellt werden kann, wird vorgeschlagen, bei einer nachträglichen Feststellung der Begründung die dann fehlende Dokumentation nicht zu sanktionieren, wenn der Steuerpflichtige gutgläubig gehandelt hat[355].

Die Aufzeichnungspflichten gelten auch für Personengesellschaften, an denen der Steuerpflichtige beteiligt ist, soweit dabei Geschäftsbeziehungen i.S.d. § 1 AStG zu prüfen sind (§ 7 S. 2 GAufzV). Dies gilt sowohl für den Inbound-Fall (ausländischer Steuerpflichtiger ist an einer inländischen Personengesellschaft beteiligt), da aus deutscher Sicht die Beteiligung an einer Personengesellschaft als Betriebsstätte des ausländischen Gesellschafters angesehen wird, als auch für den Outbound-Fall (inländischer Steuerpflichtiger ist an einer ausländischen Personengesellschaft beteiligt)[356].

Ausländische Geschäftsbeziehungen sind danach in weitem Umfang aufzeichnungspflichtig[357].

bb) Sachliches Anknüpfungsmerkmal

Sachliche Voraussetzung für die Dokumentationsverpflichtung sind „Geschäftsbeziehungen", die in § 1 Abs. 4 AStG definiert werden als jede den Einkünften zugrunde liegende schuldrechtliche Beziehung, die keine gesellschaftsvertragliche Vereinbarung ist. Sie muss entweder beim Steuerpflichtigen oder bei der

---

[353] Vögele/Brem in: Vögele/Borstell/Engler, Verrechnungspreise, E Rn. 547; vgl. Ditz, Internationale Gewinnabgrenzung, S. 275, 352 f.

[354] So auch: Baumhoff/Ditz/Greinert DStR 2004, 157, 162; Lenz/Fischer BB 2004, 2043, 2046: nur Darstellung der angemessenen Verteilung des realisierten Gewinns.

[355] Kaminski/Strunk StBp 2005, 213, 216.

[356] Schmidt/Gröger FR 2003, 813, 818; vgl. Naumann/Förster NWB F. 2, 8483, 8485 mit Verweis auf BMF-Schreiben vom 14.5.2004, Grundsätze zur Anwendung des AStG, BStBl. I 2004 Sondernummer 1, Tz. 1.4.3.

[357] *Aufzeichnungsverpflichtet* sind im Wesentlichen: - inländische Unternehmen, gleichgültig welcher Rechtsform, die an ausländischen Kapitalgesellschaften unmittelbar oder mittelbar zu mindestens 25 v.H. beteiligt sind; - inländische Unternehmen, gleichgültig welcher Rechtsform, an denen ausländische Kapitalgesellschaften unmittelbar oder mittelbar zu mindestens 25 v.H. beteiligt sind; - inländische Unternehmen, gleichgültig welcher Rechtsform, an denen eine Kapitalgesellschaft zu mindestens 25 v.H. beteiligt ist, die gleichzeitig an ausländischen Kapitalgesellschaften zu mindestens 25 v.H. beteiligt ist; - inländische Personen und Unternehmen, die an ausländischen Personengesellschaften beteiligt sind; - inländische Unternehmen, die im Ausland Betriebsstätten unterhalten; - inländische Unternehmen, gleichgültig welcher Rechtsform, deren Gesellschafter im Ausland ansässig sind; - ausländische Unternehmen mit inländischer Betriebsstätte.

nahe stehenden Person Teil einer Tätigkeit sein, auf die §§ 13, 15, 18 oder 21 EStG anzuwenden sind oder im Fall eines ausländischen Nahestehenden anzuwenden wären, wenn die Tätigkeit im Inland vorgenommen würde. Typische Geschäftsbeziehungen sind Warenlieferungen, Dienstleistungen, Nutzungsüberlassungen und Finanzierungen.

§ 1 Abs. 4 AStG wurde aufgrund des BFH-Urteils vom 29.11.2000[358] durch das StVergAbG geändert. Der BFH hatte entschieden, dass Geschäftsbeziehungen i.S.d. § 1 Abs. 1 AStG nur vorliegen, wenn über die Beteiligung an der Auslandsgesellschaft *hinaus* ein selbständiges Leistungsverhältnis zwischen Gesellschafter und Gesellschaft zu beurteilen ist. Dies sei nicht der Fall, wenn der Gesellschafter gegenüber der Tochtergesellschaft lediglich eine Garantie- oder Bürgschaftserklärung abgibt, anstelle ihr ausreichend Eigenkapital zur Verfügung zu stellen („Vorrang der gesellschaftsrechtlichen Dotation“). Nach der Gesetzesänderung ist ausweislich der Begründung[359] zu § 1 Abs. 4 AStG eine nach den Grundsätzen des Fremdvergleichs zu würdigende Geschäftsbeziehung zwischen dem Steuerpflichtigen und einem ihm Nahestehenden immer dann anzunehmen, wenn es sich um eine auf schuldrechtlichen Vereinbarungen beruhende Beziehung handelt. Dies gilt unabhängig davon, ob sie betrieblich oder gesellschaftsrechtlich veranlasst ist, ob und insoweit ihr also betriebliche oder gesellschaftliche Interessen zugrunde liegen. Mit anderen Worten sollen „schuldrechtliche Beziehungen des wesentlich beteiligten Gesellschafters ihre Eigenschaft als Geschäftsbeziehung nicht dadurch verlieren, dass sie betriebswirtschaftlich einen eigenkapitalersetzenden Zweck verfolgen“[360]. Von der Aufzeichnungspflicht sind lediglich Beziehungen ausgeschlossen, die eine gesellschaftsvertragliche Vereinbarung darstellen und der gesellschaftsrechtlichen Sphäre des Steuerpflichtigen zuzuordnen sind. Dementsprechend hat der jetzige § 1 Abs. 4 AStG eine formalistische Abgrenzung der Gesellschaftersphäre ausdrücklich festgelegt[361], so dass diejenigen Beziehungen, die das Nahestehen erst begründen, nicht erfasst werden.

Diese Rechtslage eröffnet die Möglichkeit der Steuergestaltung, indem die Stärkung der wirtschaftlichen Situation ausländischer Töchtergesellschaften über

---

[358] I R 85/99, BStBl. II 2002, 720. Fraglich war, ob diese Rechtsprechung auch nach der Einfügung des § 1 Abs. 4 AStG für Zeiträume nach dem 31.12.1991 noch weiter Geltung beanspruchte, bejahend: Endres/Oestreicher IStR 2003, Beihefter zu Heft 15, 1, 5; Wassermeyer IStR 2001, 319 f.; vgl. Schnitger IStR 2003, 73, 76 m.w.N. Nichtanwendungserlass des BMF v. 17.10.2002, BStBl. I 2002, 1025; kritisch hierzu und vertiefend zur Vermeidung einer „Geschäftsbeziehung“ Clemens/Engelke INF 2004, 865 ff.

[359] BT-Drs. 15/119 S. 53.

[360] Endres/Oestreicher IStR 2003, Beihefter zu Heft 15, 1, 5.

[361] Schnitger IStR 2003, 73, 76.

eine gesellschaftsrechtlich begründete Erhöhung des Eigenkapitals oder ohne Begründung einer schuldrechtlichen Beziehung herbeigeführt wird; letzteres z.B. durch Gewährung einer „weichen", d.h. erkennbar ohne Rechtsbindungswillen abgegebenen Patronatserklärung[362]. Ferner dürften auch Konzernumlagen vom Anwendungsbereich nicht erfasst werden[363].

Nach neuerer Rechtsprechung[364] erfordert der Begriff Geschäftsbeziehung eine *personale Beziehung* zwischen einem inländischen Steuerpflichtigen und einer ausländischen nahe stehenden Person. Diese fehle dann, wenn mit dem an eine inländische nahe stehende Person gewährten Darlehen deren ausländische Betriebsstätte finanziert wird.

Ebenfalls unter den Begriff der Geschäftsbeziehungen fallen nach der Gesetzesbegründung[365] verbindliche Kreditgarantien, zinslose oder zinsgünstige Darlehen, sowie unentgeltlich oder teilentgeltliche andere Leistungen einer inländischen Kapitalgesellschaft an ihre ausländische Tochtergesellschaft. Die Aufzeichnungspflicht erstreckt sich auch auf solche Geschäftsbeziehungen, die keinen konkreten Leistungsaustausch zum Gegenstand haben, z.B. Vereinbarung über Arbeitnehmerentsendungen[366] und Poolvereinbarungen (Umlageverträge), etwa in Gestalt sog. „Cost-Sharing-Agreements" (§ 1 Abs. 1 S. 3 GAufzV).

Hinsichtlich der Beweislast ist festzustellen, dass die Finanzbehörde die Existenz von solchen (ausländischen) Geschäftsbeziehungen nachweisen muss, um die Rechtsfolge des § 90 Abs. 3 AO anwenden zu können[367]. Hinzuweisen bleibt überdies auf die Widersprüchlichkeit des § 90 Abs. 3 AO, der Geschäftsbeziehungen tatbestandlich voraussetzt, deren Existenz und Inhalt mit Hilfe der Vorschrift überprüft werden sollen[368].

cc) Inhalt der Dokumentationspflicht

Der Steuerpflichtige hat über *Art* und *Inhalt* seiner Geschäftsbeziehungen Aufzeichnungen zu erstellen (§ 90 Abs. 3 S. 1 AO). Dies beinhaltet nach § 1 Abs. 1 S. 1 GAufzV eine Pflicht zur Dokumentation darüber, welchen Sachverhalt er im Rahmen seiner Geschäftsbeziehungen verwirklicht hat (sog. Sachverhaltsdo-

---

362 Schnitger IStR 2003, 73, 76; Stahl KÖSDI 2004, 14188, 14189; vgl. Sprau in: Palandt Vor § 765 BGB Rn. 21.

363 Endres/Oestreicher IStR 2003, Beihefter zu Heft 15, 1, 6; a.A. Waldens/Balmes PIStB 2003, 124, 125.

364 BFH Urteil vom 28.4.2004 I R 5, 6/02, BFH/NV 2004, 1442 f. Hierzu: Nichtanwendungserlass des BMF v. 22.7.2005, Az. IV B 4 – S1341 – 4/05..

365 BT-Drs. 15/119, S. 53.

366 Vgl. hierzu: Förster in: FS Wassermeyer, S. 371 ff. und BMF, VerwGrs-Arbeitnehmerentsendung v. 9.11.2001, IV B 4 - S 1341 - 20/01, BStBl I 2001, 796, Tz. 5.

367 Wassermeyer DB 2003, 1535, 1536, 1538.

368 Wassermeyer in: Flick/Wassermeyer/Baumhoff § 1 AStG Rn. 823.11.

kumentation). Aus dem Gesetzeswortlaut des § 90 Abs. 3 S. 2 AO („auch") folgt, dass neben einer reinen Sachverhaltsdokumentation zusätzlich auch die *wirtschaftlichen* und *rechtlichen Grundlagen* für eine den Grundsatz des Fremdvergleichs beachtende Vereinbarung von Preisen und anderen Geschäftsbedingungen mit den Nahestehenden aufzuzeichnen sind (§ 90 Abs. 3 S. 2 AO). Dies beinhaltet daher eine über die bloße Sachverhaltsdokumentation hinausgehende Dokumentationspflicht (sog. Angemessenheitsdokumentation).
Dabei richten sich Art, Inhalt und Umfang der zu erstellenden Aufzeichnungen nach den Umständen des Einzelfalles (§ 2 Abs. 2 S. 1 GAufzV) bzw. nach den Besonderheiten der einzelnen Geschäftsbeziehungen[369], wobei die Grenzen zwischen beiden Dokumentationen dabei fließend sind[370].

(1) Sachverhaltsdokumentation

Die Sachverhaltsdokumentation verlangt Aufzeichnungen über den verwirklichten Sachverhalt, d.h. Art, Umfang und Abwicklung sowie über wirtschaftliche und rechtliche Rahmenbedingungen der Geschäftsbeziehungen (§ 1 Abs. 2 GAufzV).
Dazu gehört im wesentlichen die

- Darstellung allgemeiner Informationen über Beteiligungsverhältnisse, Geschäftsbetrieb und Organisationsaufbau (§ 4 Nr. 1 GAufzV);
- Darstellung der Geschäftsbeziehungen zu nahe stehenden Personen (§ 4 Nr. 2 GAufzV)[371], insbesondere Darstellung und Beschreibung der Geschäftsvorfälle nach Art (Warenlieferung, Dienstleistung, Finanzierung) und Umfang[372], und der Vertragsgrundlagen;
- Aufzeichnungen nach § 5 GAufzV in besonderen Fällen, insbesondere Informationen über Maßnahmen zum Vorteilsausgleich, Konzernumlagen, Verrechnungspreiszusagen und -vereinbarungen ausländischer Steuerverwaltungen und Preisanpassungen.

Wird z.B. ein PKW an eine nahe stehende Tochtergesellschaft im Ausland ver-

---

[369] Vgl. zur Dokumentation einzelner üblicher Geschäftsbeziehungen umfangreich: Linklaters, Verrechnungspreise, S. 57 ff.; vgl. zur Dokumentation bei Management Services Scholz BB 2004, 2159 f.; vgl. zur externen Kreditwürdigkeitsprüfung im Zusammenhang mit der Dokumentation bei Darlehensbeziehungen Crüger/Bodenstein RIW 2005, 500.

[370] vgl. Stahl KÖSDI 2004, 14188, 14191 ff.

[371] Nach Stahl KÖSDI 2004, 14188, 14193 ist ein immaterielles Wirtschaftsgut i.S.d. § 4 Nr. 2 Buchst. b GAufzV dann wesentlich, wenn mit seinem Einsatz die Geschäftsbeziehung steht oder fällt.

[372] So sind bei *Warenlieferungen* typischerweise anzugeben: Warenart, Volumen, Qualität, Ausstattung, Alter, vereinbarter Preis; bei *Dienstleistungen*: Beschreibung der Dienstleistung, ihr Umfang sowie der vereinbarte Preis; bei *Finanzierungen*: der Finanzierungsbeitrag, der Zinssatz, die Währung, die Laufzeit sowie die Sicherheiten.

kauft, ist die Art der Geschäftsbeziehung (Liefergeschäft), der Umfang (ein PKW) und der Inhalt der Geschäftsbeziehung aufzuzeichnen, wobei hierunter u.a. Angaben zum Käufer, zu Modell, Marke und Baujahr des PKW, zum Übergabezeitpunkt, zum Verkaufspreis und den Zahlungsmodalitäten gehören[373].

(2) Angemessenheitsdokumentation

Die Angemessenheitsdokumentation umfasst die Aufzeichnung von Hintergrundinformationen zu den vereinbarten Preisen, also der Umstände, die das vereinbarte Entgelt beeinflusst haben oder zu beeinflussen geeignet sind[374]. Nach hier vertretener Auffassung obliegt die rechtliche Würdigung des Sachverhaltes der Finanzbehörde, so dass die Angemessenheitsdokumentation lediglich solche Informationen umfasst, die ihr die Feststellung des angemessenen Verrechnungspreises ermöglichen. Dagegen ist der Steuerpflichtige nicht gehalten, den Fremdvergleichsgrundsatz zu beachten[375]. Dazu sind die Markt- und Wettbewerbsverhältnisse, sowie die den Geschäftsvorfällen zugrunde liegenden preisbildenden Faktoren darzustellen, wobei gegebenenfalls auf die Sachverhaltsdokumentation zurückzugreifen ist.

In diesem Rahmen hat der Steuerpflichtige eine sog. Funktions- und Risikoanalyse (§ 4 Nr. 3 Buchst. a GAufzV) zu erstellen. Dies verpflichtet ihn, Informationen über die von ihm und der ihm nahe stehenden Person ausgeübten Funktionen und übernommenen Risiken[376], sowie die vereinbarten Vertragsbedingungen und gewählten Geschäftsstrategien und deren Änderungen aufzuzeichnen. Hierzu gehört auch eine Beschreibung der Wertschöpfungskette und der Wertschöpfungsbeiträge (§ 4 Nr. 3 Buchst. b GAufzV), d.h. der während des gesamten Leistungsherstellungsprozesses entstandenen Differenz zwischen Marktpreis der erbrachten Leistung und den vom Leistungserbringer bezogenen Vorleistungen, soweit sie nicht bereits aus der Funktions- und Risikoanalyse ersichtlich sind[377].

[373] Beispiel nach Schreiber IWB F. 3, Gr. 1, 2105, 2107 f.

[374] Wassermeyer in: Flick/Wassermeyer/Baumhoff § 1 AStG Rn. 823.7.

[375] Vgl. dazu nachfolgend Kapitel B.II.2.d)cc)(2)(a)(cc) und (dd). Werden vor diesem Hintergrund Teile der GAufzV abgelehnt (z.B. Notwendigkeit der Begründung der Geeignetheit der angewandten Verrechnungspreismethode), soll aufgrund deren maßgeblicher Bedeutung für die Praxis dennoch deren umfassende Darstellung erfolgen.

[376] Je nach Tätigkeit sind typische Funktionen z.B.Akquisition, Auftragsbearbeitung/Herstellung, Vertrieb, Marketing, After-Sales-Service, Logistik, Lagerhaltung, allgemeine Verwaltung, Forschung und Entwicklung; Typische Risiken sind z.B. Umsatzrisiko, Lagerhaltungsrisiko, Forderungsausfallrisiko, Währungs- und Garantierisiko. Hierzu: BMF, VerwGrs-Verfahren 2005, Tz. 3.4.11.4; Vögele/Borck IStR 2002, 176; Eigelshoven/Kratzer IStR 2004, 30, 34; Finsterwalder IStR 2004, 763 ff.; zu Produktionsgesellschaften: Hervé/von Jesche BC 2003, 125, 127; zum Cash Pooling Waldens IStR 2003, 497, 499.

[377] BMF, VerwGrs-Verfahren 2005, Tz. 3.4.11.5.

In dem genannten Beispiel des Verkaufs des PKW sind daher die Markt- und Wettbewerbsverhältnisse (z.B. Überangebot an Gebrauchtwagen bei gleichzeitiger Kaufzurückhaltung oder hohe Nachfrage an Gebrauchtwagen in Osteuropa) und wirtschaftliche Verhandlungspositionen (Zeitdruck bei Verkäufer oder Käufer) aufzuzeichnen. Außerdem sind die Preisverhältnisse des Kfz im Verkaufsmarkt (z.B. Schwacke-Liste oder Internetinformationen) in Anbetracht der Beschaffenheit des Kfz (Marke, Modell, Km-Stand, Ausstattung, Unfallfreiheit, Mängel usw.) zu dokumentieren[378].

Speziell für die Angemessenheitsdokumentation hat der Steuerpflichtige eine *Verrechnungspreisanalyse* aufzustellen. Diese umfasst die

- Darstellung der angewandten Verrechnungspreismethode (§ 4 Nr. 4 Buchst. a GAufzV), wohingegen eine Verpflichtung, Aufzeichnungen für mehr als eine geeignete Methode zu erstellen, nicht besteht (§ 2 Abs. 2 S. 3 GAufzV); in Betracht kommen als sog. Standardmethoden[379] die Preisvergleichsmethode[380], die Wiederverkaufspreismethode[381] und die Kostenaufschlagmethode[382]. Zwar stand die Finanzverwaltung bisher gewinnorientierten Methoden ablehnend gegenüber. Hierzu steht § 1 Abs. 3

[378] Beispiel nach Schreiber IWB F. 3, Gr. 1, 2105, 2107 f.

[379] Hierzu: Lahodny-Karner in: Lang, Verrechnungspreisrichtlinien der OECD, S. 31 ff.; Nach Scholz IStR 2004, 209 könne die sog. Kapitalverzinsungsmethode nach § 1 Abs. 3 AStG möglicherweise an Bedeutung gewinnen, da sie insbesondere die kostengünstige Erstellung der geforderten Angemessenheitsdokumentation erlaube; vgl. Scholz/Crüger RIW 2005, 34 zu international üblichen datenbankgestützten Margenanalysen.

[380] Bei der *Preisvergleichsmethode* wird der vereinbarte Preis mit zwischen unabhängigen Dritten vereinbarten Preisen verglichen. Im Wege des sog. äußeren Preisvergleichs werden Marktpreise zum Vergleich herangezogen, die anhand von Börsennotierungen oder branchenüblichen Abschlüssen ermittelt werden können. Im Wege des sog. inneren Preisvergleichs werden zum Vergleich Preise herangezogen, die dasselbe Unternehmen mit dem verbundenen Unternehmen auf der einen und mit fremden Dritten auf der anderen Seite vereinbart hat. Die Preisvergleichsmethode setzt voraus, dass die konkrete Geschäftsbeziehung mit der Vergleichsbeziehung in allen wesentlichen Einzelheiten übereinstimmt, vgl. Eigelshoven in: Vogel/Lehner, DBA, Art. 9 Rn.72 f.

[381] Bei der *Wiederverkaufspreismethode* wird der angemessene Verrechnungspreis auf der Basis des Preises ermittelt, den ein Fremder als drittes Glied der Leistungskette dem weiterverkaufenden verbundenen Unternehmen als zweitem Glied der Leistungskette gezahlt hat. Zur Ermittlung des Verrechnungspreises wird der von dem fremden Dritten gezahlte Preis um marktübliche Abschläge berichtigt, die der Funktion und dem Risiko des zwischengeschalteten Wiederverkäufers entsprechen, vgl. Eigelshoven in: Vogel/Lehner, DBA, Art. 9 Rn.74.

[382] Bei der *Kostenaufschlagsmethode* wird der angemessene Verrechnungspreis auf der Grundlage der Kosten des Herstellers oder des Leistenden ermittelt; seine Kosten werden um einen branchenüblichen Kostenaufschlag erhöht, vgl. Eigelshoven in: Vogel/Lehner, DBA, Art. 9 Rn.77.

GAufzV in gewissem Widerspruch, wonach als Beispielsdaten auch „Bruttospannen, Nettospannen und Gewinnaufteilungen" genannt sind. Aus diesem Grund werden die aus dem US-Recht stammenden geschäftsvorfallbezogenen Nettomargenmethode und Gewinnaufteilungsmethode, nicht dagegen die Gewinnvergleichsmethode, als „last method" anerkannt[383];

- Begründung der Geeignetheit der angewandten Methode[384] (§ 4 Nr. 4 Buchst. b GAufzV); es ist darzulegen, weshalb der Steuerpflichtige die angewandte Methode hinsichtlich der Art seiner Geschäfte und der sonstigen Verhältnisse für geeignet hält (§ 2 Abs. 2 S. 2 GAufzV); die Methode sei geeignet, wenn sie die wesentlichen Funktionen und Risiken des Steuerpflichtigen berücksichtigt und Anpassungen an Sonderumstände erlaubt[385];
- Unterlagen über die Berechnungen des Verrechnungspreises (§ 4 Nr. 4 Buchst. c GAufzV). Dabei richten sich Art, Inhalt und Umfang der zu erstellenden Aufzeichnungen nach der vom Steuerpflichtigen angewandten Verrechnungspreismethode;
- Vorlage einer etwa vorhandenen innerbetrieblichen Verrechnungspreisrichtlinie (§ 2 Abs. 3 S. 5 GAufzV).

(a) Rechtliche Anforderungen an die Angemessenheitsdokumentation

Die Angemessenheit von Verrechnungspreisen wird aus steuerlicher Sicht anhand des Fremdvergleichsgrundsatzes im Zeitpunkt des Vertragsabschlusses beurteilt (ex ante-Sicht)[386]. Es stellt sich die Frage, welche Anforderungen an die sich aus § 90 Abs. 3 S. 2 AO ergebende sog. Angemessenheitsdokumentation zu stellen sind. Dies erlangt Bedeutung, wenn die Dokumentation des Steuerpflichtigen diesen Anforderungen nicht gerecht wird und das Gesetz in § 162 Abs. 3 und 4 AO hieran für den Steuerpflichtigen nachteilige Rechtsfolgen knüpft.

---

383 BMF, VerwGrs-Verfahren 2005, Tz. 3.4.10.3 Buchst. b, c und d; Rupp, Dokumentationspflichten, S. 41.

384 Zur Zulässigkeit der Verrechnungspreismethoden nach den VerwGrs-Verfahren 2005: Grützner StuB 2005, 612.

385 Stahl KÖSDI 2004, 14188, 14193.

386 Vgl. Kaminski/Strunk StBp 2004, 1, 3; Eine ex post-Betrachtung würde den Fremdvergleich verzerren, da die Finanzbehörde u.U. nachträglich wesentlich umfangreichere Informationen zur Verfügung hätte als der Steuerpflichtige im Zeitpunkt der Festlegung der Verrechnungspreise.

(aa) Sicht des Verordnungsgebers, der Finanzverwaltung und Teilen der Literatur

Nach überwiegender Auffassung soll nach Einfügung des § 90 Abs. 3 AO im Ergebnis eine Pflicht des Steuerpflichtigen bestehen, den Fremdvergleichsgrundsatz zu beachten, nach der *Finanzverwaltung*[387] grundsätzlich schon bei der Preisbildung, nach der *Literatur*[388] in Form der Begründung der Angemessenheit der Verrechnungspreise. Unter Angemessenheitsdokumentation wird also die Aufzeichnung von entsprechenden Angemessenheitsüberlegungen verstanden.

Für ein solches Verständnis spricht der Wortlaut des § 1 Abs. 1 S. 1 GAufzV, wonach aus den zu erstellenden Aufzeichnungen ersichtlich sein muss, ob und inwieweit der Steuerpflichtige seinen „Geschäftsbeziehungen Bedingungen einschließlich von Preisen zu Grunde gelegt hat, die erkennen lassen, dass er den Grundsatz des Fremdverhaltens (Fremdvergleichsgrundsatz) beachtet hat.“ Daraus folgt, dass sich aus Sicht des Verordnungsgebers der Steuerpflichtige aktiv mit der Angemessenheit seiner Verrechnungspreise und ihrer Dokumentation auseinandersetzen muss, also diesbezüglich „tätig werden“ muss[389]. Dies würde vom Steuerpflichtigen verlangen, sich Gedanken über die Einzelheiten des zu verwirklichenden bzw. geplanten Geschäfts mit dem Nahestehenden zu machen und damit zu vergleichen, was ein ordentlicher und gewissenhafter Geschäftsführer vereinbaren würde. Gegebenenfalls wären dann die Einzelheiten des geplanten Geschäfts hieran anzupassen.

Man könnte damit verlangen, dass die Aufzeichnungen den Nachweis[390] erbringen müssen, dass der Steuerpflichtige den Grundsatz des Fremdvergleichs beachtet *und*, vor allem, ihn bei der Preisvereinbarung eingehalten hat, was den Nachweis bedeuten würde, dass die Verrechnungspreise objektiv angemessen sind. Ein solches Verständnis würde de facto zu einer Umkehr der Beweislast führen, d.h. der Steuerpflichtige müsste (durch die Dokumentation) nachweisen, dass seine Verrechnungspreise angemessen sind. Insofern wäre der Nachweis

---

[387] BMF, VerwGrs-Verfahren 2005, Tz. 3.4.12.1; 3.4.12.3.

[388] Z.B. Andresen RIW 2003, 489, 491; Derlien/Weissinger BC 2004, 5; Krüger/Lamm StB 2005, 249, 252; Schreiber IWB F. 3, Gr. 1, 2105, 2107 ff.; vgl. Vögele DB 2005, 1079, 1080.

[389] BR-Drs. 583/03, Begr. zu § 1 Abs. 1 S. 2 GAufzV, S. 7; Maier-Frischmuth IWB F. 3, Gr. 1, 1989, 1990.

[390] Vgl. Derlien/Weissinger BC 2004, 5, nach deren Auffassung der Steuerpflichtige darzulegen habe, *dass* und inwieweit der gewählte Verrechnungspreis angemessen ist; Haun/Reiser in: Wöhrle/Schelle/Groß § 1/VG AStG Rn. 196a, nach denen sich aus der Dokumentation ergeben muss, dass die Verrechnungspreise dem Fremdvergleichsgrundsatz entsprechen.; Eigelshoven/Nientimp DB 2005, 1184, nach denen der Steuerpflichtige Nachweise für die Angemessenheit seiner Verrechnungspreise zu erbringen hat.

durch die Dokumentation selbst zu führen. Ein solches Verständnis ist aber selbst aus Sicht des Verordnungsgebers nicht haltbar. So heißt es ausdrücklich in der Begründung zur GAufzV, dass die Verpflichtung des § 90 Abs. 3 AO und der GAufzV die Beweislast nicht zu Lasten des Steuerpflichtigen umkehrt[391]. Damit ist es nicht vereinbar, vom Steuerpflichtigen zu verlangen, dass seine Aufzeichnungen den Nachweis der Angemessenheit erbringen müssen[392].
Aus diesem Grund bestimmt § 1 Abs. 1 S. 2 GAufzV zutreffend, dass die Aufzeichnungen lediglich das *ernsthafte Bemühen* des Steuerpflichtigen belegen müssen, seine Geschäftsbeziehungen zu nahe stehenden Personen unter Beachtung des Fremdvergleichsgrundsatzes zu gestalten. Dies würde bedeuten, dass der Steuerpflichtige nicht über die Angemessenheit seiner Verrechnungspreise, sondern nur über die Angemessenheit der Verrechnungspreisgestaltung Auskunft zu geben hat[393]. Auch hieran wird deutlich, dass der Verordnungsgeber eine Orientierung am Fremdvergleichsgrundsatz verlangt. Dies entspricht dem Grundsatz, dass dem Steuerpflichtigen nicht das Risiko richtiger Rechtswertung auferlegt wird, wohl aber die ernsthafte Orientierung und Überteilsbildung[394].
Verstünde man die in § 1 Abs. 1 S. 2 GAufzV zum Ausdruck gebrachte Beachtenspflicht nun so, dass man dem Steuerpflichtigen abverlangt, bereits vor Abschluss von Geschäften bzw. der Preisvereinbarung mit Nahestehenden Überlegungen anzustellen (und auch aufzuzeichnen), ob und inwieweit die vorgesehenen Verrechnungspreise dem Fremdvergleich entsprechen[395], würde dies über die gesetzliche Ermächtigung in § 90 Abs. 3 S. 5 AO hinausgehen. Denn hiernach ist die Verwaltung nur ermächtigt, Regelungen zu *Art, Inhalt und Umfang der zu erstellenden Aufzeichnungen*, nicht jedoch zur Preisgestaltung selbst zu treffen. Eine Verpflichtung zur Einhaltung des Fremdvergleichsgrundsatzes darf in der GAufzV nicht getroffen werden.
Ausgehend von dem oben dargelegten Verständnis von § 1 Abs. 1 S. 2 GAufzV wären z.B. auch die Fälle problematisch, in denen sich der Steuerpflichtige zum Zeitpunkt der Preisvereinbarung gar keine Gedanken über den Fremdvergleich gemacht hat.

> Beispiel: Der deutschen Tochtergesellschaft werden die Preise für konzerninterne Lieferungen von der ausländischen Muttergesellschaft vorgegeben.

---

391 BR-Drs. 583/03, Begr. zu § 1 Abs. 1 GAufzV, S. 7.
392 So auch: Baumhoff/Ditz/Greinert DStR 2004, 157, 158 f.; Ditz, Internationale Gewinnabgrenzung, S. 361; Wehnert/Brüninghaus/Marx/u.a. IStR 2005, 749, 755.
393 So: Weber/Stoffels/Kleindienst, Verrechnungspreise, S. 16.
394 Menck in: Blümich § 1 AStG Rn. 43o; vgl. Bauer/Taetzner BB 2004, 2267, 2269.
395 Ein solches Verständnis hat offenbar Hambitzer StBp 2003, 295, 301.

Hier gäbe es keine angemessene Verrechnungspreisgestaltung, ein ernsthaftes Bemühen könnte nicht dokumentiert werden, so dass dem Steuerpflichtigen durch § 1 Abs. 1 S. 2 GAufzV Unmögliches abverlangt würde.
Als Lösung zu diesem Problem bietet sich an, dass der Steuerpflichtige die Angemessenheit seiner Preisvereinbarungen auch nachträglich begründen kann. Auch der Umstand, dass es keine Pflicht zu einer umfassenden *zeitnahen* Dokumentation gibt[396], spricht dafür, dass eine nachträgliche Rechtfertigung der früher vereinbarten Preise erfolgen muss[397]. Aus diesem Grund wird *vertreten*[398], dass der Steuerpflichtige sich in seinen Aufzeichnungen ernstlich um eine Begründung der Angemessenheit bemühen soll, d.h. das „ernsthafte Bemühen" wird auf die Erstellung der Aufzeichnungen bezogen. Dies ist sachgerecht, wird aber durch den Wortlaut der Vorschrift und die Gesetzesbegründung nicht bestätigt. Der nachträglichen Begründungsmöglichkeit entspricht es, wenn der Steuerpflichtige durch die (spätere) Dokumentation darlegen muss, dass und warum *nach seiner Auffassung* die Verrechnungspreise angemessen sind[399] bzw. er *aus seiner Sicht* die Angemessenheit begründet[400], oder er seiner Dokumentationsverpflichtung noch dadurch nachkommen kann, dass er dokumentiert, wie sich ein unabhängiger Dritter verhalten hätte[401].
Daneben wird vertreten, dass es Ziel einer so verstandenen Angemessenheitsdokumentation sei, es durch Aufzeichnungen einem sachverständigen Dritten zu ermöglichen, innerhalb einer angemessenen Frist festzustellen, ob und inwieweit der Steuerpflichtige den Fremdvergleichsgrundsatz beachtet hat (§ 2 Abs. 1 S. 3 GAufzV)[402].

(bb) Gegenauffassungen

Die Gegenauffassung vertritt, dass es auch nach Einfügung des § 90 Abs. 3 AO keine Angemessenheitsdokumentation im Sinne einer Angemessenheitsbeurtei-

[396] Siehe: Kap. B.II.2.d)dd).
[397] Kaminski/Strunk StBp 2005, 245, 247.
[398] Wassermeyer in: Flick/Wassermeyer/Baumhoff § 1 AStG Rn. 823.17; Jenzen NWB F. 2, 8867, 8870 spricht vom „Nachweis des ernsthaften Bemühens" der Begründung der Angemessenheit der Verrechnungspreise.
[399] Kaminski/Strunk StBp 2004, 1, 4 f.; Stahl KÖSDI 2004, 14188, 14191; Vögele/Brem IStR 2004, 48, 50; vgl. Schreiber IWB F. 3, Gr. 1, 2105, 2108 "Begründung für die Fremdüblichkeit".
[400] BMF, VerwGrs-Verfahren 2005, Tz. 3.4.12.1.
[401] Frotscher in: FS Wassermeyer, S. 391, 396.
[402] Kaminski/Strunk StBp 2004, 1, 6; Schreiber IWB F. 3, Gr. 1, 2105, 2112.

lung gebe[403] bzw. schränkt die Angemessenheitsdokumentation auf methodische Aspekte der Verrechnungspreisermittlung ein[404]. Dabei handelt es sich m.E. nur um terminologische Unterschiede, da es sachlich gesehen auf das selbe hinausläuft, ob man das Bestehen einer Angemessenheitsdokumentation (im Sinne einer Angemessenheitsbeurteilung) generell ablehnt, oder ob man eine solche auf methodische Aspekte beschränkt. Zu letzteren zählen vor allem Erläuterungen über die gewählte Verrechnungspreismethode, die Eignung der Methode für die betreffende Geschäftsbeziehung sowie deren konkrete Verwendung. Der Steuerpflichtige muss zeigen, wie der tatsächlich vereinbarte Verrechnungspreis zu Stande gekommen ist, wie Funktionen und Risiken im Konzern verteilt sind und ob der Gesellschafter die Preisgestaltung beeinflusst hat. Danach handelt es sich letztendlich nur um eine Aufzeichnungspflicht über das historisch-faktische Zustandekommen der Verrechnungspreise.

(cc) Stellungnahme

Der Ansicht, die von einer Pflicht zur Beachtung des Fremdsvergleichsgrundsatzes (Angemessenheitsbeurteilung) ausgeht, kann nicht gefolgt werden. Zwar erkennt diese Auffassung zutreffend, dass eine Nachweispflicht für die Angemessenheit der Verrechnungspreise, quasi als stärkste Ausdrucksform einer Beachtenspflicht, zum einen zu einer unzulässigen Beweislastumkehr führen würde, zum anderen wegen Verstoß gegen die Verordnungsermächtigung nicht aus der GAufzV folgen kann, da diese keine Aussagen über das Ziel der Aufzeichnungen und über die Preisgestaltung des Steuerpflichtigen treffen darf. Letzteres gilt aber auch für eine (als gegenüber einer Nachweispflicht abgeschwächten) Pflicht zur Beachtung des Fremdvergleichsgrundsatzes i.S. einer Angemessenheitsbeurteilung. Sei es, dass der Steuerpflichtige ihn bei der Preisvereinbarung zu beachten habe, sei es, dass er nachträglich begründen muss, warum er die Verrechnungspreise für angemessen hält. Diese Auffassungen gehen zwar zugunsten des Steuerpflichtigen davon aus, dass er nicht den Nachweis der Angemessenheit erbringen muss, bejahen aber dennoch eine Pflicht des Steuerpflichtigen zur aktiven Auseinandersetzung mit dem Fremdvergleichsgrundsatz. Die Pflicht zur Orientierung am Fremdvergleichsmaßstab bzw. das ernstliche Bemühen hierum bedeutet im Ergebnis aber nichts anderes, als dass der Steuerpflichtige sein geplantes Geschäft am Maßstab des Fremdvergleichsgrundsatzes überprüfen muss. Dieser Vorgang entspricht (zumindest auch) einer rechtlichen

[403] Schnorberger DB 2003, 1241, 1243 f.; vgl. Wünsch in: Pahlke/Koenig § 90 AO Rn. 27; auch Kaminski/Strunk StBp 2005, 245, 246, 250 bezweifeln das Bestehen einer Rechtsgrundlage für eine Angemessenheitsdokumentation.

[404] Baumhoff/Ditz/Greinert DStR 2004, 157, 159; Werra IStR 2005, 19, 20; vgl. IDW Wpg 2004, 1408 zu Tz. 3.4.9 und 3.4.17.

Würdigung der Vereinbarungen[405]; die rechtliche Würdigung eines Sachverhaltes ist aber Aufgabe der Finanzverwaltung[406]. Aus der GAufzV selbst darf daher eine Pflicht zur Beachtung des Fremdvergleichsgrundsatzes originär nicht entnommen werden.
Ein Rückgriff auf § 90 Abs. 3 S. 2 AO als Begründungsnorm einer solchen Beachtenspflicht, wie in den oben genannten Auffassungen vorgenommen bzw. vorausgesetzt, vermag nicht zu überzeugen; sie kommt im Wortlaut der gesetzlichen Regelung nicht hinreichend bestimmt zum Ausdruck. Im Gegenteil impliziert der Wortlaut des § 90 Abs. 3 S. 2 AO („Aufzeichnungspflicht [...] für eine den Grundsatz des Fremdvergleichs beachtende Vereinbarung"), dass Aufzeichnungen nur dann zu erstellen sind, wenn bei der Preisvereinbarung der Fremdvergleichsgrundsatz beachtet worden ist[407]. Dies hätte zur Folge, dass sich der Steuerpflichtige seiner Pflicht zur Angemessenheitsdokumentation entziehen könnte, indem er behauptet, dass er bei seinen Preisvereinbarungen den Fremdvergleichsgrundsatz nicht beachtet habe. Ein solches Verständnis ergibt aber keinen Sinn, da er damit der Finanzbehörde einen „Wink mit dem Zaunpfahl" geben würde, beim ihm eine Einkünfteerhöhung durchzuführen. Weiter lässt sich einwenden, dass dem auch Sinn und Zweck der Regelung, nach dem der Finanzbehörde die Prüfung der Angemessenheit der Verrechnungspreise ermöglicht werden soll, entgegensteht. Würde man eine Verpflichtung des Steuerpflichten, Angaben zum Zustandekommen des Verrechnungspreises zu machen, daran knüpfen, *dass* bei der Preisvereinbarung der Fremdvergleichsgrundsatz beachtet wurde, würde dies einen unzulässigen Zirkelschluss bedeuten. Schließlich wäre dann, wenn eine Prüfung der Verrechnungspreise durch die Finanzbehörde aufgrund Nichtbeachtung des Fremdvergleichsgrundsatzes am notwendigsten wäre, diese mangels bestehender Dokumentationspflicht kaum möglich. Aus Sinn und Zweck ergibt sich daher (gerade) für diesen Fall der Nichtbeachtung des Fremdvergleichsgrundsatzes eine Notwendigkeit und daher eine Pflicht zur Angemessenheitsdokumentation (verstanden als Aufzeichnung der wirtschaftlichen und rechtlichen Rahmenbedingungen), woraus zu schließen ist, dass durch § 90 Abs. 3 AO eine Pflicht, den Fremdvergleichsgrundsatz zu beachten, nicht festgelegt wurde[408].

---

[405] A.A. offenbar Bellstedt IWB F. 2, 495, 503 f.
[406] So auch: Wünsch in: Pahlke/Koenig § 90 AO Rn. 27.
[407] Vgl. Schreiber IWB F. 3, Gr. 1, 2105, 2111; Vögele/Vögele IStR 2003, 466.
[408] Vgl. Schreiber IWB F. 3 Gr. 1, 2105, 2111; a.A. Vögele/Vögele IStR 2003, 466: Der Gesetzgeber wollte die Dokumentation nicht auf die Preisvereinbarungen einschränken, die dem Fremdvergleich genügen, sondern im Gegenteil fordern, den Fremdvergleich bei allen Preisvereinbarungen einzuhalten.

Auch aus dem Blickwinkel der Gesetzesbegründung ergibt sich nichts anderes. Nach der Gesetzesbegründung[409] legt § 90 Abs. 3 AO eine Verpflichtung des Steuerpflichtigen fest, seine

> „Geschäftsbeziehungen einschließlich der Grundlagen ihrer Entscheidung über die Festsetzung von Verrechnungspreisen und sonstigen Geschäftsbedingungen zu dokumentieren."

Hiernach will der Gesetzgeber den Sachverhalt der einzelnen Geschäftsvorfälle dokumentiert wissen und darüber hinaus die Entscheidungsfindung für den Verrechnungspreis. Eine Verpflichtung, den Fremdvergleichsgrundsatz einzuhalten oder zu beachten, kann dem nicht entnommen werden. Des weiteren bestimmt die Gesetzesbegründung:

> „Die Regelung [Anm. § 90 Abs. 3 AO] knüpft unter anderem an die Bestimmungen des § 8 Abs. 3 KStG und § 1 AStG an. Die Steuerpflichtigen sind damit gehalten, schriftliche Unterlagen über Vergleichsdaten zur Verfügung zu stellen, die zur Beurteilung der Angemessenheit der nach diesen Vorschriften anzusetzenden Verrechnungspreise erforderlich sind, sowie ihre Entscheidungen über die Preisfestsetzung im Rahmen ihrer Geschäftsbeziehungen zum Ausland zu begründen."

Die Formulierung „zur Verfügung zu stellen" kann zunächst nichts anderes bedeuten, als dass der Steuerpflichtige *der Finanzbehörde* Vergleichsdaten vorlegen muss, damit *sie* die Angemessenheit der Verrechnungspreise beurteilen kann. Aus dieser Formulierung ergibt sich aber nicht, dass er die Vergleichsdaten seinen Verrechnungspreisen zugrunde legen muss. Dies entspricht Sinn und Zweck der Regelung des § 90 Abs. 3 AO (s.u.). Die Formulierung „zur Beurteilung der Angemessenheit der nach diesen Vorschriften anzusetzenden Verrechnungspreise" nimmt Bezug auf die Korrekturvorschriften der § 8 Abs. 3 KStG und § 1 AStG und drückt nur Selbstverständliches aus, wenn sie bestimmt, dass die Finanzbehörde die Verrechnungspreise anhand des Maßstabs des Fremdvergleiches überprüfen soll, der in diesen Vorschriften zum Ausdruck kommt, und die sie daher nach diesen Vorschriften anzusetzen hat. Sicherlich muss auch der Steuerpflichtige seine Verrechnungspreise nach diesen Vorschriften ansetzen, will er eine Korrektur durch die Finanzbehörde vermeiden. Dies stellt jedoch mangels Rechtsgrundlage keine explizite Verpflichtung dar, sondern lediglich eine Obliegenheit. Auch die Formulierung „sowie ihre Entscheidungen über die Preisfestsetzung [...] zu begründen" enthält nur die Verpflichtung, die (tatsächliche) Preisfindung anhand der vorzulegenden Unterlagen nachvollziehbar darzulegen. Diese Begründungspflicht bezieht sich wiederum nur auf die Umstände, die zur Entscheidungsfindung geführt haben. Dem kann jedoch nicht ent-

409 Gesetzentwurf BReg v. 28.11.2002, BR-Drs. 866/02, S. 83 und Gesetzentwurf SPD, Bündnis 90/Die Grünen v. 2.12.2002, BT-Drs. 15/119, S. 52.

nommen werden, dass der Steuerpflichtige sich am Maßstab des Fremdvergleichs zu orientieren hat und begründen muss, dass diese Preisfindung angemessen ist. Für eine Beachtenspflicht lässt sich auch folgende Aussage des Finanzausschusses[410] nicht heranziehen:

> „Satz 2 [Anm. § 90 Abs. 3 S. 2 AO] stellt nunmehr klar, dass sich die Aufzeichnungspflicht auf Preise und andere Geschäftsbedingungen mit Nahestehenden bezieht, bei deren Vereinbarung der international anerkannte Grundsatz des Fremdvergleichs zu beachten ist."

Der Finanzausschuss unterscheidet hier zwischen Aufzeichnungspflicht und Geschäftsbedingungen, bei deren Vereinbarung der Grundsatz des Fremdvergleichs zu beachten ist. Bei letzteren setzt er also voraus, dass der Grundsatz des Fremdvergleichs zu beachten ist und knüpft daher an die Obliegenheit der § 8 Abs. 3 S. 2 KStG und § 1 AStG an, ohne jedoch eine solche Beachtenspflicht konstitutiv zu begründen.

Vielmehr kann Sinn und Zweck der Vorschrift des § 90 Abs. 3 AO entnommen werden, dass eine rechtliche Würdigung durch den Steuerpflichtigen und damit eine Beachtenspflicht nicht erforderlich ist. Die Regelung soll vor allem die Möglichkeit der Prüfung der Einkunftsabgrenzung zwischen international verbundenen Unternehmen (Verrechnungspreisprüfung) durch die Finanzverwaltung sichern[411]. Hierfür reicht es aber aus, wenn die Finanzverwaltung den verwirklichten Sachverhalt und die weiteren Umstände (rechtlichen und wirtschaftlichen Rahmenbedingungen) kennt. Eine eigene rechtliche Würdigung seitens des Steuerpflichtigen ist dazu überflüssig.

(dd) Folgen der hier vertretenen Auffassung und Ergebnis

Nach der hier vertretenen Auffassung trifft den Steuerpflichtigen aus § 90 Abs. 3 AO keine Pflicht zur rechtlichen Würdigung seiner Geschäftsbeziehungen und daher keine Pflicht, bei der Preisvereinbarung den Fremdvergleichsgrundsatz zu beachten. Er ist weder verpflichtet zu begründen, warum nach seiner Auffassung die Verrechnungspreise angemessen sind, noch verpflichtet, eine solche Begründung nachzuholen. Daraus folgt, dass § 90 Abs. 3 AO lediglich von ihm verlangt, den von ihm bei seinen Geschäftsbeziehungen verwirklichten Sachverhalt (Sachverhaltsdokumentation) und darüber hinaus die wirtschaftlichen und rechtlichen Grundlagen dieser Vereinbarungen (Angemessenheitsdokumentation) aufzuzeichnen. Zu letzteren gehören diejenigen Informationen, die der Finanzbehörde eine rechtliche Würdigung der Angemessenheit der Verrechnungspreise ermöglichen. Dazu hat der Steuerpflichtige nach dem Willen des Gesetz-

---

410 Bericht Finanzausschuss v. 20.2.2003, BT-Drs. 15/481, S. 18.

411 Gesetzentwurf BReg v. 28.11.2002, BR-Drs. 866/02, S. 83 und Gesetzentwurf SPD, Bündnis 90/Die Grünen v. 2.12.2002, BT-Drs. 15/119, S. 52.

gebers die konkrete Preisfindung aufzuzeichnen und die Entscheidungen über die Preisfestsetzung zu begründen, also darzulegen, aus welchen Gründen er diesen Verrechnungspreis genommen hat. Weiterhin ergibt sich aus der Gesetzesbegründung für den Steuerpflichtigen die Pflicht, der Finanzbehörde Vergleichsdaten zur Verfügung zu stellen.

Sachgerecht sowie dem Sinn und Zweck der Vorschrift entsprechend erscheint es, über die nach der Gegenauffassung lediglich zu dokumentierenden methodischen Aspekten der Verrechnungspreisermittlung (angewandte Verrechnungspreismethode und Verwendung) hinaus nicht nur diejenigen Informationen zur Verfügung zu stellen, die konkret Einfluss auf das Zustandekommen der Verrechnungspreise genommen haben, sondern auch die Beschaffung von Vergleichsdaten und die Aufzeichnung der in den §§ 4 und 5 GAufzV geforderten Informationen zu verlangen, sofern sie keine rechtliche Würdigung vom Steuerpflichtigen fordern[412]. Dies gilt unabhängig davon, ob sie bei ihm tatsächlich (konkret) *verrechnungspreisbeeinflussend* waren. So gibt die Aufstellung von übernommenen Funktionen und Risiken der beteiligten Geschäftspartnern (§ 4 Nr. 3 Buchst. a GAufzV) der Finanzbehörde wichtige Ansatzpunkte für die Angemessenheitsbeurteilung des Verrechnungspreises, unabhängig davon, ob der Steuerpflichtige diese Funktionen und Risiken bei der Festsetzung seiner Verrechnungspreise tatsächlich beachtet hat. Aufzuzeichnen sind damit all diejenigen Hintergrundinformationen, die für die Ermittlung eines objektiv angemessenen Verrechnungspreises erforderlich wären, hätte der Steuerpflichtige den Fremdvergleichsgrundsatz zu beachten. Eine dahingehende Dokumentationspflicht besteht nur, soweit die Angaben (abstrakt) *verrechnungspreisrelevant*, d.h. für die Prüfung einer Geschäftsbeziehung i.S.d. § 90 Abs. 3 AO durch die Finanzbehörde von Bedeutung sind (§ 4 S. 1 GAufzV). So kann die Dokumentation von Konzernverhältnissen nicht generell, sondern nur dann verlangt werden, wenn zu den einzelnen Konzerngesellschaften Geschäftsbeziehungen bestehen[413].

Der hier vertretenen Auffassung könnte entgegen gehalten werden, dass sie, indem sie den Steuerpflichtigen zur Dokumentation von Angaben verpflichtet, die er seiner konkreten Preisvereinbarung nicht zugrunde gelegt hat, gegen die Systematik und den Wortlaut von § 90 Abs. 3 S. 1 und 2 AO verstößt. Denn ver-

---

412 Grundsätzlich ist zu bemerken, dass sich die hier vertretene Auffassung – mit Ausnahme der Pflicht zur Beachtung bzw. Orientierung am Fremdvergleichsgrundsatz und der Begründungspflicht – zumeist nicht wesentlich von der von der Finanzverwaltung und der h.M. vertretenen Auffassung unterscheidet, da beide Auffassungen vom formalen Aspekt her die Vorlage derselben Dokumente verlangen.

413 Frotscher in: FS Wassermeyer, S. 391, 401 f.

steht man mit *Wassermeyer*[414] unter dem vom Steuerpflichtigen tatsächlich verwirklichten Sachverhalt eine sog. Istbeziehung und unter einer fremdvergleichsüblichen Vereinbarung eine sog. Sollbeziehung, wird deutlich, dass sich Sachverhalts- als auch Angemessenheitsdokumentation nur auf die Istbeziehung bezieht; der Inhalt der Sollbeziehung wird durch Nachdenken ermittelt, aber nicht vereinbart. Hierfür spricht sowohl der Wortlaut des § 90 Abs. 3 S. 2 AO, der durch die Formulierungen „*Die* [Hervorhebung d. Verf.] Aufzeichnungspflicht" und „Vereinbarung [...] mit den Nahestehenden" auf die in S. 1 geregelte Aufzeichnungspflicht des Steuerpflichtigen hinsichtlich „seiner Geschäftsbeziehungen mit Nahestehenden" Bezug nimmt. Auch die Gesetzesbegründung, wonach Steuerpflichtige, die Geschäftsbeziehungen zu nahe stehenden Personen unterhalten, „*diese* [Hervorhebung d. Verf.] Geschäftsbeziehungen einschließlich der Grundlagen ihrer Entscheidungen über die Festsetzung von Verrechnungspreisen [...] zu dokumentieren"[415] haben, lässt sich anführen. Daraus wird geschlossen, Gegenstand der Angemessenheitsdokumentation könne daher nur die tatsächliche Preisvereinbarung sein, und nicht (auch) die einem Fremdvergleich entsprechende (fiktive) Preisvereinbarung. Die Pflicht erstrecke sich somit nicht auf einen Preis, den der Steuerpflichtige unter Fremdvergleichsgrundsätzen hätte vereinbaren müssen, den er tatsächlich aber nicht vereinbart hat[416]. Dem steht die hier vertretene Auffassung nicht entgegen, da nach ihr nicht der Inhalt der Sollbeziehung (also die Frage, was vereinbart hätte werden sollen) aufgezeichnet werden muss, sondern deren wirtschaftlicher Hintergrund. Da aber der wirtschaftliche Hintergrund der Soll- und der Istbeziehung identisch ist[417], erscheint es legitim, den Steuerpflichtigen auch zur Aufzeichnung von Informationen zu verpflichten, die er seinen Preisvereinbarungen nicht zugrunde gelegt hat, die einer fremdvergleichskonformen Preisvereinbarung dagegen hätten zugrunde gelegt werden müssen. Zu entscheiden, d.h. wertend zu vergleichen, ob die tatsächlich getroffene Vereinbarung der sich aufgrund des wirtschaftlichen Hintergrundes zu ermittelnden Sollbeziehung entspricht, ist dann Aufgabe der Finanzbehörde[418].

---

[414] DB 2003, 1535, 1538; so auch: Bauer/Taetzner BB 2004, 2267, 2268 ff.; Seer in: Tipke/Kruse § 90 AO Rn. 36.
[415] BT-Drs. 15/119, S. 52.
[416] Schreiber IWB F. 3, Gr. 1, 2105, 2111.
[417] Zutreffend: Wassermeyer DB 2003, 1535, 1538.
[418] Wassermeyer DB 2003, 1535, 1538; vgl. ders. in: Flick/Wassermeyer/Baumhoff § 1 AStG Rn. 823.7: Aufzuzeichnen ist nur das, was das vereinbarte Entgelt beeinflusst hat oder zu beeinflussen geeignet ist.

Mit der hier vertretenen Auffassung ließe sich auch der gegen die Gegenauffassung gerichteten Vorwurf *Schreibers*[419] entkräften, wonach sich die Angemessenheitsdokumentation bei inländischen Tochtergesellschaften ausländischer Konzerne darauf beschränken könnte, mitzuteilen, dass der Verrechnungspreis von der ausländischen Muttergesellschaft diktiert wurde und daher zur angewandten Methode und deren Eignung sowie zur Angemessenheit des Preises keinerlei Angaben gemacht werden können. Dies genügt nach der hier vertretenen Auffassung gerade nicht, da darüber hinaus etwa die in §§ 4 und 5 GAufzV geforderten Angaben zu machen sind.

In Fällen, in denen der Fremdvergleichsgrundsatz (bei der Preisvereinbarung) nicht beachtet worden ist, stellt sich das bereits angesprochene Problem der nachträglichen Begründung nicht. Denn der Steuerpflichtige kann seine Dokumentationsverpflichtungen immer noch dadurch erfüllen, dass er die in §§ 4 und 5 GAufzV geforderten Angaben macht[420]. Insofern ist diese Lösung auch aufgrund der Struktur des § 90 Abs. 3 AO und der GAufzV stringenter und schlüssiger als die Auffassung, die eine Beachtenspflicht annimmt, und fügt sich nahtlos in die Gesamtkonzeption ein. Da nach beiden Vorschriften die Vorlage der Aufzeichnungen innerhalb von 60 Tagen zu erfolgen hat, ist ihnen die Vorstellung immanent, dass der Steuerpflichtige die Dokumentation nachträglich erstellen kann. Maßstab für die Angemessenheitsdokumentation muss daher sein, dass sie es einem sachverständigen Dritten ermöglicht, innerhalb einer angemessenen Frist festzustellen, welche Sachverhalte der Steuerpflichtige im Zusammenhang mit seinen Geschäftsbeziehungen zu nahe stehenden Personen verwirklicht hat und ob und inwieweit seine Verrechnungspreise angemessen sind (vgl. § 2 Abs. 1 S. 3 GAufzV).

(b) Heranziehung von Vergleichsdaten

Da schon die Gesetzesbegründung von einer Verpflichtung des Steuerpflichtigen zur Verfügungstellung von Vergleichsdaten ausgeht, ist es grundsätzlich zulässig, wenn der Steuerpflichtige nach der GAufzV zur Darstellung der Markt- und Wettbewerbsverhältnisse für seine Aufzeichnungen entsprechend der von ihm gewählten Verrechnungspreismethode Vergleichsdaten zu beschaffen und der Finanzbehörde zur Verfügung zu stellen hat (vgl. § 1 Abs. 3 S. 2 GAufzV).

Hierbei wird bemängelt, dass der Steuerpflichtige nach dem Wortlaut diese Daten zwar „heranzuziehen“ hat, aber nicht aufzuzeichnen verpflichtet ist. Es besteht daher die Möglichkeit, dass er diese Daten anschließend vernichtet, so dass sie zum Zeitpunkt der Verrechnungspreisprüfung nicht mehr vorliegen. Dies

[419] IWB F. 3, Gr. 1, 2105, 2109.
[420] Vgl. Frotscher in: FS Wassermeyer, S. 391, 396.

ergibt keinen Sinn[421]. Vielmehr erstreckt sich die Aufbewahrungspflicht des § 147 Abs. 1 Nr. 5 AO auch auf diese Daten, gleich ob elektronisch oder schriftlich vorliegend, so dass sie bei einer Außenprüfung zur Verfügung stehen müssen.
Für die Beschaffung von Vergleichsdaten sind drei Arten von Datenquellen möglich, nämlich (1) Daten aus vergleichbaren Geschäften ausschließlich zwischen fremden Dritten (externer Vergleich), (2) Daten aus vergleichbaren Geschäften zwischen dem Steuerpflichtigen oder einer ihm nahe stehenden Person und fremden Dritten (interner Vergleich), und (3) Aufzeichnungen über innerbetriebliche Daten, die eine Plausibilitätskontrolle der vom Steuerpflichtigen vereinbarten Verrechnungspreise ermöglichen. Zu ersteren beiden Quellen zählen Preise, Geschäftsbedingungen, Kostenaufteilungen, Gewinnaufschläge, Bruttospannen, Nettospannen und Gewinnaufteilungen; zur letzteren Quelle zählen Prognoserechnungen und Daten zur Absatz-, Gewinn- und Kostenplanung[422]. Auch wenn der Wortlaut vermuten lässt, dass alle drei Methoden kumulativ aufzuzeichnen sind[423], wird vertreten, dass eine alternative Aufzeichnung ausreichend sei, da der Steuerpflichtige auch nicht verpflichtet ist, Aufzeichnungen für mehr als eine Methode zu erstellen[424]. Nach *anderer Auffassung*[425] seien entweder Daten aus einem externen oder internen Vergleich heranzuziehen, zusätzlich jedoch stets Aufzeichnungen über innerbetriebliche Daten. Letzteres ist zutreffend und sachgerecht. Aus der Begründung zur GAufzV[426] ergibt sich, dass entweder ein externer „oder" ein interner Fremdvergleich durchzuführen ist. Zwar gewinnt die Aufzeichnung innerbetrieblicher Daten (Plandaten) nur dann Bedeutung, wenn und soweit Fremdvergleichsdaten nicht oder nicht in ausreichender

---

[421] Kaminski/Strunk StBp 2004, 1,6.

[422] Hierbei kommt es auf die gewählte Standardmethode an, vgl. Niemann/Kiera-Nöllen DStR 2004, 482, 488: bei der *Preisvergleichsmethode*: wie dargestellt; bei der *Wiederverkaufspreismethode*: Wiederverkaufspreis, Selbstkosten, Gewinnaufschlag und Vertriebsmargen; bei der *Kostenaufschlagsmethode*: Selbstkosten, Gewinnaufschlag bzw. Gewinnmarge und Kostenaufteilung; nach Möller PIStB 2005, 208, 214 könne auch die Zollwertermittlung geeignete Fremdvergleichsdaten liefern.

[423] So auch: BMF, VerwGrs-Verfahren 2005, Tz. 3.4.10.1 und 3.4.12.2 (zusätzlich zur gewählten Verrechnungspreismethode).

[424] So: Kaminski/Strunk StBp 2005, 245, 250; Kroppen/Rasch IWB F. 3, Gr. 1, 1977, 1979; Wassermeyer in: Flick/Wassermeyer/Baumhoff § 1 AStG Rn. 823.18 und 823.27; vgl. Schreiber Stbg 2003, 474, 484.

[425] Rupp, Dokumentationspflichten, S. 40; vgl. Wulf/Derlien StB 2004, 140, 145 f.

[426] BR-Drs. 583/03, Begr. zu § 1 Abs. 3 GAufzV, S. 8 f.

Qualität vorhanden sind[427]. Aus diesem Grund ist auf die Anforderung von innerbetrieblicher Daten zur Verprobung des Verrechnungspreisergebnisses des Steuerpflichtigen regelmäßig zu verzichten, wenn der Steuerpflichtige uneingeschränkt vergleichbare Fremdvergleichsdaten vorgelegt hat[428]. Jedoch dienen sie nach Auffassung des Verordnungsgebers[429] der Plausibilitätskontrolle der Verrechnungspreise und sind daher „auch" aufzuzeichnen. In der Praxis mag das Abstellen auf Plandaten die Ausnahme sein, so dass es dem Steuerpflichtigen nur im Ausnahmefall zuzumuten sein wird, sie zu dokumentieren[430].
Die Verpflichtung zur Heranziehung von Vergleichsdaten darf dem Steuerpflichtigen aber weder unzumutbar noch unmöglich sein. Voraussetzung ihrer Heranziehung ist daher stets, dass sie erheblich sind, also dass sie einen Bezug zu der vom Steuerpflichtigen *tatsächlich genutzten* Verrechnungspreismethode haben. Daher sollen Vergleichsdaten nicht herangezogen werden müssen für Verrechnungspreismethoden, die er gar nicht genutzt hat (eine Verpflichtung zur Dokumentation von mehr als einer Methode besteht nicht)[431]. In konsequenter Fortführung würde dies bedeuten, dass, wenn der Steuerpflichtige seine Verrechnungspreise nicht anhand einer (Standard-) Verrechnungspreismethode ermittelt hat, keine Beschaffungspflicht besteht. Dies kann nach hier vertretener Auffassung nicht überzeugen; denn nach Sinn und Zweck des § 90 Abs. 3 AO besteht auch in diesem Fall die Notwendigkeit zur Verfügungstellung von für die Verrechnungspreisüberprüfung erheblichen Vergleichsdaten an die Finanzbehörde[432].
Unter dem Gesichtpunkt der Verhältnismäßigkeit wird keine generelle Pflicht zur Erstellung von Verrechnungspreisstudien bestehen, da eine solche (meist zeit- und kostenintensive) Studie nur in besonderen Fällen mit zumutbarem Aufwand beschafft werden kann[433]. Diese Daten sind daher nur heranzuziehen, wenn sie im Zeitpunkt der Vereinbarung der Geschäftsbeziehung beim Steuerpflichtigen oder bei diesem nahe stehenden Personen vorhanden sind oder soweit er sich diese mit zumutbarem Aufwand aus ihm frei zugänglichen Quellen beschaffen kann (§ 1 Abs. 3 S. 2 GAufzV). Die Vorschrift richtet sich an den

[427] BMF, VerwGrs-Verfahren 2005, Tz. 3.4.12.6 Buchst. a; Wehnert/Brüninghaus/Marx IStR 2005, 714, 718 sprechen zutreffend von einer Nachrangigkeit von Planrechnungen. Dieselben a.a.O. ausführlich zu Planrechnungen.
[428] BMF, VerwGrs-Verfahren 2005, Tz. 3.4.18.1.
[429] BR-Drs. 583/03, Begr. zu § 1 Abs. 3 GAufzV, S. 9.
[430] Eigelshoven/Nientimp DB 2005, 1184, 1187 m.w.N.
[431] Zutreffend: Schreiber IWB F. 3, Gr. 1, 2105, 2109 f.
[432] Vgl. Kapitel B.II.2.d)cc)(2)(a)(cc) und (dd).
[433] Graf IStR 2005, 175, 178; Schreiber Stbg 2003, 474, 483 f.

Steuerpflichtigen, verpflichtet also nicht Dritte, solche Informationen herauszugeben.
Eine Aufzeichnungspflicht für Markt- und Wettbewerbsverhältnisse im Rahmen der Angemessenheitsdokumentation besteht auch dann, wenn der Steuerpflichtige nach o.g. Kriterien keine Fremddaten herangezogen hat bzw. heranziehen konnte oder musste. In diesem Fall ist die Angemessenheitsdokumentation auf anderem Wege zu erstellen, wie etwa der Zugrundelegung von innerbetrieblichen Daten (z.B. der unter kaufmännischen Gesichtspunkten prognostizierten Gewinnerwartungen (=Plandaten))[434]. Dabei sind nach Auffassung der Finanzverwaltung auch bei verwertbaren Aufzeichnungen Gewinnberichtigungen möglich, wenn die Finanzbehörde z.B. zuverlässige Fremdvergleichsdaten nachweist, die zu anderen Ergebnissen führen[435].
Hier enthält die Regelung eine ausdrückliche Verpflichtung, Unterlagen Nahestehender – und damit auch ausländischer Muttergesellschaften – vorzulegen. *Kroppen/Rasch*[436] gehen jedoch davon aus, dass bei einer Nichtvorlage dieser Unterlagen bei ansonsten brauchbarer Dokumentation die Dokumentation nicht automatisch „im Wesentlichen unverwertbar" i.S.d. § 162 AO sei, wohingegen zu Recht *Rupp*[437] zutreffend danach differenziert, ob es zwingend erforderlich sei, diese Dokumente überprüfen zu können. Ist dies der Fall, dann ist die Dokumentation unverwertbar. Allerdings muss die Beschaffung dieser Informationen dem Steuerpflichtigen zumutbar und möglich sein, was bei ausländischen Mutter- oder Schwestergesellschaften regelmäßig nicht der Fall sein wird[438]. Verweigert die nahe stehende Person die Vorlage aus vom Steuerpflichtigen nicht zu vertretenden Gründen, darf dem Steuerpflichtigen hieraus kein Nachteil entstehen[439]. In diesem Fall sollten aber wenigstens die unternehmensinternen Möglichkeiten in vollem Umfang ausgeschöpft werden, um den Folgen einer Unverwertbarkeit der Dokumentation zu entgehen[440].

---

434 BMF, VerwGrs-Verfahren 2005, Tz. 3.4.12.6; Schreiber IWB F. 3, Gr. 1, 2105, 2110; BFH Urteil v. 17.2.1993 I R 3/92, BStBl. II 1993, 457, 458.
435 BMF, VerwGrs-Verfahren 2005, Tz. 3.4.20 Buchst. c.
436 IWB F. 3, Gr. 1, 1977, 1980 mit Verweis auf Schreiber Stbg 2003, 474, 485.
437 Rupp, Dokumentationspflichten, S. 41 f.: z.B. bei Erbringung von Leistungen auf der Basis von cost plus sei es zwingend erforderlich, die im Ausland entstandenen Basisdokumente (Lohnkosten, Gemeinkosten, usw.) zu überprüfen.; ähnlich: Schreiber IWB F. 3, Gr. 1, 2105, 2110: es komme auf den Einzelfall an und auf die Qualität der vorhandenen Fremddaten an, zumindest werde eine Beweismaßreduzierung ausgelöst.
438 Zum Streitstand: Kapitel B.II.2.c)bb).
439 Wassermeyer in: Flick/Wassermeyer/Baumhoff § 1 AStG Rn. 823.24.
440 Naumann/Förster NWB F. 2, 8483, 8489.

Unter frei zugänglichen Quellen zur Beschaffung von Vergleichsdaten versteht der Verordnungsgeber auch kostenpflichtige Datenbanken, sofern die Kosten nicht außer Verhältnis zum Umfang der verwirklichten Geschäfte und zur voraussichtlichen Bedeutung der steuerlichen Auswirkungen stehen[441]. Auch der BFH[442] hat keine Bedenken, dass (anonymisierte) Vergleichsdaten mit Hilfe von Datenbanken ermittelt werden, sofern sie Mindestanforderungen an die Qualität der Datenerfassung erfüllen. Aus diesem Grund will die Finanzverwaltung einerseits in anderen Besteuerungsverfahren gewonnene Daten in anonymisierter Form nutzen, was u.U. zu einer Verminderung des Beweiswertes führen kann[443], steht andererseits aber Datenbanknutzungen durch den Steuerpflichtigen ablehnend gegenüber[444].
Spricht bei Vorliegen von uneingeschränkt vergleichbaren Fremdvergleichsdaten[445] für einen der gefundenen Werte die größte Wahrscheinlichkeit der Richtigkeit, so soll nach Auffassung der *Finanzverwaltung*[446] nur dieser Wert für die Besteuerung maßgeblich sein[447]. Dagegen soll bei gleicher Wahrscheinlichkeit jeder Preis innerhalb der Bandbreite anzuerkennen sein, so dass der vom Steuer-

---

441 BR-Drs. 583/03, Begründung zu § 1 Abs. 3 S. 2 GAufzV, S. 8; kritisch hierzu: Maier-Frischmuth IWB F. 3, Gr. 1, 1989 ff., der argumentiert, dass dies gegen den Grundsatz des transaktionsbezogenen Ansatzes verstößt und zu einer faktischen Beweislastumkehr führen würde; kritisch zur derzeitigen Geeignetheit von Datenbanken zur Verrechnungsbestimmung, inbesondere zur Vergleichbarkeit der Unternehmen, Oestreicher/Vormoor IStR 2004, 95; Oestreicher/Duensing IStR 2005, 134; vgl. zu Datenbanken etwa Rehkugler/Vögele BB 2002, 1937; Tucha IStR 2002, 745.

442 BFH Urteil v. 17.10.2001 I R 103/00, BStBl. II 2004, 171, 175 Tz. 2 c) cc); vgl. AEAO zu § 30 Tz. 4.5; Hahn/Ziegler IStR 2004, 78 ff. halten das Zusammenspiel von Schätzung unter Verwendung von anonymisierten Vergleichsdaten mit der Festsetzung eines Strafzuschlages für einen Verstoß gegen Art. 6 Abs. 1 EMRK. Im Urteil vom 6.4.2005 I R 22/04, BB 2005, 1721, 1724 greift der BFH auch auf Veröffentlichungen des Statistischen Bundesamtes zurück.

443 BMF, VerwGrs-Verfahren 2005, Tz. 2.6; kritisch: Jenzen NWB F. 2, 8867, 8869; Kroppen/Rasch IWB F. 3, Gr. 1, 2091, 2093; dies. IWB F. 3, Gr. 1, 2113, 2115; Kaminski/Strunk StBp 2005, 213, 219.

444 Vgl. BMF, VerwGrs-Verfahren 2005, Tz. 3.4.12.4; kritisch: PwC, Angemessenheit von Verrechnungspreisen, S. 14 ff.

445 Uneingeschränkt vergleichbar sind Werte nur dann, wenn die verglichenen Geschäftsbedingungen identisch sind, Unterschiede keine wesentliche Auswirkung auf die Preisgestaltung haben oder durch hinreichend genaue Anpassungen beseitigt worden sind, und die ermittelten Daten qualitativ zuverlässig sind (BMF, VerwGrs-Verfahren 2005, Tz. 3.4.12.7 Buchst. a).

446 BMF, VerwGrs-Verfahren 2005, Tz. 3.4.12.5 Buchst. a, Tz. 3.4.12.7 Buchst. a und Tz. 3.4.20 Buchst. b.

447 A.A. Graf IStR 2005, 175, 177 und Lenz/Fischer/Schmidt BB 1255, 1258: ein solcher Wert existiert nicht.

pflichtigen außerhalb der Bandbreite angesetzte Preis auf den günstigsten Preis zu berichtigen ist. Das Abstellen auf den Wert der größten Wahrscheinlichkeit entbehrt einer Rechtsgrundlage, da wie bereits dargestellt innerhalb einer Bandbreite von vergleichbaren Werten jeder Preis zu akzeptieren ist[448]. Zudem wird in der Literatur[449] für das Erfordernis der uneingeschränkten Vergleichbarkeit der Daten, angesichts dessen, dass es nur im Ausnahmefall möglich sein wird, eine solche festzustellen[450], eine rechtliche Grundlage angezweifelt.
Die Einengung der Bandbreite durch die Finanzverwaltung[451] bei nur eingeschränkt vergleichbaren Werten[452] aufgrund von Verprobungen entspricht den Anforderungen des BFH[453]. Aus diesem Grund entspricht insofern die Aussage der Finanzverwaltung, dass bei nur eingeschränkt vergleichbaren Fremdvergleichsdaten der vom Steuerpflichtigen vereinbarte, außerhalb der verengten Bandbreite liegende Preis auf den für ihn günstigsten Punkt der verengten Bandbreite zu berichtigen ist, der geltenden Rechtslage. Hingegen trägt eine Einengung aufgrund von plausiblen Überlegungen die Gefahr der Willkür in sich[454] und muss sich letztlich durch Ausscheidung von 25 v.H. der kleinsten und der größten Werte den Vorwurf gefallen lassen, sie sei ohne Rechtsgrundlage, international nicht üblich[455] und nicht sachgerecht[456]. Bei nur eingeschränkt vergleichbaren Werten sind auch die Unterschiede im Hinblick auf die Vergleichbarkeitsfaktoren aufzuzeichnen, andernfalls die Fremdvergleichsdaten als unvergleichbar anzusehen sind.

---

[448] BFH, Urteil v. 17.10.2001 I R 103/00, BStBl. II 2004, 171, 176 Tz. 2 d) ff); zutreffend: Baumhoff/Ditz/Greinert DStR 2005, 1549, 1554 f.; Werra IStR 2005, 19, 21.

[449] Baumhoff/Ditz/Greinert DStR 2005, 1549, 1555.

[450] So auch: Wehnert/Brüninghaus/Marx/u.a. IStR 2005, 749.

[451] BMF, VerwGrs-Verfahren 2005, Tz. 3.4.12.5 Buchst. b, c und d, und Tz. 3.4.20 Buchst. b; kritsch: IDW Wpg 2005, 469.

[452] Eingeschränkte Vergleichbarkeit liegt etwa dann vor, wenn Unterschiede in den wesentlichen, auf den Preis auswirkenden Geschäftsbedingungen, d.h. den Vergleichbarkeitsfaktoren, bestehen, aber noch durch Anpassungsrechnungen beseitigt werden können. Ob noch eine eingeschränkte Vergleichbarkeit oder eine Unvergleichbarkeit der Werte vorliegt, ist Einzelfallentscheidung (BMF, VerwGrs-Verfahren 2005, Tz. 3.4.12.7 Buchst. c).

[453] BFH, Urteil v. 17.10.2001 I R 103/00, BStBl. II 2004, 171, 177 Tz. 2 d) ff).

[454] Graf IStR 2005, 175, 177 f.

[455] Baumhoff/Ditz/Greinert DStR 2005, 1549, 1555 f.; IDW Wpg 2004, 1408 zu Tz. 3.4.9.3 lit c; Kaminski/Strunk StBp 2005, 245, 251; Werra IStR 2005, 19, 21; vgl. Finsterwalder DStR 2005, 765, 769.

[456] PwC, Angemessenheit von Verrechnungspreisen, S. 19 ff. Diese Methode würde bei Verfehlung der zulässigen Bandbreite durch den Steuerpflichtigen eine *widerlegbare Vermutung* der Unangemessenheit der Verrechnungspreise begründen, Rehkugler/Vögele BB 2002, 1937, 1945.

(3) Methodik der Erstellung der Aufzeichnungen

Die Aufzeichnungen sind für außergewöhnliche Geschäftsvorfälle stets[457], für gewöhnliche Geschäftsvorfälle grds. *geschäftsvorfallbezogen* zu erstellen (§ 2 Abs. 3 S. 1 GAufzV), also für Ereignisse, die eine Veränderung des kaufmännischen Vermögens in Höhe und/oder Struktur bewirken. Sie sind daher Teile einer Geschäftsbeziehung. Besteht eine Geschäftsbeziehung aus zehn Warenlieferungen (Geschäftsvorfällen), muss schon die erste Lieferung aufgezeichnet werden[458]. An sich muss daher jede einzelne Transaktion dokumentiert werden. Angesichts dessen, dass es in der Praxis großen Unternehmen schlicht unmöglich ist, jede Transaktion zu dokumentieren[459], wäre eine Beschränkung der Dokumentationspflicht auf solche Transaktionen, die einen gewissen Mindestbetrag oder eine gewisse Bedeutung erreichen, sinnvoller gewesen. Um diese praktische Schwierigkeit zu umgehen, erlaubt § 2 Abs. 3 S. 2 und 4 GAufzV unter bestimmten Voraussetzungen[460] eine Zusammenfassung von Geschäftsvorfällen zu *Gruppen.* In der Praxis werden in Zukunft innerkonzernliche *Verrechnungspreisrichtlinien*[461] (§ 2 Abs. 3 S. 5 GAufzV) enorme Bedeutung erlangen. Sie sind der einzig sinnvolle Weg, die angewandten Verrechnungspreismethoden mit überschaubarem Aufwand zu dokumentieren[462]. Verrechnungspreisrichtlinien sind für die betroffenen Unternehmen verbindlich und geben vor, unter Anwendung welcher Methoden und eventuell welcher Rechengrößen die Verrechnungspreise zu ermitteln sind, bestimmen also die Preisermittlung. In ihnen kann z.B. die Definition von bestimmten Funktionen und ihrer Bewertung, und eine Regelung des Entstehens bzw. der Übernahme von Risiken erfolgen. Ihr Vorteil liegt vor allem in der Transparenz und Konsistenz der Verrechnungspreisgestaltung für die Finanzbehörde und die Unternehmensmitarbeiter[463].

[457] BMF, VerwGrs-Verfahren 2005, Tz. 3.4.8.2 und 3.4.13.

[458] Wassermeyer in: Flick/Wassermeyer/Baumhoff § 1 AStG Rn. 823.6 und 823.10.

[459] Graf Steuer&Studium 2004, 380, 382; Kroppen/Rasch IWB F. 3, Gr. 1, 1921, 1928.

[460] Problematisch ist die Auslegung des Begriffs der „vorher" festgelegten Regeln. Vgl. Kaminski/Strunk StBp 2004, 1, 7. M.E. bezieht sich das „vorher" auf die Gruppenbildung im Rahmen der Dokumentation, und damit nicht auf die Verwirklichung des Sachverhaltes. Kritisiert wird von Kaminski/Strunk StBp 2005, 213, 217 an einer solchen Zusammenfassung, dass implizit eine Verbindung zwischen der Form der Dokumentation und der Angemessenheit der Verrechnungspreise hergestellt werde. Denn entscheidend sei, ob die zusammengefasste Dokumentation den Nachweis ermögliche, dass die bestehenden Unterschiede in sachlich gerechtfertigten Preisdifferenzierungen umgesetzt worden sind.

[461] Notwendiger Inhalt nach Kroppen/Rasch IWB F. 3, Gr. 1, 1977, 1981 ff.: Präambel, Transaktionen, Funktions- und Risikoprofil, Beispiele, Verrechnungspreismethode und Vergleichsdaten (Benchmarks); hierzu auch: Wulf/Derlien StB 2004, 140 ff.

[462] Baumhoff/Ditz/Greinert DStR 2004, 157, 164.

[463] Naumann/Förster NWB F. 2, 8483, 8491.

Werden die Verrechnungspreisrichtlinien tatsächlich befolgt, kann auf die Erstellung geschäftsvorfall- oder gruppenbezogener Einzelaufzeichnungen verzichtet werden.
Bei Dauersachverhalten ist hervorzuheben, dass der Steuerpflichtige auch nach dem Geschäftsabschluss Informationen sammeln und aufzeichnen muss (§ 2 Abs. 4 S. 1 GAufzV). Nach der *Verwaltungsauffassung*[464] geht der Begriff des Dauersachverhalts über den des Dauerschuldverhältnisses hinaus und erfasst auch „Sachverhalte, bei denen über einen längeren Zeitraum hinweg mehrere gleichartige Geschäftsvorfälle zwischen denselben Geschäftspartnern abgeschlossen werden", wie dies z.B. bei länger andauernden Lieferungs- und Leistungsverhältnissen mit rechtlich jeweils einzeln abgeschlossenen Geschäften der Fall sein kann. Voraussetzung für die weitergehende Aufzeichnungspflicht ist, dass eine Änderung der Umstände eintritt, die für die Angemessenheit vereinbarter Preise von wesentlicher Bedeutung ist. Die Information muss der Finanzbehörde die Prüfung ermöglichen, ob und ab welchem Zeitpunkt fremde Dritte eine Anpassung der Geschäftsbedingungen vereinbart hätten. Dies gilt insbesondere dann, wenn das Unternehmen Verluste hinnehmen muss, die ein fremder Dritter nicht hingenommen hätte[465].

dd) Erstellung und Vorlage der Dokumentation

§ 90 Abs. 3 AO beinhaltet keine klassische Dokumentationspflicht im Sinne einer zeitnahen und laufenden Aufzeichnungspflicht. Vielmehr handelt es sich um eine schriftliche Auskunfts- und Vorlagepflicht für die Durchführung einer Außenprüfung (§ 90 Abs. 3 S. 6 AO), die zwangsläufig das Sammeln von Dokumenten erfordert[466]. Das Besondere daran ist, dass es sich um eine *Pflicht zur Erstellung von Aufzeichnungen* in schriftlicher oder elektronischer Form handelt (§ 2 Abs. 1 S. 1 GAufzV), weswegen Vergleichsdaten aus Datenbanken der Finanzbehörde auch in schriftlicher Form zugänglich gemacht werden können[467]. Diese Aufzeichnungen sind so vorzunehmen, dass der Zweck, den sie für die Besteuerung erfüllen sollen (nachvollziehbare Darstellung des Verrechnungspreisfalles[468]), erreicht wird (§ 145 Abs. 2 AO). Der Steuerpflichtige hat die Aufzeichnungen sowohl für gewöhnliche Geschäftsvorfälle als auch für außer-

---

[464] Naumann/Förster NWB F. 2, 8483, 8490; BMF, VerwGrs-Verfahren 2005, Tz. 3.4.8.3.
[465] Vgl. die Grundsätze hierzu bei: Rupp, Dokumentationspflichten, S. 45 ff. mit Verweis auf das BFH Urteil v. 17.2.1993 I R 3/92, BStBl. II 1993, 457.
[466] Carlé AO-StB 2004, 360; Schreiber Stbg 2003, 474; Stahl KÖSDI 2004, 14188, 14190.
[467] IDW Wpg 2005, 469; a.A. BMF, VerwGrs-Verfahren 2005, Tz. 3.4.12.4; Unklar ist, wie eine Zugängigmachung aussehen kann. Eine Überlassungspflicht wäre aus urheberrechtlichen Gründen rechtswidrig, Graf IStR 2005, 175, 177.
[468] Vögele/Brem in: Vögele/Borstell/Engler, Verrechnungspreise, E Rn. 7.

gewöhnliche Geschäftsvorfälle erst *auf Anforderung* durch die Finanzbehörde innerhalb einer Frist von 60 Tagen vorzulegen (§ 90 Abs. 3 S. 8 AO und § 2 Abs. 6 S. 1 GAufzV)[469].

Während bei außergewöhnlichen Geschäftsvorfällen die Aufzeichnungen zwingend zeitnah zu erstellen sind (§ 90 Abs. 3 S. 3 AO), können die Aufzeichnungen für gewöhnliche Geschäftsvorfälle aus rechtlicher Sicht auch erst nach Anforderung durch die Finanzbehörde erstellt werden. Wegen der relativ kurzen Vorlagefrist empfiehlt es sich aber, die geforderten Aufzeichnungen laufend vorzunehmen. Überdies wird die Erstellung mehrere Jahre nach der Verwirklichung des Geschäftsvorfalles nur noch unter großen Schwierigkeiten, zumindest unter höherem Arbeits-, Zeit- und Kostenaufwand möglich sein[470]. Aus diesem Grund geht die Finanzverwaltung davon aus, dass der Steuerpflichtige – in tatsächlicher Hinsicht – die für die Verrechnungspreisprüfung wesentlichen Daten und Fakten regelmäßig zeitnah sammelt und sachgerecht und geordnet verfügbar hält[471]. Zeitnah erstellt sind außergewöhnliche Geschäftsvorfälle, wenn sie im engen zeitlichen Zusammenhang mit dem Geschäftsvorfall, d.h. innerhalb von sechs Monaten nach Ablauf des Wirtschaftsjahres, in dem sich der Geschäftsvorfall ereignet hat, gefertigt werden (§ 3 Abs. 1 S. 2 GAufzV). Es wird abzuwarten sein, wie die Finanzbehörde prüfen will, ob die Aufzeichnungen zeitnah erfolgen; schließlich besteht hierfür keine Prüfungsmöglichkeit[472]. Ferner sind Auseinandersetzungen mit der Betriebsprüfung vorprogrammiert, da im Einzelnen unklar ist, welche Geschäftsvorfälle „außergewöhnlich" sind. Nach Auffassung der *Finanzverwaltung*[473] sollen solche vorliegen, wenn sie im Hinblick auf Art, Inhalt, Zweck, Umfang oder Risiko über das gewöhnliche Tagesgeschäft hinausgehen und für die Höhe der Einkünfte von erheblicher Bedeutung sind. Hierzu gehören insbesondere die in § 3 Abs. 2 GAufzV[474] genannten Geschäftsvorfälle, wie etwa wesentliche Funktions- und Risikoänderungen im Unterneh-

---

[469] Nach Kroppen/Rasch IWB F. 3, Gr. 1, 2113, 2116 f. werde diese 60 Tage-Frist durch die in BMF, VerwGrs-Verfahren, Tz. 3.2.6 vorgesehene Berichtigungspflicht de facto stark eingeschränkt, da der Steuerpflichtige die Angemessenheit vorher bestimmen muss.

[470] So auch: Baumhoff/Ditz/Greinert DStR 2004, 157, 161; Kroppen/Rasch IWB F. 3, Gr. 1, 1921, 1932; Rasch/Roeder IWB F. 3, Gr. 1, 1933 f.; Uterhark in: Schwarz § 90 AO Rn. 40; vgl. Vögele/Brem in: Vögele/Borstell/Engler, Verrechnungspreise, E Rn. 116; Waldens/Klöpping PIStB 2004, 180, 183.

[471] BMF, VerwGrs-Verfahren, Tz. 3.4.9.

[472] Zutreffend: Kaminski/Strunk StBp 2004, 1, 9 f.

[473] BMF, VerwGrs-Verfahren, Tz. 3.4.8.2.

[474] Mit dieser Aufzählung enthält die GAufzV nicht nur eine Konkretisierung zu Art, Inhalt und Umfang einer Aufzeichung, sondern die Bestimmung der Grundlage einer Pflicht, was über ihre gesetzliche Ermächtigung hinausgeht, zutreffend: Frotscher in: FS Wassermeyer, S. 391, 400.

men, Abschluss und Änderung langfristiger Verträge von besonderem Gewicht[475]. Zieht man zur Abgrenzung ihre Auswirkungen auf die Höhe der Einkünfte, wobei es sich hierbei nach § 2 Abs. 2 Nr. 1 EStG um den Gewinn handelt, heran, fallen solche Geschäfte nicht unter die Pflicht zur zeitnahen Dokumentation, die zwar einen hohen Verrechnungspreis haben, diesem aber hohe Betriebsausgaben gegenüberstehen[476]. Als Faustformel wird teilweise in der *Literatur*[477] vertreten, einen Geschäftsvorfall zumindest dann als außergewöhnlich anzusehen, wenn die Einkünfte hieraus jeweils 25 v.H. der Gesamteinkünfte aus den Geschäftsbeziehungen mit Nahestehenden ausmachen. Unmittelbar lässt sich aus § 90 Abs. 3 AO zwar nicht entnehmen, dass es sich um Vorgänge von einigem (finanziellen) Gewicht handeln muss. Primär muss deshalb zutreffend danach abgegrenzt werden, ob die Geschäftsvorfälle aus dem Tagesgeschäft bzw. der gewöhnlichen Geschäftstätigkeit (vgl. § 277 Abs. 4 HGB) des Steuerpflichtigen herausfallen[478], was zugegebenermaßen häufig bei erheblichen finanziellen Auswirkungen der Fall sein wird. *Baumhoff/Ditz/Greinert*[479] empfehlen daher, den Begriff der außergewöhnlichen Geschäftsvorfälle möglichst weit zu interpretieren und eher zu viel als zu wenig zu dokumentieren, was angesichts dessen, dass die Geschäftsvorfälle ohnehin irgendwann dokumentiert werden müssen, sachgerecht erscheint.

Die Finanzbehörde soll, in der Regel nur für die Durchführung einer Außenprüfung (§ 90 Abs. 3 S. 6 AO), ausschließlich Aufzeichnungen für Geschäftsbereiche oder -beziehungen anfordern, die Gegenstand der Prüfung sein sollen und für diese von Bedeutung sind (§ 2 Abs. 6 GAufzV)[480], wobei das Vorlageverlangen die gewünschten Aufzeichnungen genau bezeichnen muss[481]. Daraus ergibt sich zum einen, dass ein entsprechend konkretisiertes Vorlageverlangen gestellt werden muss, zum anderen, dass im Verlaufe einer Außenprüfung durchaus mehrere Vorlageersuchen gestellt werden können, die jeweils die 60-

[475] Kritisch: Frotscher in: FS Wassermeyer, S. 391, 400; vgl. Andresen IStR 2004, 355, 360 zur Änderung eines langfristiger Liefervertrag über Arzneimittel; vgl. Waldens/Kohl PIStB 2005, 171 zur Verlagerung von Produktionsfunktionen.

[476] Kaminski/Strunk StBp 2004, 1, 9.

[477] Stahl KÖSDI 2004, 14188, 14190.

[478] Vgl. Wagner in: Kühn/von Wedelstädt § 90 AO Rn. 9; Naumann/Förster NWB F. 2, 8483, 8493; u.U. unterfallen Geschäftsvorfälle, wie z.B. Umstrukturierungen oder Funktions- und Risikoänderungen bei Großkonzernen noch dem Tagesgeschäft, vgl. Graf IStR 2005, 175, 176.

[479] Baumhoff/Ditz/Greinert DStR 2004, 157, 161.

[480] Und daher nicht generell für das Gesamtunternehmen, BMF, VerwGrs-Verfahren 2005, Tz. 2.2.

[481] Hahn in: Vögele/Borstell/Engler, Verrechnungspreise, A Rn. 279: Vorlageverlangen ist ein Verwaltungsakt.

Tagesfrist gesondert in Lauf setzen[482]. Es kann schon vor Beginn einer Außenprüfung gestellt werden, so z.B. zusammen mit der Prüfungsanordnung (§ 2 Abs. 6 S. 4 GAufzV), nach zutreffender Ansicht *Stahls*[483] aber nicht vor der Bekanntgabe der Prüfungsanordnung. Denn erst ab diesem Zeitpunkt kann der Steuerpflichtige davon ausgehen, dass bei ihm eine Außenprüfung durchgeführt wird. Zu beachten ist, dass zur Prüfungsvorbereitung mit der Prüfungsanordnung sowohl nach § 90 Abs. 3 AO Aufzeichnungen als auch nach allgemeinen Grundsätzen (§§ 90 Abs. 2, 93, 97 AO) Auskünfte eingeholt oder vorhandene bzw. leicht beschaffbare Unterlagen angefordert werden dürfen, insbesondere Aufzeichnungen für außergewöhnliche Geschäftsvorfälle[484]. Für letztere und für noch zu erstellende Aufzeichnungen muss wegen der lex specialis-Wirkung des § 90 Abs. 3 S. 8 AO dennoch die 60 Tage-Frist für die Vorlage verlangt werden. Die Vorlage der Aufzeichnungen richtet sich nach § 97 AO, wobei sie in diesem Fall nicht subsidiär zur Auskunftserteilung nach § 93 AO ist (§ 90 Abs. 3 S. 7 AO). Der Verweis auf die Vorlage nach § 97 AO ist an sich überflüssig, da dieser ohnehin „Aufzeichnungen" erfasst[485], dient aber der Klarstellung. Die Regelung geht über die Vorlagepflicht von Urkunden nach § 97 AO hinaus, da dieser nur verpflichtet, *vorhandene* Urkunden vorzulegen, während § 90 Abs. 3 AO verpflichtet, Urkunden zur Feststellung des steuerlich erheblichen Sachverhalts im steuerlichen Interesse zu *erstellen*[486].

ee) Aufbewahrung der Aufzeichnungen

Die Aufzeichnungen sind nach allgemeinen Grundsätzen nach § 147 Abs. 1 Nr. 5 i.V.m. Abs. 3 AO zehn Jahre lang aufzubewahren[487]. Daher erstreckt sich der digitale Datenzugriff (§§ 200 Abs. 1, 147 Abs. 6 AO) auf die Unterlagen, für die eine Dokumentationspflicht besteht[488].

ff) Ausnahmeregelungen

Ausnahmen von der Dokumentationspflicht sind in § 6 GAufzV geregelt. Unternehmen, bei denen jeweils im laufenden Wirtschaftsjahr weder die Summe

---

[482] Grützner StuB 2005, 792, 794.

[483] KÖSDI 2004, 14188, 14190.

[484] BMF, VerwGrs-Verfahren 2005, Tz. 2.2; kritisch: Graf IStR 2005, 175: „ohne Rechtsgrundlage"; Werra IStR 2005, 19, 22; vgl. Finsterwalder DStR 2005, 765, 766 f.

[485] Zutreffend: Hahn in: Vögele/Borstell/Engler, Verrechnungspreise, A Rn. 277.

[486] Vgl. Frotscher in: Lüdicke, Fortentwicklung der Internationalen Unternehmensbesteuerung, S. 167, 169 f.

[487] so auch: BMF, VerwGrs-Verfahren 2005, Tz. 3.4.3; a.A. Kaminski/Strunk StBp 2005, 245, 246 f. (6 Jahre).

[488] Endres/Oestreicher IStR 2003, Beihefter zu Heft 15, 1, 14; Hervé/von Jesche BC 2003, 125, 129; Stahl KÖSDI 2005, 14532, 14534; Waldens/Balmes PIStB 2003, 124, 130 f.

der Entgelte für die Lieferung von Gütern oder Waren aus Geschäftsbeziehungen mit nahe stehenden Personen fünf Millionen Euro übersteigt, noch die Summe der Vergütungen für andere Leistungen als die Lieferung von Gütern oder Waren aus solchen Geschäftsbeziehungen mehr als 500.000 Euro beträgt, müssen keine speziellen Unterlagen für Dokumentationszwecke erstellen (sog. Kleinunternehmer-Regelung). Sie müssen lediglich mündlich Auskunft erteilen und bereits vorhandene Unterlagen den Finanzbehörden zur Verfügung stellen und damit Verpflichtungen nachkommen, die aufgrund der §§ 97 Abs. 1, 200 Abs. 1 und § 90 Abs. 2 AO ohnehin bestehen[489]. Ein kleineres Unternehmen befindet sich also hinsichtlich der Dokumentationsanforderungen noch weitgehend in dem Zustand, wie er vor Verabschiedung der §§ 90 Abs. 3, 162 Abs. 3 und 4 AO bestand[490]. Dennoch empfiehlt es sich für Zwecke der Beweisvorsorge, z.B. im Falle, dass alle mit der Entscheidung befassten Mitarbeiter zwischenzeitlich das Unternehmen verlassen haben, eine schriftliche Dokumentation zu erstellen[491]. Bei Unterschreiten der Umsatzgrenzen in einem Wirtschaftjahr ist der Steuerpflichtige ab dem Folgewirtschaftsjahr *von Amts wegen* als Kleinunternehmer zu behandeln[492]. Diese in der Ausnahmeregelung enthaltenen Erleichterungen gelten ferner für Steuerpflichtige, die aus Geschäftsbeziehungen mit Nahestehenden andere als Gewinneinkünfte beziehen. Dabei handelt es sich z.B. um inländische Gesellschafter ausländischer vermögensverwaltend tätiger Kapitalgesellschaften, die ihre Beteiligung im Privatvermögen halten[493], oder um Immobilienbesitzer und geschlossene (Immobilien-) Fonds mit Kapitalanlage- und Vermietungseinkünften.

Für die Bemessung der Betragsgrenzen sind Entgelte für die von *ausländischen* Nahestehenden empfangenen und für die an sie erbrachten Lieferungen bzw. Leistungen zusammenzurechnen, während die Entgelte für Geschäftsbeziehungen mit inländischen Nahestehenden zutreffend zu Gunsten des Steuerpflichtigen nicht eingerechnet werden[494]. Bei konzernangehörigen Unternehmen ist auf die Summe der im Konzernkreis angefallenen Entgelte abzustellen.

gg) Spezielle Rechtsfolgen bei Verletzung der Dokumentationspflichten

Die Rechtsfolgen der Verletzung der sich aus § 90 Abs. 3 AO ergebenden Pflichten sind abweichend von den allgemeinen Rechtsfolgen bei Mitwirkungs-

---

[489] Vgl. BFH Urteil v. 17.10.2001 I R 103/00, BStBl. II 2004, 171.
[490] zutreffend: Baumhoff/Ditz/Greinert DStR 2004, 157, 162.
[491] Rupp, Dokumentationspflichten, S. 56.
[492] Schmidt/Ertle/Fölmli FR 2003, 1228, 1230.
[493] Grützner StuB 2003, 1108, 1109.
[494] BMF, VerwGrs-Verfahren 2005, Tz. 3.4.17.

pflichtverletzung (vgl. Kapitel D.) speziell geregelt und sollen zum besseren Verständnis im direkten Anschluss dargestellt werden.

(1) Widerlegbare Vermutung höherer Einkünfte und Schätzung der Besteuerungsgrundlagen

Verletzt ein Steuerpflichtiger seine Mitwirkungspflichten nach § 90 Abs. 3 AO, so wird widerlegbar vermutet, dass seine im Inland aus den genannten Geschäftsbeziehungen stammenden steuerpflichtigen Einkünfte höher als die von ihm erklärten Einkünfte sind (§ 162 Abs. 3 S. 1 AO).

(a) Tatbestand

Voraussetzung für die widerlegbare Vermutung ist, dass der Steuerpflichtige die Aufzeichnungen *nicht vorlegt*, die vorgelegten Aufzeichnungen *im Wesentlichen unverwertbar* sind oder dass er Aufzeichnungen bei außergewöhnlichen Geschäftsvorfällen *nicht zeitnah erstellt* hat.

(aa) Der Tatbestand der *Nichtvorlage* der Dokumentation ist nur erfüllt, wenn die Dokumentation endgültig, d.h. zur letzten mündlichen Tatsachenverhandlung vor dem Finanzgericht, nicht vorgelegt wird[495]. Auch eine *nicht zeitnahe Erstellung* von Aufzeichnungen über außergewöhnliche Geschäftsvorfälle löst die widerlegbare Vermutung höherer Einkünfte aus, obwohl die Dokumentation vollständig und sachlich richtig sein kann. Grund für die Regelung ist, dass einer nicht zeitnah erstellten Dokumentation (nach allgemeiner Lebenserfahrung zutreffend) die Glaubwürdigkeit abgesprochen und sie daher wie eine nicht existente Dokumentation behandelt wird[496].

Von der Regelung nicht erfasst wird der Fall der *verspäteten (nicht fristgerechten) Vorlage* der Aufzeichnungen. Insbesondere ist die verspätete Vorlage nicht der Nichtvorlage gleichzusetzen, was sich aus der Systematik der § 162 Abs. 4 S. 1 und 3 AO ergibt, die zwischen beiden Alternativen differenzieren. Dies ist sachgerecht. Denn eine Schätzung soll nur dann erfolgen, wenn die Finanzbehörde den Sachverhalt (endgültig) nicht ermitteln kann, weil ein Beteiligter seinen Mitwirkungspflichten nicht nachkommt, wohingegen eine Sachverhaltsermittlung auch bei verspäteter Vorlage der Aufzeichnungen noch möglich ist[497].

(bb) Problematisch erscheint, wann die vorgelegten Aufzeichnungen als *im Wesentlichen unverwertbar* zu qualifizieren sind. Hierzu gibt es keine gesetzliche Definition. Unter Berücksichtigung der vorliegend vertretenen Auffassung[498]

---

[495] Frotscher in: Schwarz § 162 AO Rn. 19e.
[496] Frotscher in: Schwarz § 162 AO Rn. 19g; a.A. Braun/Hof IStR 2005, 69, 70 f.
[497] Zutreffend: Lausterer in: Linklaters, Verrechnungspreise, S. 124.
[498] Siehe Kapitel II.2.d)cc)(2)(a)(cc) und (dd).

und der Verordnungsbegründung[499] sind Aufzeichnungen dann unverwertbar, wenn sie es einem sachverständigen Dritten (i.d.R. der Betriebsprüfer) nicht ermöglichen, innerhalb einer angemessenen Frist festzustellen, welche Sachverhalte verwirklicht wurden und ob und inwieweit seine Verrechnungspreise angemessen sind (vgl. Umkehrschluss zu § 2 Abs. 1 S. 3 GAufzV). Entscheidend ist also, dass die Aufzeichnungen die Finanzbehörde in die Lage versetzen, den verwirklichten Sachverhalt nachzuvollziehen und den angemessenen Verrechnungspreis zu ermitteln[500]. Unverwertbarkeit liegt dagegen nicht vor, wenn sich aus den Aufzeichnungen die Nichtbeachtung des Fremdvergleichsgrundsatzes bei der Preisvereinbarung durch den Steuerpflichtigen feststellen lässt[501]. Nach der Verordnungsbegründung[502] ist Unverwertbarkeit insbesondere dann gegeben, wenn die Aufzeichnungen in wesentlichen Teilen nicht nachvollziehbar, unvollständig oder in sich widersprüchlich sind. Zudem dann, wenn der Steuerpflichtige keine oder eine offensichtlich ungeeignete Verrechnungspreismethode angewandt hat *und* die erstellten Aufzeichnungen für die Anwendung einer geeigneten Methode nicht verwendbar seien. Für die Beurteilung genügt es nach *Naumann/Förster*[503], auf eine Person mit wirtschaftlichem Grundverständnis und einer gewissen Branchenerfahrung abzustellen, nicht auf einen internationalen Verrechnungspreisspezialisten, wohingegen es sich nach *Lausterer*[504] um einen Fachmann handeln müsse, der besondere – steuerliche, juristische, betriebs- und volkswirtschaftliche – Kenntnisse und Erfahrungen zu Verrechnungspreisen besitzt. M.E. sollten die Anforderungen an den Dritten nicht überspannt werden, dürfte ein solch umfassend ausgebildeter Fachmann doch nur schwer aufzufinden sein, so dass realistisch gesehen auf eine Person mit einer gewissen Branchenerfahrung abzustellen ist. Schließlich wird auch von den Unternehmen nicht erwartet, dass sie für die Dokumentation internationale Verrechnungspreisspezialisten einsetzen.

Als Bezugspunkt für die Feststellung der Unverwertbarkeit ist dabei weder auf quantitative Elemente (etwa Unverwertbarkeit bei mehr als 25 v.H. der Aufzeichnungen), noch auf einzelne Aufzeichnungen, die Geschäftsbeziehung oder den Geschäftsvorfall abzustellen. Da § 90 Abs. 3 S. 2 AO im Zusammenhang

---

[499] BR-Drs. 583/03, Begründung zu § 1 Abs. 1 GAufzV, S. 8.

[500] Bzw. die rechtliche Würdigung der Angemessenheit der Verrechnungspreise zu ermöglichen. Vgl. Wehnert/Brüninghaus/Marx/u.a. IStR 2005, 749, 755 f., die verlangen, dass die Aufzeichnungen es einem Sachverständigen erlauben müssen, zu verstehen, wie der Steuerpflichtige seine Verrechnungspreise bestimmt hat.

[501] So auch: Werra IStR 2005, 19, 23.

[502] BR-Drs. 583/03, Begründung zu § 1 Abs. 1 GAufzV, S. 8.

[503] NWB F. 2, 8483, 8487.

[504] Lausterer in: Linklaters, Verrechnungspreise, S. 126.

mit der Angemessenheitsdokumentation von einer „Vereinbarung von Preisen“ spricht, müssen diejenigen Aufzeichnungen, die sich auf dieselbe konkrete Preisvereinbarung bzw. auf einen konkreten Preis beziehen, zu einer Einheit zusammengefasst werden. Bezugspunkt für die Bestimmung der Unverwertbarkeit ist dann nur diese Einheit, wobei es den Geschäftspartnern überlassen bleibt, ob sie mehrere Geschäftsvorfälle einer oder mehreren Preisvereinbarungen unterwerfen[505].

Da das Gesetz von „im Wesentlichen“ unverwertbaren Aufzeichnungen spricht, kann Unverwertbarkeit nicht zwingend schon bei bloßer Unvollständigkeit oder Fehlerhaftigkeit von Aufzeichnungen[506], vielmehr erst bei sehr groben Mängeln[507] angenommen werden. In diesem Sinne sind mit *Seer*[508] und *Carlé*[509] die Maßstäbe für eine formell ordnungswidrige Buchführung auf die vorliegende Problematik zu übertragen, da auch umgekehrt zwischen der Wirkung von § 158 AO (Richtigkeitsvermutung einer formellen Buchführung für ihre sachliche Richtigkeit) und der Wirkung von § 162 Abs. 3 AO (Richtigkeitsvermutung einer formellen Dokumentation für die Angemessenheit der Verrechnungspreise) eine Parallele besteht. Nach diesen Grundsätzen ist eine Buchführung erst dann *formell* unrichtig, wenn sie wesentliche Mängel aufweist, wobei es auf das sachliche Gewicht des Mangels im Rahmen des gesamten Buchführungswerks ankommt[510]. Abzustellen ist mithin auf die sachliche Bedeutung der jeweiligen Aufzeichnung für die Verrechnungspreisfindung; die Mängel müssen insgesamt so gravierend sein, dass der Dokumentation zur Legitimation des angesetzten Verrechnungspreises keine Aussagekraft zukommt. Eine unverwertbare Dokumentation liegt daher nur vor, wenn sie wertungsmäßig einer Nichtvorlage einer Dokumentation entspricht, also nur dann, wenn sie es einem Außenprüfer nicht ermöglicht, zu beurteilen, ob die Preisvereinbarungen dem Fremdvergleichs-

---

505 Zutreffend: Wassermeyer in: Flick/Wassermeyer/Baumhoff § 1 AStG Rn. 823.19.

506 Zutreffend: BMF, VerwGrs-Verfahren 2005, Tz. 3.4.19 Buchst. b.

507 Lenz/Fischer/Schmidt BB 2005, 1255 sprechen gar (m.E. zu weit gehend) vom „Totalverweigerer“; Nach hier vertretener Auffassung liegt mangels Verpflichtung kein grober Mangel vor, wenn die vorgelegten Aufzeichnungen nicht erkennen lassen, dass der Steuerpflichtige sich mit der Preisfindung unter dem Aspekt der Angemessenheit und des Fremdvergleichs auseinandergesetzt hat. A.A. Stahl KÖSDI 2004, 14188, 14195.

508 In: Tipke/Kruse § 162 AO Rn. 67.

509 AO-StB 2004, 360, 362.

510 BFH Urteil v. 26.8.1975 VIII R 109/70, BStBl. II 1976, 210, 212; v. 7.7.1977 IV R 205/72, BStBl. II 1978, 307, 309; Assmann StBp 2001, 255, 261; Freudenberg INF 1987, 205, 206; Reichel BB 1983, 1981 ff.; Einzelfälle aus der Rspr.: Drüen in: Tipke/Kruse § 146 AO Rn. 60 ff.

grundsatz entsprechen[511]. Dies wäre z.B. dann der Fall, wenn die vorgelegten Aufzeichnungen die Preisbildung oder die wirtschaftlichen Hintergründe in keiner Weise erkennen lassen, oder wenn der Steuerpflichtige lediglich angibt, dass die Verrechnungspreise von einer nahe stehenden Person vorgegeben wurden[512]. Regelmäßig wird auch dann Unverwertbarkeit vorliegen, wenn der Steuerpflichtige keine (vergleichbaren) Fremdvergleichsdaten vorlegt[513].
Dagegen ist eine Dokumentation im Wesentlichen verwertbar, wenn der Steuerpflichtige aufgrund einer unrichtigen Rechtsauffassung bezüglich der Gestaltung der Verrechnungspreise eine unzulässige Verrechnungspreismethode anwendet (Anwendung der Wiederverkaufspreismethode, Außenprüfer hält Drittvergleichsmethode für angemessen), und dem Außenprüfer aufgrund der in ihr enthaltenen Informationen die Überprüfung möglich ist. Dies lässt sich auch daraus ableiten, dass aus diesem Mangel in keinem Fall unmittelbar auf die Unangemessenheit der Verrechnungspreise als solche geschlossen werden kann[514]. Eine Unverwertbarkeit der Aufzeichnungen kann auch nicht deshalb angenommen werden, weil die Finanzbehörde zu einem anderen (Verrechnungspreis-) Ergebnis bei ihrer Prüfung kommt, sofern sie die Überprüfung ermöglichen[515].
An dieser Stelle ist darauf hinzuweisen, dass nach Auffassung der Finanzverwaltung auch bei Vorliegen von verwertbaren Aufzeichnungen Berichtigungen nicht ausgeschlossen sind[516]. Dem ist grundsätzlich zuzustimmen, wobei jedoch die Wertung des § 158 AO eine Differenzierung erfordert. Die Übertragung der Grundsätze des § 158 AO auf die Dokumen-tation ergibt, dass bei Vorliegen einer formell ordnungsgemäßen Dokumentation die Vermutung ihrer *sachlichen* Richtigkeit erst widerlegt ist, wenn *mit an Sicherheit grenzender Wahrscheinlichkeit* feststeht, dass sie ganz oder teilweise sachlich unrichtig ist[517]. Der so fundierte Verrechnungspreis ist deshalb dann anzusetzen, wenn das Finanzamt

[511] Frotscher in: Schwarz § 162 AO Rn. 19f.: Hierfür sei erforderlich die Beschreibung von Art und Umfang der Geschäftsbeziehungen, z.B. anhand der geschlossenen Verträge, und Ausführungen zum Fremdvergleich, also zumindest Angaben, aufgrund welcher Verrechnungspreismethode die Preise ermittelt worden sind.
[512] BMF, VerwGrs-Verfahren 2005, Tz. 3.4.19 Buchst. c.
[513] Z.T. a.A. Grützner StuB 2005, 792, 795; Wohingegen nach hier vertretener Auffassung ein fehlender *Abgleich* mit Fremdvergleichsdaten nicht zur Unverwertbarkeit führen kann. a.A. BMF, VerwGrs-Verfahren 2005, Tz.3.4.19 Buchst. c.
[514] Braun/Hof IStR 2005, 69, 72; Kroppen/Eigelshoven/Roeder IWB F. 3, Gr. 2, 925, 939; Kroppen/Himmelsbach/Dika IWB F. 3, Gr. 1, 1965, 1971 f.; Wassermeyer in: Flick/Wassermeyer/Baumhoff § 1 Rn. 823.30.
[515] Zutreffend: Menck in: Blümich § 1 AStG Rn. 45d.
[516] BMF, VerwGrs-Verfahren 2005, Tz. 3.4.19 Buchst. a und Tz. 3.4.20 Buchst. a.
[517] Vgl. BFH Urteil v. 9.8.1991 III R 129/85, BStBl. II 1992, 55, 56; v. 24.6.1997 VIII R 9/96, BStBl. II 1998, 51, 52.

dessen Unangemessenheit nicht nachweist (Richtigkeitsvermutung)[518]. Dagegen ist die Richtigkeitsvermutung bei einer formell ordnungswidrigen, aber dennoch verwertbaren Dokumentation, nicht ganz so stark ausgeprägt. Sie kann zugrunde gelegt werden, es sei denn, es bestehen *ernsthafte Zweifel* an der sachlichen Richtigkeit des Verrechnungspreisergebnisses. Von letzterem kann ausgegangen werden, wenn das Ergebnis des Steuerpflichtigen mit hoher Wahrscheinlichkeit nicht dem Fremdvergleich entspricht und das von der Finanzbehörde vertretene Ergebnis zumindest wahrscheinlicher ist[519].
Praktisch relevant ist auch die Frage, ob eine trotz § 2 Abs. 5 S. 1 GAufzV in fremder Sprache, etwa in Englisch, vorgelegte Dokumentation „unverwertbar" ist, wenn der konkret mit der Prüfung beauftragte Prüfer keine ausreichenden Sprachkenntnisse hat[520]. Dies ist zu bejahen, denn Amtssprache ist gemäß § 87 Abs. 1 AO Deutsch. Die vollständige deutsche Übersetzung einer – wie häufig – auf Englisch geführten Dokumentation zu fordern, wäre jedoch unverhältnismäßig. In der Praxis wird sich meist ein Kompromiss finden lassen[521]. Dem Steuerpflichtigen ist zu empfehlen, möglichst frühzeitig mit der Finanzbehörde zu vereinbaren, dass die Dokumentation in englischer Sprache erstellt werden kann. Zumindest die für das Verständnis des Gesamtsachverhalts wichtigsten Unterlagen sollten innerhalb der Frist übersetzt und vorgelegt werden können.

(b) Rechtsfolgen

(aa) Einführung zur widerlegbaren gesetzlichen Vermutung

Bei Mitwirkungspflichtverletzung wird vermutet, dass die Einkünfte aus den Geschäftsbeziehungen durch das Näheverhältnis gemindert worden sind (§ 162 Abs. 3 S. 1 AO). Dieser Sachverhalt erfüllt auch den Tatbestand einer verdeckten Gewinnausschüttung. Streng genommen war die Einfügung des § 162 Abs. 3 S. 1 AO nicht erforderlich, denn auch schon die Verletzung der Pflicht des § 90 Abs. 3 AO hätte eine Schätzungsbefugnis der Finanzbehörde nach § 162 AO gerechtfertigt[522]. Durch die Regelung wird aber sichergestellt, dass die Höhe der

---

[518] Seer in: Tipke/Kruse § 162 AO Rn. 71; ders. FR 2002, 380, 383; ders. schon in: Piltz/Schaumburg, Internationale Einkünfteabgrenzung, S. 35, 57; ähnlich schon: Ritter FR 1985, 34, 40.

[519] BMF, VerwGrs-Verfahren 2005, Tz.3.4.20 Buchst. a; a.A. Wehnert/Brüninghaus/Marx/u.a. IStR 2005, 749, 750, dieselben a.a.O. auch zu Korrekturmöglichkeiten bei Planrechnungen.

[520] Bejahend: BMF, VerwGrs-Verfahren 2005, Tz. 3.4.16 und Tz. 3.4.19 Buchst. c; verneinend: Kroppen/Rasch IWB F. 3, Gr. 1, 2091, 2094.

[521] Naumann/Förster NWB F. 2, 8483, 8487 f.

[522] So auch: Uterhark in: Schwarz § 90 AO Rn. 44.

Schätzung über den vom Steuerpflichtigen angegebenen Verrechnungspreisen liegt.
Es handelt sich nach dem Wortlaut des Gesetzes um eine widerlegbare gesetzliche Vermutung höherer Einkünfte. Herkömmlich wird in der Rechtslehre[523] zwischen Tatsachenvermutungen und Rechtsvermutungen unterschieden[524]. Eine diesbezügliche Einordnung erübrigt sich vorliegend[525], denn unabhängig hiervon ist die dogmatische Struktur und Wirkung in beiden Fällen im Wesentlichen gleich, bestehen Rechtsvermutungen schließlich aus Vermutungen einer Mehrheit von Tatsachen[526].
Die h.M.[527] legt einer widerlegbaren gesetzlichen Vermutung die Wirkung einer Beweislastregelung bei, die zu keiner Schlussfolgerung auf die Wahrheit der vermuteten Tatsache führt, sondern nur bestimmt, wie zu entscheiden ist. Ihre Wirkung entfaltet sich daher auf Ebene der Rechtsanwendung. Wenn die Vermutungsbasis (Mitwirkungspflichtverletzung) bewiesen ist, ist die Rechtsfolge der Vermutungsnorm (höhere Einkünfte) dem Urteil zugrunde zu legen[528]. Der Gesetzgeber vereinfacht auf diese Weise das Beweisverfahren insofern, als der erforderliche Beweis nicht mehr auf die vermutete Tatsache selbst gerichtet ist, sondern auf die Vermutungsbasis, die in der Regel einfacher zu beweisen ist[529]; die Vermutung bewirkt also eine Verschiebung des Beweisthemas. Es wird hier neben den einen Anspruch begründenden Tatbestand (vGA) durch die Vermutung ein neuer Tatbestand gestellt (Mitwirkungspflichtverletzung), der

---

523 Z.B. Berg, Die verwaltungsrechtliche Entscheidung, S. 78 ff.; Rosenberg, Beweislast, § 15, S. 199 ff. und § 16, S. 225 ff.
524 Ihr Unterschied liegt im Gegenstand der Vermutung; während bei Tatsachenvermutungen auf einen tatsächlichen Vorgang geschlossen wird, indem das Vorliegen eines gesetzlichen Tatbestandsmerkmals aus einem tatbestandsfremden Umstande erschlossen wird, ist Gegenstand von Rechtsvermutungen das gegenwärtige Bestehen oder Nichtbestehen eines Rechts oder Rechtsverhältnisses.
525 M.E. handelt es sich um eine Tatsachenvermutung, da höhere Einkünfte Tatbestandsmerkmal entweder einer verdeckten Gewinnausschüttung oder von § 2 EStG sind.
526 Berg, Die verwaltungsrechtliche Entscheidung, S. 85; Musielak, Beweislast, S. 76 ff., 82; Meyer, Beweislastprobleme, S. 61.
527 Berg, Die verwaltungsrechtliche Entscheidung, S. 80 ff.; Leipold, Beweislastregeln und gesetzliche Vermutungen, S. 79 ff., 85 ff.; Michael, Beweislast, S. 132.; Musielak, Beweislast, S. 71 ff.; Musielak/Stadler, Grundfragen des Beweisrechts, Rn. 244 ff.; Prütting, Beweislast, S. 48; Rosenberg, Beweislast, S. 216 ff.; Rosenberg/Schwab/Gottwald, Zivilprozessrecht, § 111 Rn. 35; M. Schmidt, Beweislast, S. 300; a.A. „Beweisregeln“, Nachweise bei: Prütting, Beweislast, S. 48 Fn. 3 und Musielak, Beweislast, S. 71 Fn. 84.
528 So: Rosenberg, Beweislast, S. 217 f.; Prütting in: Münchener Kommentar § 292 ZPO Rn. 21: Für eine richterliche Beweiswürdigung ist kein Raum mehr.
529 Hey, Beweislast und Vermutungen, S. 55.

die gleiche Rechtsfolge (Einkünfteerhöhung) auslösen kann. Die widerlegbare gesetzliche Vermutung des § 162 Abs. 3 S. 1 AO enthält daher, wie bereits erörtert, eigenständige gesetzliche Tatbestandsmerkmale, die selbst beweisbedürftig sind und zur vollen Überzeugung des Gerichts vorliegen müssen[530]. Zukünftig wird sich deshalb der Streit mit der Finanzverwaltung auf die Frage verlagern, *ob* die Aufzeichnungen im Wesentlichen unverwertbar sind[531].

(bb) Problematik der Einschränkung des Untersuchungsgrundsatzes

Problematisch ist, ob die widerlegbare Vermutung des § 162 Abs. 3 S. 1 AO – im Gegensatz zur Rechtslage bei allgemeinen Mitwirkungspflichtverletzungen[532] – dazu führt, dass der Untersuchungsgrundsatz im Hinblick auf die vermutete Tatsache von vornherein eingeschränkt ist. Dies hätte zur Folge, dass bei Vorliegen einer Mitwirkungspflichtverletzung eine Ermittlung der Angemessenheit der Verrechnungspreise nicht mehr vorgenommen werden muss.

So geht *eine Meinung*[533] davon aus, dass mit einer gesetzlichen Vermutung eine entsprechende Einschränkung der Ermittlungspflicht, soweit die Vermutung reicht, einhergeht.

Nach der dogmatisch vorzugswürdigen *Gegenauffassung*[534] darf die gesetzliche Vermutung nicht unbewusst an die Stelle von Beweisaufnahme und Beweiswürdigung treten. Die Anwendung einer gesetzlichen Vermutung setze voraus, dass alle Versuche der Sachverhaltsaufklärung und Überzeugungsbildung (im Hinblick auf die vermutete Tatsache) erfolglos geblieben seien. Dies kann damit begründet werden, dass auch die Widerlegungstatsachen zu denjenigen Sachverhaltselementen gehören, die in diesem Rahmen von vornherein ermittelt werden müssen. Mit der erfolgreichen Widerlegung steht dann lediglich das Fehlen einer entscheidungserheblichen Tatsache der Grundnorm fest. Ein gegenteiliges

---

[530] Zutreffend: Berg, Die verwaltungsrechtliche Entscheidung, S. 173.

[531] So auch: Eigelshoven/Kratzer IStR 2004, 30, 31; Grützner StuB 2003, 1108, 1111.

[532] Vgl. Kapitel D.II.3.

[533] Hey, Beweislast und Vermutungen, S. 55; so wohl auch: Söhn in: Hübschmann/Hepp/Spitaler § 88 AO Rn. 44, 51; vgl. Coester-Waltjen, Internationales Beweisrecht, S. 249 Rn. 315 f.: „Möglichkeit einer verkürzten Wahrheitsermittlung“.

[534] Berg, Die verwaltungsrechtliche Entscheidung, S. 82 f., 86 f., nach dem gesetzliche Vermutungen Regeln für den Fall der Beweislosigkeit seien und nicht die Funktion haben, das Entstehen tatsächlicher Ungewissheit zu verhindert, obwohl es prozessökonomisch nahe liege, Ermittlungen zu dem Sachverhalt der Grundnorm von vornherein einzusparen, wenn die tatsächlichen Voraussetzungen der Vermutungsbasis offensichtlich vorliegen und der vom Gesetz vermutete Fall der „Lebenserfahrung“ entspricht, woraus jedoch kein Prinzip abgeleitet werden dürfe. Hiernach sei die Bezeichnung „widerleglich“ überflüssig und irreführend.; ähnlich: Marx, Untersuchungsmaxime, S. 199 f.; Meyer, Beweislastprobleme, S. 64; Rosenberg, Beweislast, S. 223 f.; M. Schmidt, Beweislast, S. 300 f.

Verständnis hätte zur Folge, dass einer gesetzlichen Vermutung nicht die Wirkung einer Beweislastregel, sondern einer Beweisregel zukommen würde[535].
Doch unabhängig von der dogmatischen Herleitung und Funktion einer widerlegbaren Vermutung spricht vor allem die Tatsache, dass der Gesetzgeber in § 162 Abs. 3 S. 1 AO ausdrücklich „widerlegbar vermutet", dafür, eine Einschränkung des Untersuchungsgrundsatzes bei Feststehen der Mitwirkungspflichtverletzung anzunehmen. Würde man der widerlegbaren Vermutung keine einschränkende Wirkung beimessen, hätte es der Einfügung des Begriffes „widerlegbar" nicht bedurft. Dieser hätte in diesem Fall keinen selbständigen Regelungsgehalt und wäre rein deklaratorisch, da nach dem Untersuchungsgrundsatz ohnehin die Finanzbehörde die Verrechnungspreise hätte ermitteln müssen. Für das hier vertretene Verständnis lässt sich zudem die Gesetzesbegründung[536] heranziehen, die ausführt, dass der Steuerpflichtige „aber die Möglichkeit, die Angemessenheit seiner Verrechnungspreise nachzuweisen", behält; die Vermutung ist „widerlegbar". Dem lässt sich entnehmen, dass der Steuerpflichtige im Falle einer Mitwirkungspflichtverletzung die Angemessenheit nachzuweisen hat und dass nicht etwa dennoch die Finanzbehörde zuerst die Angemessenheit der Verrechnungspreise zu ermitteln hat. Bei Feststellung einer Mitwirkungspflichtverletzung des Steuerpflichtigen hat die Finanzbehörde daher zwingend von einem höheren Einkommen auszugehen, ohne dass weitere Anhaltspunkte für die Unangemessenheit der Verrechnungspreise vorliegen müssten. Dafür spricht auch der Wortlaut der Vorschrift, welcher besagt, dass widerlegbar vermutet „wird", dass die Einkünfte höher sind. Eine eigene Beurteilung ist der Finanzbehörde daher verwehrt. Daher liegt insoweit eine gesetzliche Einschränkung des Untersuchungsgrundsatzes vor[537].
An dieser Stelle ist darauf hinzuweisen, dass ein *Teil der Literatur*[538] die Neuregelung als Beweismaßreduzierung versteht. Dies ist nach dem bisher Gesagten nicht ganz korrekt. Denn bei einer widerlegbaren gesetzlichen Vermutung muss nicht der Rechtsanwender auf das Vorhandensein einer bestimmten Tatsache schließen; das Gesetz hat dies bereits getan. Eine Entscheidung seitens der

---

[535] Dagegen: Musielak, Beweislast, S. 72 f.: Kein Unterschied im Wesen von Vermutung und Beweislastnorm, sondern lediglich eine Erscheinung praktischer Prozessökonomie ist es dagegen, dass ein Beweis zur positiven Klärung der vermuteten Tatsachen nicht erhoben wird, wenn die Verwirklichung der Vermutungsbasis feststeht.

[536] BT-Drs. 15/119, S. 52.

[537] Zutreffend daher: Endres/Oestreicher IStR 2003, Beihefter zu Heft 15, 1, 4; Vögele DB 2005, 1079, 1080.

[538] Schnorberger DB 2003, 1241, 1245; Schoss in: Lademann/Söffing § 1 AStG Rn. 107; Vögele/Brem IStR 2004, 48, 53.

Finanzbehörde ist nicht von Nöten. Man könnte dies daher als eine Beweismaßreduzierung auf Null bezeichnen.

(cc) Beseitigung der Vermutungswirkung durch den Steuerpflichtigen

Fraglich ist, wie die Vermutungswirkung des § 162 Abs. 3 S. 1 AO durch den Steuerpflichtigen beseitigt werden kann. Zum einen besteht die Möglichkeit, gegen die als bewiesen angenommenen Ausgangstatsachen der Vermutung (Vermutungsbasis), d.h. gegen den Beweis der Verletzung der Dokumentationspflichten, vorzugehen (Gegenbeweis). Ein Gegenbeweis ist bereits dann geführt, wenn die Überzeugung des Gerichts von der Wahrheit der beweisbedürftigen Tatsachen (vorliegend der Mitwirkungspflichtverletzung) erschüttert ist, die getroffenen Feststellungen unsicher werden[539]. Zum anderen besteht die Möglichkeit, die Vermutung höherer Einkünfte zu widerlegen. Widerlegt wird die Vermutung, wenn der Steuerpflichtige trotz Verletzung seiner Dokumentationspflichten zeigen kann, dass der Verrechnungspreis angemessen ist. Als Beweismittel können z.B. alle Daten angeführt werden, die in der GAufzV aufgeführt sind, insbesondere die Vorlage einer Verrechnungspreisanalyse.
Fraglich ist, welche Anforderungen an die Widerlegung der Vermutung höherer Einkünfte zu stellen sind, einfache oder an Sicherheit grenzende Wahrscheinlichkeit.
Hierfür enthält § 292 ZPO eine gesetzliche Regelung, die auch im Steuerrecht über § 155 FGO Anwendung findet. Danach ist für die Widerlegung einer gesetzlichen Vermutung der *Gegenteilsbeweis* erforderlich. Während gegen eine bewiesene Behauptung der *Gegenbeweis* möglich ist, der schon gelungen ist, wenn im Richter der Zweifel an der Wahrheit der Behauptung geweckt ist, ist gegen die vermutete Tatsache selbst (höheres Einkommen) aber nur der Beweis des *Gegenteils* gegeben. Dieser erfordert, da er Hauptbeweis ist, die volle Überzeugung des Richters von der Unwahrheit der vermuteten Tatsache[540]; der Steuerpflichtige müsste danach mit an Sicherheit grenzender Wahrscheinlichkeit beweisen, dass die Verrechnungspreise angemessen sind.
Es erscheint zweifelhaft, ob dies im Rahmen des § 162 Abs. 3 AO sachgerecht wäre. Denn der volle Gegenteilsbeweis ist nur dann erforderlich, wenn sich aus dem Gesetz nichts anderes entnehmen lässt oder die Auslegung unter Berücksichtigung des Sinngehalts der betreffenden Vorschrift etwas anderes erfordert[541]. Vorliegend ergibt sich aus der Systematik des § 162 AO aber etwas an-

[539] Prütting in: Münchener Kommentar § 284 ZPO Rn. 21; Reichold in: Thomas/Putzo Vorbem § 284 Rn. 8; a.A. Hartmann in: Baumbach/Lauterbach Einf. § 284 BGB Rn. 12.
[540] Rosenberg, Beweislast, S. 219 f.; M. Schmidt, Beweislast, S. 300 Fn. 163; vgl. Hahn in: Vögele/Borstell/Engler, Verrechnungspreise, A Rn. 282.
[541] Hey, Beweislast und Vermutungen, S. 56.

deres, da die inhaltlichen Anforderungen an den Gegenteilsbeweis die Anforderungen nicht übersteigen dürfen, die an den (fiktiven) Beweis selber gestellt werden (d.h. die Anforderungen, die an den Beweis gestellt werden müssten, gäbe es die widerlegbare tatsächliche Vermutung nicht). Die Anforderungen an Beweis und Gegenteilsbeweis müssen sich entsprechen. Aus diesem Grund ist im Steuerrecht die Besonderheit der Möglichkeit der Schätzung zu beachten. Gäbe es die widerlegbare tatsächliche Vermutung nicht, würde nach Seers Theorie der Beweisrisikoverteilung[542] bei einer Pflichtverletzung des Steuerpflichtigen hinsichtlich steuererhöhenden Umständen (im Falle einer Mitwirkungspflichtverletzung wäre die Vermutung höherer Einkünfte ein steuererhöhender Umstand) eine Schätzung nach § 162 Abs. 1 bzw. Abs. 2 AO erfolgen. Erforderliches Beweismaß bei einer Schätzung wäre nicht eine an Sicherheit grenzende Wahrscheinlichkeit, sondern bloß die größtmögliche Wahrscheinlichkeit. Aus diesem Grund muss an den Beweis des Gegenteils dieselbe Anforderung, nämlich eine größtmögliche Wahrscheinlichkeit geringerer Einkünfte gestellt werden. Meist wird dies der Fall sein, wenn der Steuerpflichtige Gründe darlegt, weshalb die vermuteten höheren Einkünfte tatsächlich nicht erzielt wurden, und für ihre Richtigkeit eine höhere Wahrscheinlichkeit spricht[543].

(dd) Nachteilige Rechtsfolgen trotz Angemessenheit des Verrechnungspreises

Problematisch ist der Fall, dass ein Verstoß gegen die Dokumentationspflicht i.S.d. § 162 Abs. 3 S. 1 AO vorliegt, der Verrechnungspreis aber dennoch angemessen ist[544]. Hier können sich unbillige Härten einstellen, da bereits nach dem von der h.M. beigelegten Zweck, den Steuerpflichtigen zur Ermittlung und Ansetzung eines angemessenen Verrechnungspreises anzuhalten, Genüge getan wurde. Nach dem Wortlaut der Vorschrift greifen auch für diesen Fall die Rechtsfolgen der § 162 Abs. 3 bis 5 AO (formale Auffassung). Dem entgegen wird von der *Literatur*[545] für die Anwendung von Sanktionen vorgeschlagen, darauf abzustellen, ob die Finanzbehörde Anhaltspunkte dafür hat, dass die Verrechnungspreise nicht angemessen sind (materiell-rechtliche Auffassung). So sei nach *Seer*[546] die Unrichtigkeitsvermutung der Verrechnungspreise widerlegt,

---

542 Seer, Verständigungen in Steuerverfahren, S. 193 f.: ders. in: Tipke/Lang Steuerrecht, § 21 Rn. 216 f.
543 Zutreffend daher: Wassermeyer in: Flick/Wassermeyer/Baumhoff § 1 AStG Rn. 825.4.
544 Schnorberger DB 2003, 1240, 1245; vgl. Grützner StuB 2005, 792, 795; so vorausschauend vor Einführung des § 90 Abs. 3 AO schon: Frotscher in: Lüdicke, Fortentwicklung der Internationalen Unternehmensbesteuerung, S. 167, 235.
545 Carlé AO-StB 2004, 360, 362.
546 In: Tipke/Kruse § 162 AO Rn. 68.

wenn die Finanzbehörde keine Anhaltspunkte für ihre Unangemessenheit besitze.
Der materiell-rechtlichen Auffassung kann vor dem Hintergrund des § 162 Abs. 3 AO nicht gefolgt werden. Gegen dieses Verständnis lässt sich zum einen der eindeutige Wortlaut der Vorschrift anführen. Zum anderen kann dem auch der Sinn und Zweck einer ordnungsgemäßen Dokumentation entgegengesetzt werden, der darin liegt, der Finanzbehörde die Angemessenheitsprüfung zu erleichtern. Ist dieser aber eine solche Prüfung wegen fehlender Dokumentation nicht möglich, dann greift nach Sinn und Zweck der Vorschrift deren Sanktion. Es wäre ein Zirkelschluss, einerseits keine oder eine grob fehlerhafte Dokumentation (bei einer lediglich einfach unvollständigen Dokumentation wären ohnehin keine Sanktionen möglich) vorzulegen, die keinen Schluss auf die Angemessenheit zulässt, andererseits aber zu argumentieren, die Finanzbehörde dürfe dies nur sanktionieren, wenn sie Anhaltspunkte für die Unangemessenheit hat (deren Prüfung der Steuerpflichtige selbst verhindert hat). In diesem Fall würde der Steuerpflichtige, der besonders grob handelt, bevorteilt. Eine formell ordnungswidrige Dokumentation trägt nicht die Vermutung ihrer Richtigkeit in sich. Nach der derzeitigen Rechtslage sind weitere Anhaltspunkte für die Unangemessenheit nicht erforderlich. Im Rahmen des § 162 Abs. 3 AO hat der Steuerpflichtige die Möglichkeit (z.B. im Rechtsbehelfsverfahren), die widerlegbare Vermutung durch Nachweis der Angemessenheit zu widerlegen.

(ee) Schätzung der Verrechnungspreise

Kann die Finanzbehörde aus den vorliegenden Informationen keine Überzeugung eines angemessenen Verrechnungspreises bilden, so hat sie ihn zu schätzen. Eine Schätzung ist dabei die Feststellung des Verrechnungspreises aufgrund reduzierten Beweismaßes, nämlich das der größtmöglichen Wahrscheinlichkeit[547].
Es wird vorgebracht[548], dass zwischen § 162 Abs. 3 S. 1 und S. 2 AO kein Automatismus bestehe, da eine Verletzung der Mitwirkungspflicht nicht zwingend eine Schätzung zur Folge habe. Ob eine Schätzung vorzunehmen ist, beurteile sich danach, ob die Finanzbehörde den Sachverhalt mit ihr zumutbarem Ermittlungsaufwand anderweitig aufklären kann (§ 162 Abs. 1 AO)[549]. Zutreffend ist zunächst, dass kein solcher Automatismus im Sinne einer zwingenden gesetzlichen Anordnung besteht. Meist wird es aber der Finanzbehörde aus tatsächlichen Gründen nicht möglich sein, aus den vorhandenen, u.U. fehlerhaften Unter-

547 Vgl. Kapitel D.III.1.
548 Lausterer in: Linklaters, Verrechnungspreise, S. 128, Dabei wird gesehen, dass ein solcher Fall eine Ausnahme darstellt.; Vögele/Vögele IStR 2003, 466, 467.
549 Wassermeyer in: Flick/Wassermeyer/Baumhoff § 1 AStG Rn. 825.5.

lagen die volle Überzeugung eines Verrechnungspreises zu bilden. Da die Finanzbehörden außerdem zwingend von unangemessenen (höheren) Einkünften des Steuerpflichtigen auszugehen haben und daher insoweit zu einer weiteren Sachverhaltsaufklärung nicht verpflichtet sind, sind sie meist unmittelbar, d.h. ohne eine weitere Prüfung vorzunehmen, zu einer Schätzung der Verrechnungspreise berechtigt[550]. Auch bei reduziertem Beweismaß können die Finanzbehörden dennoch vor dem Problem stehen, die Höhe der *Hinzu*schätzung zu ermitteln, so dass es geboten ist, weiter zu ermitteln, da ansonsten eine Hinzuschätzung im „luftleeren Raum" erfolgen würde, also willkürlich wäre. Insoweit steht auch die Wirkung der widerlegbaren Vermutung nicht zwingend entgegen, da diese nur sicherstellen will, dass höhere Einkünfte in Ansatz gebracht werden.
Sind auch nach der Schätzung anhand § 162 Abs. 1 und 2 AO keine Schätzungsgrundlagen zu gewinnen, so kann die Finanzbehörde auf die Schätzungsgrundlage des § 1 Abs. 3 AStG zurückgreifen, wobei sich auf diese Maßstäbe gegebenenfalls auch der Steuerpflichtige berufen kann[551]. Hiernach ist bei der Schätzung als Anhaltspunkt von einer Verzinsung für das im Unternehmen eingesetzte Kapital[552] oder einer Umsatzrendite auszugehen.

(ff) Ausschöpfen der Bandbreite zu Lasten des Steuerpflichtigen

Bei der Schätzung darf die Finanzbehörde die Bandbreite angemessener Vergleichsentgelte zu Lasten des Steuerpflichtigen ausschöpfen (§ 162 Abs. 3 S. 2 AO). Mit dieser Regelung erkennt der Gesetzgeber an[553], dass es meist den *einen* angemessenen Verrechnungspreis nicht gibt, er sich vielmehr innerhalb einer Bandbreite bewegen wird.
„Zu Lasten" des Steuerpflichtigen geht die Festlegung eines Verrechnungspreises sicherlich schon dann, wenn ein Verrechnungspreis oberhalb bzw. unterhalb des für den Steuerpflichtigen günstigen Randes der Bandbreite genommen wird. Dagegen wird es als eine unzulässige Strafschätzung angesehen, wenn die Finanzbehörde generell eine Korrektur auf den für den Steuerpflichtigen ungünstigsten Wert dieser Bandbreite vornimmt, was der Gesetzgeber nicht beabsichtigt habe[554]. Ein solches Verhalten ist allerdings zu befürchten[555] angesichts der

---

[550] So auch: Ernst & Young, Verrechnungspreise, B 160.
[551] Menck in: Blümich § 1 AStG Rn. 45f.
[552] Vgl. zu den Vorteilen der Kapitalverzinsungsmethode Scholz IStR 2004, 209 ff.; vgl. Taetzner IStR 2004, 726.
[553] Hiervon geht auch die Finanzverwaltung aus, vgl. BMF, VerwGrs-Verfahren 2005, Tz. 2.1.
[554] Zuletzt: Baumhoff in: FS Wassermeyer, S. 347, 359 f.
[555] Ein Teil der Literatur hält es für unverhältnismäßig bzw. für ein Verstoß gegen Art. 3 GG (Besteuerung nach der wirtschaftlichen Leistungsfähigkeit), dass die Finanzbehörden nach §

Gesetzesbegründung[556], wonach die Finanzbehörden „den Verrechnungspreis auch an der oberen Grenze der Preisspanne ansetzen" können, als auch angesichts des Wortlauts, da „ausschöpfen" bedeutet, sich etwas bis ins Letzte zunutze zu machen[557].

Kritisiert wird, dass mit dieser Regelung der Gesetzgeber das Urteil des BFH vom 17.10.2001[558], nach dem bei einer Schätzung der für den Steuerpflichtigen günstigste Wert einer Bandbreite von Vergleichswerten der Besteuerung zugrunde zu legen ist, aushebele[559]. Für die Neuregelung wird daher vertreten, dass es sich dabei um eine unzulässige Strafschätzung handele[560]. Angesichts dessen, dass die Neuregelung eine Mitwirkungspflichtverletzung voraussetzt, kann der eben dargestellten Beurteilung nicht gefolgt werden. Schon nach bisheriger ständiger Rechtsprechung[561] durfte bei einer Mitwirkungspflichtverletzung am obersten Rand geschätzt werden. In dem vom BFH entschiedenen Fall vom 17.10.2001 lag dagegen weder eine Mitwirkungspflichtverletzung hinsichtlich des Merkmals der Unterschiedsbetragsminderung noch hinsichtlich der Angemessenheit vor. Es ist daher konsequent und ergibt sich aus allgemeinen Grundsätzen, dass für den Fall einer Verletzung der Dokumentationspflicht eine Schätzung am oberen Ende der Bandbreite, d.h. ein Unsicherheitszuschlag, zulässig ist[562].

(gg) Gefahr der Doppelbesteuerung

Durch die Regelung des § 162 Abs. 3 AO besteht die Gefahr einer Doppelbesteuerung. Bei einer inländischen Anpassung des Verrechnungspreises durch Schätzung (wegen Mitwirkungspflichtverletzung) nach oben ist zu befürchten, dass ein ausländischer Staat die Verrechnungspreise nicht korrespondierend anpassen wird, so dass eine doppelte Besteuerung ein und desselben Gewinns er-

---

162 Abs. 3 S. 2 AO den Verrechnungspreis am oberen Rand der Preisspanne festsetzen dürfen. Frotscher in: Schwarz § 162 AO Rn. 19i; ders. in in: FS Wassermeyer, S. 391, 406 f.

556 BT-Drs. 15/119, S. 52.

557 Bzw. ganz ausnutzen, Duden, Das große Wörterbuch der deutschen Sprache, „ausschöpfen", S. 410.

558 I R 103/00, BStBl. II 2004, 171.

559 Ditz, Internationale Gewinnabgrenzung, S. 362: „entgegen der bisherigen Rechtsauffassung"; Hagen StBp 2005, 33, 37: dem BFH-Urteil werde die „Grundlage entzogen"; Waldens/Balmes PIStB 2003, 124, 128: „Verschärfung".

560 Kroppen/Himmelsbach/Dika IWB F. 3, Gr. 1, 1965, 1972; a.A. Menck in: Blümich § 1 AStG Rn. 45f: „Charakter eines Unsicherheitszuschlages".

561 BFH Beschluss v. 1.12.1998 III B 78/97, BFH/NV 1999, 741; Urteil v. 20.12.2000 I R 50/00, BStBl. II 2001, 381, 382 m.w.N.

562 Zutreffend daher: Hahn in: Vögele/Borstell/Engler, Verrechnungspreise, A Rn. 283; Hahn/Suhrbier-Hahn IStR 2003, 84, 85; vgl. Kaminski/Strunk IWB F. 3, Gr. 1, 1831, 1853.

folgt. Denn ein ausländischer Staat wird eine der Nachteilsschätzung entsprechende Korrektur kaum vornehmen, wenn der vereinbarte Verrechnungspreis entsprechend den OECD-Verrechnungspreisrichtlinien (Tz. 1.45) innerhalb der Bandbreite der angemessenen Preise liegt[563].

(c) Ergebnis

Liefert der Steuerpflichtige eine entsprechend der GAufzV formell ordnungsgemäße Dokumentation ab, so besteht eine Vermutung für die Angemessenheit der Verrechnungspreise. Der Steuerpflichtige erhält einen Vertrauensvorschuss, der zur Folge hat, dass die Finanzbehörde die Unangemessenheit mit an Sicherheit grenzender Wahrscheinlichkeit nachzuweisen hat. Ist die Dokumentation zwar unvollständig oder fehlerhaft, aber dennoch verwertbar, kann sie der Besteuerung zugrunde gelegt werden, es sei denn, es bestehen ernsthafte Zweifel an der sachlichen Richtigkeit des Verrechnungspreisergebnisses. Liefert der Steuerpflichtige dagegen eine formell ordnungswidrige Dokumentation ab, die unverwertbar ist, besteht de lege lata eine Vermutung für die Unangemessenheit der Verrechnungspreise. Bezogen auf die Feststellung des Tatbestandes der verdeckten Gewinnausschüttung wird nun, anders als nach dem Urteil des BFH vom 17.10.2001, im Falle einer Pflichtverletzung nicht nur die Veranlassung der vereinbarten Preise durch das Gesellschaftsverhältnis, sondern auch eine dadurch erfolgte Einkünfteminderung unterstellt – die durch die Vermutung höherer Einkünfte ausgeglichen wird –[564]. Weitere Anhaltspunkte für die Unangemessenheit müssen nicht vorliegen, so dass der Steuerpflichtige die Angemessenheit nachzuweisen hat.

(2) Verhängung von Strafzuschlägen

Bei Verletzung der Mitwirkungspflichten sieht § 162 Abs. 4 AO Strafzuschläge vor.

Legt der Steuerpflichtige Aufzeichnungen im Sinne des § 90 Abs. 3 AO *nicht vor* oder sind die vorgelegten Aufzeichnungen *im Wesentlichen unverwertbar*, ist ein Zuschlag zwischen 5 v.H. und 10 v.H. des Berichtigungsbetrages i.S.d. § 162 Abs. 3 AO festzusetzen, mindestens aber 5000 Euro (§ 162 Abs. 4 S. 1 und 2 AO). Hierbei handelt es sich um einen Zuschlag zu den Mehreinkünften, und nicht zu den Mehrsteuern, d.h. der Steuerpflichtige muss auch in Verlustsituationen, wenn keine Steuern anfallen, den Zuschlag entrichten[565], nach Auf-

---

[563] Zutreffend: Lausterer in: Linklaters, Verrechnungspreise, S. 129.

[564] Zutreffend: Lausterer in: Linklaters, Verrechnungspreise, S. 127.

[565] Endres/Oestreicher IStR 2003, Beihefter zu Heft 15, 1, 5; Schmidt/Gröger FR 2003, 813, 821; Schnitger IStR 2003, 73, 75; Vögele/Brem in: Vögele/Borstell/Engler, Verrechnungspreise, E Rn. 126.

fassung der *Finanzverwaltung*[566] auch dann, wenn es zu keiner Berichtigung kommt. Sind die Unterlagen verwertbar, aber unvollständig, rechtfertigt dies jedoch nicht die Festsetzung eines Zuschlages[567].

Unklar ist, ob der Strafzuschlag einmal für den Prüfungszeitraum[568], einmal für den Veranlagungszeitraum oder für jeden einzelnen Geschäftsvorfall zu erheben ist. Letzteres vermag nicht zu überzeugen[569]; zweckmäßigerweise ist auf die Summe aller nach § 90 Abs. 3 AO in einem *Veranlagungszeitraum* zu dokumentierenden Geschäftsvorfälle abzustellen[570].

Für die *verspätete Vorlage von verwertbaren Aufzeichnungen* sieht § 162 Abs. 4 S. 3 AO einen Zuschlag bis zu einer Million Euro vor, mindestens jedoch 100 Euro für jeden vollen Tag der Fristüberschreitung (sog. Verspätungs-Strafzuschlag). Daraus wird deutlich, dass der Betriebsprüfer die Annahme verspätet erstellter Aufzeichnungen über gewöhnliche und ungewöhnliche Geschäftsvorfälle nicht ablehnen darf[571]. Dagegen ergibt sich, dass die Finanzbehörde bei einer verspäteten Vorlage unverwertbarer Unterlagen oder bei einer nicht zeitnahen Erstellung von Aufzeichnungen über außergewöhnliche Geschäftsvorfälle keinen „Verspätungszuschlag“ festsetzen darf[572]. Die Regelung steht im Wertungswiderspruch zum Verspätungszuschlag bei Steuererklärungen (§ 152 Abs. 2 S. 1 AO), wonach lediglich maximal 25.000 Euro festgesetzt werden dürfen, wohingegen § 162 Abs. 4 S. 3 AO bei lediglich verspäteter Abgabe eines Teils der Steuererklärung eine deutlich höhere Sanktion vorsieht[573]. Der Zuschlag bezieht sich wiederum auf die Gesamtdokumentation des einzelnen Veranlagungszeitraumes[574].

Die Finanzbehörde ist bei der Festsetzung der Strafzuschläge hinsichtlich des Entschließungsermessens eingeschränkt, hinsichtlich der Höhe der Strafzuschläge hat sie dagegen ein (Auswahl-) Ermessen. Hierzu hat sie neben dem Zweck der Regelung, den Steuerpflichtigen zur Erstellung und fristgerechten Vorlage

---

566 BMF, VerwGrs-Verfahren 2005, Tz. 4.6.3.

567 Stahl KÖSDI 2004, 14188, 14195.

568 Schmidt/Gröger FR 2003, 813, 822: 3 Veranlagungszeiträume.

569 Zutreffend: Schmidt/Gröger FR 2003, 813, 821.

570 Frotscher in: Schwarz § 162 AO Rn. 19l; Seer in: Tipke/Kruse § 162 AO Rn. 75; vgl. BMF, VerwGrs-Verfahren 2005, Tz. 4.6.3 Buchst. d.

571 Wassermeyer in: Flick/Wassermeyer/Baumhoff § 1 AStG Rn. 823.9.

572 Schmidt/Gröger FR 2003, 813, 822; vgl. Frotscher in: Schwarz § 162 AO Rn. 19n, der letzteres für sachwidrig erachtet.

573 So hält ein Teil der Literatur diesen Wertungswiderspruch für verfassungswidrig, so: Andresen RIW 2003, 489, 493; kritisch auch: Seer in: Tipke/Kruse § 162 AO Rn. 73 „Wertungsschieflagen“; auch für Europarechtswidrigkeit: Joecks/Kaminski IStR 2004, 65, 70 f.

574 Vgl. Frotscher in: Schwarz § 162 AO Rn. 19n, der einen Verstoß gegen das Bestimmtheitsgebot annimmt.

der Aufzeichnungen *anzuhalten*, insbesondere die von ihm *gezogenen Vorteile* und bei verspäteter Vorlage auch die *Dauer der Fristüberschreitung* zu berücksichtigen (§ 162 Abs. 4 S. 4 AO). Daraus ergibt sich, dass die Vorschrift zwar Erzwingungs-, aber keinen Strafcharakter hat und ihr auch nicht der Zweck, einen etwaigen Vorteil des Steuerpflichtigen abzuschöpfen, innewohnt[575]. Die Festsetzung der Höchstbeträge kommt danach nur dann in Betracht, wenn die drei genannten Elemente in gleicher Intensität zum Tragen kommen[576]. Sind im Einzelfall die Mindestbeträge von 5.000 Euro bzw. 100 Euro anzusetzen, besteht kein (Auswahl-) Ermessensspielraum.

Im Unterschied zum Verspätungszuschlag nach § 152 Abs. 2 AO ist der Strafzuschlag bereits nach Abschluss der Außenprüfung, d.h. der endgültigen Beendigung der Prüfungstätigkeit für den Prüfungszeitraum[577], festzusetzen (§ 162 Abs. 4 S. 7 AO). Weitere Voraussetzung für die Festsetzung eines Strafzuschlags ist, dass die Nichterfüllung der Dokumentationspflicht nicht entschuldbar erscheint oder ein Verschulden nicht nur geringfügig ist (§ 162 Abs. 4 S. 5 AO), wobei hierfür Glaubhaftmachung ausreicht[578]. Das Verschulden eines gesetzlichen Vertreters oder eines Erfüllungsgehilfen kann dem Vertretenen über § 162 Abs. 4 S. 6 AO zugerechnet werden.

Es ist zu bemerken, dass die Strafzuschläge in den Katalog der steuerlichen Nebenleistungen aufgenommen worden und damit von der Verzinsung ausgenommen sind (§ 233 S. 2 i.V.m. § 3 Abs. 4 AO). Korrespondierend hierzu sind sie nicht abzugsfähig (vgl. § 12 S. 1 Nr. 3 HS 2 EStG, § 10 Nr. 2 HS 2 KStG)[579].

Neben der Festsetzung eines Zuschlags kann die Festsetzung eines Verspätungszuschlags nach § 152 AO in Betracht kommen, jedoch nicht für das erste Jahr nach Inkrafttreten der Neuregelungen[580].

hh) Inkrafttreten der Neuregelungen

Nach Art. 97 § 22 S. 1 EGAO war die Dokumentationsvorschrift des § 90 Abs. 3 AO erstmals für Wirtschaftsjahre anzuwenden, die nach dem 31.12.2002 be-

---

[575] Frotscher in: FS Wassermeyer, S. 391, 408: Daher ergibt eine verfassungskonforme Auslegung, dass die Berücksichtigung der gezogenen Vorteile aus dem Erzwingscharakter abzuleiten ist und die Dauer der Fristüberschreitung nur dann bei der Bemessung des Zuschlages zu berücksichtigen ist, wenn die in § 162 Abs. 4 S. 3 AO bereits enthaltene Berücksichtigung von mindestens 100 € pro Tag ausnahmsweise noch nicht angemessen erscheint.; a.A. Hahn/Ziegler IStR 2004, 78, 81 und daher u.U. Verstoß gegen Art. 6 Abs. 1 EMRK.

[576] Hahn in: Vögele/Borstell/Engler, Verrechnungspreise, A Rn. 285.

[577] Frotscher in: Schwarz § 162 AO Rn. 19s.

[578] Seer in: Tipke/Kruse § 162 AO Rn. 77.

[579] A.A. Frotscher in: Schwarz § 162 AO Rn. 19t, der eine Abzugsfähigkeit als Betriebsausgaben annimmt.

[580] Kroppen/Rasch IWB F. 3, Gr. 1, 2091, 2103.

gannen. Das bedeutet, dass für Geschäftsbeziehungen, die in Wirtschaftsjahren unterhalten wurden, die vor dem 31.12.2002 begonnen haben, keine Dokumentationspflicht besteht.
Ausnahmsweise sind für Dauerschuldverhältnisse, die als außergewöhnliche Geschäftsvorfälle anzusehen sind, auch wenn sie vor Beginn des ersten nach dem 31.12.2002 begonnenen Wirtschaftsjahres begründet worden sind und bei Beginn des Wirtschaftsjahres 2003 noch bestehen, Aufzeichnungen der sie betreffenden wirtschaftlichen und rechtlichen Grundlagen zu erstellen (Art. 97 § 22 S. 3 EGAO). Will die *Finanzverwaltung*[581] nun diese Aufzeichnungen u.U. auch in Betriebsprüfungen für Prüfungszeiträume vor 2003 (z.B. 1996-2000) von der Vorlagepflicht umfasst wissen, widerspricht dies der Gesetzeslage. Der Gesetzgeber wollte mit seiner Regelung lediglich sicherstellen, dass solche außergewöhnlichen Dauerschuldverhältnisse nicht gänzlich aus der Dokumentationspflicht des § 90 Abs. 3 AO herausfallen und deshalb in *künftigen* Betriebsprüfungen Informationen zur Verfügung stehen. Das Anforderungsverlangen der Finanzbehörde kann sich daher nur auf solche Außenprüfungen für Prüfungszeiträume beziehen, für die die gesetzlichen Pflichten in § 90 Abs. 3 AO bereits Wirksamkeit entfalten[582].
Die Aufzeichnungen für außergewöhnliche Dauerschuldverhältnisse waren spätestens sechs Monate nach Inkrafttreten der GAufzV zu erstellen. Die Sanktionsvorschriften des § 162 Abs. 3 und 4 AO waren erstmals für Wirtschaftsjahre anzuwenden, die nach dem 31.12.2003 begonnen haben (Art. 97 § 22 S. 2 und 3 EGAO), frühestens jedoch sechs Monate nach Inkrafttreten der GAufzV. Es kommt im Übrigen nicht darauf an, in welchem Zeitraum die Vorlagepflichten verletzt werden, maßgebend ist vielmehr der Zeitraum, für den die Dokumentationspflichten zu erfüllen waren[583]. Nachteilige Rechtsfolgen können in jedem Fall nur für die Einkünfte von Wirtschaftsjahren gezogen werden, für die die Aufzeichnungspflicht gilt (daher keine Anwendung auf Wirtschaftsjahre 2002 bzw. 2002/2003 und davor liegende Wirtschaftsjahre)[584]. Die Gesetzesmaterialien[585] geben als Grund für die sechs-Monatsfrist an, dass es so den Steuerpflichtigen erleichtert werden solle, sich auf die neuen Dokumentationsvorschriften einzustellen. Die Verwaltung hat die GAufzV am 27.11.2003 im BGBl. veröffentlicht, allerdings (rückwirkend) zum 30.6.2003 in Kraft gesetzt. Hiernach wä-

[581] BMF, VerwGrs-Verfahren 2005, Tz. 3.4.8.4.
[582] Zutreffend: Braun/Hof IStR 2005, 69, 71; IDW Wpg 2004, 1408 zu Tz. 3.4.6.3; Kaminski/Strunk StBp 2005, 245, 248; Kroppen/Rasch IWB F. 3, Gr. 1, 2091, 2097; Wehnert/Brüninghaus/Marx IStR 2005, 714 f.: „rückwirkende Vorlage".
[583] Frotscher in: Schwarz § 162 AO Rn. 19a.
[584] Menck in: Blümich § 1 AStG Rn. 43b.
[585] Bericht des Finanzausschusses v. 20.2.2003, BT-Drs. 15/481, S. 19.

re also der 1.1.2004 Stichtag für die Aufzeichnungen für außergewöhnliche Dauerschuldverhältnisse und die Sanktionsvorschriften, für den Zeitraum vom 1.1.2003 bis 31.12.2003 wäre die Verletzung der Dokumentationsvorschriften daher sanktionslos.
Ein *Teil der Literatur*[586] sieht in dem rückwirkenden Inkrafttreten einen Verstoß gegen das höherrangige Parlamentsgesetz, die „Trixerei" für „eines Rechtsstaats unwürdig". Die Frist könne nicht ohne Weiteres von der Exekutive auf ca. 1 Monat (Veröffentlichung der GAufzV im BGBl. am 27.11.2003) verkürzt werden. Dies sei eine verfassungsrechtlich bedenkliche Rückwirkung und eine Verletzung des Vertrauensschutzes. Hiernach fallen erst alle nach dem 27.4.2004 beginnenden Wirtschaftsjahre unter die Neuregelung.
Nach einer der *Verwaltung nahe stehenden Auffassung*[587] sei die sechsmonatige Vorbereitungszeit gewahrt, da der Verordnungsentwurf bereits vor dem 30.6.2003 im Internet veröffentlicht wurde. Die Steuerpflichtigen hätten deshalb ausreichend Gelegenheit gehabt, sich auf die neuen Pflichten einzustellen.
Dem kann nicht gefolgt werden. Nach dem Willen des Gesetzgebers sollte die Frist mit Inkrafttreten der GAufzV beginnen und ab diesem Zeitpunkt dem Steuerpflichtigen sechs Monate Zeit geben, sich auf die neuen Dokumentationspflichten einzustellen. Der Gesetzgeber ging mithin davon aus, dass erst mit dem Inkrafttreten der Inhalt der GAufzV endgültig feststeht und diese damit verbindlich wird. Erst dann weiß der Steuerpflichtige, was von ihm gefordert wird und kann sich darauf vorbereiten. Deshalb wird vom Gesetzgeber die Kongruenz von Verbindlichkeit der GAufzV und einem sechs-Monatszeitraum verlangt; eine solche ist durch das Inkrafttreten zum 30.06.2003 nicht gewahrt. Der Gesetzgeber hat mit der Übergangsregelung einen Vertrauenstatbestand[588] geschaffen, welcher von der Finanzverwaltung zu respektieren ist (Art. 20 Abs. 3 GG). Zudem wird eingewandt, dass die jetzige GAufzV strengere Regelungen enthält als die Entwurfsverfassung vom 12.6.2003, die im Internet veröffentlicht wurde[589], so dass dem Steuerpflichtigen auf diese Weise keine ausreichende Informationsmöglichkeit gegeben wurde. Die rückwirkende Inkraftsetzung stellt folglich einen Verstoß gegen das Ermächtigungsgesetz und gegen das Verbot der Rückwirkung belastender Steuergesetze dar. Der sechs-Monatszeitraum kann deshalb erst ab Veröffentlichung der GAufzV (27.11.2003) beginnen, wes-

[586] Wassermeyer DB 2003, 1535, 1539; ders. in: Flick/Wassermeyer/Baumhoff § 1 AStG Rn. 823.38; ähnlich: Eigelshoven/Kratzer IStR 2004, 30, 36; Graf Steuer&Studium 2004, 380, 387; Kaminski/Strunk StBp 2005, 245, 252; Seer in: Tipke/Kruse § 162 AO Rn. 84.
[587] Naumann/Förster NWB F. 2, 8483, 8486.
[588] Mellinghoff DStJG Bd. 27 (2004), 25, 34 ff.
[589] Kaminski/Strunk StBp 2004, 29, 34; a.A. Hahn in: Vögele/Borstell/Engler, Verrechnungspreise, A Rn. 274.

halb Stichtag für Aufzeichnungen von außergewöhnlichen Dauerschuldverhältnissen und für die Sanktionsvorschriften der 27.5.2004 ist.

ii) Vereinbarkeit der Dokumentationspflicht mit Europarecht

Anknüpfend an die Ausführungen zu § 90 Abs. 2 AO erscheint zweifelhaft, ob die Dokumentationsvorschrift des § 90 Abs. 3 AO mit den europarechtlichen Grundfreiheiten in Einklang steht.

(1) Einschlägige Grundfreiheiten

Im Falle der Dokumentationspflichten sind typischerweise die Niederlassungsfreiheit, die Kapitalverkehrsfreiheit und die Dienstleistungsfreiheit betroffen. Die Grundfreiheiten sind strukturell gleich, d.h. sie weisen weitgehend ähnliche Tatbestände und Rechtsfolgen auf[590], so dass es sich erübrigt, getrennt auf sie einzugehen.

(2) Diskriminierung bzw. Beschränkung

Nach ständiger Rechtsprechung[591] liegt eine Diskriminierung dann vor, wenn vergleichbare Sachverhalte rechtlich unterschiedlich oder unterschiedliche Sachverhalte rechtlich gleich behandelt werden, ohne dass für die Gleich- bzw. Ungleichbehandlung eine objektive Rechtfertigung besteht. Hat ein Steuerpflichtiger (z.B. inländische Muttergesellschaft) ausländische EU-Geschäftsbeziehungen mit Nahestehenden i.S.d. § 1 Abs. 2 AStG (z.B. ausländische Tochtergesellschaft bzw. Betriebsstätte), so ist dies mit dem Bestehen von rein inländischen Geschäftsbeziehungen (inländische Tochtergesellschaft) vergleichbar[592]. Bei letzteren hat der Steuerpflichtige nach dem Urteil des BFH vom 17.10.2001 keine Dokumentationspflichten, bei ersteren aber gemäß § 90 Abs. 3 AO; hieraus ergibt sich eine Ungleichbehandlung von Inlands- und Auslandssachverhalten. Es ist deshalb zu befürchten, dass eine inländische Muttergesellschaft davor zurückschrecken könnte, ihre Tätigkeit über eine in einem anderen Mitgliedsstaat niedergelassene Tochtergesellschaft bzw. Betriebsstätte auszuüben, was nach der EuGH-Rechtsprechung[593] ein Hemmnis für die Errichtung von Tochtergesellschaften in anderen Mitgliedsstaaten darstellt. Dies gilt sowohl für Outbound- als auch für Inbound-Strukturen, da auch inländische Tochtergesell-

---

[590] Cordewener, Europäische Grundfreiheiten, S. 104 f. m.w.N.

[591] EuGH Urteil v. 28.1.1986, C-270/83 (avoir fiscal), Slg. 1986, I-273 Rn. 17 ff.; Urteil v. 14.2.1995, C-279/93 (Schumacker), Slg. 1995, I-225 Rn.30; v. 27.6.1996, C-107/94 (Asscher), Slg. 1996, I-3089 Rn. 40; Urteil v. 11.8.1995, C-80/94 (Wielockx), Slg. 1995, I-2493 Rn. 17.

[592] So auch: Joecks/Kaminski IStR 2004, 65, 67; a.A. Hahn/Suhrbier-Hahn IStR 2003, 84, 86; Hahn in: Vögele/Borstell/Engler, Verrechnungspreise, A Rn. 294; Söhn in: Hübschmann/Hepp/Spitaler § 90 AO Rn. 191, dazu unten.

[593] Urteil v. 18.9.2003, C-168/01 (Bosal Holding BV) Rn. 27.

schaften bzw. Betriebsstätten ausländischer Muttergesellschaften den Dokumentationspflichten unterliegen, während bei Geschäftsbeziehungen mit einer inländischen Muttergesellschaft keine solchen Pflichten bestehen. Auch hier ist zu befürchten, dass ausländische Gesellschaften davor zurückschrecken könnten, ihre Tätigkeit über eine in Deutschland niedergelassene Tochtergesellschaft bzw. Betriebsstätte auszuüben, da die Ausübung der Wirtschaftstätigkeit in Deutschland weniger attraktiv ist[594]. Dies stellt folglich eine Beeinträchtigung der Niederlassungs-, Dienstleistungs- und der Kapitalverkehrsfreiheit dar.

(3) Rechtfertigung

Die Diskriminierung kann nicht gerechtfertigt werden. Die Argumentation der Mitgliedsstaaten in früheren Urteilen dergestalt, dass die an sich europarechtswidrigen Nachteile durch andere Vorteile (Möglichkeit, durch grenzüberschreitende Geschäftsbeziehungen auf einem zweiten Markt wirtschaftlich tätig zu werden und damit höhere Gewinne zu vereinnahmen) für den Steuerpflichtigen ausgeglichen würden (*Vorteilsausgleich*), oder dass eine *freiwillige Unterwerfung* unter die vorliegend deutschen Regelungen durch (freiwillige) Aufnahme von ausländischen Geschäftsbeziehungen vorliege, hat der EuGH als Rechtfertigungsgründe nicht anerkannt[595]. Einen Rechtfertigungsgrund darin zu sehen, dass die Vorschriften zur Verrechnungspreisdokumentation in den einzelnen Mitgliedsstaaten der EU unterschiedlich ausgestaltet sind (*fehlende Steuerharmonisierung*), und daher durch strengere Dokumentationsvorschriften ein Schutzmechanismus zu installieren sei, der Wettbewerbsverzerrungen verhindert, ist nicht überzeugend. Zwar geht der EuGH[596] davon aus, dass die direkten Steuern in die Zuständigkeit der Mitgliedsstaaten fallen, doch müssen diese ihre Zuständigkeit unter Wahrung des Gemeinschaftsrechts ausüben. Es stellt einen Zirkelschluss dar, zu verlangen, dass die nicht harmonisierten nationalen Vorschriften nicht gegen Gemeinschaftsrecht verstoßen dürfen, aber falls sie es

---

594 Vgl. EuGH Urteil v. 12.12.2002, C-324/00 (Lankhorst-Hohorst), Slg. 2002, I-11779 Rn. 32.

595 EuGH Urteil v. 28.1.1986, C-270/83 (avoir fiscal), Slg. 1986, I-273 Tz. 21, 22; Joecks/Kaminski IStR 2004, 65, 67 f. m.w.N.; Thömmes in: GS Knobbe-Keuk, S. 795, 819 f.; vgl. EuGH Urteil v. 6.6.2000, C-35/98 (Verkooijen), Slg. 2000, I-4071 Rn. 61 m.w.N.

596 st. Rspr., z.B. EuGH Urteil v. 28.1.1986, C-270/83 (avoir fiscal), Slg. 1986, I-273 Rn. 24; Urteil v. 14.2.1995, C-279/93 (Schumacker), Slg. 1995, I-225 Rn. 21; Urteil v. 11.8.1995, C-80/94 (Wielockx), Slg. 1995, I-2493 Rn. 16; Urteil v. 15.5.1997, C-250/95 (Futura Participations und Singer), Slg. 1997, I-2471 Rn. 19; Urteil v. 28.4.1998, C-118/96 (Safir), Slg. 1996, I-1919 Rn. 21; Urteil v. 16.7.1998, C-264/96 (ICI), Slg. 1998, I-4695 Rn. 19; EuGH vom 28.10.1999 C-55/98 (Vestergaard), Slg. 1999, I-7641 Rn. 15; Urteil v. 21.11.2002, C-436/00 (Riksskatteverk) Rn. 32; Urteil v. 12.12.2002, C-324/00 (Lankhorst-Hohorst), Slg. 2002, I-11779 Rn. 26.

doch tun, einen Rechtfertigungsgrund darin zu sehen, dass sie nicht harmonisiert sind. Gerade weil auf dem Gebiet der direkten Steuern noch keine Harmonisierung besteht, ist der Schutz vor Diskriminierungen aufgrund unterschiedlicher steuerlicher Regelungen, die nach der steuerlichen Ansässigkeit in verschiedenen Mitgliedsstaaten unterscheiden, von besonderer Bedeutung. Die fehlende Steuerharmonisierung erzeugt Diskriminierungen, rechtfertigt diese aber nicht[597].

Auch die *Sicherung des nationalen Steueraufkommens* zur Vermeidung von Steuerausfällen rechtfertigt richtigerweise eine Diskriminierung nicht, da Steuermindereinnahmen nicht als zwingende Gründe des Allgemeininteresses angesehen werden können[598]. Der EuGH[599] verlangt für das Vorliegen der Gefahr einer Steuerumgehung, dass die betreffenden innerstaatlichen Vorschriften rein künstliche Konstruktionen mit dem Ziel der Umgehung des Steuerrechts der betreffenden Staaten zu verhindern bezwecken. Innerstaatliche Vorschriften müssen daher so ausgestaltet sein, dass sie eine Situation treffen, die als solche die Steuerumgehung impliziert. Dies ist bei Dokumentationsvorschriften evident nicht der Fall. Denn sowohl in der Errichtung oder dem Erwerb einer ausländischen Tochtergesellschaft oder Betriebsstätte[600] als auch in der Vereinbarung zu niedriger oder zu hoher Verrechnungspreise[601] kann per se kein Missbrauch gesehen werden. Zwar sind nach der Rechtsprechung des EuGH[602] die Wirksamkeit steuerlicher Kontrollen, die Bekämpfung der Steuerhinterziehung und die Notwendigkeit, die Kohärenz einer Steuerregelung zu gewährleisten, potenziell geeignet, eine Ungleichbehandlung zu rechtfertigen, nicht aber im Falle der Dokumentationspflichten.

---

[597] Laule, EuGH-Rechtsprechung, S. 17; Steichen in: FS Debatin, S. 417, 437 f.; Thömmes in: GS Knobbe-Keuk, S. 795, 821.

[598] EuGH Urteil v. 16.7.1998, C-264/96 (ICI), Slg. 1998, I-4695 Rn. 28; Urteil v. 21.11.2002, C-436/00 (Riksskatteverk) Rn. 50 m.w.N.; Urteil v. 12.12.2002, C-324/00 (Lankhorst-Hohorst), Slg. 2002, I-11779 Rn. 36; Urteil v. 18.9.2003, C-168/01 (Bosal Holding BV) Rn. 42; v. 11.3.2004, C-9/02 (Lasteyrie du Saillant), HFR 2004, 587 Rn. 60; v. 7.9.2004, C-319/02 (Manninen), HFR 2004, 1262 Rn. 49; vgl. Birk FR 2005, 121, 123 f.

[599] Urteil v. 12.12.2002, C-324/00 (Lankhorst-Hohorst), Slg. 2002, I-11779 Rn. 37.

[600] Zutreffend: Joecks/Kaminski IStR 2004, 65, 69.

[601] Hahn in: Vögele/Borstell/Engler, Verrechnungspreise, A Rn. 290.

[602] Urteil v. 20.2.1979, C-120/78 (Cassis de Dijon), Slg. 1979, I-649 Rn. 8; Urteil v. 21.11.2002, C-436/00 (Riksskatteverk) Rn. 51 m.w.N.

Hahn/Suhrbier-Hahn[603] vertreten, dass eine Rechtfertigung mit dem Argument der *Steueraufsicht* zu bejahen sei. Dies ist nicht haltbar, da der EuGH[604] wiederholt bekräftigt hat, dass den inländischen Finanzverwaltungen mit der EG-Amtshilferichtlinie[605] ausreichende Möglichkeiten zur Verfügung stehen, Informationen über verbundene Unternehmen zu erhalten.
Die *Kohärenz* des Steuersystems stellt einen vom EuGH anerkannten Rechtfertigungsgrund dar, der allerdings bisher nur in den Rechtssachen Bachmann und Kommission/Belgien[606] zum Erfolg führte. Der Begriff des Grundsatzes der Kohärenz wird in der Literatur als der „schillerndste" Begriff des europäischen Steuerrechts[607] oder „Leerformel"[608] bezeichnet. Er greift ein, wenn ein zwingender unmittelbarer Zusammenhang zwischen dem einem Steuerpflichtigen eingeräumten Steuervorteil einerseits und einer steuerlichen Belastung desselben Steuerpflichtigen andererseits besteht[609], und die Kohärenz nicht schon durch eine gegenseitige Abkommensregelung hergestellt wird[610]. Hintergrund ist, dass man bei der Beurteilung einer steuerlichen Regelung nicht einen Teil der Regelung willkürlich herausgreifen und auf Auslandsfälle übertragen kann, sondern die Regelung als Ganzes, d.h. diejenigen Regelungen, die sich inhaltlich aufeinander beziehen, betrachten muss[611]. Bei Vorliegen einer Verletzung der sich aus § 90 Abs. 3 AO ergebenden Pflicht (Folge: Schätzung von höheren Einkünften) ist ein gleichzeitig entstehender Steuervorteil nicht ersichtlich. Wäre man der Auffassung, dass im Betriebsausgabenabzug bei der inländischen Gesellschaft eine Begünstigung zu sehen sei, die durch einen höheren Dokumentationsaufwand „kompensiert" werde, so ließe sich dem entgegensetzen, dass jeglicher Zusammenhang zwischen der Höhe der abzugsfähigen Aufwendungen und dem

---

603 IStR 2003, 84, 86; Hahn in: Vögele/Borstell/Engler, Verrechnungspreise, A Rn. 295; sich anschließend Söhn in: Hübschmann/Hepp/Spitaler § 90 AO Rn. 191.

604 Urteil v. 28.1.1992, C-204/90 (Bachmann), Slg. 1992, I-276 Rn. 18; Urteil v. 14.2.1995, C-279/93 (Schumacker), Slg. 1995, I-225 Tz. 45; Urteil v. 12.4.1995, C-1/93 (Halliburton Services BV), Slg. 1994, I-1137 Tz. 22; Urteil v. 15.5.1997, C-250/95 (Futura Participations und Singer), Slg. 1997, I-2471 Rn. 41; Urteil v. 11.8.1995, C-80/94 (Wielockx), Slg. 1995, I-2493 Rn. 26; EuGH vom 28.10.1999 C-55/98 (Vestergaard), Slg. 1999, I-7641 Rn. 26, 28.

605 Richtlinie 77/799/EWG, ABl. L 336 v. 27.12.1977, S. 15.

606 Urteil v. 28.1.1992, C-204/90 (Bachmann), Slg. 1992, I-276 Rn. 21 ff.; Urteil v. 28.1.1992, C-300/90 (Kommission/Belgien), Slg. 1992, I-314 Rn. 14 ff.

607 Elicker IStR 2005, 89.

608 Thömmes in: GS Knobbe-Keuk, S. 795, 831.

609 Urteil v. 28.1.1992, C-204/90 (Bachmann), Slg. 1992, I-276 Rn. 21 ff.; Urteil v. 6.6.2000, C-35/98 (Verkooijen), Slg. 2000, I-4071 Rn. 57 f.; Urteil v. 18.9.2003, C-168/01 (Bosal Holding BV) Rn. 29 f.; v. 7.11.2004, C-319/02 (Manninen), HFR 2004, 1262 Rn. 42.

610 Elicker IStR 2005, 89 (Fn. 10) m.w.N.

611 Dautzenberg BB-Special 6/2004, 8, 11.

Umfang der Dokumentation fehlt[612]. Zudem stellt die (formelle) Dokumentationspflicht an sich keinen materiellen Steuernachteil dar, wie er von der Rechtsprechung als Ausgleich eines (materiellen) Steuervorteils gefordert wird, sondern bildet zu dieser Ebene ein aliud.

(4) Ergebnis

Die Dokumentationspflichten des § 90 Abs. 3 AO und daher auch die Sanktionen für die Verletzung der Dokumentationspflichten als Annex sind nicht vereinbar mit höherrangigem Europarecht[613]. Das Ersuchen um internationale Amtshilfe geht zusätzlichen Dokumentationspflichten vor[614]. Dies ist nur dann nicht der Fall, wenn unter den zu § 90 Abs. 2 AO entwickelten Voraussetzungen ein Auskunftsersuchen nach der EG-Amtshilferichtlinie nicht Erfolg versprechend ist[615]. Aus diesem möglichen Verstoß darf aber kein Freibrief für eine Vernachlässigung der Verrechnungspreisdokumentation abgeleitet werden[616]. Jedenfalls verstößt die bloße Schätzungsmöglichkeit am oberen Ende des Schätzungsrahmens (§ 162 Abs. 3 S. 2 AO) an sich nicht gegen Europarecht, da diese bei allen Pflichtverletzungen sowohl im Inlands- als auch im Auslandsfall zulässig ist[617]. Folge des BFH-Urteils[618] vom 29.1.2003 ist, dass sich die Steuer-

---

[612] Zutreffend: Joecks/Kaminski IStR 2004, 65, 69 f.

[613] Zutreffend daher: Andresen RIW 2003, 489, 491; Carlé KÖSDI 13583, 13588; Cordewener DStR 2004, 6, 15; Endres/Oestreicher IStR 2003, Beihefter zu Heft 15, 1, 6; Graf Steuer&Studium 2004, 380, 387; Endres PIStB 2004, 69,72; Frotscher in: Schwarz § 162 AO Rn. 19h, 19u; vgl. ders. schon vor Einführung des § 90 Abs. 3 AO, in: Lüdicke, Fortentwicklung der Internationalen Unternehmensbesteuerung, S.167, 235 ff.; Wiese/Klass GmbHR 2003, 557, 562; Kessler/Spengel DB Beilage Nr. 6/2004 zu Heft Nr. 43, 1, 7; Kroppen/Rasch IWB F. 3, Gr. 1, 1977, 1987 f.; Kroppen/Rehfeld IWB F. 11a, 617, 621 f.; Laule, EuGH-Rechtsprechung, S. 53 ff.; Lausterer in: Linklaters, Verrechnungspreise, S. 137 f.; ders. IStR 2003, 705, 707; Menner/Broer Börsenzeitung v. 29.08.2003 S. 19; Moebus BB 2003, 1413 f.; Oppenländer, Verdeckte Gewinnausschüttung, S. 210; Rödder DStR 2004, 1629, 1632; ders. in: FS Wassermeyer, S. 163, 172; Schnitger IStR 2003, 73, 75 f.; Seer in: Tipke/Kruse § 162 AO Rn. 82; Streck/Mack/Schwedhelm Stbg 2003, 428; Waldens/Balmes PIStB 2003, 124, 129 f.; Wassermeyer in: Flick/Wassermeyer/Baumhoff § 1 AStG Rn. 823.39, 825.12; a.A. Hahn/Suhrbier-Hahn IStR 2003, 84 ff und Hahn in: Vögele/Borstell/Engler, Verrechnungspreise, A Rn.286 ff. (mit Ausnahme von § 162 Abs. 4 AO); Naumann/Förster NWB F. 2, 8483, 8485; Söhn in: Hübschmann/Hepp/Spitaler § 90 AO Rn. 191.

[614] Becker IWB F. 3, Gr. 1, 1765, 1768.

[615] Zutreffend: Vogt in: Blümich Vor§§16-18 AStG Rn. 9.

[616] Endres PIStB 2004, 69,72.

[617] Vgl. Kap. B.II.2.d)gg)(1)(b)(ff); Zutreffend: Hahn/Suhrbier-Hahn IStR 2003, 84, 86; Hahn in: Vögele/Borstell/Engler, Verrechnungspreise, A Rn. 298; von Wedelstädt in: Kühn/von Wedelstädt § 162 AO Rn. 38.

[618] BFH Urteil v. 29.1.2003 I R 6/99, BFH/NV 2003, 969, 970 f., hier entschied der BFH, dass aufgrund der Meistbegünstigungsklausel (Art. 24 Abs. 4 DBA USA) für US-

pflichtigen auch hinsichtlich der meisten Verrechnungspreisgestaltungen, die nahe stehende Personen außerhalb der EU betreffen, auf die Niederlassungsfreiheit berufen können. Die dargestellte Unvereinbarkeit von § 90 Abs. 3 und § 162 Abs. 3 und 4 AO bezieht sich also nicht nur auf Geschäftsbeziehungen innerhalb der EU, sondern auch auf Geschäftsbeziehungen zu anderen Staaten, vorausgesetzt, dass ein DBA mit Deutschland besteht, das eine entsprechende Meistbegünstigungsklausel (vgl. Art. 24 Abs. 5 OECD-MA) enthält.
Die (steuer-) rechtliche Problematik besteht generell darin, dass sich Steuerpflichtige auf Freiheitsgarantien berufen (können), für deren Gewährleistung die Rechtsordnungen gar nicht ausreichend gerüstet sind, die Mitgliedsstaaten aber berufen sind, EG-konforme Regelungen zu erlassen, was wiederum eine Verkomplizierung der nationalen Steuerrechtsordnungen auslöst[619]. Möglich wäre es in diesem Rahmen, einen gemeinschaftsrechtskonformen Zustand entweder durch Beseitigung der Dokumentationspflicht oder durch Ausdehnung derselben auch auf die rein inländischen Vergleichssachverhalte herzustellen (wie dies auch bei § 8a KStG geschehen ist)[620].

jj) Praktische Implementierung der Verrechnungspreisdokumentation

In der Praxis[621] vollzieht sich die Verrechnungspreisdokumentation in mehreren Schritten. Am Anfang steht die Projektplanung bzw. Zieldefinition. Hier geht es um die Klärung von strukturellen Fragen bezüglich der Dokumentation, z.B. um den Zeitpunkt ihrer Erstellung (im Vorhinein oder erst auf Anforderung), ihren inhaltlichen Umfang (gesetzliches Mindestmaß oder auch Zusatzinformationen), ihren geografischen Umfang (länderübergreifend oder nur landesspezifisch), die

---

Kapitalgesellschaften die Möglichkeit besteht, sich auch auf Regelungen zu berufen, die infolge EG-rechtlicher Vorschriften eigentlich nur innerhalb der EU als unmittelbar geltend anzusehen sind; Nichtanwendungserlass des BMF v. 8.12.2004, BStBl. I 2004, 1181; Anm. Rust IStR 2005, 27; Joecks/Kaminski IStR 2004, 65, 71 f.; Lausterer in: Linklaters, Verrechnungspreise, S. 138; Seer in: Tipke/Kruse § 162 AO Rn. 83; Entsprechendes gilt im Verhältnis zu EWR-Staaten, vgl. Art. 6 EWR-Abkommen; vgl. zum Verhältnis der DBA- und EG-rechtlichen Diskriminierungsverbote Hahn BB 2005, 521.

619 Birk FR 2005, 121, 127.

620 Cordewener DStR 2004, 6, 12; vgl. Pohl/Raupach in: FS Wassemeyer, S. 179, 193 ff.; a.A. Frotscher in: Lüdicke, Fortentwicklung der Internationalen Unternehmensbesteuerung, S. 167, 237 f. mit dem Argument, dass solche formalen Rechtfertigungen einer Diskriminierung auf Grund einer Regelung, deren einziger Zweck in der argumentativen Absicherung einer Diskriminierung der grenzüberschreitenden Beziehungen besteht, keinen Erfolg haben können.

621 Vgl. Balmes/Waldens AO-StB 2005, 17, 18 ff.; Hervé/von Jesche BC 2003, 125, 129; Lenz/Fischer BB 2004, 2043 ff.; Waldens/Klöpping PIStB 2004, 180 ff.; vgl. zu einem Muster-Formular Niemann/Kiera-Nöllen DStR 2004, 482; vgl. zu einem Ordnersystem Derlien/Weissinger BC 2004, 5.

Zuständigkeit für die Dokumentation (einzelne Untergesellschaften oder Obergesellschaft), die Erstellungssprache und das Erstellungsmedium (elektronisch oder schriftlich). Im zweiten Schritt erfolgt die Informationsbeschaffung und deren Aufbereitung, ergänzt durch eine Schwachstellenanalyse (Aufdeckung von Unklarheiten bei der Verrechnungspreisbildung im Unternehmen). Aufgrund dieser Informationen wird die Dokumentation schließlich strukturiert erstellt. Vorbehaltlich der inhaltlichen Anforderungen kann die Dokumentation nach allen Kriterien gegliedert werden, die aus Sicht des Steuerpflichtigen geeignet erscheinen[622]. Um die bereits gesammelten und in den nachfolgenden Zeiträumen zu sammelnden Informationen für die Folgejahre verwalten und aufbereiten zu können, empfiehlt sich die Einführung eines EDV-unterstützten Dokumentationssystems. Dies erleichtert nachfolgende Dokumentationserstellungen.

kk) Sperrwirkung des Art. 9 OECD-MA gegenüber Verrechnungspreiskorrekturen aufgrund formaler Kriterien

(1) Annahme einer verdeckten Gewinnausschüttung aufgrund Nichteinhaltung formaler Kriterien

Die ständige Rechtsprechung des BFH[623] geht davon aus, dass verdeckte Gewinnausschüttungen i.S.d. § 8 Abs. 3 S. 2 KStG dann anzunehmen seien, wenn eine Kapitalgesellschaft eine Leistung an ihren beherrschenden Gesellschafter oder eine diesem nahe stehende Person erbringt, ohne dass eine *klare, im voraus getroffene, zivilrechtlich wirksame und tatsächlich durchgeführte Vereinbarung* besteht. Der BFH[624] ging früher davon aus, dass ein Verstoß gegen die formalen Anforderungen zwingend die Nichtanerkennung des Vertrages zur Folge hatte und zu einer vGA dem Grunde nach (sog. totale vGA) führte, unabhängig davon, ob die geleistete Vergütung an den Gesellschafter aufgrund eines Fremdvergleichs angemessen war. Seit des „Oder-Konto“-Beschlusses des BVerfG[625] nimmt er dagegen an, dass die Nichteinhaltung dieser Kriterien lediglich Indizwirkung habe[626]. Dem Steuerpflichtigen ist es möglich, diese Indizwirkung zu

622 Lenz/Fischer/Schmidt BB 2005, 1255 schlagen folgende Dokumentationsstruktur vor: allgemeine Konzerninformationen, geschäftsbereichsbezogene Informationen, transaktionsbezogene Informationen.

623 Z.B. BFH Urteil v. 26.4.1989 I R 172/87, BStBl. II 1989, 673, 674; v. 14.3.1990 I R 6/89, BStBl. II 1990, 795, 796; v. 1.7.1992 I R 78/91, BStBl. II 1992, 975 f.; v. 24.7.1996 I R 115/95, BStBl. II 1997, 138 f. m.w.N.

624 Zuletzt: BFH Beschluss v. 12.10.1995, I B 46/95, BFH/NV 1996, 266; Frotscher DStJG Bd. 20 (1997), 205, 236 stuft dies als unwiderlegbare Vermutung ein.

625 Beschluss v. 7.11.1995 2 BvR 802/90, BStBl. II 1996, 34, 36.

626 BFH Urteil v. 29.10.1997 I R 24/97, BStBl. II 1998, 573, 575.

entkräften, indem er die Fremdüblichkeit des Entgelts bzw. der Vereinbarungen nachweist[627]. Dagegen erkennt die *Finanzverwaltung*[628] nachträgliche Preisfestlegungen und -anpassungen bei Verrechnungspreisen grundsätzlich nicht an, es sei denn, es wurde im Vorhinein sowohl ein entgeltliches Leistungsverhältnis als auch alle Preisbestimmungsfaktoren vereinbart, und die nachträgliche Preisberechnung beruht auf einer Ungewissheit über Preiskomponenten bei Vertragsschluss.

Der Rechtsprechung liegt zugrunde, dass im Verhältnis zwischen Kapitalgesellschaft und ihrem beherrschenden Gesellschafter die betriebliche Veranlassung nicht ohne Weiteres vermutet werden kann, da auch Leistungen mit Rücksicht auf das Gesellschaftsverhältnis möglich sind, die der beherrschende Gesellschafter „erzwingen" kann[629]. Teilweise wird in der *Literatur*[630] kritisiert, formale Kriterien seien mit der Systematik der vGA nicht vereinbar. Dies wird damit begründet, dass die notwendige Angemessenheitsüberprüfung durch einen formalen Maßstab ersetzt werde, der angemessene *und* unangemessene Gestaltungen ergreife und daher gegen den Grundsatz der Leistungsfähigkeit verstoße. M.E. ist dennoch an diesen formalen Kriterien festzuhalten, da wegen der Wahlmöglichkeit (Leistung auf gesellschaftsrechtlicher *oder* schuldrechtlicher Grundlage) mit unterschiedlichen Steuerfolgen zur Abgrenzung auf sie abgestellt werden muss. Die Angemessenheit als alleiniges Kriterium für das Vorliegen einer vGA ist nicht geeignet, da die Gefahr besteht, dass aus gesellschaftsrechtlicher Motivation durch nachträgliche Vereinbarung eines angemessenen Entgelts von der Gesellschaft erzielte Gewinne steuerwirksam „abgesaugt" werden[631]. Die wertmäßige Ausgeglichenheit zweier Vermögensbewegungen allein kann das Vorliegen einer verdeckten Gewinnausschüttung nicht ausschließen[632]. Diese Grundsätze sollen nach Auffassung der *Finanzverwaltung*[633] auch für Geschäftsbeziehungen zu Schwestergesellschaften gelten.

---

[627] Eigelshoven/Nientimp DB 2003, 2307, 2308.

[628] BMF, VerwGrs-Verfahren 2005, Tz. 3.4.12.8 und Tz. 3.4.20 Buchst. e.

[629] Zutreffend: Becker in: Becker/Kroppen, Verrechnungspreise, V § 1, Erl. zu Tz. 1.4.1 der VerwGrs 1983; Schlagheck, Sachverhaltsermittlung, S. 139 f.; Die Gefahr einer Gewinnverlagerung besteht grds. auch bei einem nicht beherrschenden Gesellschafter, nimmt jedoch mit abnehmender Beteiligung an der Gesellschaft ab, vgl. Oppenländer, Verdeckte Gewinnausschüttung, S. 117 f.

[630] Z.B. Frotscher DStJG Bd. 20 (1997), 205, 236 ff.; weitere Nachweise bei: Oppenländer, Verdeckte Gewinnausschüttung, S. 112 Fn. 35 und 36.

[631] zutreffend: Oppenländer, Verdeckte Gewinnausschüttung, S. 114 ff.

[632] Oppenländer, Verdeckte Gewinnausschüttung, S. 116.

[633] BMF, VerwGrs 1983, Tz. 1.4.1. Abs. 2 S. 2; a.A. zutreffend Becker in: Becker/Kroppen, Verrechnungspreise, V § 1, Erl. zu Tz. 1.4.1 der VerwGrs 1983: Bei Schwestergesellschaften besteht eine Wahlmöglichkeit nicht, da sie keine beherrschende Stellung zueinander haben.

(2) Sperrwirkung des Art. 9 OECD-MA bei Berichtigung aufgrund formaler Kriterien

Problematisch ist, ob dieser aufgrund formaler Kriterien erfolgten nationalen Korrektur von Verrechnungspreisen bei internationalen Geschäftsbeziehungen Art. 9 Abs. 1 OECD-MA[634] entgegensteht.

Überwiegend wird im Schrifttum[635] die Auffassung vertreten, dass allein ein Verstoß gegen die vorgenannten Formerfordernisse im internationalen Geschäftsverkehr keine Gewinnkorrekturen rechtfertigen könne, da Art. 9 OECD-MA nach seinem Wortlaut weder eine schriftliche noch eine im Vorhinein getroffene Vereinbarung verlange. Art. 9 OECD-MA enthalte eine Sperrwirkung und lasse eine Gewinnberichtigung nur in den Fällen zu, in denen die Vereinbarungen einem Fremdvergleich nicht standhielten. Ausländische Staaten seien kaum bereit, im Rahmen einer Gegenberichtigung eine Anpassung eines an sich angemessenen Preises allein aufgrund von formalen Kriterien hinzunehmen. Zudem könnten die verbundenen Unternehmen durch gezielte Nichteinhaltung von formalen Kriterien Verrechnungspreise manipulieren. Betriebsprüfer verwendeten häufig formale Kriterien als Schutzschild, um sich der mühseligen Aufgabe zu entziehen, ein fremdübliches Entgelt bestimmen zu müssen[636]. Art. 9 OECD-MA komme eine gewisse Schutzfunktion für Unternehmen zu, wonach Gewinnkorrekturen in Bezug auf Leistungsbeziehungen zwischen verbundenen Unternehmen, die dem Fremdvergleich entsprechen, ausgeschlossen seien[637].

---

634 Hiernach dürfen Gewinne, die ein verbundenes Unternehmen aufgrund fremdvergleichswidriger Bedingungen in seinen kaufmännischen oder finanziellen Beziehungen mit dem anderen verbundenen Unternehmen nicht erzielt hat, diesem Unternehmen als erzielt zugerechnet werden.

635 Bellstedt FR 1990, 65, 69; ders. IWB F. 2, 495, 498 ff.; Eigelshoven in: Vogel/Lehner, DBA, Art. 9 Rn. 22; Eigelshoven/Nientimp DB 2003, 2307, 2309; Engler in: Vögele/Borstell/Engler, Verrechnungspreise, F Rn. 19, Fn. 50 m.w.N., Rn. 20; Gosch in: FS Korn, S. 391, 400 ff.; Kluge, Das Internationale Steuerrecht, S Rn. 123, S. 812; Kroppen/Eigelshoven/Roeder IWB F. 3, Gr. 2, 925, 936; Ritter FR 1985, 34, 37 f.; Rasch, Konzernverrechnungspreise, S. 187 ff.; Schaumburg, Internationales Steuerrecht, Rn. 16.291 m.w.N.; Schlagheck, Sachverhaltsermittlung, S. 142; Schnieder IStR 1999, 65 ff.; vgl. Becker in: Becker/Kroppen, Verrechnungspreise, V § 1, Erl. zu Tz. 1.4.1 der VerwGrs 1983, der zwischen der Wahl bzgl. schuldrechtlicher oder gesellschaftsrechtlicher Grundlage (Formerfordernis zulässig) und der Vereinbarung differenziert.; unklar: Woerner BB 1983, 845, 851; vgl. zur Sperrwirkung: Schuch in: Lang, Verrechnungspreisrichtlinien der OECD, S. 97, 100 f.

636 Eigelshoven/Nientimp DB 2003, 2307, 2309.

637 Rasch, Konzernverrechnungspreise, S. 190 f. mit Hinweis auf Lang in: Gassner/Lang/Lechner, Aktuelle Entwicklungen, S.127, 132 f.

Nach der *Gegenauffassung*[638], die auch von der *Finanzverwaltung*[639] vertreten wird, soll es jedoch möglich sein, eine Gewinnkorrektur auf einen Verstoß gegen Formerfordernisse zu stützen. Dies wird damit begründet, dass Art. 9 OECD-MA keine Sperrwirkung in dem Sinne enthalte, dass er einen eventuellen Steueranspruch, der sich aus innerstaatlichen Regelungen der verdeckten Gewinnausschüttung, der verdeckten Einlage oder des § 1 AStG ergibt, einengt[640]. Die Auffassung, die auch international eine Gewinnkorrektur bei Verstoß gegen Formerfordernisse zulässt, ist überzeugend, da ansonsten Missbrauch Tür und Tor geöffnet wäre. Bei Aufwendungen eines Unternehmens zugunsten eines ihm Nahestehenden ist zu prüfen, ob sie betrieblich veranlasst sind (Betriebsausgaben) oder ihren Rechtsgrund in den gesellschaftsrechtlichen Beziehungen haben (vGA). Diese Prüfung ist vorzunehmen, bevor ein Fremdvergleich angestellt wird. Das Argument, dass Art. 9 OECD-MA eine Schutzfunktion zugunsten von Unternehmen zukommt, kann in diesem Zusammenhang nicht überzeugen. Denn schließlich greift eine Schutzfunktion nur dann ein, wenn der Anwendungsbereich der entsprechenden Regelung überhaupt eröffnet ist. Eine solche Eröffnung ist hier jedoch nicht gegeben, da Art. 9 Abs. 1 OECD-MA nicht anwendbar ist, wenn eine Zahlung ihren Ursprung im Gesellschaftsverhältnis hat. Diese Regelung betrifft nur die schuldrechtlichen Beziehungen zwischen nahe stehenden Unternehmen[641]. Gesellschaftsrechtliche Beziehungen fallen daher nicht unter den Begriff der „kaufmännischen oder finanziellen Beziehungen“[642].

---

[638] Kempermann FR 1990, 437, 442; ders. in: Flick/Wassermeyer/Wingert/Kempermann Art. 9 DBA Schweiz Rn. 44; ausführlich: Oppenländer, Verdeckte Gewinnausschüttung, S. 120 ff.; Schreiber, Anforderungen an die Mitwirkungspflichten, S. 55 f.; Wassermeyer in: Debatin/Wassermeyer Art. 9 OECD-MA Rn. 103, 128, vgl. ders. StBJb 1998/99, 157, 164 ff.; so wohl auch: Höppner StBp 1983, 121, 127.

[639] BMF, VerwGrs-Verfahren 2005, Tz. 6.1.1.

[640] Höppner StBp 1981, 56, 57 f.

[641] Zutreffend Kempermann FR 1990, 437, 442.

[642] Kempermann in: Flick/Wassermeyer/Wingert/Kempermann Art. 9 DBA Schweiz Rn. 44; Oppenländer, Verdeckte Gewinnausschüttung, S. 120 ff., 131 ff. Er nimmt an, dass der beherrschende Gesellschafter ein doppeltes Wahlrecht habe. *Erstens* habe er ein Wahlrecht zwischen der Leistungserbringung auf gesellschaftlicher oder entgeltlicher schuldrechtlicher Ebene. Falls von vornherein die gesellschaftliche Ebene einschlägig ist, dann liege eine vGA unabhängig davon vor, ob die Leistung angemessen sei. Werde er von vornherein auf schuldrechtlicher Ebene tätig, dann habe er *zweitens* ein Wahlrecht, ob er die Leistung zu einem unter fremden Dritten vereinbarten angemessenen oder unangemessenen Entgelt erbringt. In diesem Fall liege in dem über das angemessene hinausgehende Entgelt eine vGA vor, da sie allein durch das Gesellschaftsverhältnis veranlasst sein kann (S. 114 ff.). Zur Entgegnung der von Schnieder, IStR 1999, 65, 68 an diesem Verständnis geäußerten Kritik, dass Art. 9 OECD-MA dann in allen Fällen einer vGA nicht anwendbar sei, da eine solche immer durch das Gesellschaftsverhältnis veranlasst sei, siehe: Oppenländer, Verdeckte Gewinnausschüt-

Hierfür spricht, dass der Tatbestand des Art. 9 Abs. 1 OECD-MA zwischen der Beteiligung eines Unternehmens am anderen Unternehmen, also den die Verbundenheit zweier Unternehmen begründenden Umständen (der Gesellschaftsbeziehung), und ihren kaufmännischen und finanziellen Beziehungen trennt.
Nach Art. 9 Abs. 1 OECD-MA sind die Vereinbarungen zwischen den beiden Unternehmen mit denen zu vergleichen, die unabhängige Unternehmen miteinander getroffen hätten. Vereinbarungen, die im Hinblick auf gesellschaftsrechtliche Beziehungen getroffen werden, unterfallen keinem Fremdvergleich, da Gesellschaftsbeziehungen nicht zwischen fremden Dritten bestehen können. Diese können naturgemäß einem Fremdvergleich niemals standhalten, dessen Durchführung demnach auch nicht sinnvoll wäre. Gegen eine Sperrwirkung spricht auch, dass international gesehen der Fremdvergleichsgrundsatz nur auf eine Angemessenheitsprüfung der Höhe nach bezogen wird, nicht aber auch (wie im deutschen Recht) auf eine Angemessenheitsprüfung dem Grunde nach[643].
Die Problematik, ob klare, im Voraus getroffene Vereinbarungen erforderlich sind (sog. Indiz-Rechtsprechung) hat jedoch (spätestens) seit dem BFH-Urteil vom 17.10.2001 an Bedeutung verloren[644]. Dies lässt sich damit erklären, dass, selbst wenn aufgrund einer Pflichtverletzung eine gesellschaftsrechtliche Verursachung der Zahlung angenommen werden kann, für die Rechtsfolge der vGA *zusätzlich* noch eine zweite Tatbestandsvoraussetzung hinzukommen muss. Nach dieser darf der tatsächlich gezahlte Preis nicht dem Fremdvergleichspreis entsprechen und muss zu einer Vermögensminderung (oder verhinderten Vermögensmehrung) geführt haben. Für das Vorliegen von letzterem spricht zwar ein erster Anhaltspunkt, es kann aber nicht die Unangemessenheit der Verrechnungspreise vermutet werden[645]. Nach der neueren Rechtsprechung ist also allein die Nichteinhaltung formaler Kriterien nicht mehr ausreichend, eine vGA dem Grunde nach anzunehmen.

---

tung, S. 135 ff.: Art. 9 OECD-MA sei sehr wohl in den Fällen einer vGA anwendbar, in denen zunächst eine schuldrechtliche Grundlage gewählt worden ist, das Entgelt aber unangemessen hoch oder niedrig sei (vGA der Höhe nach bzw. partielle vGA). Zwar könne auch diese (der Höhe nach) durch das Gesellschaftsverhältnis beeinflusst sein, dennoch ändere sich nichts daran, dass eine Beziehung „kaufmännischer oder finanzieller“ Art vorliegt, weil sich Gesellschaft und Gesellschafter auf einer entgeltlich schuldrechtlichen Basis gegenüberstehen. a.A. Eigelshoven in: Vogel/Lehner, DBA, Art. 9 Rn. 48.

[643] Wassermeyer in: Flick/Wassermeyer/Baumhoff § 1 AStG Rn. 98.

[644] Zutreffend: Engler in: Vögele/Borstell/Engler, Verrechnungspreise, F Rn. 21.

[645] BFH Urteil vom 17.10.2001 I R 103/00, BStBl. II 2004, 171, 175 Tz. 2 d) bb); vgl. Kapitel B.II.2 c)dd).

(3) Übertragbarkeit der Problematik auf die Dokumentationspflicht nach § 90 Abs. 3 AO

Da Art. 9 OECD-MA nach hier vertretener Auffassung einer Berichtigung von Verrechnungspreisen aufgrund formaler Kriterien nicht entgegensteht, besteht eine Sperrwirkung auch nicht gegenüber einer Korrektur aufgrund der Verletzung der Dokumentationspflicht. Zudem kommt eine Übertragung des dargestellten Streitstandes auf die Korrektur nach § 162 Abs. 3 AO von vornherein nicht in Betracht. Grundsätzlich ließe sich für eine Übertragung die Vergleichbarkeit des Sachverhaltes anführen, bei dem auch hier an ein formales Kriterium (nicht ordnungsgemäße Dokumentation) eine nationale Gewinnkorrektur der Einkünfte geknüpft wird. Für die Nichtanerkennung wird nicht mehr auf die *Vereinbarung und Durchführung* einer Leistungsbeziehung zwischen Gesellschaft und Gesellschafter abgestellt, sondern auf deren *Dokumentation.* Um in der Terminologie der vGA zu bleiben, wird, anders als nach dem Urteil des BFH vom 17.10.2001, bei einer Pflichtverletzung neben der Veranlassung der vereinbarten Preise durch das Gesellschaftsverhältnis auch eine Einkünfteminderung unterstellt[646]. Es muss kein weiterer materieller Umstand hinzukommen, der die Unangemessenheit belegt. Doch auch dieses formale Kriterium (Verrechnungspreisdokumentation) spiegelt sich nicht im Wortlaut des Art. 9 OECD-MA wieder. Zwar sprechen die OECD-Verrechnungspreisrichtlinien davon, dass nach dem Recht einiger Staaten bei Beibringung nicht sachgemäßer Unterlagen eine Beweislastverlagerung in Form einer widerlegbaren Vermutung zugunsten der von der Finanzbehörde vorgesehenen Berichtigung eintreten „kann" (Tz. 5.2). Dem jedoch entnommen werden, dass diese Stelle eher beschreibender Natur ist, und nicht empfehlender. Dafür spricht auch, dass die Verrechnungspreisrichtlinien an selbiger Stelle empfehlen, dass sich die Finanzbehörde und die Steuerpflichtigen ungeachtet der Beweislast bemühen „sollten", die Übereinstimmung ihrer Verrechnungspreise mit dem Fremdvergleichsgrundsatz (also mit einem materiellen Kriterium) darzutun. Der entscheidende Unterschied liegt aber darin, dass die OECD-Verrechnungspreisrichtlinien explizit „erwarten", dass der Steuerpflichtige in Bezug auf die steuerliche Angemessenheit seiner Verrechnungspreisgestaltung schriftliche Unterlagen anfertigt (Tz. 5.4). Angesichts der rechtlichen Einordnung der Verrechnungspreisrichtlinien als offizieller Interpretation von Art. 9 OECD-MA ist aus diesem Grund die angesprochene Problematik der Sperrwirkung nicht auf die Verrechnungspreisdokumentation übertragbar, da eine Dokumentation dem Art. 9 OECD-MA immanent ist. Daher dürfte sowohl nach der hier vertretenen Auffassung als auch nach der Gegenauffassung Art. 9

[646] Zutreffend: Engler in: Vögele/Borstell/Engler, Verrechnungspreise, F Rn. 76; Lausterer in: Linklaters, Verrechnungspreise, S. 127.

OECD-MA einer Einkünftekorrektur durch § 162 Abs. 3 AO nicht entgegenstehen.

ll) Stellungnahme und Ausblick

Die Einführung einer Dokumentationspflicht bei Verrechnungspreisen ist grundsätzlich zu begrüßen, da sie von zentraler Bedeutung für die Verrechnungspreisbestimmung[647] ist, daher im berechtigten Interesse des Staates zur Minimierung von grenzüberschreitenden Einkuftsverlagerungsmöglichkeiten liegt[648], und gleichzeitig die Rechtssicherheit für die Unternehmen erhöht. So wurde auch schon vor Einfügung von § 90 Abs. 3 AO ein Bedürfnis nach gesetzlicher Kodifikation von Dokumentationspflichten bejaht[649]. Erst sie ermöglichen der Finanzverwaltung (und meist auch dem Unternehmen) das Nachvollziehen und damit Prüfung der Angemessenheit der Verrechnungspreise.

Die Tatsache, dass sich der Steuerpflichtige im Verrechnungspreisfall nunmehr mit mehreren Rechtsquellen (AO, GAufzV, VerwGrs-Verfahren 2005, VerwGrs 1983 und evtl. Betriebsstättenerlass) zu befassen hat, führt zu einer erheblichen Unübersichtlichkeit und Verkomplizierung.

Die häufige Verwendung von unbestimmten Rechtsbegriffen wird in der Praxis zu Anwendungs- und Auslegungsproblemen führen. Dies hat allerdings gleichzeitig den Vorteil, dass der Steuerpflichtige eine gewisse Flexibilität bei der Aufzeichnung von Verrechungspreisen eingeräumt bekommt, denn ein starrer Katalog von Unterlagen wäre wenig geeignet, der Vielzahl von möglichen Transaktionen und Sachverhaltskonstellationen Rechnung zu tragen[650]. Der (lang erwartete) Erlass der VerwGrs-Verfahren 2005 ist zu begrüßen, da durch ihn die Rechtssicherheit für Unternehmen erhöht wird. Dieser enthält einerseits nötige Klarstellungen, erweitert andererseits auch die Mitwirkungspflichten des Steuerpflichtigen über die Rechts- und Gesetzeslage hinaus. Klarstellend sei darauf hingewiesen, dass, während die GAufzV für den Steuerpflichtigen rechtlich bindend ist, soweit sich deren Regelungen im Rahmen der Ermächtigungsnorm bewegen, es sich bei den VerwGrs-Verfahren 205 um Anweisungen handelt, die ausschließlich für die Finanzverwaltung verbindlich sind[651].

Multinationale Unternehmen müssen aufgrund der neuen Dokumentationspflichten insgesamt einen erheblich größeren Beitrag zur Sachverhaltsermittlung und

---

[647] Vgl. Europäische Kommission, Studie über die Unternehmensbesteuerung im Binnenmarkt vom 23.10.2001 SEK (2001) 1681, Teil III, Kap. 5 (S. 284, 288)

[648] Bauer, Neuausrichtung der internationalen Einkunftsabgrenzung, S. 56 f., 59 f.

[649] Seer in: Piltz/Schaumburg, Internationale Einkünfteabgrenzung, S. 35, 53 ff.

[650] Zutreffend: Graf Steuer&Studium 2004, 380, 383.

[651] Zutreffend: Kaminski/Strunk StBp 2005, 213, 214.

-aufklärung leisten als bisher[652], auch wenn eine Vielzahl von geforderten Unterlagen in den Unternehmen schon zur Verfügung stehen wird. Die erstmalige Dokumentation ist nicht nur kosten-, sondern auch sehr zeitintensiv. So wird in der Praxis für die Einführung einer Dokumentation ein Zeitraum von durchschnittlich drei bis zwölf Monaten eingeplant. In den Folgejahren kann man dann jedoch auf die vorhandenen Dokumentationsstrukturen zurückgreifen. Die enorme praktische Bedeutung der Dokumentationspflichten für Unternehmen wird schon allein durch die Vielzahl der Veröffentlichungen zu diesem Thema in den letzten vier Jahren belegt. Doch liegt die Erfüllung der Mitwirkungspflichten nicht nur im Interesse der Finanzbehörden, sondern auch im Interesse der Steuerpflichtigen. Denn eine umfangreiche und detaillierte Dokumentation dient in erster Linie dem Unternehmen selbst und ist für eine erfolgreiche Unternehmensführung und -strategie genauso erforderlich wie eine ordnungsgemäße und verlässliche Buchführung[653]. Der Vorteil der Dokumentation liegt zum einen in der Erfüllung steuerrechtlicher Pflichten und der Minimierung steuerlicher Risiken, zum anderen aber größtenteils in der Zusammenstellung sämtlicher Lieferungs- und Leistungsbeziehungen im Konzern und der dadurch gewonnenen Transparenz aller internen Transaktionen[654] (Stichwort Controlling). Hierdurch werden Chancen für Effizienzsteigerungen, Verbesserungen und Kosteneinsparungen offenbar.

Von den Unternehmen darf mit der Dokumentation kein perfektes Werk verlangt werden[655]. Da sich die steuerliche Prüfung nicht von einem allgemeinen Argwohn gegen die internationale Geschäftstätigkeit leiten lassen darf[656], ist zu fordern, dass dem Steuerpflichtigen bei der Erfüllung ein Vertrauensvorschuss im Sinne einer Richtigkeitsvermutung zugunsten des gewählten *und* durch die Dokumentation gerechtfertigten Verrechnungspreises gewährt wird[657].

Die neuen Dokumentationsanforderungen entsprechen weitestgehend den OECD-Verrechnungspreisrichtlinien[658]. So sind die in Tz. 5.17 bis 5.27 der

---

652 Zutreffend: Happe BBK F. 5, 695, 700; Wellens IStR 2004, 655,660.

653 Vertiefend: Schreiber Stbg 2003, 474, 478 f.

654 Zutreffend Ernst & Young, Verrechnungspreise, B 189 f.; Vögele/Brem in: Vögele/Borstell/Engler, Verrechnungspreise, E Rn. 34; zu den einzelnen Funktionen der Verrechnungspreise im Konzern: Weber/Stoffels/Kleindienst, Verrechnungspreise, S. 13 ff.

655 vgl. Schreiber Stbg 2003, 474, 487.

656 Ritter BB 1983, 1677, 1687.

657 Seer in: Tipke/Kruse § 90 AO Rn. 43.

658 Zutreffend: Eigelshoven/Kratzer IStR 2004, 30, 36; Ernst & Young, Verrechnungspreise, B 175; vgl. die Darstellung vor Einführung des § 90 Abs. 3 AO bei Becker in: GS Knobbe-Keuk, S. 557, 574 ff. und der Vergleich mit den VerwGrs 1983 bei Schüler in: Schuch/-Zehetner, Verrechnungspreisgestaltung, S. 417, 430 ff.

OECD-Verrechnungspreisrichtlinien beispielhaft aufgeführten nützlichen Informationen fast vollständig durch die in der GAufzV aufzuzeichnenden Informationen abgedeckt. Für internationale Konzerne empfiehlt es sich in der Praxis, ein umfassendes (globales) Dokumentationsmanagement/-system einzurichten[659]. Wenigstens sollte eine international konsistente und widerspruchsfreie Dokumentation erstellt werden, die die jeweiligen nationalen Anforderungen im Kern abdeckt[660] und sich an den Vorgaben der OECD-Verrechnungspreisrichtlinien orientiert. Sie müsste jeweils durch die nationalen Anforderungen in den verschiedenen Ländern ergänzt werden. Die Kern-Dokumentation dient der Vereinfachung, Vereinheitlichung sowie Vermeidung von Widersprüchen und führt bei den Konzerneinheiten zu Zeit- und Kostenvorteilen. Gelöst wäre damit aber noch nicht das Problem der Anwendung unterschiedlicher rechtlicher Dokumentationsvorschriften der jeweiligen am Steuerfall beteiligten Länder. Eine Lösungsmöglichkeit wird jedenfalls auf EU-Ebene diskutiert, worauf im nächsten Kapitel zurückgekommen wird.
Es bleibt festzustellen, dass der Finanzverwaltung derzeit insgesamt, verstärkt auch durch die Möglichkeiten des digitalen Datenzugriffs[661], ausreichende Ermittlungsmöglichkeiten hinsichtlich von Verrechnungspreisen zur Verfügung stehen. Die Schwierigkeiten bei der Bestimmung und Prüfung von Verrechnungspreisen haben tendenziell das Bedürfnis der Steuerpflichtigen gesteigert nach verbindlichen Vorabauskünften (sog. Advance Pricing Agreements -APA-) über bestimmte Verrechnungspreismethoden, einzelne Verrechnungspreise oder ganze Verrechnungspreissysteme und Dokumentationspraxen. Es bleibt abzuwarten, ob diese auch in Deutschland Bedeutung erlangen werden, wobei das im Hinblick auf den Abbau von Unsicherheiten über deren steuerlicher Anerkennung, der Vermeidung von Verrechnungspreiskonflikten und der damit einhergehenden Gestaltungs- und Planungssicherheit für die Steuerpflichtigen wünschenswert wäre[662].

---

659 Dargestellt u.a. bei Wellens IStR 2004, 655, 656 ff.; Ernst & Young, Verrechnungspreise, C 1 ff.

660 Balmes/Waldens AO-StB 2005, 17, 18; Endres/Oestreicher IStR 2003, Beihefter zu Heft 15, 1, 6; Waldens/Klöpping PIStB 2004, 180, 181 f.; vgl. Graf Steuer&Studium 2004, 380, 383.

661 Vgl. zu den Verrechnungspreisauswirkungen des digitalen Datenzugriffs Kroppen/Schnell IWB F. 3, Gr. 1, 1769 ff.

662 Grotherr BB 2005, 855 ff.; ders. zur Ausgestaltung IStR 2005, 350 ff.; Schnorberger/Wingendorf DB 2004, 2234 f.; kritisch zur Rechtsgrundlage von APA: Gehm, Stbg 2005, 149 ff.

e) Harmonisierungsbemühungen der EU mit Bezug zu Dokumentationspflichten

Obwohl die EU eine ausdrückliche Kompetenz zur Harmonisierung im Steuerwesen nur auf dem Gebiet der indirekten Steuern (Art. 93 und 5 Abs. 1, 2 EGV) besitzt, gibt es Bestrebungen, auch auf dem Gebiet der Verrechnungspreise eine Harmonisierung unter den Mitgliedsstaaten zu erreichen, wenn auch bislang nur auf nichtlegislativem Weg[663]. Die Europäische Kommission sieht zutreffend in der steuerlichen Behandlung von Verrechnungspreisen ein komplexes Binnenmarkthindernis, das die Erreichung der Grundsätze der Effizienz, Wirksamkeit, Transparenz und Einfachheit behindert[664]. Grund hierfür sind die hohen Befolgungskosten für Unternehmen im Zusammenhang mit Verrechungspreisen, die u.a. aus einer uneinheitlichen Anwendung der OECD-Verrechnungspreisrichtlinien und damit auch aus unterschiedlich hohen Dokumentationsanforderungen der einzelnen Mitgliedsstaaten herrühren. Die separate Anfertigung von Dokumentationen für jeden einzelnen EU-Mitgliedsstaat überfordert kleine und mittelständische Unternehmen.

Am 23.7.1990 wurde zur Vermeidung von Doppelbesteuerungen in Verrechnungspreisfällen das Übereinkommen über die (zwingende) Beseitigung der Doppelbesteuerung im Falle von Gewinnberichtigungen zwischen verbundenen Unternehmen („EU-Schiedsübereinkommen“)[665] verabschiedet. Dieses wurde nötig, da die Verständigungsverfahren (z.B. zur ausländischen Gegenberichtigung bei nationalen Verrechnungspreiskorrekturen) aufgrund von bilateralen Doppelbesteuerungsabkommen Schwächen aufweisen (keine zwingende Beseitigung der Doppelbesteuerung, überlange zeitliche Dauer sowie Schwerfälligkeit des Verfahrens[666]; vgl. Art. 25 OECD-MA).

Die Europäische Kommission stellte jedoch im Rahmen ihrer Studie über die Unternehmensbesteuerung im Binnenmarkt vom 23.10.2001[667] fest, dass die Wirksamkeit des EU-Schiedsübereinkommens wegen erheblicher Schwierigkeiten bei der praktischen Anwendung hinter den Erwartungen zurückblieb, und setzte daraufhin ein Gemeinsames EU-Verrechnungspreisforum (EU Joint Transfer Pricing Forum) ein[668]. Dieses Verrechnungspreisforum soll für die aus der Verrechnungspreispraxis in der EU resultierenden o.g. praktischen Probleme

[663] Hierzu: Rasch, Konzernverrechnungspreise, S. 247 ff.

[664] Europäische Kommission, Studie über die Unternehmensbesteuerung im Binnenmarkt vom 23.10.2001 SEK (2001) 1681, Teil III, Kap. 5 (S. 284 ff., 312).

[665] 90/436/EWG, ABl. EG 1990 Nr. L 225, 10-24.

[666] Eicker/Stockburger IWB F. 11, Gr. 2, 661, 662 ff.; Foddanu PIStB 2005, 125, 127 f.

[667] SEK (2001) 1681, Teil III, Kap. 5 (S. 284, 298 ff., 303 ff.); vgl. hierzu: Kroppen/Rasch IWB F. 11, Gr. 2, 496.

[668] KOM (2001) 582 endg., S. 16.

nichtlegislative Lösungen erarbeiten, die mit den OECD-Leitlinien im Einklang stehen.

Neben der Erarbeitung eines lediglich politisch verbindlichen Verhaltenskodexes[669] zur Beseitigung der Doppelbesteuerung in Verrechnungspreisfällen hat das EU-Verrechnungspreisforum Vorschläge[670] für eine einheitliche Dokumentation von Verrechnungspreisen im EU-Raum unterbreitet. Diese Dokumentationsmodelle orientieren sich an den OECD-Verrechnungspreisrichtlinien, was deshalb von zentraler Bedeutung ist, weil EU-Dokumentationsvorschriften, die sich nicht im Einklang mit denen der OECD befinden, für internationale Unternehmen ein weiteres Hindernis darstellen würden. Ziel ist es, die Befolgungskosten, die bei Großunternehmen 1,9 % und bei Klein- und mittelständischen Unternehmen 30,9 % bezogen auf die Steuerlast betragen[671], zu reduzieren und die Bereitschaft zur Mitwirkung der Steuerpflichtigen zu steigern. Verschiedene Modelle stehen dabei zur Diskussion.

(aa) Code of best practice

Bei diesem Modell werden die gesetzlichen Regelungen, Verwaltungsanweisungen und deren praktische Umsetzung in den einzelnen Mitgliedsstaaten untersucht. Dabei werden die am besten geeignet erscheinenden Merkmale herausgearbeitet und den Mitgliedsstaaten zur Orientierung empfohlen. Dieser Ansatz stellt den kleinsten gemeinsamen Nenner zur Vereinheitlichung der Vorschriften dar und zugleich den am wenigsten detaillierten. Es wird damit ein – wenn auch niedriger – Standard gefunden, der die verschiedenen Dokumentationen in den Mitgliedsstaaten einander annähert und dem Steuerpflichtigen und den Finanzbehörden genügend Spielraum lässt, selbst zu entscheiden, welche Unterlagen im Einzelfall als steuerrelevant einzustufen sind. Als nachteilig anzumerken bleibt aber, dass die Steuerpflichtigen weiterhin verpflichtet bleiben, für jeden Mitgliedsstaat separate und einzigartige Dokumentationen anzufertigen. Überdies besteht weiterhin erhebliche Rechtsunsicherheit hinsichtlich der von den Finanzbehörden gewünschten Unterlagen.

(bb) Standardised (but decentralised) Documentation

Bei dem Verfahren der Standardised Documentation werden nicht nur die wesentlichen Merkmale festgelegt, sondern EU-weit einheitliche und detaillierte,

---

669 Europäische Kommission KOM (2004) 297 endg. V. 23.4.2004, S. 9-17 (Anhang 2); hierzu: Foddanu PIStB 2005, 125, 128 f.

670 Draft Revised Sectretariat Discussion Paper on Documentation Requirements v. 31.8.2004, DOC: JTPF/019/REV3/2003/EN (marked version), S. 18 ff. (Rn. 90 ff.); vgl. nunmehr Europäische Kommission, Commission Staff Working Document v. 7.11.2005, SEC (2005) 543 final S. 15 ff. (Rn. 64 ff.), 22 ff. (Rn. 94 ff.).

671 Europäische Kommission, European Tax Survey v. 10.9.2004, SEC (2004) 1128/2, S. 22.

aber dezentralisierte Dokumentationsvorschriften. Dezentralisiert bedeutet dabei, dass die Dokumentation auf der jeweiligen Unternehmensebene geschehen soll, was zur Folge hat, dass Unternehmen dennoch für jeden einzelnen Mitgliedsstaat inhaltlich unterschiedliche (separate und einzigartige) Dokumentationen abliefern müssen. Negativ fällt zudem auf, dass dem Steuerpflichtigen und den Finanzbehörden kein Spielraum für Abweichungen verbleibt. Der Ansatz führt aber zu mehr Transparenz und Klarheit bei der Dokumentation und bietet dem Steuerpflichtigen zugleich den Vorteil geringerer Befolgungskosten, da er sich nur noch nach einem Regelwerk richten muss.

(cc) Centralised (integrated global) Documentation

Dieses Modell sieht ebenfalls EU-weit einheitliche und detaillierte Dokumentationsvorschriften vor. Im Unterscheid zum dezentralisierten Ansatz wird hier ein zentralisierter Ansatz gewählt, was bedeutet, dass die Dokumentation auf Ebene der Konzernobergesellschaft erfolgt. Dies hat zur Folge, dass ein EU-weit operierendes Unternehmen eine Vorlage-Dokumentation anfertigen muss, die als Grundlage für die Anfertigung der spezifisch mitgliedsstaatlichen Dokumentationen zur Verfügung steht. Die spezifisch mitgliedsstaatliche Dokumentation kann daher auf lokale *und* zentralisierte Quellen zurückgreifen. Inhaltlich erfasst die zentralisierte Dokumentation Angaben über Beteiligungsverhältnisse, Geschäftsbetrieb und Organisationsaufbau, Geschäftsbeziehungen zu nahe stehenden Personen, Funktions- und Risikoanalyse sowie eine Verrechnungspreisanalyse. Dies sind im Wesentlichen die Informationen, die auch die OECD-Verrechnungspreisrichtlinien und § 4 GAufzV vorschreiben. Die zentralisierte Dokumentation wird im Hauptsitz des Unternehmens in dessen Sprache erstellt und aufbewahrt, und muss unter Umständen auf Verlangen übersetzt werden. Gegebenenfalls ist sie noch um länder- oder transaktionsspezifische Informationen zu ergänzen. Die Lösung der Centralised Documentation bringt für den Steuerpflichtigen geringere Befolgungskosten mit sich, da auf die zentralisierte Dokumentation zurückgegriffen werden kann. Zudem tritt aufgrund der Vereinheitlichung Klarheit und damit einhergehend Widerspruchsfreiheit und Konsistenz der Dokumentation ein. Gleichfalls ist eine Qualitätsverbesserung der Dokumentation zu erwarten, da nunmehr Fachleute für Verrechnungspreisfragen diese anfertigen. Doch wird die zentralisierte Dokumentation nicht zwingend allen Anforderungen der Mitgliedsstaaten genügen, so dass die Finanzbehörden berechtigt sein müssen, zusätzliche Informationen anzufordern. Bei Konzernen mit dezentralisierter Organisationsstruktur und bei Konzernen mit Nicht-EU-Bezug sind Probleme abzusehen, da letztere schwerlich zur Einhaltung der EU-Dokumentationsvorschriften angehalten werden können und zudem der Zugang zu der Dokumentation im Ausland schwieriger ist.

(dd) Masterfile Concept

Das Masterfile Concept ist eine Weiterentwicklung des zentralisierten Ansatzes. Es entspricht weitgehend dem Prinzip einer internationalen Kern-Dokumentation auf EU-Ebene, wonach ein Unternehmen bei Anwendung der EU-weiten Regeln nur eine einheitliche standardisierte Dokumentation erstellen muss. Sie besteht aus einem Teil, der standardisierte Informationen für alle EU-Gesellschaften bereithält („Masterfile") und einem Teil, der die verschiedenen standardisierten Dokumentationen mit länderspezifischen Informationen enthält („länderspezifische Informationen"). Die Masterfile enthält grundsätzlich Informationen, die den Konzern als Ganzes betreffen und wird durch die länderspezifischen Informationen ergänzt. Die Dokumentation muss in jedem Mitgliedsstaat bereitgehalten werden. Dabei sind die Unternehmen frei zu entscheiden, ob die Information von den länderspezifischen Informationen zu der Masterfile wechselt (d.h. „vor die Klammer gezogen werden"). Es wird dadurch eine Erhöhung der Flexibilität für den Steuerpflichtigen erreicht. Allerdings müssen länderspezifische Informationen bei Geschäftsvorfällen, die ein oder mehrere Mitgliedsstaaten betreffen, entweder in den länderspezifischen Informationen der betroffenen Mitgliedsstaaten oder aber in der Masterfile enthalten sein. Die Dokumentation muss die Finanzbehörde in die Lage versetzen, eine Risikoeinschätzung für bestimmte Geschäftsvorfälle vorzunehmen. Dieser Ansatz reduziert die Befolgungskosten größtmöglich und steigert zugleich die Qualität der Dokumentation. Da alle Finanzbehörden Zugang zu denselben Informationen haben, ist eine hohe Transparenz bei der Anwendung von Verrechnungspreisen gewährleistet, was unter anderem das Risiko einer Doppelbesteuerung verringert.

(ee) Stellungnahme

Eine Vereinheitlichung der Dokumentationsvorschriften im EU-Binnenmarkt ist uneingeschränkt zu befürworten. Zwingend notwendig ist dabei, dass sich solche Dokumentationsvorschriften an den OECD-Verrechnungspreisrichtlinien orientieren. Sowohl das Modell der Centralised Documentation als auch das Masterfile Concept enthalten praxistaugliche und -notwendige Ansätze. Bei beiden Modellen ist es dem Steuerpflichtigen möglich, für die nationalen Dokumentationen auf eine Kerndokumentation des Konzerns zurückzugreifen, wodurch die Befolgungskosten reduziert werden. M.E. stellt das Masterfile Concept zwar die größte Heraus- bzw. Anforderung für die Vereinheitlichung der nationalen Vorschriften dar, bietet zugleich aber auch das größte Potenzial. Mit ihm geht größtmögliche Rechtssicherheit, Transparenz und Konsistenz einher, zugleich wird dem Steuerpflichtigen aber noch genügend Flexibilität bei der konkreten Ausgestaltung eingeräumt. Überdies findet eine Reduzierung der Befolgungskosten im größtmöglichen Umfang statt. Folgerichtig hat daher die Europäische Kommission am 7.11.2005 einen (unverbindlichen) Verhaltenskodex zur Verrechnungspreisdokumentation für verbundene Unternehmen in der EU auf der Basis des Masterfile Concepts vorgeschlagen (sog. EU Transfer Pricing Documentation (EU TPD))[672].

4. Weitere Mitwirkungspflichten mit Auslandsbezug

An dieser Stelle sei auf die folgenden Mitwirkungspflichten mit Auslandsbezug hingewiesen. Ein beschränkt Steuerpflichtiger hat für Zustellzwecke auf Verlangen der Finanzbehörde einen Empfangsbevollmächtigten im Inland zu benennen (§ 123 AO), anderenfalls gilt ein an ihn gerichtetes Schriftstück einen Monat nach der Aufgabe zur Post als zugegangen. Während Bücher und Aufzeichnungen im Inland geführt und aufbewahrt werden müssen (§ 146 Abs. 2 S. 1 AO)[673], können, um einen Verstoß gegen ausländisches Recht zu vermeiden, Unterlagen einer ausländischen Betriebsstätte auch im Ausland geführt werden, sofern dort eine solche Verpflichtung besteht (§ 146 Abs. 2 S. 2 AO). Aus gesetzessystematischen Gründen und nach dem Wortlaut gilt dies ebenfalls, wenn der Steuerpflichtige nach ausländischem Recht nur zur Führung, nicht aber auch zur Aufbewahrung verpflichtet ist[674]. Umgekehrt besteht für ausländische Steuerpflichtige mit inländischen Betriebsstätten die (steuerrechtliche) Verpflichtung, Bücher und Aufzeichnungen im Inland zu führen und aufzubewahren. Auslandsbeteiligungen sind nach § 138 Abs. 2 AO anzeigepflichtig[675]. Durch diese Mitteilung soll den Finanzämtern die Möglichkeit gegeben werden, steuerrelevante internationale Sachverhalte besser und früher zu erkennen und zu prüfen[676]. §§ 22a bis 22e UStG enthalten Vorschriften über die Fiskalvertretung eines nicht im Inland ansässigen Unternehmers.

---

[672] KOM (2005) 543 endgültig.

[673] Zur Europarechtswidrigkeit dieser Regelung: Droscha/Reimer DB 2003, 1689 ff.; Novacek DStZ 2004, 611 ff.

[674] So auch: Kruse/Drüen in: Tipke/Kruse § 146 AO Rn. 33.

[675] Hierzu: Neubauer JbFfSt 1977/1978, 110, 129 ff.

[676] Mösbauer in: Koch/Scholtz § 138 AO Rn.3.

III. Steuerrechtliche Einordnung von Nachweispflichten

In vielen Einzelsteuergesetzen sind Behauptungs- und Nachweispflichten in den materiellen Tatbestand selbst oder auf ihn bezugnehmend eingefügt worden[677]. Dies ist zu einer gebräuchlichen Technik der Gesetzgebung auf dem Gebiete des Verwaltungsrechts geworden[678]. Gemeinsam ist diesen Pflichten, dass der Steuerpflichtige tatbestandliche (materiell-rechtliche) Voraussetzungen nachweisen muss, um in den Genuss einer bestimmten Rechtsfolge, meist einer günstigeren steuerlichen Behandlung, zu kommen. So muss der Steuerpflichtige z.B. nach § 4 Abs. 5 S. 1 Nr. 2 S. 1 EStG die Höhe und betriebliche Veranlassung von Aufwendungen für die Bewirtung von Personen aus geschäftlichem Anlass nachweisen, will er sie als Betriebsausgaben abziehen. Nach § 6 Abs. 4 S. 1 UStG i.V.m. § 8 UStDV muss der Unternehmer nachweisen, dass die Voraussetzungen einer Ausfuhrlieferung vorliegen, um eine Steuerbefreiung in Anspruch nehmen zu können. Aber auch in den allgemeinen Verfahrensgesetzen sind Nachweispflichten geregelt, die die materiellen Tatbestände ergänzen. So werden nach § 160 Abs. 1 S. 1 AO Betriebsausgaben, Werbungskosten und andere Ausgaben nur dann berücksichtigt, wenn der Steuerpflichtige die Gläubiger oder die Empfänger benennt.

Während sich die tatbestandlichen Voraussetzungen solcher Nachweispflichten Gesetz und Rechtsprechung entnehmen lassen, wird dagegen ihre rechtliche Qualifikation uneinheitlich beurteilt.

Nach einer *Auffassung*[679] sind diese Mitwirkungspflichten als Regeln über die subjektive Beweislast[680] zu bewerten. Dies wird damit begründet, dass in diesen

---

677 Z.B. § 2a Abs. 3 S. 4 EStG, § 4 Abs. 5 S. 1 Nr. 2 S. 1 EStG, § 6 Abs. 1 Nr. 4 S. 3 und Abs. 2 S. 4 EStG, § 7h Abs. 2 S. 1 EStG, § 7i Abs. 2 EStG, § 7k Abs. 2 Nr. 5 EStG, § 9 Abs. 2 S. 4 EStG, § 9a S. 1 EStG, § 10c Abs. 1 und 2 EStG, § 33b Abs. 1 EStG i.V.m. § 65 EStDV, § 34b Abs. 4 Nr. 2 EStG, § 34c EStG i.V.m. § 68b EStDV, § 50d Abs. 8 S. 1 EStG (hierzu kritisch: Neyer BB 2004, 519); § 4 Nr. 3 S. 3, Nr. 5 S. 3, Nr. 7 S. 4 UStG, § 4a Abs. 1 S. 1 Nr. 7 UStG, § 6 Abs. 4 S. 1 UStG, § 6a Abs. 3 S. 1 UStG, § 7 Abs. 4 S. 1 UStG, § 8 Abs. 3 S. 1 UStG, § 9 Abs. 2 S. 2 UStG, § 14 i.V.m. § 15 Abs. 1 Nr. 1 UStG, § 25 Abs. 2 S. 2 UStG, § 26 Abs. 5 UStG, §§ 13 ff., 18 ff., 72, 73 UStDV, § 80 Abs. 1 S. 3 AO, § 159 Abs. 1 S. 1 AO, § 160 AO, § 2 Abs. 2 Nr. 1 und 2, Abs. 6 AStG, § 6 Abs. 1 S. 2 AStG, § 8 Abs. 1 Nr. 4, Nr. 5 Buchst. b, Nr. 6 Buchst. a, b und c, Nr. 7 AStG, § 8 Abs. 2 AStG, § 10 Abs. 6 S. 2 AStG, § 13 Abs. 5 AStG, § 14 Abs. 1 AStG, § 21 Abs. 3 ErbStG, § 11 Abs. 4 VStG, § 9 Nr. 7 S. 1 GewStG.

678 Tietgen 46. DJT 1966, Bd. I, Teil 2B, S. 19; so auch: Nierhaus, Beweismaß, S. 158.

679 Schär, Beweislastverteilung, S. 249; vgl. M. Schmidt, Beweislast, S. 134 ff., 176 und van Lengerich, Verhältnis von steuerrechtlichen Mitwirkungspflichten und strafrechtlicher Schweigepflicht, S. 26, 70 ff. zur Untersuchung einzelner Pflichten; so wohl auch: Weber-Grellet StuW 1981, 48, 57 f.

680 Zum Begriff der subjektiven Beweislast vgl. Kapitel D.IV.1.a).

Fällen der Beweisführungspflichtige das Risiko der Beweislosigkeit des Vorgebrachten trage mit der Folge, dass die vorgebrachten und nach dem Gesetz zu beweisenden Tatsachen in dem Fall, dass der Steuerpflichtige sie nicht beweist, als unerwiesen gelten und nicht in Ansatz gebracht werden können. Eine solche Qualifizierung zieht die (rechtliche) Einschränkung des Untersuchungsgrundsatzes der Finanzbehörde nach sich[681]. Weiter wird vorgebracht, dass die Behörde nicht eigene Ermittlungen an die Stelle des Nachweises von Seiten des Beteiligten setzen dürfe, da die zweite Tatbestandskomponente, Nachweis durch den Beteiligten, auch dann unerfüllt bliebe, wenn die Behörde anderweitig die erforderlichen Informationen erreicht hätte. Dementsprechend sieht *Seer*[682] in solchen Fällen kein Anlass mehr für das Finanzgericht, den Sachverhalt von Amts wegen zu ermitteln, wenn der Verpflichtete seiner Nachweispflicht aus den Einzelsteuergesetzen nicht nachgekommen ist. Vielmehr gelte das als unerwiesen, was der Steuerpflichtige nachzuweisen hatte, jedoch nicht nachgewiesen hat. Auch *Martin*[683] spricht in diesem Zusammenhang davon, dass, falls der Nachweis nicht erbracht wurde, ein Rückgriff auf Schätzung und Beweislastgrundsätze unzulässig sei; andernfalls würde die Nachweispflicht ad absurdum geführt. Es sei hier nicht über einen nicht aufklärbaren Sachverhalt zu entscheiden, vielmehr erfülle der festgestellte Sachverhalt nicht die tatbestandlichen Voraussetzungen der begehrten Rechtsfolge.

Nach *anderer Auffassung*[684] stellen Nachweispflichten Regeln über die objektive Beweislast bzw. Indizien dafür dar, dass dem Anspruchsteller hinsichtlich der von ihm nachzuweisenden Tatbestandsmerkmale die objektive Beweislast zufällt. Eine Einschränkung des Untersuchungsgrundsatzes erfolgt nicht.

Weiter wird *vertreten*[685], dass es sich bei solchen Nachweispflichten lediglich um Vorschriften handele, die zu den Aufklärungspflichten bzw. Mitwirkungspflichten zu zählen sind. Ihr Zweck erschöpfe sich darin, den Nachweispflichtigen zur Ermittlung des Sachverhaltes anzuhalten. Eine Einschränkung des Untersuchungsgrundsatzes können sie nicht herbeiführen.

---

681 Schromek, Mitwirkungspflichten, S. 127 ff. für tatbestandliche und tatbestandsähnliche Nachweispflichten; ähnlich: Söhn in: Hübschmann/Hepp/Spitaler § 88 AO Rn. 22 f.; vgl. BFH Urteil v. 27.6.1984 II R 194/81, BStBl. II 1984 854, 856.

682 In: Tipke/Kruse § 76 FGO Rn. 46.

683 BB 1986, 1021, 1029; Martin spricht in diesem Zusammenhang auch von Beweisführungspflichten. vgl. S. 1030.

684 Hey, Beweislast und Vermutungen, S. 104 ff.; Marx, Untersuchungsmaxime, S. 148 ff., 156; Michael, Beweislast, S. 238; Tietgen 46. DJT 1966, Bd. I, Teil 2B, S. 30.

685 Ohlms, Beweislast, S. 108 ff., 113 ff.

Nach Auffassung von *Keßeböhmer*[686] findet zumeist eine Qualifikation der Nachweispflichten als Beweisregelungen statt, die dem Verfahrensrecht unterfallende Beweismittelregeln oder Beweisregeln sind und zum Beweis der Steuervoraussetzungen nur das im Gesetz beschriebene Beweismittel zulassen. Daneben existieren Nachweispflichten, die als Regelungen der objektiven Beweislast ausgelegt werden können. Jedenfalls werde ohne Nachweis die Steuervergünstigung nicht gewährt.
Die Einordnung als objektive Beweislastregeln oder Mitwirkungspflichten vermag nicht zu überzeugen. Schließlich ist zu berücksichtigen, dass es sich bei den nachzuweisenden Tatsachen (meist) um steuerliche Vergünstigungen handelt. Bezüglich solchen steuermindernden Umständen trägt der Steuerpflichtige ohnehin schon nach der Normbegünstigungstheorie die objektive Beweislast. Sähe man die Nachweispflichten daher als Regelungen über die objektive Beweislast, wären sie überflüssig und man würde dem Gesetzgeber unterstellen, er kenne die objektive Beweislastverteilung nicht. Daher müssen die Nachweispflichten einen über die Regelung der objektiven Beweislast hinausgehenden Sinngehalt haben. Diese Argumentation lässt sich auch gegen die die Nachweispflichten als Aufklärungspflichten qualifizierende Auffassung ins Felde führen, da sich derartige Pflichten bereits in den §§ 90 ff. AO finden lassen.
Der soeben angesprochene erweiterte Sinngehalt wird durch eine Qualifikation der Nachweispflichten als subjektive Beweislastregelungen[687] erreicht. Bei der Ermittlung diese Sinngehaltes ist Ausgangspunkt der Sinn und Zweck der Nachweispflichten, der die einfache Überprüfbarkeit von steuermindernden Sachverhalten durch die Finanzbehörden zum Inhalt hat. Zum einen kann dies durch das Auferlegen der Beweislast auf den Steuerpflichtigen erreicht werden. Zum anderen wird die einfache Überprüfbarkeit zugunsten der Finanzbehörde am effizientesten dadurch gewährleistet, dass eine Einschränkung des Untersuchungsgrundsatzes erfolgt. Dies wäre nur bei einer Einordnung als subjektive, nicht dagegen als objektive Beweislastregelung oder Mitwirkungspflicht der Fall. Eine steuerliche Vergünstigung ist dem Steuerpflichtigen nur dann zu gewähren, wenn dieser den ihm obliegenden Nachweis führt, unabhängig davon, ob die Finanzbehörde eine Aufklärung versucht hat oder nicht.
Zu bemerken ist, dass die Einordnung als subjektive Beweislastregel keine eigenständige Einordnung darstellt, sondern verfahrensrechtlich die Funktion eines Tatbestandsmerkmals oder einer Beweisregel beschreibt[688]. Dies entspricht

---

[686] Besteuerungsverfahren, S. 25 ff., 60 f.
[687] A.A. Keßeböhmer, Besteuerungsverfahren, S. 95 ff. zu den steuerstrafrechtlichen Folgen einer solchen Einordnung der Nachweispflichten als Beweislastregeln.
[688] Keßeböhmer, Besteuerungsverfahren, S. 23, 29.

der Einschätzung *Schromeks*[689], nach der der Gesetzgeber die Rechtsfolge nicht allein an das Vorhandensein von Tatsachen, sondern zusätzlich an den Nachweis dieser Tatsachen durch den Beteiligten geknüpft hat. Bei diesen Nachweispflichten handelt es sich um sog. Obliegenheiten (unechte Mitwirkungspflichten) des Steuerpflichtigen. Von ihm wird der Nachweis von Vorgängen tatsächlicher Art verlangt, wenn bestimmte gesetzliche Folgen herbeigeführt werden sollen. Diese Mitwirkungspflichten sind rechtlich nicht durchsetzbar, sondern ihre Erfüllung liegt allein im Interesse des Steuerpflichtigen[690].
Weitere Folge der Qualifikation von Nachweispflichten als subjektive Beweislastregelungen ist das Bestehen eines Schätzungsverbotes[691]. Es wäre widersinnig, den Nachweis einer Besteuerungsgrundlage tatbestandlich z.B. an eine schriftliche Aufzeichnung zu knüpfen, dann aber, falls eine solche Aufzeichnung nicht vorgelegt wird, einen geringeren Überzeugungsgrad für das Vorliegen der Besteuerungsgrundlage ausreichen zu lassen. Hier ist nicht über einen nicht aufklärbaren Sachverhalt zu entscheiden, sondern der festgestellte Sachverhalt erfüllt nicht die tatbestandlichen Voraussetzungen für die begehrte Rechtsfolge[692].

---

[689] Schromek, Mitwirkungspflichten, S. 120. Schromek unterteilt Nachweispflichten in 3 Gruppen: (1) Nachweispflichten, deren Nachweis vom Gesetzgeber in den Tatbestand der Norm aufgenommen wurde (sog. tatbestandliche Nachweispflichten); (2) Nachweispflichten, bei denen die Anordnung des Nachweises sich nicht unmittelbar im Tatbestand der Norm findet, seine Erfüllung durch den Beteiligten aber aufgrund der sinngemäßen Auslegung der Norm gleichwohl eine materiell-rechtliche Voraussetzung für den Eintritt der Rechtsfolge bildet (sog. tatbestandsähnliche Nachweispflichten); (3) Nachweispflichten, bei denen die Pflicht zum Nachweis eine reine Verfahrensordnung bildet (sog. ausschließlich verfahrenswirksame Nachweispflichten), S. 131.

[690] Van Lengerich, Verhältnis von steuerrechtlichen Mitwirkungspflichten und strafrechtlicher Schweigepflicht, S. 70.

[691] So auch: Brinkmann in: Pump/Lohmeyer/Leibner § 162 AO Rn. 18; Martin BB 1986, 1021, 1029; Schmidt-Liebig NWB F. 17, 1847, 1849.

[692] Zutreffend: Martin BB 1986, 1021, 1029; Schreiber, Anforderungen an die Mitwirkungspflichten, S. 60.

IV. Steuergeheimnis als Ausgleich für die Mitwirkungspflichten des Steuerpflichtigen

Dem Steuerpflichtigen obliegen äußerst umfangreiche Mitwirkungspflichten im Besteuerungsverfahren. Zum Schutz der dadurch gewonnenen Informationen aus dem privaten und beruflichen Leben des Steuerpflichtigen hat der Gesetzgeber Regelungen über das Steuergeheimnis, d.h. über die Begrenzung der Informationsweitergabe an Dritte, getroffen. Auf diese Weise soll die Vollständigkeit des Steueraufkommens gesichert und eine gute Steuermoral erhalten werden[693]. Es ist gleichsam Gegenstück zu den Offenbarungs- und Mitwirkungspflichten des Bürgers[694]. Große Bedeutung gewinnt das Steuergeheimnis insbesondere dann, wenn der Steuerpflichtige Einkünfte aus Straftaten erzielt. Denn auch Einkünfte aus Straftaten werden von den Besteuerungstatbeständen erfasst (§ 40 AO), so dass den Steuerpflichtigen auch diesbezüglich grundsätzlich eine Mitwirkungspflicht trifft. Würden nun diese Umstände ungehindert an die Strafverfolgungsbehörden weitergegeben werden können, so wäre dies der Besteuerung abträglich. Schließlich hätte dies zur Folge, dass kein Steuerpflichtiger Angaben zu von ihm durch Straftaten verwirklichte Steuertatbestände machen würde, müsste er doch eine strafrechtliche Verurteilung fürchten. Folge hiervon wäre ein immenser Steuerausfall. Das Steuergeheimnis versucht dem entgegenzuwirken, indem es dem Steuerpflichtigen garantiert, dass seine Angaben grundsätzlich nicht weitergegeben werden dürfen. Amtsträger dürfen danach Verhältnisse eines anderen oder fremde Betriebs- oder Geschäftsgeheimnisse nicht unbefugt offenbaren oder verwerten (§ 30 Abs. 2 AO). Dabei muss die Regelung des Steuergeheimnisses in § 30 AO im Zusammenspiel mit § 393 AO verstanden werden (dazu Kapitel C.III.).

---

693 Rüster, Besteuerungsverfahren und Strafverfahren, S. 63 m.w.N.; vgl. BVerfG Urteil v. 9.3.2004 2 BvL 17/2002, HFR 2004, 471, 472.

694 Joecks in: Franzen/Gast-de Haan/Joecks § 393 AO Rn. 70.

V. Grenzen der Mitwirkungspflichten im Besteuerungsverfahren

1. Allgemeine Grenzen

Berücksichtigt man die Anwendbarkeit der Grundsätze von Vorrang und Vorbehalt des Gesetzes sowie der Verhältnismäßigkeit auf die Mitwirkungspflichten im Besteuerungsverfahren, wird offenbar, dass diese dem Steuerpflichtigen, sofern sie Eingriffscharakter haben[695], nicht grenzenlos auferlegt werden können. Seine Mitwirkung darf nach letzterem nur verlangt werden, wenn sie für den Betroffenen möglich, zur Sachverhaltsaufklärung geeignet, erforderlich, verhältnismäßig und zumutbar ist[696]. So entfällt sie wegen Unmöglichkeit, wenn z.B. eine vorzulegende Urkunde zerstört wurde, dem Steuerpflichtigen abhanden gekommen ist oder der einzige Zeuge verstorben ist.

Eine Berechtigung zur Verweigerung der Mitwirkungspflichten besteht für die Beteiligten dann, wenn Ermittlungen in den grundgesetzlich geschützten, unantastbaren Bereich privater Lebensgestaltung eingreifen; dieser ist der öffentlichen Gewalt entzogen[697]. Damit einhergehend trifft den Steuerpflichtigen auch nicht die Verpflichtung, einen umfassenden (in sich geschlossenen) Nachweis über die Herkunft seines Privatvermögens zu führen; bleibt die Herkunft ungeklärt, entscheiden letztlich die Regeln der objektiven Beweislast[698]. Es besteht auch bei einer Außenprüfung keine Verpflichtung, dem Prüfer sämtliche private Unterlagen wie private Bankkonto-Unterlagen, Sparbücher und andere private Unterlagen vorzulegen[699].

2. Verstoß gegen ausländische Strafvorschriften

In der Literatur wird die Frage, ob eine rechtliche Unmöglichkeit bzw. Unzumutbarkeit der Beweismittelbeschaffung im Ausland vorliegt, wenn diese nach ausländischem Recht untersagt ist und strafrechtlich sanktioniert wird, kontrovers diskutiert.

---

[695] Dagegen können Ermittlungsmaßnahmen ohne Eingriffscharakter auf die Aufgabenzuweisungsnorm des § 85 bzw. § 88 AO gestützt werden.

[696] Vgl. Söhn in: Hübschmann/Hepp/Spitaler § 88 AO Rn. 149 ff.

[697] BVerfG Beschluss v. 31.1.1973 2 BvR 454/71, BVerfGE 34, 238, 245 m.w.N.; vgl. zur Privatsphäre im Steuerrecht: Fischer/Zanzinger DB 1979, 127, 128 ff.

[698] BFH Urteil v. 28.5.1986, I R 265/83, BStBl. II 1986, 732, 733; v. 1.7.1987 I R 284-286/83, BFH/NV 1988, 12, 14; FG Nürnberg; Urteil v. 23.10.1985 V-169/80; EFG 86, 154; FG Rh.-Pf. Urteil v. 25.4.1988 5 K 351/87, EFG 1988, 502, 503; vgl. Helsper in: Koch/Scholtz § 90 AO Rn.9.

[699] Stahl KÖSDI 1991, 8360, 8366; FG Rh.-Pf. Urteil v. 25.4.1988 5 K 351/87, EFG 1988, 502, 503.

Zur Verdeutlichung dieser Problematik sei Artikel 273 des Schweizerischen Strafgesetzbuches[700] angeführt, der die Aufdeckung von Geschäftsgeheimnissen gegenüber einem anderen Staat unter Strafe stellt. Unter den Begriff Geschäftsgeheimnis fallen alle Tatsachen des wirtschaftlichen Lebens, wie etwa Bezugsquellen, Kalkulationen, Beteiligungs- bzw. Beherrschungsverhältnisse und Verträge[701]. Hierunter wären auch verrechnungspreisspezifische Unterlagen einzuordnen. Für die deutschen Finanzbehörden könnte daher eine Verpflichtung des Steuerpflichtigen zur Beschaffung solcher Unterlagen problematisch sein.
Teilweise[702] wird in der Literatur die Auffassung vertreten, solche ausländischen Bestimmungen verbieten generell die Weitergabe von firmenbezogenen Informationen und Unterlagen ins Ausland. Dies wird darauf zurückgeführt, dass es von dem Betroffenen nicht verlangt werden könne, zur Wahrung seiner steuerlichen Mitwirkungspflichten eine nach dem Recht eines anderen Staates mit Strafe bedrohte Handlung zu begehen. Da diese Normen die ausländische Wirtschaft als Ganzes schützen sollen, könne auch der deutsche Steuerpflichtige nicht von sich aus auf diesen Schutz verzichten. Danach liegt eine rechtliche Unmöglichkeit bzw. Unzumutbarkeit der Beweismittelbeschaffung vor.
Ein *anderer Teil der Literatur*[703] sieht diese Vorschriften nicht als absolute Schutzbarriere an. Die Beweismittelbeschaffung im Ausland sei aber jeweils das letzte Mittel einer Sachverhaltsaufklärung durch die Finanzbehörde; vorher habe sie alle ihre sonstigen Auskunftsquellen auszuschöpfen.

---

700 „Wer ein Fabrikations- oder Geschäftsgeheimnis auskundschaftet, um es einer fremden amtlichen Stelle oder einer ausländischen Organisation oder privaten Unternehmung oder ihren Agenten zugänglich zu machen, wer ein Fabrikations- oder Geschäftsgeheimnis einer fremden amtlichen Stelle oder einer ausländischen Organisation oder privaten Unternehmung oder ihren Agenten zugänglich macht, wird mit Gefängnis, in schweren Fällen mit Zuchthaus bestraft. Mit der Freiheitsstrafe kann Busse verbunden werden.“; vgl. zu ähnlichen Vorschriften Dreßler StBp 1992, 149, 152 ff.

701 Schmidt-Gassmann BB 1970, 464 f.; Insbesondere Organisationspläne, Absatzgebiete, Geschäftsbücher, Bilanzen, Erfolgsrechnungen, Prüfungsberichte, Buchungs- und Korrespondenzunterlagen, finanzielle Beziehungen und Bindungen und der Geschäftsgang

702 Bilsdorfer in: Grotherr, Handbuch der internationalen Steuerplanung, S. 1689, 1694; Debatin/Vogel RIW 1958, 202, 204; Flick DStR 1964, 479, 481 f.; Hangarter RIW 1982, 176, 180; Reuß, Grenzen steuerlicher Mitwirkungspflichten, S. 168 f., der zwar eine völkerrechtliche Pflicht zur Beachtung ausländischer Mitwirkungsverbote verneint, aber eine Unzumutbarkeit der Mitwirkung dann bejaht, wenn die Gefahr bestehe, sich strafbar zu machen; Schaumburg, Internationales Steuerrecht, Rn. 19.11 Fn. 43, S. 1293; vgl. Schmid-Gassmann BB 1970, 464 f.

703 Dreßler StBp 1999, 253, 261 Fn. 38; ders. StBp 1992, 149, 157 f. m.w.N.; ders. schon in StBp 1982, 233 f.

Nach *Rechtsprechung*[704], *Finanzverwaltung*[705] und *Teilen der Literatur*[706] besteht in solchen Fällen keine rechtliche Unmöglichkeit. Etwaige Auswirkungen einer ausländischen Strafvorschrift brauche kein anderer Staat gegen sich gelten lassen.
Letztgenannter Auffassung ist zuzustimmen. Soweit diese Strafvorschriften nur Privat- oder einzelunternehmerische Interessen erfassen, die zugleich unmittelbar gesamtstaatliche Geheimhaltungsinteressen tangieren[707], wird ein Berufen des Steuerpflichtigen auf diese Vorschriften von vornherein meist vergeblich sein. Schließlich wird die Wahrung von Betriebs- und Geschäftsgeheimnissen zumeist nicht im unmittelbaren gesamtstaatlichen Interesse liegen. Soweit Vorschriften, wie z.B. Art. 273 Schweizerisches StGB, auch privat- oder einzelunternehmerische Interessen erfassen, an denen kein unmittelbares gesamtschweizerisches Geheimhaltungsinteresse besteht, wird einem Berufen auf diese Vorschrift die Beweismittelbeschaffungs- bzw. -vorsorgepflicht des § 90 Abs. 2 AO entgegenstehen. Da Rechtsgutträger nicht der Staat, sondern der Unternehmer und damit gleichzeitig der Geheimnisherr ist, könnten die Informationen dann straffrei offenbart werden, wenn dieser zustimmt[708]. Häufig kann deshalb von einem kollusiven Zusammenwirken des Steuerpflichtigen und seines schweizerischen Geschäftspartners ausgegangen werden.
Besteht für den Steuerpflichtigen im Einzelfall *tatsächlich* das ernstliche Risiko der Strafverfolgung, und liegt kein kollusives Zusammenwirken vor, führt die Pflichtenkollision allerdings zur Unzumutbarkeit der Beweismittelbeschaffung[709]. Denn jeder Zwang zur Inkaufnahme einer Kriminalstrafe ist als Mittel

---

704 BFH Urteil v. 16.4.1980 I R 75/78, BStBl. II 1981, 492, 493; v. 16.4.1986 I R 32/84, BStBl. II 1986, 736, 738 f.; FG Düsseldorf Urteil v. 8.10.1980 XV/X 16/75, EFG 1981, 148, 149.

705 BMF Schreiben v. 14.5.2004, Grundsätze zur Anwendung des Außensteuergesetzes, BStBl. I 2004, Sondernummer 1, Tz. 16.1.3.

706 Dreßler, Gewinn- und Vermögensverlagerungen, S. 421 f.; Hagen DStZ 2004, 564, 566; Kluge, Das Internationale Steuerrecht, W Rn. 5, S. 1031; Köstler INF 1998, 235, 236 f.; nach Bezug des Auskunftsverbotes zum Ausland differenzierend: Großfeld in: FS Michaelis, S. 118, 124 ff.

707 Zu denken wäre z.B. an Fälle der wirtschaftlichen Landesversorgung, oder an Geheimnisse, die der Steuerpflichtige in seiner Zusammenarbeit mit staatlichen Stellen (z.B. Bundeswehr) erlangt; i.d.S. zumeist: Dreßler StBp 1982, 233, 234; StBp 1992, 149, 154 f.; a.A. wohl Schmidt-Gassmann BB 1970, 464 f.

708 Hopf in: Niggli/Wiprächtiger Art. 273 StGB Rn. 7, 9 ff.

709 So auch: BMF, VerwGrs-Verfahren 2005, Tz. 3.3.2 Buchst. e; Kroppen/Eigelshoven/Roeder IWB F. 3, Gr. 2, 925, 931; Rasch in: Becker/Kroppen, Verrechnungspreise, O Tz. 5.10 Rn. 5; Seer in: Tipke/Kruse § 90 AO Rn. 28; Gross in: Wöhrle/Schelle/Groß § 17 AStG Rn. 7.

zur Sachverhaltsaufklärung unangemessen und für den Beteiligten ein inakzeptabler Eingriff in seine persönliche Freiheit[710].

[710] Söhn in: Hübschmann/Hepp/Spitaler § 90 AO Rn. 162.

C. Verhältnis der Mitwirkungspflicht des Steuerpflichtigen zum Selbstbelastungsverbot

Wie im vorherigen Kapitel ausführlich dargestellt, bestehen für den Steuerpflichtigen und Dritte umfassende Mitwirkungspflichten. Während Nichtbeteiligte zur Vermeidung von Interessenskonflikten gesetzlich geregelte Mitwirkungsverweigerungsrechte nach den §§ 101 ff. AO haben, sucht man solche für den Steuerpflichtigen selbst vergebens.
Prekär erscheint die Konstellation, in der den Steuerpflichtigen eine Mitwirkungspflicht auch hinsichtlich solcher für die Besteuerung erheblicher Tatsachen trifft, die, würde der Steuerpflichtige sie offenbaren (müssen), zu seiner strafrechtlichen Verurteilung führen könnten.
Zur Verdeutlichung seien folgende Beispielsfälle genannt:

> A erzielt im Jahr 01 hohe Einkünfte aus seinem nebenberuflichen Druckerei-Gewerbebetrieb, die er in seiner Steuererklärung nicht angibt. Das Finanzamt vermutet nachträglich aufgrund konkreter Anhaltspunkte (Lebenswandel, widersprüchliche Angaben, Kontrollmitteilungen) höhere Einkünfte und fordert A zur Aufklärung auf.

> A erzielt im Jahr 01 Einkünfte aus Diebstählen und Betrügereien (Gewerbebetrieb). Er ist unsicher, ob er diese Einkünfte in seiner Steuererklärung angeben soll.

In beiden Fällen hat sich der A strafbar gemacht, im ersten Fall, weil er seine Einkünfte aus Gewerbebetrieb nicht angab, der (versuchten) Steuerhinterziehung nach § 370 Abs. 1 Nr. 1 bzw. 2 AO, und im zweiten Fall des Diebstahls und des Betrugs nach §§ 242, 263 StGB. Würde er jetzt seine Einkünfte aus Gewerbebetrieb deklarieren, würde er dadurch gegenüber dem Finanzamt im ersten Fall seine Steuerstraftat bzw. im zweiten Fall seine Nichtsteuerstraftat offenbaren müssen. Andererseits trifft ihn nach § 93 Abs. 1 S. 1 AO eine Auskunftspflicht, die ihn verpflichtet, diese Angaben zu machen. Er befindet sich also in einer Konfliktlage. Die Verpflichtung, Auskunft über eine von ihm verwirklichte (Steuer-)Straftat geben zu müssen, könnte einen Verstoß darstellen gegen das im Strafrecht geltende Selbstbelastungsverbot (nemo tenetur se ipsum accusare). Danach ist niemand gehalten, sich selbst zu belasten, was bedeutet, dass ein staatlicher Zwang zur Selbstbelastung schlechthin unzulässig ist. Der Grundsatz hat Verfassungsrang und ergibt sich u.a. aus Art. 2 Abs. 1 i.V.m. Art. 1 GG[711].

---

[711] Ausführlich hierzu und m.w.N. Reiß, Besteuerungsverfahren und Strafverfahren, S. 140 ff.; Teske, Besteuerungsverfahren, S. 104 ff. In der Literatur und Rechtsprechung werden eine Vielzahl von Rechtsgrundlagen angeführt. M.E. genießt nicht etwa eine Rechtsgrundlage den

In der Folge wird zu untersuchen sein, welche Geltung der nemo tenetur-Grundsatz im Strafverfahren und im Besteuerungsverfahren beansprucht.
Ausgangspunkt der Untersuchung sind die verfassungsrechtlichen Vorgaben des BVerfG im sog. Gemeinschuldner-Beschluss vom 13.1.1981[712]. In dieser Entscheidung äußerte sich das BVerfG zum Verhältnis des nemo tenetur-Prinzips zu den Mitwirkungspflichten zur Sachaufklärung (im Konkursverfahren).
Diese Problematik wird durchaus auch bei den Dokumentationspflichten bei Verrechnungspreisen relevant, da vorsätzliche Gewinnverlagerungen aufgrund unangemessener Verrechnungspreise zu einer Strafbarkeit wegen Steuerhinterziehung führen können[713].

Vorzug, sondern alle Rechtsgrundlagen ergänzen das nemo tenetur-Prinzip, das sodann umfassend gewährleistet wird.

[712] BVerfG, Beschluss v. 13.1.1981 1 BvR 116/77, BVerfGE 56, 37; Anm. Streck StrafV 1981, 362. Ausgangspunkt war die Verfassungsbeschwerde eines in Konkurs geratenen Kaufmanns, der im Vernehmungstermin vor dem Konkursgericht die Aussage verweigert hatte und sich darauf berief, dass gegen ihn ein Ermittlungsverfahren wegen des Verdachts eines Konkursvergehens anhängig war. Der Kaufmann befürchtete, sich durch eine wahrheitsgemäße Aussage selbst zu belasten. Das Konkursgericht ordnete zur Erzwingung der Aussage Beugehaft an. Wesentliche Aussage des BVerfG ist, dass es eine Offenbarungspflicht des Kaufmanns annahm, zugleich aber anordnete, dass die entsprechenden Mitteilungen in einem Strafverfahren gegen ihn nicht verwertet werden dürfen; Zur neueren Rechtsprechung zum Nebeneinander von Strafverfahren und Besteuerungsverfahren: Rolletschke StV 2005, 355 ff.

[713] Vögele/Collardin/von Jesche in: Vögele/Borstell/Engler, L Rn. 2; Vgl. BMF, VerwGrs-Verfahren 2005, Tz. 4.1; Seipl in: Wannemacher, Steuerstrafrecht, Rn. 1113 ff.; Hild/Dörn, Steuerstrafrecht, „Verdeckte Gewinnausschüttung“ Rn. 1; Sidhu/Schemmel BB 2005, 2549, 2550 ff.; Weigell IStR 2005, 162.

I. Geltung des nemo tenetur-Grundsatzes im Strafprozess

1. Verfassungsrechtliche Aussagen für den nemo tenetur-Grundsatz im Strafprozess

Im *(Steuer-) Strafprozess* führt eine grundsätzliche Wertentscheidung dazu, dass das Strafverfolgungsinteresse der Allgemeinheit generell hinter dem Persönlichkeitsrecht des Beschuldigten zurücktreten muss. Die aufklärungsbedürftigen Tatsachen und das Aussageverweigerungsrecht im (Steuer-) Strafverfahren sind wegen der weitreichenden Folgen einer strafrechtlichen Verurteilung für den Steuerpflichtigen (Verlust gesellschaftlicher Reputation, Verlust des Arbeitsplatzes) dem unantastbaren Kernbereich des Persönlichkeitsrechts bzw. der Privatsphäre zuzuordnen[714]. Die Würde des Menschen gebietet, dass der Beschuldigte frei darüber entscheiden kann, ob er als Werkzeug zur Überführung seiner selbst benutzt werden darf. Ein Zwang, durch eigene Aussagen die Voraussetzungen für eine strafgerichtliche Verurteilung oder die Verhängung entsprechender Sanktionen liefern zu müssen, ist demnach unzumutbar[715].

2. Umsetzung durch einfachgesetzliche Regelungen

Die verfassungsrechtliche Vorgabe wird durch einfachgesetzliche Regelungen umgesetzt und gewährleistet. *Im (steuer-) strafrechtlichen Verfahren* kann sich der Steuerpflichtige gemäß (§§ 385 Abs. 1, 410 Abs. 1 AO i.V.m.) §§ 136 Abs. 1 S. 2, 163a Abs. 3 und 4, 243 Abs. 4 StPO auf ein Aussageverweigerungsrecht berufen. Aus dem Aussageverweigerungsrecht folgt nicht nur ein Schweigerecht und Mitwirkungsverweigerungsrecht im strafrechtlichen Ermittlungsverfahren, sondern auch das Verbot, aus dem Schweigen bzw. aus der Mitwirkungsverweigerung für den Beschuldigten nachteilige Schlüsse ziehen zu dürfen, ohne das das Schweigerecht ausgehöhlt werden würde[716].

---

[714] Berthold, Zwang zur Selbstbezichtigung, S. 6 m.w.N.; Reuß, Grenzen steuerlicher Mitwirkungspflichten, S. 111.

[715] BVerfG, Beschluss v. 13.1.1981 1 BvR 116/77, BVerfGE 56, 37, 49.

[716] Berthold, Zwang zur Selbstbezichtigung, S. 7 m.w.N.

II. Geltung des nemo tenetur-Prinzips im Besteuerungsverfahren

Beziehen sich die soeben getroffenen Aussagen auf das (Steuer-) Strafverfahren, stellt sich die Frage, ob sie auf das Besteuerungsverfahren übertragbar sind.

1. Verfassungsrechtliche Vorgaben für das Besteuerungsverfahren

Ein ungehinderter Informationsfluss aus dem Besteuerungsverfahren in das Strafverfahren i.w.S. (strafrechtliches Ermittlungsverfahren, Strafprozess) würde den Schutz vor aktiver Selbstbelastung aushebeln[717]. Die Informationen, die der Steuerpflichtige im Besteuerungsverfahren offenbart, könnten im nachfolgenden Strafprozess ungehindert zum Nachteil des Steuerpflichtigen verwertet werden, so dass ihm sein dortiges Schweigerecht nichts mehr nützen würde. Der Schutz, den das Verbot vor aktiver Selbstbelastung im Strafverfahren bietet, bedarf demnach der Ergänzung im (vorgelagerten) Besteuerungsverfahren, was als *Ausstrahlungswirkung* des nemo tenetur-Prinzips bezeichnet wird[718]. Diese Ausstrahlungswirkung verlangt aber nicht, dass das nemo tenetur-Prinzip uneingeschränkt auch im Besteuerungsverfahren Anwendung findet. In den Verfahren, in denen sich der Betroffene nicht in einem Strafverfahren befindet, existiert kein lückenloser Schutz gegen Selbstbezichtigung; wird mit dem Eingriff ein berechtigtes Informationsbedürfnis Dritter verfolgt, kann der nemo tenetur-Grundsatz eingeschränkt werden[719]. Das Schweigerecht für den Beschuldigten im Strafverfahren gilt daher nicht in gleicher Weise für solche Personen, die aus besonderen Gründen rechtsgeschäftlich oder gesetzlich verpflichtet sind, einem anderen oder einer Behörde die notwendigen Informationen zu erteilen. Besteht ein solches Informationsbedürfnis, ist der Gesetzgeber befugt, die Belange der verschiedenen Beteiligten gegeneinander abzuwägen[720]. In diese Abwägung können sowohl die Informationsinteressen privater Dritter als auch die staatlicher Stellen einzustellen sein[721], denn auch in diesem Fall dienen die Interessen

[717] Vgl. BVerfG, Beschluss v. 13.1.1981 1 BvR 116/77, BVerfGE 56, 37, 51; Zutreffend: Wolff, Selbstbelastung, S. 101.

[718] Voraussetzungen der Ausstrahlungswirkung sind: 1. Faktische Aushöhlung des nemo tenetur-Prinzips (durch ungehinderten Informationsfluss); 2. Vergleich mit dem Strafverfahren (Mitwirkungspflicht im Besteuerungsverfahren, die im Strafverfahren unzulässig wäre); 3. Erfordernis des Zwangs zur Mitwirkung; vgl. Wolff, Selbstbelastung, S. 129 ff., 185.

[719] BVerfG, Beschluss v. 13.1.1981 1 BvR 116/77, BVerfGE 56, 37, 49.

[720] BVerfG, Beschluss v. 13.1.1981 1 BvR 116/77, BVerfGE 56, 37, 49; so auch BVerfG (Vorprüfungsausschuss) Beschluss v. 21.4.1988 2 BvR 330/88, wistra 1988, 302; so auch ein neuerer Beschluss des BVerfG (Vorprüfungsausschuß) v. 9.5.2004 2 BvR 480/04.

[721] So auch: BVerfG, Beschluss v. 13.1.1981 1 BvR 116/77, BVerfGE 56, 37, 45 („[...] einem anderen oder einer Behörde die für diese notwendigen Informationen zu erteilen.").

der Allgemeinheit, z.B. bei Steuern die Einkünfteerzielung und die Gleichmäßigkeit der Besteuerung. Im Besteuerungsverfahren ergibt eine solche Abwägung, dass das Interesse des Steuerpflichtigen hinter dem Informationsbedürfnis (= Besteuerungsinteresse) der Allgemeinheit zurücktritt. Denn der Fiskus ist weitgehend auf die Angaben des Steuerpflichtigen angewiesen, und der unehrliche soll nicht gegenüber dem ehrlichen Steuerpflichtigen begünstigt werden. Aus diesem Grund hat der Gesetzgeber im Steuerrecht an der Mitwirkungspflicht des Steuerpflichtigen festgehalten. Diese ist nicht als solche verboten, sondern nur dann, wenn sie Grundlage einer strafrechtlichen Verurteilung sein kann[722]. Nur im Strafverfahren muss eine Freiheit vor Selbstbelastung bestehen. Selbstbezichtigungen in anderen Verfahren sind zulässig, nur muss sichergestellt sein, dass die Selbstbezichtigung nicht der Verwertung in einem Strafverfahren zugeführt wird[723]. Der Gesetzgeber ist demnach frei, auf welche Weise er die Steuerpflichtigen vor Verwertung der Informationen im Strafverfahren schützt[724].

2. Umsetzung durch einfachgesetzliche Regelungen der AO

Verfassungsrechtliche Vorgabe ist die Vermeidung der Verwertung der Informationen im Strafverfahren. Zu deren Umsetzung gibt es drei Möglichkeiten[725]. Einerseits ist denkbar, die Mitwirkungspflichten des Steuerpflichtigen gänzlich zu suspendieren, soweit ein Ermittlungsverfahren gegen ihn eingeleitet worden ist oder er sich selbst einer Straftat bezichtigen müsste (z.B. durch ein Mitwirkungsverweigerungsrecht)[726]. Andererseits ist es denkbar, die Mitwirkungspflichten bestehen zu lassen, aber auf die Anwendung von Zwangsmitteln zu

---

[722] vgl. Wolff, Selbstbelastung, S. 110.

[723] Wolff, Selbstbelastung, S. 127.

[724] Wolff, Selbstbelastung, S. 140; so hat das BVerfG, Beschluss v. 6.11.2000 1 BvR 1746/00 (LG Kiel), ZIP 2000, 2311 f. bestätigt, dass dann, wenn zur Wahrung der Interessen der Gläubiger in einem Insolvenzverfahren die insolvenzrechtliche Postsperre auf Schriftverkehr mit dem Strafverteidiger erstreckt wird, ein Verwertungsverbot geboten sei, das einer strafrechtlichen Verwertung der aus der Verteidigerpost gewonnenen Erkenntnisse entgegensteht.

[725] Vgl. Joecks in: Franzen/Gast-De Haan/Joecks § 393 AO Rn. 5; Streck/Spatscheck wistra 1998, 334, 335.

[726] Eine solche Lösung (Auskunftsverweigerungsrecht des Steuerpflichtigen, aber dennoch Schätzungsmöglichkeit) wird favorisiert von: Söhn in: Hübschmann/Hepp/Spitaler § 103 AO Rn. 6f. Auch Streck BB 1980, 1537, 1539 und ebenso schon zur RAO z.B. Paulick in: FS Spitaler, S. 53, 95 f. und Sidow, Vereinbarkeit der steuerlichen Mitwirkungspflichten mit dem Grundgesetz, S. 157 f. wollen das strafprozessuale Schweigerecht im Steuerrecht berücksichtigt wissen und gestehen dem Steuerpflichtigen insoweit ein Aussage- und Mitwirkungsverweigerungsrecht zu.

verzichten. In beiden Fällen entfiele schon der Zwang zur Selbstbezichtigung. Möglich ist auch, an der Erzwingbarkeit der Mitwirkungspflichten festzuhalten, aber die (strafrechtliche) Unverwertbarkeit der dabei gewonnenen Erkenntnisse festzuschreiben.
Zu untersuchen ist daher, wie die AO die Selbstbelastungsgefahr bzw. die Verwertung von Informationen im Strafverfahren verhindert.

a) Mitwirkungsverweigerungsrecht

Die AO gewährt dem Steuerpflichtigen kein Mitwirkungsverweigerungsrecht. Nach der gesetzlichen Regelung stehen das Besteuerungsverfahren und das Strafverfahren selbständig nebeneinander (§ 393 Abs. 1 S. 1 AO). Demnach bleibt der Steuerpflichtige im Besteuerungsverfahren auch dann zur Mitwirkung verpflichtet, wenn er sich dadurch der Gefahr eines Steuerstrafverfahrens aussetzt. Gesetzgeberisches Motiv[727] der Regelung des § 393 Abs. 1 AO ist, dass der Steuerpflichtige, der eine Steuerstraftat begangen hat oder im Verdacht steht, eine solche Straftat begangen zu haben, nicht gegenüber anderen Steuerpflichtigen, die gleichfalls kein Mitwirkungsverweigerungsrecht besitzen, ungerechtfertigt besser gestellt sein soll. Als Hintergrund dieser Entscheidung wird angeführt, dass bei Gewährung eines Mitwirkungsverweigerungsrechts nämlich mangels Pflichtverletzung keine nachteiligen steuerlichen Folgerungen (z.B. im Rahmen der Schätzung) mehr gezogen werden dürften[728].
Dies vermag jedoch nicht völlig zu überzeugen. Die Aufrechterhaltung einer Mitwirkungspflicht hätte es zur Erhaltung der Schätzungsbefugnis nicht bedurft. Denn selbst bei völliger Aufhebung der Mitwirkungspflichten wäre eine Schätzung dennoch zulässig, wenn die Finanzbehörde die Besteuerungsgrundlagen nicht ermitteln kann (vgl. § 162 Abs. 1 AO)[729].

---

[727] BT-Drs. 7/4292 v. 7.11.1975, zu § 393, S. 46; vgl. BT-Drs. VI/1982 v.19.3.1971, zu § 117, S. 137.

[728] Vgl. Suhr StBp 1978, 97, 104; Rüping/Kopp NStZ 1997, 530, 532; Scheurmann-Kettner in: Koch/Scholtz § 393 AO Rn.3; Wisser in: Klein § 393 AO Rn. 1; vgl. Lohmeyer DB 1986, 85.

[729] U.a. Giesberts, Betriebs- und Außenprüfung, Rn. 220; Reiß, Besteuerungsverfahren und Strafverfahren, S. 265 f.; Gegen dieses Argument: Rüster, Besteuerungsverfahren und Strafverfahren, S. 43 f., die annimmt, dass eine solche Handhabung i.E. zu einer Anwendung des Satzes „In dubio pro reo" im Besteuerungsverfahren führen würde und der Versuchung, der Besteuerung ganz oder teilweise zu entgehen, in nicht mehr zu kontrollierendem Ausmaß Vorschub leiste. Denn im Fall einer (legal) versagten Mitwirkung müsse die Finanzbehörde im Fall einer Schätzung die günstigere Schätzungsmethode anwenden. Ihr ist zuzugeben, dass in diesem Fall die Finanzbehörde nicht mehr zu Lasten des Steuerpflichtigen an die obere Grenze der Schätzungsbandbreite gehen dürfte.

b) Steuergeheimnis

Grundsätzlich verhindert das Steuergeheimnis die Weitergabe der Informationen hinsichtlich *Nichtsteuerstraftaten* (vgl. § 30 Abs. 4 Nr. 4 AO). Hinsichtlich Erkenntnissen, die den Verdacht einer *Steuerstraftat* begründen, tritt diese Sperre gegenüber (Steuer-) Strafverfolgungsbehörden jedoch gerade nicht ein, so dass auf dieser Ebene eine Verletzung des nemo tenetur-Prinzips nicht vermieden wird. Denn nach § 30 Abs. 4 Nr. 1 i.V.m. Abs. 2 Nr. 1 Buchst. b AO ist die Offenbarung solcher Erkenntnisse zur Durchführung eines Steuerstrafverfahrens zulässig.

c) Verwertungsverbot

Hinsichtlich Kenntnissen, die den Verdacht einer *Steuerstraftat* begründen, verhindert auch nicht das Beweisverwertungsverbot nach § 393 Abs. 2 S. 1 AO ein Verstoß gegen das nemo tenetur-Prinzip, gilt es doch ausschließlich für *Nichtsteuerstraftaten*.

d) Zwangsmittelverbot

Zwangsmittel i.S.d. § 328 AO dürfen jedoch im Besteuerungsverfahren gegen den Steuerpflichtigen nicht angeordnet werden, wenn dieser dadurch gezwungen würde, sich selbst wegen einer von ihm begangenen *Steuerstraftat* oder *Steuerordnungswidrigkeit* zu belasten (§ 393 Abs. 1 S. 2 AO). Von einer Gefahr zur Selbstbelastung wird dabei dann ausgegangen, wenn die Erfüllung der Mitwirkungspflicht einen Anfangsverdacht für die Verfolgung der Straftat begründen könnte[730]. *Rechtlich* bleiben die Mitwirkungspflichten bestehen, das Zwangsmittelverbot bedeutet dennoch *faktisch* ein Mitwirkungsverweigerungsrecht[731]. Schließlich wäre es realitätsfern, bei Bestehen einer gesetzlichen, aber nicht zwangsweise durchsetzbaren Mitwirkungspflicht, von einer freiwilligen Erfüllung durch den Steuerpflichtigen auszugehen, wenn dieser sich dadurch selbst einer Steuerstraftat überführen würde. Dagegen können Angaben über Einkünfte

[730] Joecks in: Franzen/Gast-De Haan/Joecks § 393 AO Rn. 20 mit Verweis auf Meyer-Goßner § 55 StPO Rn. 7.

[731] So auch: Besson, Steuergeheimnis, S. 121; Joecks in: Franzen/Gast-De Haan/Joecks § 393 AO Rn. 6; Hellmann in: Hübschmann/Hepp/Spitaler § 393 AO Rn. 39; Kohlmann § 393 AO Rn. 24; Mösbauer DB 1985, 410, 415; i.E. Reiß, Besteuerungsverfahren und Strafverfahren, S. 266; Rüster, Besteuerungsverfahren und Strafverfahren, S. 48 f.; Sommerfeld, Sachverhaltsermittlung, S. 71; Stahl KÖSDI 1991, 8360, 8363; Suhr StBp 1978, 97, 104; Weiß StBp 2004, 220, 227; Wisser in: Klein § 393 AO Rn. 1; Wittmann StuW 1987, 35, 42; Wünsch in: Pahlke/Koenig § 90 AO Rn. 2; § 103 AO Rn. 5; kritisch: Spriegel in: Wannemacher, Steuerstrafrecht, Rn. 4508; Rüping/Kopp NStZ 1995, 530, 532 f; nach Ruegenberg, Das nationale und internationale Steuergeheimnis, S. 149 f. handele es sich hierbei um „eine Art Auskunftsverweigerungsrecht „zweiter Klasse"", quasi um eine „zahnlose Auskunftspflicht".

aus nichtsteuerlichen Straftaten erzwungen werden (Umkehrschluss aus §§ 393 Abs. 1 S. 2, 40 AO).

e) Selbstanzeige

Die Selbstanzeige (§ 371 AO) ist ein spezifisch steuerliches Rechtsinstitut, bildet einen persönlichen Strafaufhebungsgrund[732] und führt daher rückwirkend zur Straflosigkeit hinsichtlich einer Steuerhinterziehung. Aus diesem Grunde lässt die Möglichkeit einer Selbstanzeige[733] den Zwang zur Selbstbelastung hinsichtlich *Steuerstraftaten* entfallen.

f) Unzulässiger Zwang zur Selbstbelastung durch Begründung einer Strafbarkeit nach § 370 AO bei Berufung auf das Zwangsmittelverbot

Rechtfertigt der Steuerpflichtige nun seine Mitwirkungspflichtverweigerung (z.B. Nichtabgabe einer Steuererklärung) durch Berufung auf das Zwangsmittelverbot, ist problematisch, dass hierdurch eine Strafbarkeit nach § 370 Abs. 1 Nr. 2 AO begründet werden kann. Denn gibt der Steuerpflichtige eine Steuererklärung nicht ab, lässt er die Finanzbehörde pflichtwidrig über steuerlich erhebliche Tatsachen in Unkenntnis. Eine Strafbewehrung ihrerseits stellt einen mittelbaren (pönalisierten) Zwang dar, seine Mitwirkung nicht zu versagen, daher also einen Zwang zur Selbstbelastung. Zwar schützt die Selbstanzeige grundsätzlich vor einer Strafbarkeit, nicht aber in den Fällen, in denen eine solche nicht mehr möglich ist (§ 371 Abs. 2 AO), also z.B. in dem Fall des bereits eingeleiteten Steuerstrafverfahrens. Letzteres ist hinnehmbar, weil der Täter vor Eintritt des Sperrtatbestandes hinreichend Gelegenheit zum normgerechten Verhalten hatte oder hinreichend belehrt wurde[734].
Vor diesem Hintergrund hat der *BGH*[735] entschieden, dass die Strafbewehrung der Erklärungspflicht für ein bestimmtes Veranlagungsjahr suspendiert wird,

---

[732] Joecks in: Franzen/Gast-de Haan/Joecks § 371 Rn. 32.

[733] Die Selbstanzeige ist daher eine „spezielle Ausformung des Nemo-tenetur-Schutzes im Steuerstrafrecht", Stahl in: FS Korn, S. 757, 762 f., 766.

[734] Stahl in: FS: Korn, S. 757, 769 ff.

[735] Beschluss v. 23.1.2002 5 StR 540/01, wistra 2002, 150 f.: Eine Verurteilung wegen vollendeter Steuerhinterziehung durch Unterlassen ist nicht möglich, wenn gegen den an sich Erklärungspflichtigen für *denselben Zeitraum* bereits ein Strafverfahren wegen versuchter Steuerhinterziehung (durch Unterlassen) eingeleitet und bekannt gegeben worden ist; Beschluss v. 26.4.2001 5 StR 587/00, wistra 2001, 341, 344 f.: Ist wegen der Abgabe unrichtiger USt-Voranmeldungen ein Strafverfahren anhängig, entfällt während der Dauer des Strafverfahrens die Strafbarkeit hinsichtlich der Nichtabgabe der USt-Jahreserklärung für den nämlichen Zeitraum. Entscheidend war hier, dass die Voranmeldungen und die Jahreserklärungen die *gleiche Steuerart* und den *gleichen Erklärungszeitraum* betrafen und daher inhaltlich teilidentisch waren.

wenn für dieses Veranlagungsjahr ein Steuerstrafverfahren eingeleitet ist. Dies ist im Hinblick auf den Gemeinschuldnerbeschluss sachgerecht[736]. In diesem Fall bliebe dem Steuerpflichtigen nur die Wahl, entweder durch Abgabe einer Steuererklärung praktisch den Hinterziehungsumfang selbst aufzudecken (Selbstbelastung) oder durch die fortdauernde Unterlassung der Abgabe einer Steuererklärung den rechtswidrigen Zustand weiter zu perpetuieren. Da § 393 Abs. 1 AO diese Zwangslage seinem Grundgedanken nach gerade vermeiden will, muss für den betroffenen Zeitraum die Strafbarkeit der Nichterfüllung der Erklärungspflicht entfallen. Voraussetzung für das Entfallen der Strafbewehrung ist, dass sich die (weitere) Erklärungspflicht auf *dieselbe Steuerart* und *denselben Besteuerungszeitraum* bezieht, für den bereits ein Ermittlungsverfahren eingeleitet wurde[737]. Klarstellend ist darauf hinzuweisen, dass der Steuerpflichtige trotzdem (steuerlich) zur Abgabe von Steuererklärungen verpflichtet bleibt[738].

3. Zwischenergebnis

Der nemo tenetur-Grundsatz findet (mittelbar) auch im Besteuerungsverfahren Anwendung, wobei er hier durch das Informationsbedürfnis Dritter eingeschränkt wird. Die Mitwirkungspflicht darf aufrecht erhalten werden, gleichzeitig muss aber verhindert werden, dass die erlangten Informationen im Strafverfahren verwertet werden können, da ansonsten der nemo tenetur-Grundsatz ausgehöhlt werden würde. Hinsichtlich *Steuerstraftaten* wird dies durch das Zwangsmittelverbot (§ 393 Abs. 1 S. 2 und 3 AO) und die Möglichkeit der Selbstanzeige (§ 371 AO) gewährleistet. Ist bei eingeleitetem Steuerstrafverfahren eine Selbstanzeige nicht mehr möglich, entfällt die Strafbewehrtheit der Steuerhinterziehung unter den genannten Voraussetzungen. Hinsichtlich *Nichtsteuerstraftaten* wird die Verwertung im Strafverfahren durch das Steuergeheimnis (§ 30 Abs. 4 Nr. 4 AO) und ein Verwertungsverbot im Strafverfahren (§ 393 Abs. 2 S. 1 AO) verhindert.

---

[736] Zustimmend auch: Joecks in: Franzen/Gast-de Haan/Joecks § 370 Rn. 163a.

[737] Vgl. BGH Beschluss v. 12.1.2005 5 StR 191/04 (LG Kaiserslautern), wistra 2005, 148, 149.

[738] So auch: Heerspink AO-StB 2006, 51, 52.

III. Vereinbarkeit der Schätzung mit verfassungsrechtlichen Vorgaben

Während im Steuerstrafverfahren aus der Aussageverweigerung keine negativen Schlüsse im Rahmen der Beweiswürdigung gezogen werden dürfen, darf im Besteuerungsverfahren aufgrund der Aufrechterhaltung der Mitwirkungspflichten ihre Verletzung im Rahmen der Beweiswürdigung gewürdigt werden und nach § 162 Abs. 2 AO eine Schätzung erfolgen[739]. Der Beteiligte hat letzten Endes die Wahl zwischen der Erfüllung der Mitwirkungspflicht, die als Selbstanzeige zur Straffreiheit führen kann (§ 371 AO), oder ihrer Verletzung mit den sich daraus ergebenden ungünstigen Folgen (z.B. Schätzung)[740]. Ist allerdings eine Selbstanzeige nicht mehr möglich (so in den Fällen des § 371 Abs. 2 und 3 AO) verbleibt dem Steuerpflichtigen die Wahl zwischen Mitwirkung, die zur strafrechtlichen Verfolgung führen kann, und der möglicherweise zu einer ungünstigen Schätzung führenden Verletzung der Mitwirkungspflicht. Daher könnte auch durch die Möglichkeit der Schätzung ein unzulässiger Zwang zur Selbstbelastung begründet werden.

In der Literatur werden verschiedene Lösungsmöglichkeiten diskutiert, um diese Konfliktlage zu vermeiden.

1. Lösungsversuche

a) Mitwirkungsverweigerungsrecht

Strecks[741] Ansatz geht dahin, das für das Strafverfahren geltende Aussageverweigerungsrecht auf das Besteuerungsverfahren auszudehnen. Dieser Vorschlag kann jedoch de lege lata nicht aufrecht erhalten werden, hat sich der Gesetzgeber doch bewusst gegen ein Aussageverweigerungsrecht des Steuerpflichtigen entschieden[742].

b) Beweisverwertungsverbot

Als weiterer Vorschlag einer verfassungskonformen Auslegung des § 393 AO wird der eines Verwertungsverbotes im Steuerstrafverfahren hinsichtlich solcher Tatsachen gemacht, die der Beschuldigte wegen der bestehenden Mitwirkungs-

[739] Vgl. FG Münster EFG 2001, 401 f.; Scheurmann-Kettner in: Koch/Scholtz § 393 AO Rn. 4; Siegers EFG 2001, 402 f.; Uterhark in: Schwarz § 90 AO Rn. 2; Weiß StBp 2004, 220, 227; Wünsch in: Pahlke/Koenig § 90 AO Rn. 2; § 103 AO Rn. 5; vgl. Suhr StBp 1978, 97, 104 f., Wisser in: Klein § 393 AO Rn. 1.

[740] Rinjes in: Pump/Lohmeyer/Leibner § 103 AO Rn. 7; vgl. BT-Drs. VI/1982 v. 19.3.1971, zu § 117, S. 137.

[741] BB 1980, 1537, 1539; ders. Die Steuerfahndung, Rn. 467, 469.

[742] So auch: Seer StB 1987, 128, 130.

pflicht im Besteuerungsverfahren getätigt hat[743]. Auch dieser Vorschlag ist de lege lata nicht haltbar. Denn § 393 Abs. 2 S. 1 AO verneint gerade im direkten Umkehrschluss ein Verwertungsverbot für das Steuerstrafverfahren[744].

c) Zeitliche Entzerrung

Rengier[745], *Seer*[746] und *Spriegel*[747] wollen das Steuerfestsetzungsverfahren dem Strafverfahren nachrangig zuordnen, um damit beide Verfahren zeitlich zu entzerren. Daraus ergibt sich, dass ein belastender (endgültiger) Steuerbescheid, der sich auf nachteilige Schätzungen infolge von Mitwirkungspflichtverletzungen stützt, erst ergehen darf, wenn das parallele Strafverfahren rechtskräftig abgeschlossen ist. Bis dahin ruht das Besteuerungsverfahren. Die Steuerfestsetzung kann unter dem Vorbehalt der Nachprüfung oder vorläufig erfolgen. Als Folge davon kann der Steuerpflichtige für das Besteuerungsverfahren aussagen, ohne dass sein Aussageverhalten für das Steuerstrafverfahren tangiert wird. Sachfremdem Fiskaldruck soll auf diese Weise vorgebeugt werden.

Dem kann jedoch nicht gefolgt werden. Auch bei vorläufiger Veranlagung während des Strafverfahrens kann die Finanzbehörde im Einspruchs- oder finanzgerichtlichen Verfahren finanziellen Druck auf den Steuerpflichtigen ausüben, der die Existenz seines Betriebes in Frage stellt. Mögliche Mittel können dabei die Ablehnung der Aussetzung der Vollziehung nach § 361 Abs. 2 AO, das Verlangen einer Sicherheitsleistung oder die Fristsetzung nach § 364b AO darstellen. Auch nach rechtskräftig abgeschlossenem Strafverfahren muss im Falle eines (Teil-) Freispruchs eine Wiederaufnahme stattfinden, wenn der Steuerpflichtige die strafrechtlichen Sachverhalte der Finanzbehörde offenbart[748]. Zudem liegt § 393 AO der Konzeption zugrunde, dass Besteuerungsverfahren und Steuerstrafverfahren grundsätzlich nebeneinander zulässig sind (vgl. § 393 Abs. 1 S. 1 AO)[749]. Dieser Ansatz vermeidet überdies nicht Abgrenzungsprobleme im Fall

---

743 Reiß NJW 1977, 1436, 1437; Rüping/Kopp NStZ 1997, 530, 533 f. m.w.N.; Streck StrafV 1981, 362, 364; ders. Die Steuerfahndung Rn. 468, 1058.

744 So zutreffend Seer StB 1987, 128, 130; auch Bärlein/Pananis/Rehmsmeier NJW 2002, 1825, 1828 halten grundsätzlich Auskunfts-, Aufzeichnungs-, Dokumentations- und Vorlagepflichten im Vorfeld eines Strafverfahrens für zulässig; anders aber, wenn bereits der repressive Bereich überschritten wird, also Strafverfolgung in Rede steht; Spriegel, Steuergeheimnis, S. 75.

745 BB 1985, 720, 722 f.: Ein Steuerbescheid mit nachteiliger Schätzung dürfe erst ergehen, wenn das Strafverfahren rechtskräftig abgeschlossen ist.

746 StB 1987, 128, 132.

747 Spriegel, Steuergeheimnis, S. 61.

748 So zutreffend Henneberg BB 1988, 2181, 2187.

749 Rüping/Kopp NStZ 1997, 530, 532; Teske, Besteuerungsverfahren, S. 271 ff.

des noch nicht eingeleiteten Strafverfahrens, denn auch hier besteht die Gefahr der Selbstbelastung, insbesondere durch nachteilige Schätzung[750].

d) Zwischenergebnis

Den angebotenen Lösungsversuchen steht die geltende Rechtslage entgegen. Die beschriebene Konfliktlage kann daher nicht vermieden werden. Zwangsläufig stellt sich im Anschluss das Problem, ob die Schätzung gegen das nemo tenetur-Prinzip verstößt.

2. Vereinbarkeit der Schätzung mit dem Selbstbelastungsverbot

Die Möglichkeit der Schätzung bei Berufung auf das Zwangsmittelverbot im Falle einer Mitwirkungspflichtverletzung stößt in der Literatur auf Kritik.

a) Schätzungsablehnende Ansicht

Teilweise[751] wird vertreten, dass bei einer Mitwirkungsverweigerung keine negativen Schlüsse gezogen werden dürfen, insbesondere dürfe eine Schätzung nach § 162 AO nicht erfolgen. Schließlich könne im Besteuerungsverfahren aus einem Recht auf Schweigen keine andere Folgerung als im Strafrecht gezogen werden. Dementsprechend wird die geltende Regelung des § 393 Abs. 1 AO für einen Verstoß gegen den nemo tenetur-Grundsatz und daher für verfassungswidrig gehalten[752]. Als Begründung wird angeführt, die Norm versetze den Steuerpflichtigen in eine Zwangslage, die ihm steuerliche Nachteile bringe, falls er sich nicht selbst strafrechtlich belasten will. Die sich aus einem zu hohen Schätzungsbescheid ergebenden Nachteile können nur durch Anfechtung der Steuerfestsetzung mittels Abgabe einer Steuererklärung oder einem entsprechendem Sachvortrag ausgeräumt werden. Hierzu muss der Steuerpflichtige aber neue Informationen liefern und sich dadurch ggf. sowohl einer Steuerstraftat als auch einer außersteuerlichen Straftat bezichtigen. Zudem wird darauf hingewiesen, dass sich die Zwangssituation durch die Setzung einer Frist zur Erklärung von Tatsachen und Beweismitteln nach § 364b AO verschärft, da nach Ablauf dieser Frist Erklärungen und Beweismittel nicht mehr zu berücksichtigen sind. In einem solchen Fall soll eine Mitwirkung durch den Steuerpflichtigen nicht auf freier Entscheidung, sondern darauf beruhen, dass sich dieser dem Willen der Finanzbehörde beugt, um wirtschaftliche Nachteile zu vermeiden.

---

[750] Teske, Besteuerungsverfahren, S. 277.

[751] Brenner BB 1978, 910, 911; Rogall, Der Beschuldigte als Beweismittel gegen sich selbst, S. 171; Spriegel in: Wannemacher, Steuerstrafrecht, Rn. 4517 ff., 4535 ff., 4546.

[752] Henneberg BB 1988, 2181, 2186 f.; List DB 2006, 469, 470 ff. (unter Verweis auf Persönlichkeitsrecht und Rechtsstaatsprinzip); Tipke in: Tipke/Kruse § 103 AO Rn. 5.

b) Schätzungszugewandte Ansicht

Nach einer verbreiteten Ansicht[753] in der Literatur ist die Schätzung bei anhängigem Strafverfahren generell zulässig, da § 393 Abs. 1 S. 2 AO nur Zwangsmittel im Besteuerungsverfahren für unzulässig erkläre, nicht jedoch die Schätzung der Besteuerungsgrundlagen. Der Steuerpflichtige könne sich diesem Interessenkonflikt nicht entziehen, da er ihn durch das von ihm begangene Delikt selbst hervorgerufen habe[754]. Der wirtschaftliche Druck einer möglicherweise ungünstigen Schätzung sei nicht so stark, um als „verbotener Zwang zur Selbstbezichtigung" gelten zu können[755]. So sehen auch BVerfG[756], BFH[757] und FG Münster[758] in § 393 Abs. 1 AO keinen Verstoß gegen den Schutz vor staatlichem Zwang zur Selbstbezichtigung. Auch nach dem FG München[759] seien in einem solchen Fall nachteilige Schlüsse möglich.

c) Vermittelnde Meinung

Die vermittelnde Meinung hält eine Schätzung grundsätzlich für zulässig, aber Einschränkungen bei nachteiligen Schätzungen für nötig. Ein *Teil der Litera-*

[753] Giesberts, Betriebs- und Außenprüfung, Rn. 220; Hanßen, Steuerhinterziehung, S. 87; Müller AO-StB 2004, 222, 226; Rinjes in: Pump/Lohmeyer/Leibner § 103 AO Rn. 7; Rüster wistra 1988, 49, 50 f.;; Szymczak in: Koch/Scholtz § 103 AO Rn. 4; Wisser in: Klein § 393 AO Rn. 14; so wohl auch: v. Wedelstädt AO-StB 2005, 13, 16 und schon Sidow, Vereinbarkeit der steuerlichen Mitwirkungspflichten mit dem Grundgesetz, S. 160.

[754] Rinjes in: Pump/Lohmeyer/Leibner § 103 AO Rn. 7; Szymczak in: Koch/Scholtz § 103 AO Rn. 4; vgl. BT-Drs. VI/1982 v. 19.3.1971, zu § 117, S. 137.

[755] Rüster wistra 1988, 49, 50 f.; Nach Rüster, Besteuerungsverfahren und Strafverfahren, S. 41 ff., 45 verkenne die Gegenauffassung die wesensmäßigen Unterschiede zwischen Strafverfahren und Besteuerungsverfahren. Strafrechtliche Verurteilung und Mehrsteuern seien miteinander nicht vergleichbar. Selbst wenn die Mehrsteuern sanktionsähnlichen Charakter haben und wirtschaftlich gleichermaßen belastend sein sollten wie eine Geldstrafe, entstehen sie im Besteuerungsverfahren und haben keine strafrechtlichen Auswirkungen. In diesem, auf das Besteuerungsverfahren beschränkten Sinn gebe es keine Drittwirkung des nemo-tenetur-Grundsatzes. Zustimmend: Scheurmann-Kettner in: Koch/Scholtz § 393 AO Rn. 5; Wisser in: Klein § 393 AO Rn. 14.

[756] Beschluss v. 21.4.1988 2 BvR 330/88, wistra 1988, 302; v. 12.4.1996 2 BvL 18/93, NJW 1996, 2086 f.; für Verfassungsgemäßheit auch: Birk, Steuerrecht I (1994), § 15 Rn. 31; Rinjes in: Pump/Lohmeyer/Leibner Vor §§ 101-106 AO Rn. 6: Die Regelung sei rechtsstaatlich bedenklich, aber hinzunehmen; Söhn in: Hübschmann/Hepp/Spitaler § 103 AO Rn. 6a f.

[757] Beschluss v. 28.4.1997 X B 123-124/95, BFH/NV 1997, 641; Beschluss v. 19.9.2001 XI B 6/01, BStBl. II 2002, 4 zur Schätzungsbefugnis wegen Mitwirkungsverweigerung nach Einleitung eines Steuertrafverfahrens.

[758] Urteil v. 31.10.2000 5 K 6660/98 E, EFG 2001, 401 f.; Beschluss v. 19.9.2001 XI B 6/01, BStBl. II 2002, 4, 5 f. m.w.N.

[759] Beschluss v. 27.2.1996 8 V 2609/95, EFG 1996, 570 f.

tur[760] ist der Auffassung, lediglich eine nachteilige Schätzung bzw. deren Androhung stelle eine Zwangsausübung dar, die als Verstoß gegen des Selbstbelastungsverbot zu qualifizieren sei. In der Drohung mit nachteiliger Schätzung liege der Versuch, das Aussageverweigerungsrecht zu unterlaufen. Eine Selbstbezichtigung dürfe auch nicht mittelbar durch Fiskaldruck angestrebt werden. Weitergehend hält ein *anderer Teil der Literatur*[761] auch eine nachteilige Schätzung für zulässig. Das nemo tenetur-Prinzip sei nicht dazu bestimmt, Vermögensnachteile oder andere Rechtsnachteile vom Betroffenen abzuwehren[762]. Die Schätzung sei insoweit zulässig, als sie bei fehlender Aufklärungsmöglichkeit des Sachverhalts grundsätzlich zulässig ist. Es erscheine geboten, den Steuerpflichtigen wie jeden zu behandeln, der unverschuldet seinen Mitwirkungspflichten nicht nachkommt. Lediglich bei Verwendung der Schätzung als Beugemittel, d.h. einer *bewusst zu hohen Schätzung* (Strafschätzung) bzw. einer *besonders nachteiligen Schätzung*[763] oder einer Androhung hiervon, werde der Betroffene genötigt, sich selbst zu belasten. Die Grenze zur Unzulässigkeit soll dann überschritten sein, wenn einem nachteiligen Unsicherheitszuschlag die Wirkung einer Strafsteuer zukomme[764].

d) Stellungnahme

Letztgenannte Auffassung ist vorzugswürdig. Im Besteuerungsverfahren überwiegt das berechtigte Informationsinteresse des Staates das Geheimhaltungsinteresse des Betroffenen. Als verfassungsrechtlichen Ausgleich zwischen diesem Informationsinteresse und dem Selbstbelastungsverbot bei Gefahr der Offenbarung von Steuerstraftaten bietet die AO das Zwangsmittelverbot an. Erwächst dem Steuerpflichtigen bereits dadurch ein Vorteil, so wird dieser durch die generelle Ablehnung der Schätzung bei einer Mitwirkungsverletzung verstärkt; eine mehrfache Begünstigung läge vor. Zu einem Schweigerecht im Strafverfahren,

---

760 Streck BB 1984, 199, 201; ders. Die Steuerfahndung, Rn. 466 ff., 471; Teske, Besteuerungsverfahren, S. 348 ff., 364, 421 ff.; dies. wistra 1988, 207, 213 f.; so auch: Spriegel, Steuergeheimnis, S. 60; vgl. Bilsdorfer in: Grotherr, Handbuch der internationalen Steuerplanung, S. 1689, 1696.

761 Brinkmann in: Pump/Lohmeyer/Leibner § 162 AO Rn. 261; Reiß, Besteuerungsverfahren und Strafverfahren, S. 266 ff.; Scheurmann-Kettner in: Koch/Scholtz § 393 AO Rn.5; Anm. Siegers EFG 2001, 402 f.; Wannemacher/Seipl in: Beermann § 393 AO Rn. 40; Wolff, Selbstbelastung, S. 210 f.

762 Reiß NJW 1982, 2540, 2541; ders. Besteuerungsverfahren und Strafverfahren, S. 266 ff.

763 Hellmann in: Hübschmann/Hepp/Spitaler § 393 AO Rn. 42, 74 ff.; Joecks in: Franzen/Gast-de Haan/Joecks § 393 AO Rn. 30 f.; so auch: Schleifer wistra 1986, 250, 252; Kohlmann § 393 AO Rn. 34 ff., wobei er i.E. durch verfassungskonforme Auslegung ein Verwertungsverbot als Lösung dieses Konflikts annimmt.

764 Besson, Steuergeheimnis, S. 117 f.

einem faktischen Schweigerecht im Besteuerungsverfahren käme u.U. die Undurchführbarkeit einer Besteuerung. Denn müsste der Steuerpflichtige keine Schätzung fürchten, käme es häufig zu einem Steuerausfall und er bliebe völlig sanktionslos, was dem allgemeinen Interesse an gesetzmäßiger und gleichmäßiger Besteuerung entgegensteht.

Das Gebot der Gleichmäßigkeit der Besteuerung gebietet, Steuerpflichtige, deren Mitwirkungspflichtverletzung sich auf eine Steuerstraftat bezieht, zu behandeln wie solche Steuerpflichtige, deren Mitwirkungspflichtverletzung sich nicht auf eine Straftat oder auf eine Nichtsteuerstraftat bezieht. Bei letzteren ist nämlich eine (auch nachteilige, d.h. an den oberen Schätzungsrand gehende) Schätzung unproblematisch zulässig. Es mutet seltsam an, denjenigen Steuerpflichtigen, der eine Steuerstraftat begangen hat, besser zu stellen als einen solchen, der sich der Rechtsordnung konform verhalten hat und mitwirkt.

Daher sind aus einer Mitwirkungsverweigerung wegen Gefahr der Selbstbelastung dieselben Schlussfolgerungen zu ziehen wie aus jeder anderen Mitwirkungsverweigerung auch. Daraus folgt zum einen, dass in solch einem Fall generell eine Schätzung zulässig ist. Zum anderen ist es auch zulässig, einen Schätzungsrahmen zum Nachteil des Steuerpflichtigen auszuschöpfen, sofern hierin ein Unsicherheitszuschlag zu erblicken ist. Nachteilig ist eine Schätzung daher dann, wenn die festgestellte im Vergleich zur objektiv angemessenen Steuerlast zu hoch berechnet worden ist[765], sich aber immer noch im Schätzungsrahmen hält. Daher ist auch der Vorschlag *Teskes*[766], eine Schätzung auf den Mittelwert der Richtsatzsammlung zu beschränken, als zu entgegenkommend für den Steuerpflichtigen zurückzuweisen. Sobald jedoch hierbei der Schätzungsrahmen überschritten wird, handelt es sich um eine unzulässige Strafschätzung. Gleichfalls unzulässig ist das bewusst unrichtige Ausschöpfen des Schätzungsrahmen, also wenn zur Sanktionierung des Verhaltens des Steuerpflichtigen eine zu hohe Schätzung erfolgt. Eine Verletzung des nemo tenetur-Grundsatzes, der unmittelbar und uneingeschränkt nur im Strafverfahren gilt[767], liegt nicht vor, werden bei einer Schätzung eben keine strafrechtlich verwertbaren Aussagen erzwungen. Zwar mag – um einer Überbesteuerung zu entgehen – der (mittelbare) Zwang bestehen, Unterlagen zu beschaffen[768], jedoch kann ein Gebot zum Schutz des Steuerpflichtigen vor steuerlichen Nachteilen aufgrund

---

765 Besson, Steuergeheimnis, S. 112 m.w.N.

766 Teske, Besteuerungsverfahren, S. 424, 429; dies. wistra 1988, 207, 215 f.

767 Zutreffend Rüster, Besteuerungsverfahren und Strafverfahren, S. 27 ff., denn in anderen Rechtsgebieten gilt es regelmäßig andere Rechtsgüter neben dem Strafverfolgungsinteresse zu berücksichtigen und eine dort verlangte Selbstbezichtigung dient vor allem nicht der strafrechtlichen Überführung.

768 Zutreffend Schwedhelm/Olbing Stbg 1999, 145, 148.

der Verweigerung einer selbstbelastenden Mitwirkung der Verfassung nicht entnommen werden[769]. Der Schätzung kann aus diesem Grund die Qualität von Zwangsmaßnahmen nicht beigemessen werden. Diese Einschätzung lässt sich auch aus der Wertung des Gesetzgebers abgeleiten, der unter Zwangsmittel nur die der §§ 328 ff. AO versteht (vgl. § 393 Abs. 1 S. 2 AO). Der nemo tenetur-Grundsatz wird nur dann durchbrochen, wenn eine unterbliebene Mitwirkung im Besteuerungsverfahren zum Nachteil des Beschuldigten bei der Beweiswürdigung im Steuerstrafverfahren verwertet würde[770]. Dies ist aber nicht der Fall, da insbesondere die Schätzung im Besteuerungsverfahren keine unmittelbaren Auswirkungen auf das Strafverfahren hat, ist der Strafrichter schließlich nicht an Ergebnisse einer steuerrechtlichen Schätzung gebunden[771].

[769] Rüster wistra 1988, 49, 51; Rüster, Besteuerungsverfahren und Strafverfahren, S. 49.
[770] Reiß, Besteuerungsverfahren und Strafverfahren, S. 266 f.
[771] Besson, Steuergeheimnis, S. 115 ff.; vgl. Schwarz, Besteuerungs- und Steuerstrafverfahren, S. 70 ff.

IV. Mitwirkungsverpflichtung in nachfolgenden Veranlagungszeiträumen

Problematisch ist im Hinblick auf das Selbstbelastungsverbot, ob der Steuerpflichtige, der eine Steuerhinterziehung begangen hat, für nachfolgende Veranlagungszeiträume des streitbefangenen Zeitraums nunmehr richtige Steuererklärungen abgeben muss.

Beispielsfälle:

> Eine Unternehmer erklärt in seinen USt-Voranmeldungen für Januar bis August Umsätze einer umsatzträchtigen Betriebsstätte nicht. Er ist unsicher, ob er in den folgenden USt-Voranmeldungen die Umsätze korrekt angeben soll.
>
> Aus den Einkünften aus Gewerbebetrieb in 01 (die A nicht erklärt hatte) erzielte A in 02 und in 03 hohe Kapitaleinkünfte. Er ist unsicher, ob er in 02 und 03 diese Kapitaleinkünfte nunmehr korrekt in seinen Steuererklärungen angeben soll.

Gibt der Steuerpflichtige in diesen Fällen weiterhin keine Steuererklärungen ab, stellt das Fehlen einer Steuererklärung eine Steuerhinterziehung durch Unterlassen dar (§ 370 Abs. 1 Nr. 2 AO)[772]. Gibt er falsche Erklärungen ab, in denen er z.B. wieder Zinserträge verschweigt, macht er sich (erneut) der Steuerhinterziehung strafbar (§ 370 Abs. 1 Nr. 1 und 2 AO)[773]. Dies ergibt sich daraus, dass der nemo tenetur-Grundsatz zwar ein Recht zur Passivität gibt, jedoch nicht die Begehung neuen Unrechts erlaubt, insbesondere nicht in den folgenden Veranlagungszeiträumen[774]. Allerdings wirkt die Abgabe einer nunmehr richtigen Erklärung wie ein Geständnis bezüglich des Prüfungszeitraumes[775]. Denn bei plötzlicher Angabe von hohen Kapitalerträgen ist offensichtlich, dass der Steuerpflichtige dieses Vermögen nicht innerhalb eines Jahres angespart haben kann, und deshalb vorher verschwiegen haben muss. Es muss bei lebensnaher Würdigung davon ausgegangen werden, dass eine solche Vermögensanlage nicht unbemerkt oder unerwartet entstanden ist, sondern Vermögen bereits in den Vorjahren bestanden hat[776]. Der Steuerpflichtige steht also vor dem Dilemma, ob er frühere Steuerstraftaten (mittelbar) offenbart oder ob er die Aufdeckung seiner früheren

---

[772] BGH Urteil v. 28.10.1998 5 StR 500/98, wistra 1999, 385, 386; Beschluss v. 26.4.2001 5 StR 587/00, wistra 2001, 341; 10.1.2002 5 StR 452/01, wistra 2002, 149; v. 23.1.2002 5 StR 540/01, wistra 2002, 150 f.; Beschluss v. 12.1.2005 5 StR 191/04, wistra 2005, 148, 149.

[773] BGH Urteil v. 13.10.1992 5 StR 253/92, wistra 1993, 66, 68; Beschluss v. 26.4.2001 5 StR 587/00, wistra 2001, 341; v. 10.1.2002 5 StR 452/01, wistra 2002, 149; v. 23.1.2002 5 StR 540/01, wistra 2002, 150 f.

[774] So auch: Joecks in: Franzen/Gast-de Haan/Joecks § 393 AO Rn. 37.

[775] Vgl. Joecks in: Franzen/Gast-De Haan/Joecks § 393 AO Rn. 28a, 30a.

[776] FG Hamburg Beschluss v. 10.4.2003 III 423/02, EFG 2003, 1134.

Straftaten auf Kosten einer weiteren Steuerhinterziehung unterlässt[777]. Verschärft wird diese Problematik durch die Einfügung des § 93 Abs. 7 AO aufgrund des Gesetzes zur Förderung der Steuerehrlichkeit[778], wonach Finanzbehörden bei Kreditinstituten die Kontenstammdaten von Steuerpflichtigen abrufen können. Steuerpflichtige, die bislang Einkünfte aus Konten nicht erklärt haben, müssen, wenn sie die Erträge in der aktuellen Einkommensteuererklärung angeben, damit rechnen, dass die Finanzbehörde die Kontenstammdaten abruft. Zu den Kontenstammdaten gehört u.a. auch der Zeitpunkt der Errichtung des Kontos, so dass die Gefahr besteht, dass gegen den Steuerpflichtigen wegen der vorangegangenen Veranlagungszeiträume ein steuerstrafrechtliches Ermittlungsverfahren eingeleitet wird[779].

Nach der Gesetzeslage wird die Informationsgewinnung und die Verwertung im Steuerstrafverfahren nicht verhindert, so dass dies mit dem Selbstbelastungsverbot kollidiert. Die Androhung einer Kriminalstrafe aus § 370 Abs. 1 AO wird als Zwang zur Selbstbelastung qualifiziert, da aus der Steuererklärung ein Rückschluss auf die Einkünfte des vorangegangenen Veranlagungszeitraumes möglich ist[780]. Das bestehende Zwangsmittelverbot (§ 393 Abs. 1 S. 2 AO) verhindert nicht, dass sich der Steuerpflichtige erneut einer Steuerhinterziehung strafbar macht, da die Mitwirkungspflichten fortbestehen. Des Weiteren dürfen die Kenntnisse aus einem Besteuerungsverfahren, die den Verdacht einer Steuerstraftat begründen, an die Strafverfolgungsorgane weitergegeben werden (§ 30 Abs. 4 Nr. 1 i.V.m. Abs. 2 Nr. 1 Buchst. b AO). Ist auch eine Selbstanzeige nicht mehr möglich, weil der Steuerpflichtige nicht in der Lage ist, die verkürzte Steuer zu entrichten oder weil ein Grund für den Ausschluss der Selbstanzeige gemäß § 371 Abs. 2 AO gegeben ist (z.B. Einleitung eines Steuerstrafverfahrens), besteht deshalb ein ernstzunehmender Verstoß gegen das Selbstbelastungsverbot.

Da die verfassungsrechtliche Vorgabe des BVerfG in dieser Konfliktlage durch einfachgesetzliche Regelungen nicht umgesetzt wurde, gibt es in der Literatur und Rechtsprechung verschiedene Ansätze zur Lösung des Problems.

---

[777] Marx in: FS AG FStR, S. 673, 674.

[778] Gesetz zur Förderung der Steuerehrlichkeit v. 23.12.2003, BGBl. 2003 I S. 2928.

[779] Deutscher Anwaltverein, Stellungnahme Nr. 8 2005 (Januar), Strafrechtsausschuss, zu § 93 Abs. 7 AO.

[780] Berthold, Zwang zur Selbstbezichtigung, S. 59 ff.; dies gilt aber wohl nur bei periodisch abzugebenden Steuererklärungen, nicht dagegen bei Steuererklärungen, die einmalige Vorgänge zum Gegenstand haben, wie z.B. die Grunderwerbsteuer, zutreffend: Stahl in: FS Korn, S. 757, 767.

1. Suspendierung der Erklärungspflichten

Teilweise wird erwogen, die (strafbewehrten) Erklärungspflichten entweder ganz[781] oder jedenfalls hinsichtlich der selbstbelastenden Umstände[782] entfallen zu lassen.

Sofern dies dahingehend verstanden wird, dass die steuerlichen Erklärungspflichten suspendiert werden, spricht gegen diese Möglichkeit, dass die Verletzung der Erklärungspflicht ungerechtfertigt zu einer doppelten Besserstellung des Steuerpflichtigen führt. Nämlich sowohl zu einer steuerlichen Besserstellung, da er seine gegenwärtige Steuerlast durch Nichtangabe steuerbegündender und -erhöhender Tatsachen verringern dürfte, als auch zur Beseitigung der Strafbarkeit wegen der neuerlichen Nicht- oder Falscherklärung[783]. Hiergegen spricht auch, dass das nemo tenetur-Prinzip nur verhindern will, dass sich der Beschuldigte durch eine erzwungene Mitwirkung in einem anderen (Zivil- oder Verwaltungs-)Verfahren *strafrechtlich* belastet; es schützt nicht vor Nachteilen in diesem Verfahren selbst. Außerdem würde durch diese Lösung (der Straftatbestand der Steuerhinterziehung entfällt mangels Mitwirkungspflicht) eine ungerechtfertigte Begünstigung durch Haftungsbefreiung des Steuerhinterziehers, Teilnehmers (§ 71 AO) und des Vertretenen (§ 70 AO) in den Folgejahren herbeigeführt, da diese Vorschriften eine tatbestandliche Steuerhinterziehung voraussetzen[784]. Ebenfalls würden ungerechtfertigt Strafbarkeitslücken für Teilnehmer der Steuerhinterziehung (Anstifter und Gehilfen) in den Folgejahren eintreten, da die Teilnahme eine tatbestandliche, vorsätzliche und rechtswidrige Haupttat verlangt, die hier gerade nicht vorliegt[785]. Gegen eine Teil-Suspendierung sprechen überdies praktische Gründe, da der Steuerpflichtige kaum beurteilen kann, welche Teile einer wahrheitsgemäßen Erklärung einen Hinweis auf vergangene Straftaten liefern kann[786].

Soweit die Suspendierung dahingehend verstanden wird, die *Strafbewehrtheit* der Erklärungspflichten (wie im Falle des streitbefangenen Zeitraumes) auch hinsichtlich der nachfolgenden, (noch) nicht streitbefangenen Zeiträume entfal-

---

[781] OLG Hamburg, Beschluss v. 7.5.1996 2 StO 1/96, wistra 1996, 239, 241; Grezesch DStR 1997, 1273, 1275 f.; Spriegel in: Wannemacher, Steuerstrafrecht, Rn. 4531, 4546; Streck/Spatscheck wistra 1998, 334, 340 f., 341 f.; vgl. von Briel StraFo 1998, 336 ff.

[782] Vgl. Stahl KÖSDI 1991, 8360,8363, der ein partielles Auskunftsverweigerungsrecht annimmt; ders. in: FS Korn, S. 757, 765 f.

[783] So auch: Hellmann in: Hübschmann/Hepp/Spitaler § 393 AO Rn. 29; ders. JZ 2002, 617, 619.

[784] Berthold, Zwang zur Selbstbezichtigung, S. 94 ff.

[785] Berthold, Zwang zur Selbstbezichtigung, S. 97 ff.

[786] So auch: Spriegel in: Wannemacher, Steuerstrafrecht, Rn. 4528; ders., Steuergeheimnis, S. 63 f.

len zu lassen, spricht dagegen, dass der *BGH*[787] dies richtigerweise in neueren Entscheidungen ausdrücklich abgelehnt hat. Vorzugswürdig ist eine restriktive Auffassung, nach der mittelbare Auswirkungen, die spätere Erklärungen für das laufende Steuerstrafverfahren haben könnten, nicht deren Unterlassung oder unrichtige Abgabe rechtfertigen. Selbst wenn die Gefahr zu entsprechenden Rückschlüssen auf die Vorjahre bestehen sollte, kann dies nicht ein neuerliches Fehlverhalten im Hinblick auf zukünftige Veranlagungszeiträume rechtfertigen. Ansonsten entstünde neues Unrecht[788] und der Steuerunehrliche würde gegenüber dem Steuerehrlichen privilegiert. Dies zugrundelegend, kann weder das erstgenannte noch das zweitgenannte Verständnis überzeugen, womit dieser Lösungsansatz in seiner Gesamtheit abzulehnen ist.

2. Entschuldigender Notstand

Denkbar ist auch, die Unzumutbarkeit der Abgabe wahrheitsgemäßer Erklärungen zu einem entschuldigenden Notstand nach § 35 StGB führen zu lassen[789]. Folge wäre, dass Teilnehmer und Mittäter strafbar blieben. Dieser Auffassung ist aber Abs. 1 S. 2 der Norm entgegen zu halten. Schließlich hat der Steuerpflichtige die spätere Konfliktsituation durch die frühere Steuerhinterziehung selbst herbeigeführt, somit die Gefahr selbst verursacht, so dass er sich nicht auf entschuldigenden Notstand berufen kann.

3. Verwertungsverbot

Als weitere Möglichkeit kommt in Betracht, die Anwendung der Mitwirkungspflichten und deren zwangsweise Durchsetzung unangetastet zu lassen, dabei

---

[787] Beschluss v. 26.4.2001 5 StR 587/00, wistra 2001, 341; v. 10.1.2002 5 StR 452/01, wistra 2002, 149, entscheidend war hier, dass zwar eine *identische Steuerart*, aber ein *unterschiedlicher Erklärungszeitraum* und damit eine unterschiedliche Steuerschuld betroffen war; v. 23.1.2002 5 StR 540/01, wistra 2002, 150 f.; teilweise zustimmend: Anm. Hellmann JZ 2002, 617, 619 f.; Joecks in: FS Kohlmann, S. 451, 457 ff.

[788] Auf dieser Prämisse hätte der BGH auch im Urteil v. 26.4.2001, aaO. zur Strafbarkeit kommen müssen. Denn die Nichtabgabe der Jahresumsatzsteuererklärung (dauerhafte Verkürzung) stellt gegenüber der Nichtabgabe der Voranmeldungen (Verkürzung auf Zeit) selbständiges, neues Unrecht dar. Der Grund für die Differenzierung bei nachfolgenden VZ liegt wohl darin, dass die nachfolgende Steuerhinterziehung nicht dieselbe Steuerschuld betrifft, und ansonsten der Steuerunehrliche privilegiert würde. So zutreffend: Böse wistra 2003, 47, 48, m.w.N.; vgl. Rolletschke wistra 2004, 246, 247 m.w.N.

[789] Joecks in: Franzen/Gast-De Haan/Joecks § 393 AO Rn. 39 f.

aber ein Verwertungsverbot[790] bzw. Verwendungsverbot[791] für die erlangten Erkenntnisse in einem nachfolgenden Steuerstrafverfahren anzunehmen. Für diese Lösung spricht, dass der Gesetzgeber in § 40 AO von einer fiskalischen Betrachtungsweise ausgeht und sein Interesse an der effektiven Realisierung des Steueranspruchs dokumentiert hat[792]. Dies gebietet ein Festhalten an den steuerlichen Erklärungspflichten und eine Lösung mittels strafrechtlichem Verwertungsverbot. Hierfür spricht auch, dass eine Verletzung der Erklärungspflicht steuerlich nicht ohne Folgen bliebe und diese Lösung zudem weder zu Haftungsausfällen noch Strafbarkeitslücken bei den Teilnehmern führen würde. Es kann nicht entgegen gehalten werden, Wortlaut und Systematik der §§ 30, 393 Abs. 2 AO widersprächen dieser Lösung aus dem Grund, dass die AO dort die Verwertbarkeit der im Besteuerungsverfahren erlangten selbstbelastenden Angaben für Zwecke des Steuerstrafverfahrens ausdrücklich nur für Nichtsteuerstraftaten verbietet, nicht aber für Steuerstraftaten[793]. Es handelt sich hierbei um ein bloßes Redaktionsversehen, bei dem der Gesetzgeber die vorliegende Konstellation nicht berücksichtigt hat[794]. Schließlich ist auch die Konfliktlage mit der des § 393 Abs. 2 S. 1 AO vergleichbar, da in beiden Fällen bei Verletzung der Mitwirkungspflicht Strafbarkeit wegen Steuerhinterziehung eintreten würde. Auch steht diese Lösung mit den Vorgaben des BGH im Gemeinschuldnerbeschluss in Einklang.
Diesem Ansatz wird allerdings entgegen gehalten, dass im Gegensatz zum Gemeinschuldnerbeschluss, der sich auf ein vorkonstitutionelles Gesetz bezog, bei nachkonstitutionellen Gesetzen die Ergänzung durch ein Verwertungsverbot unzulässig sei[795]. Dagegen lässt sich einwenden, dass die Herleitung eines Verwertungsverbots nicht eigentlich die AO ergänzt, sondern die strafprozessualen Er-

[790] Gotzens/Wegner PStR 2003, 207, 209, 211; Hellmann in: Hübschmann/Hepp/Spitaler § 393 AO Rn. 30; Kohlmann § 393 AO Rn. 54, 56.; Marx in: FS AG FStR, S. 673, 678 ff.; der Sache nach: Reiß, Besteuerungsverfahren und Strafverfahren, S. 243; vgl. Salditt NStZ 2001, 544; Spriegel in: Wannemacher, Steuerstrafrecht, Rn. 4531, 4546; Tormöhlen in: FS Korn, S. 779, 793 ff.; Wolff, Selbstbelastung, S. 142 ff, 197 ff. spricht sich bei Fehlen von Mitwirkungsverweigerungsrechten grds. für ein Verwertungsverbot aus, übersieht aber für das Steuerrecht die vorliegende Konstellation (vgl. S. 209 ff.).

[791] Joecks in: FS Kohlmann, S. 451, 462 ff., der von der Unzumutbarkeit der Befolgung der Erklärungspflicht ausgeht, solange die Frage eines strafprozessualen Verwendungsverbotes nicht geklärt ist.; Stahl in: FS Korn, S. 757, 765.

[792] Joecks in: Franzen/Gast-de Haan/Joecks § 370 AO Rn. 163b; Marx in: FS AG FStR, S. 673, 678 f.; vgl. BT-Drs. VI/1982 v. 19.3.1971, zu § 117, S. 137.

[793] So aber: OLG Hamburg v. 7.5.1996 2 StO 1/96, wistra 1996, 239, 241; Böse wistra 2003, 47, 48 f.; von Briel StraFo 1998, 336, 338; Samson wistra 1988, 130, 132.

[794] Hellmann in: Hübschmann/Hepp/Spitaler § 393 AO Rn. 30.

[795] Böse wistra 2003, 47, 48 f.; Samson wistra 1988, 130, 132; Spriegel, Steuergeheimnis, S. 75.

mittlungsbefugnisse. Durch das Verwertungsverbot wird eine Regelung geschaffen, die sich auch durch eine Einschränkung der entsprechenden strafprozessualen Vorschriften erzielen ließe. Die strafprozessualen Vorschriften sind jedoch gleich, unabhängig davon, ob es sich um vorkonstitutionelle oder nachkonstitutionelle Gesetze handelt[796]. Außerdem sind unmittelbar aus der Verfassung abgeleitete Verwertungsverbote der deutschen Verfassung nicht fremd; auch bei diesen wird nicht zwischen vor- und nachkonstitutionellen Gesetzen differenziert[797].

Jedoch erscheint die Geeignetheit des Verwertungsverbotes zur Verhinderung der Weitergabe an die Strafverfolgungsbehörden zweifelhaft, besteht doch (mittelbar) die Möglichkeit, durch die Zeugenaussage des auskunftsberechtigten Dritten im Strafverfahren an die Informationen zu kommen[798]. De lege lata lässt sich dies aber kaum verhindern. Schließlich ist die Einführung eines das Verwertungsverbot ergänzenden Weitergabe-/Offenbarungs- und vor allem Fernwirkungsverbots (Verwendungsverbot)[799] dem Gesetzgeber vorbehalten[800].

4. Rechtsfigur der omissio libera in causa

Nach *Böse*[801] müsse die nach § 370 Abs. 1 Nr. 2 AO strafbewehrte Erklärungspflicht in den Folgejahren wegen Unzumutbarkeit normgemäßen Verhaltens entfallen. Er will diesen Konflikt über die Rechtsfigur der „omissio libera in causa“[802] lösen. Danach führe der Steuerpflichtige mit der Abgabe unrichtiger Steu-

---

796 Überzeugend: Wolff, Selbstbelastung, S. 144 f.

797 Vgl. Meyer-Goßner, Einl. StPO Rn. 55 ff.; Arnold StraFo 2005, 2 (Fn. 3) m.w.N.

798 Berthold, Zwang zur Selbstbezichtigung, S. 10 ff.

799 Ein *Beweisverwertungsverbot* führt dazu, dass das konkrete Beweismittel im Prozess nicht verwertet werden darf. Dagegen verbietet ein *Beweisverwendungsverbot* jede Benutzung der erlangten Kenntnisse zu Zwecken der Strafverfolgung und entfaltet Fernwirkung, d.h. es führt dazu, dass auch solche Tatsachen nicht berücksichtigt werden dürfen, zu denen die Auskunft den Weg gewiesen hat. Nicht verwertet werden dürfen daher Beweismittel aus einer von der Mitwirkung des Steuerpflichtigen unabhängigen Beweisquelle. Vor allem ein Fernwirkungsverbot, das untersagt, die Ergebnisse der Auskunftspflichten zum Anlaß zu nehmen, weitere Beweismittel zu erforschen, die dann ihrerseits verwertet werden dürfen („fruit of the poisonous tree“ doctrine), ist dem deutschen Recht fremd.,vgl. Rogall in: FS Kohlmann, S. 465, 493.

800 Wolff, Selbstbelastung, S. 204 ff.

801 Wistra 2003, 47, 48 ff. dies gelte nur für den Fall, dass der Steuerpflichtige keine Steuererklärung abgibt. Gibt er eine falsche oder unvollständige Erklärung ab (§ 370 Abs. 1 Nr. 1 AO), liege kein Verstoß gegen das nemo-tenetur-Prinzip vor.

802 Nach diesen Grundsätzen ist derjenige strafbar, der die zur Erfolgsabwendung erforderliche Handlung unterlässt, weil er sie zum maßgeblichen Zeitpunkt nicht vornehmen kann, sofern er sich im Vorfeld dieser Handlungsmöglichkeit begeben hat.

ererklärungen selbst eine Situation herbei, in der er in den folgenden Jahren keine richtige und vollständige Steuererklärung abgeben kann, ohne sich damit zugleich wegen der begangenen Tat zu belasten. Die Strafbarkeit der Nichtabgabe der Steuererklärung in den Folgejahren wird hiernach über eine Vorverlagerung des tatbestandsmäßigen Verhaltens der unrichtigen Abgabe im Vorjahr begründet. Da die Nichtabgabe der Steuererklärung in den Folgejahren als nicht tatbestandsmäßig anzusehen ist, entfällt der Zwang durch Strafandrohung, eine Steuererklärung abzugeben und sich damit selbst einer Steuerstraftat zu bezichtigen. Die bereits begründete Strafbarkeit stellt keinen verbotenen Zwang dar, da insoweit auf das frühere Verhalten des Steuerpflichtigen abgestellt werde.
Diese Lösung, die für die Strafbarkeit nicht an die Nichtabgabe der Steuererklärung, sondern an die ursprünglich begangene Steuerstraftat anknüpft, führt zwar dogmatisch zur Wahrung des nemo tenetur-Grundsatzes, ändert aber nichts an der Zwangssituation für den Steuerpflichtigen. Der Druck auf den Steuerpflichtigen mindert sich faktisch nicht. Gibt er eine richtige Steuererklärung ab, könnten hieraus Rückschlüsse gezogen werden für das vorangegangene Jahr, gibt er dagegen keine Steuererklärung ab, wird er bestraft. Doch auch hinsichtlich der subjektiven Komponente erscheint der Ansatz als problematisch, müsste doch der Steuerpflichtigen bereits bei Abgabe der ersten unrichtigen und zur Strafbarkeit führenden Erklärung den Vorsatz gehabt haben, es sich für die Zukunft unmöglich zu machen, eine korrekte Steuererklärung einzureichen. Wer aber nicht weiß, dass es im Hinblick auf die abgegebene unrichtige Steuererklärung zu einem Strafverfahren kommt und damit eine Selbstanzeige unmöglich wird, kennt diese Zwangslage schon nicht, so dass nur eine Ordnungswidrigkeit nach § 378 AO vorzuwerfen sein wird[803].

5. Ergebnis und Zusammenfassung

Nur die Annahme eines Verwertungsverbotes kann überzeugend einen Verstoß gegen den nemo tenetur-Grundsatz verhindern. Zutreffend hat daher der BGH[804] in einer neuen Entscheidung ein solches bejaht. De lege ferenda ist der Vorschlag *Bertholds*[805] vorzugswürdig, § 370 AO um einen persönlichen Strafaus-

[803] Zutreffend: Joecks in: Franzen/Gast-de Haan/Joecks § 393 AO Rn. 37c; Tormöhlen in: FS Korn, S. 779, 793.

[804] Beschluss v. 12.1.2005 5 StR 191/04, wistra 2005, 148, 149 f.; zustimmend hierzu auch: Heerspink AO-StB 2006, 51, 52 f., der davon ausgeht (u.a. unter Verweis auf Art. 6 EMRK), dass die Angaben nunmehr einem Verwendungsverbot unterliegen.

[805] Zwang zur Selbstbezichtigung, S. 106 ff., 132. Sein Vorschlag für den Wortlaut eines persönlichen Strafausschließungsgrundes: „Wer sich über steuerlich erhebliche Tatsachen nicht oder nur unvollständig erklärt, weil für ihn ansonsten die konkrete Gefahr besteht, sich selbst

schließungsgrund für die erneute Steuerhinterziehung zu ergänzen. Ein Zwang und damit eine Konfliktlage würde erst gar nicht entstehen, da der Strafausschließungsgrund, der zur Straflosigkeit einer erneuten Steuerhinterziehung führen würde, eine „Belastung“ nicht herbeiführen könnte. Die Strafbarkeit von Teilnehmern wäre sichergestellt, da nun eine vorsätzliche und rechtswidrige Steuerhinterziehung vorliegen würde. Der persönliche Strafausschließungsgrund beseitigt nur für den Betroffenen, bei dem er vorliegt, die Strafbarkeit, nicht aber die Tatbestandsmäßigkeit und Rechtswidrigkeit der Haupttat. Aus diesem Grund hätte er auch keine nachteiligen Auswirkungen auf den Haftungsanspruch aus §§ 70, 71 AO. Auch die Möglichkeit einer Schätzung nach § 162 Abs. 2 AO bliebe der Finanzbehörde erhalten.

---

einer vorangegangenen, der Strafverfolgung unterliegenden Steuerhinterziehung bezichtigen zu müssen, kann deswegen nicht bestraft werden, sofern für ihn nicht die Möglichkeit zur strafbefreienden Selbstanzeige gem. § 371 dieses Gesetzes bestand.“.

V. Vereinbarkeit von § 393 Abs. 2 S. 2 AO mit dem Selbstbelastungsverbot

Der Steuerpflichtige wird durch das Steuergeheimnis nach § 30 AO und das Beweisverwertungsverbot[806] nach § 393 Abs. 2 S. 1 AO grundsätzlich vor der Weitergabe und Verwendung seiner für steuerliche Zwecke gemachten Angaben für die Verfolgung von *Nichtsteuerstraftaten* geschützt, wodurch der Gemeinschuldnerbeschluss des BGH umgesetzt wird[807]. Die Regelung des § 393 Abs. 2 S. 1 AO stellt dabei eine konsequente Fortsetzung und Ergänzung des Steuergeheimnisses dar. Obwohl derartige Umstände ohnehin dem Steuergeheimnis unterliegen, war ein strafrechtliches Verwertungsverbot erforderlich, um dem Geheimnisschutz auch außerhalb des Besteuerungsverfahrens zur Durchsetzung zu verhelfen, wenn die Kenntnisse nach außen gelangt sind[808].

Problematisch sind nun aber die Fälle schwerer nichtsteuerlicher Straftaten[809] – etwa Mord –, in denen das Steuergeheimnis (§ 30 Abs. 4 Nr. 5 Buchst. a AO) und auch das Beweisverwertungsverbot (§ 393 Abs. 2 S. 2 AO) aus Gründen des zwingenden öffentlichen Interesses an der Strafverfolgung durchbrochen wird. Zwar wird eine solche Fallkonstellation selten eintreten, da kaum vorstellbar ist, dass sich ein Steuerpflichtiger in Erfüllung gesetzlicher Pflichten eines Deliktes der Schwerkriminalität bezichtigt[810], ist aber dennoch denkbar[811].

In diesem Fall dürfen Informationen, die zu einer Verurteilung wegen eines Verbrechens führen können, ungehindert an die Strafverfolgungsbehörden weitergegeben werden und im anschließenden Strafverfahren verwertet werden. Damit verstößt die Regelung aber gegen den nemo tenetur-Grundsatz und ist verfassungswidrig[812]. Denn der nemo tenetur-Grundsatz und die Ausstrahlungs-

---

[806] Weitergehend: Rogall in: FS Kohlmann, S. 465, 485 f., der ein Verwendungsverbot annimmt; Zur Einschränkung des § 393 Abs. 2 S. 1 AO zum Nachteil des Steuerpflichtigen, wenn der Steuerpflichtige bei dem Versuch, das Finanzamt über steuerliche erhebliche Tatsachen zu täuschen (Vorsteuererstattungsanspruch), eine strafbare Urkundenfälschung begeht und anschließend Selbstanzeige macht, BGH Urteil v. 5.5.2004 5 StR 548/03 (LG Nürnberg-Fürth), wistra 2004, 309; zustimmend: Joecks in: Franzen/Gast-De Haan/Joecks § 393 AO Rn. 54b; a.A. Eidam wistra 2004, 412 ff.

[807] Eidam wistra 2004, 412 f.

[808] Rüster, Besteuerungsverfahren und Strafverfahren, S. 87.

[809] Reiß, Besteuerungsverfahren und Strafverfahren, S. 124 ff. zum Streitstand bzgl. der Auslegung des Begriffs „Verbrechen" i.S.d. § 30 Abs. 2 Nr. 5 Buchst. a AO.

[810] Wisser in: Klein § 393 AO Rn. 29; vgl. Rogall in: FS Kohlmann, S. 465, 496; Rüster, Besteuerungsverfahren und Strafverfahren, S. 93 f.

[811] Hellmann in: Hübschmann/Hepp/Spitaler § 393 AO Rn. 180 mit einem Beispiel.

[812] Zutreffend: Besson, Steuergeheimnis, S. 164 ff.; Heerspink AO-StB 2006, 51, 53; Hellmann in: Hübschmann/Hepp/Spitaler § 393 AO Rn. 181 f.; Joecks in: Franzen/Gast-De Haan/Joecks § 393 AO Rn. 72 ff.; Kohlmann § 393 AO Rn. 83; Reiß NJW 1977, 1436 f., ders. Besteuerungsverfahren und Strafverfahren, S. 221 ff., 233; Rogall, Der Beschuldigte als

wirkung kennen keine Abstufung der Schutzintensität innerhalb der Kriminalstrafen[813].

Beweismittel gegen sich selbst, S. 172 f.; ders. in: FS Kohlmann, S. 465, 495 ff.; Ruegenberg, Das nationale und internationale Steuergeheimnis, S. 219 ff.; Spriegel, Steuergeheimnis, S. 43, 145; Streck, Die Steuerfahndung, Rn. 1060; Wolff, Selbstbelastung, S. 211 f.; i.d.S. zur RAO auch schon Paulick in: FS Spitaler, S. 53, 67 f., 95 f. und Sidow, Vereinbarkeit der steuerlichen Mitwirkungspflichten mit dem Grundgesetz, S. 157 f.; Teske, Besteuerungsverfahren, S. 381; zur früheren Ausgestaltung des Steuergeheimnisses hinsichtlich der Weitergabe von Informationen über Straftaten vgl. Schmidt, Steuergeheimnis, S. 101 ff.; a.A. Rüster, Besteuerungsverfahren und Strafverfahren, S. 97 ff., 103 ff.; dies. wistra 1988, 49,51 ff., 56: Tatsächlich nach § 328 AO *erzwungene* strafrechtlich belastende Angaben müssen einem strafrechtlichen Verwertungsverbot unterliegen (konkreter Zwang), während *erzwingbare, aber tatsächlich nicht erzwungene* selbstbelastende Angaben (abstrakter Zwang) zur Verfolgung gravierender nichtsteuerlicher Straftaten (§ 30 Abs. 4 Nr. 5 AO) unter Beachtung des Verhältnismäßigkeitsgrundsatzes verwertet werden dürfen; ähnlich auch schon Meine wistra 1985, 186 f.; Gegen diese Ansicht von Rüster spricht, dass die Unterscheidung anknüpft an ein willkürliches Verhalten des Steuerpflichtigen und gerade den besonders unehrlichen Steuerpflichtigen ungerechtferigt besser stellt. Denn ein Steuerpflichtiger, der seine Mitwirkungspflicht trotz Konfliktlage erfüllt, müsste die Offenbarung dieser Informationen hinnehmen. Ein Steuerpflichtiger, der seine Mitwirkungspflicht zunächst nicht erfüllt, die konkrete Androhung oder Verhängung einer Zwangsmaßnahme abwartet und erst hiernach seine Mitwirkungshandlung pflichtgemäß erbringt, wäre vor einer Selbstbezichtigung geschützt, zutreffend: Besson, Steuergeheimnis, S. 88 f., 166 f.; Vgl. BGH Urteil v. 5.5.2004 5 StR 139/03, NStZ-RR 2004, 242, 243, nach dem in den Fällen des § 30 Abs. 4 Nr. 5 AO an die Konkretisierung der gebotenen steuerlichen Erklärungen möglicherweise niedrigere Anforderungen zu stellen als sonst nach § 90 AO geboten. Eine solche Reduzierung des Erklärungsumfangs könnte etwa darin bestehen, dass die Einkünfte nur betragsmäßig, nicht aber unter genauer Bezeichnung der Einkunftsquelle zu benennen sein werden.

[813] Wolff, Selbstbelastung, S. 211.

D. Allgemeine Folgen der Verletzung von Mitwirkungspflichten

I. Begriff der Mitwirkungspflichtverletzung

Eine Mitwirkungspflichtverletzung liegt dann vor, wenn der Steuerpflichtige eine nach den Steuergesetzen vorgeschriebene Mitwirkungshandlung nicht erbringt und keine der dargestellten Grenzen der Mitwirkungspflichten überschritten ist. Darzustellen sind nun die Folgen, die sich einstellen, wenn der Steuerpflichtige seinen Mitwirkungspflichten nicht nachkommt. In diesem Fall gerät regelmäßig die Sachverhaltsaufklärung ins Stocken.

II. Verhältnis der Mitwirkungspflichtverletzung zur Amtsermittlungspflicht

Da die Finanzverwaltung den Sachverhalt von Amts wegen aufzuklären hat, stellt sich die Frage, ob dies auch dann weiter geschehen muss, wenn der Steuerpflichtige seine Mitwirkungspflichten verletzt. Das hängt vom Verständnis des Verhältnisses von Untersuchungsgrundsatz zu den Mitwirkungspflichten ab.
Als Beispiel sei folgender Fall[814] genannt:

> Die Finanzbehörde fordert den Steuerpflichtigen nach § 93 Abs. 1 S. 1 AO zur Auskunftserteilung über die Herkunft von Einnahmen auf. Obwohl ihm dies möglich wäre, erteilt er keine Auskunft.
>
> Auch ein Dritter könnte die Auskunft erteilen (Alternative 1). Erfolg versprechend wäre, (internationale) Amtshilfe in Anspruch zu nehmen (Alternative 2). Andere Formen der Sachverhaltsaufklärung stehen der Finanzbehörde nicht zur Verfügung (Alternative 3).
>
> Was muss die Finanzbehörde im Hinblick auf die weitere Sachaufklärung unternehmen?

1. Amtsermittlungspflicht reduzierende Ansicht

Das Verhältnis von Amtsermittlungspflicht und Mitwirkungspflicht im Verwaltungsrecht war jahrelang durch folgende Rechtsprechung des BVerwG geprägt (sog. „Anfang-Ende-Satz“[815]): „Im übrigen findet die Verpflichtung des Gerichts zur Erforschung des Sachverhalts […] ihre Grenze dort, wo die Mitwirkungspflicht des Beteiligten einsetzt“[816]. Das BVerwG ging offenbar davon aus, dass

---

[814] Vgl. Weber, Mitwirkungspflichten nach der Abgabenordnung, S. 74 ff., 78 ff.

[815] Bettermann 46. DJT, Bd. II, Teil E, S. 26, 33.

[816] BVerwG Beschluss vom 6.12.1963 VIII B 29/63, NJW 1964, 786, 787; ähnlich: BVerwG Urteil vom 8.7.1959 IV C 250/57, NJW 1959, 2134; v. 23.7.1963 BVerwG II C 158/62, BVerwGE 16 (1964), 241, 245. In diesem Sinne ist wohl auch das Urteil des BFH vom

sich Amtsermittlungspflicht und Mitwirkungspflicht wechselseitig bedingen und begrenzen. Bei einer Mitwirkungspflichtverletzung durch den Steuerpflichtigen entfällt die Amtsermittlungspflicht der Behörde, so dass eine weitere Sachverhaltsaufklärung nicht gefordert wird. Auch die BFH-Rechtsprechung tendiert in diese Richtung, so dass im Urteil vom 15.2.1989[817] ausgeführt wurde: „Aus der gemeinsamen Verantwortung von Steuerpflichtigem einerseits und Finanzbehörde sowie FG andererseits für die vollständige Sachaufklärung [...] folgt u.a., daß sich dann, wenn ein Steuerpflichtiger ihm auferlegte allgemeine oder besondere Mitwirkungs-, Informations- oder Nachweispflichten verletzt, grundsätzlich die Ermittlungspflicht der Finanzbehörde [...] oder des FG [...] entsprechend mindert". Dabei lassen sich das Ausmaß der Reduzierung von Sachaufklärungspflicht und Beweismaß nicht generell festlegen, sondern nur von Fall zu Fall bestimmen. Kriterien hierfür sind nach dieser Entscheidung der Grad der Pflichtverletzung, der Grundsatz der Verhältnismäßigkeit, der Gedanke der Zumutbarkeit, die gesteigerte Mitverantwortung aus vorangegangenem Tun und vor allem der Gedanke der Beweisnähe. Letzterer besagt, dass die Verantwortung des Steuerpflichtigen für die Aufklärung des Sachverhalts um so größer (die von Finanzbehörden und Finanzgericht um so geringer) ist, je mehr Tatsachen oder Beweismittel zu der von ihm beherrschten Informations- und/oder Tätigkeitssphäre gehören. Sowohl der BFH geht in nachfolgenden Entscheidungen[818] von diesen Grundsätzen aus wie auch eine starke Literaturauffassung[819], die eine Reduzierung der Sachaufklärungspflicht der Finanzbehörde bei einer Mitwirkungspflichtverletzung in dem Maße vertritt, in dem der Steuerpflichtige seiner Mitwirkungspflicht nicht nachkommt. Nach dieser Auffassung tragen Finanzbehörde und Steuerpflichtiger eine *gemeinsame Verantwortung* für die Sachaufklärung[820] (sog. Kooperationsmaxime bzw. kooperative Verantwor-

---

3.11.1976 II R 43/67, BStBl. II 1977, 159 f. zu verstehen: "Die Amtsermittlungspflicht (§ 76 Abs. 1 S. 1 FGO) ist dabei nicht unbegrenzt. Sie wird durch die Mitwirkungspflicht der Beteiligten begrenzt".

817 X R 16/86, BStBl. II 1989, 462, 464; vgl. hierzu Hildebrandt StBp 1991, 108 ff.

818 Beschluss v. 17.3.1997 I B 123/95, BFH/NV 1997, 730; Urteil v. 12.12.2000 VIII R 36/99 BFH/NV 2001, 789 f.; Urteil v. 17.10.2001 I R 103/00, BStBl. II 2004, 171, 175 Tz. 2 d) bb).

819 Becker StBp 2002, 168, 169; Birk StVj 1991, 310, 312 f.; ders., Steuerrecht, Rn. 424; Brockmeyer in: Klein § 88 AO Rn. 9 f.; Günther in: Pump/Lohmeyer/Leibner § 88 AO Rn. 4, 9; Helsper in: Koch/Scholtz § 88 AO Rn. 6, 20 ff., § 90 AO Rn.5; Neubauer JbFfSt 1977/1978, 110, 114; Ohlms, Beweislast, S. 36; Spaniol/Becker INF 2004, 414 f.; Spitaler FR 1963, 134, 135; Wilke IWB F. 3, Gr. 1, 1335, 1338; Wünsch in: Pahlke/Koenig § 88 AO Rn. 31; zum Verwaltungsverfahren generell: Grupp VerwArch 80 (1989), 44, 51 f.; so wohl auch: Dreßler StBp 1992, 149, 152.

820 Wünsch in: Pahlke/Koenig § 88 AO Rn. 9.

tungsgemeinschaft[821]), die Mitwirkungspflicht sei *Komplementärpflicht* zum behördlichen Amtsermittlungsgrundsatz[822]. Demnach ist die Behörde bei einer Mitwirkungspflichtverletzung regelmäßig nicht mehr verpflichtet, den Sachverhalt weiter aufzuklären. Der Untersuchungsgrundsatz wird durch die Mitwirkung des Steuerpflichtigen begrenzt und erfährt eine *rechtliche* Einschränkung. Daher müsste diese Auffassung, je nach den Umständen des Einzelfalles, konsequenterweise zumindest in den Varianten zwei und drei des Ausgangsfalles dazu kommen, dass keine weitere Sachaufklärung erfolgen muss.
Zusätzlich zur Begrenzung der Amtsermittlungspflicht können *nachteilige Schlüsse im Rahmen der Beweiswürdigung* gerechtfertigt sein. Der BFH[823] hat hier offen gelassen, ob sich die Befugnis dazu aus § 162 Abs. 2 S. 1 AO unmittelbar, oder aus einer rechtsanalogen Anwendung dieser Vorschriften und des allgemeinen Rechtsgedankens des § 444 ZPO i.V.m. § 155 FGO ergibt. Kernaussage ist jedenfalls, dass der sog. „Beweisverderber" oder „Beweisvereitler" aus seinem Verhalten keinen Vorteil ziehen darf. Dies bedeutet eine (automatische) Reduzierung des Beweismaßes ohne weitere Sachverhaltsaufklärung. Konsequent führt der BFH dies auch in seinem Urteil vom 17.10.2001[824] fort. Eine Mitwirkungspflichtverletzung, die sich auf eine Tatbestandsvoraussetzung bezieht, löst eine Reduzierung des Beweismaßes für die Ermittlung der jeweiligen aufzuklärenden einzelnen Tatbestandsvoraussetzung aus.

2. Amtsermittlungspflicht aufrechterhaltende Ansicht

Nach der *Gegenauffassung*[825] (die ebenfalls vom BFH[826] vertreten wurde und

---

821 Seer StuW 2003, 40, 41 f., 52.
822 Uterhark in: Schwarz § 90 AO Rn. 3, 8.
823 BFH Urteil v. 15.2.1989 X R 16/86, BStBl. II 1989, 462, 464.
824 I R 103/00, BStBl. II 2004, 171, 175. Diesem Urteil lässt sich entnehmen, dass der BFH eine Schätzung von Grundsachverhalten nicht für zulässig hält.
825 Becker JbFfStR 1977/1978, S. 132, 135, 138; ders. IWB F.3, Gr.1, 1765, 1767; Berg, Die verwaltungsrechtliche Entscheidung, S. 51 ff., 248 ff.; Bettermann 46. DJT 1966, Bd. II, Teil E, S. 26, 33 ff.; Bilsdorfer in: Grotherr, Handbuch der internationalen Steuerplanung, S. 1689, 1694; Birkenfeld, Beweis und Beweiswürdigung im Steuerrecht, S. 114; Ditz, Internationale Gewinnabgrenzung, S. 279 f.; Dreßler StBp 1982, 205, 207; Eder DStZ/A 1975, 356, 357; Engler in: Vögele/Borstell/Engler, Verrechnungspreise, F Rn. 26; Frotscher in: Lüdicke, Fortentwicklung der Internationalen Unternehmensbesteuerung, S. 167, 168 f.; Gebbers StBp 1986, 179; Gombert, Schätzung, S. 44 ff.; Hangarter RIW 1982, 176, 178; Hanßen, Steuerhinterziehung, S. 88 ff.; Hartmann in: Beermann § 90 AO Rn. 18 ff.; Hartmann/Cortrie Wpg 1981, 165, 167; Marx, Untersuchungsmaxime, S. 108 ff., 111 ff.; Meyer, Beweislastprobleme, S. 12 f.; Müller-Franken, Maßvolles Verwalten, S. 312 ff.; Oppenländer, Verdeckte Gewinnausschüttung, S. 201; Pestalozza in: FS Boorberg, S. 185, 192 f.; Rasch in: Be-

wird) lässt die Verletzung von Mitwirkungspflichten die Sachaufklärungspflicht der Finanzbehörde (rechtlich) grundsätzlich unberührt. Die Finanzbehörden sind zur Sachaufklärung verpflichtet, solange nicht alle Erfolg versprechenden Erkenntnismöglichkeiten ausgeschöpft worden sind. Ihre Grenze finde die Aufklärungspflicht lediglich in der tatsächlichen Unmöglichkeit, Unverhältnismäßigkeit und Unzumutbarkeit. Sind also weitere Beweismittel nicht vorhanden, weil etwa der Steuerpflichtige der einzige Wissensträger ist, kann dies dazu führen, dass sich die Untersuchungspflicht in ihrem Umfang reduziert. Die Verletzung von Mitwirkungspflichten des Steuerpflichtigen führe zwar im Einzelfall zur Einschränkung von (tatsächlichen) Ermittlungs*möglichkeiten* (*de facto*), nicht jedoch damit auch zur Einschränkung der (rechtlichen) Ermittlungs*pflicht* der Finanzbehörde (*de iure*)[827].

Nach dieser Auffassung ist die Finanzbehörde „Herrin des Verfahrens"[828], die Steuerpflichtigen deren bloße „Ermittlungsgehilfen"[829] bzw. „Erforschungsgehilfen"[830], die Steuerpflichtigen sind mit anderen Worten Aufklärungs- und Beweismittel in eigener Steuersache. Die Verfahrensherrschaft und damit auch die Verantwortung für die Ermittlung des Sachverhalts kommt allein der Behörde zu[831].

Im Beispielsfall wäre die Amtsermittlungspflicht in den Varianten 1 und 2 des Beispielsfalles deshalb nicht eingeschränkt, weil noch weitere Aufklärungsmög-

---

cker/Kroppen, Verrechnungspreise, O Tz. 5.2 Rn. 18; Reiß, Besteuerungsverfahren und Strafverfahren, S. 17 ff.; Reuß, Grenzen steuerlicher Mitwirkungspflichten, S. 71 f., der umgekehrt annimmt, dass in diesem Fall die Aufklärungsarbeit der Finanzbehörde intensiviert werden müsse; Ritter FR 1985, 34, 38, 44; Schär, Beweislastverteilung, S. 233 ff.; Schaumburg, Internationales Steuerrecht, Rn. 19.9, S. 1292; Schnitger BB 2002, 332, 334; Schromek, Mitwirkungspflichten, S. 207 ff., 263, 269; Schuhmann DStZ 1986, 583, 587 f.; Söhn in: Hübschmann/Hepp/Spitaler § 88 AO Rn. 94 ff.; Sommerfeld, Sachverhaltsermittlung, S. 62 f.; Wittmann StuW 1987, 35, 45; so zunächst auch Seer, Verständigungen in Steuerverfahren, S. 177 f.

826 BFH Urteil v. 20.5.1969 II 25/61, BStBl. II 1969, 550, 553; Urteil v. 21.1.1976 I R 234/73, BStBl. II 1976, 513, 515: „Die Grenze dieser Sachaufklärungspflicht liegt indes da, wo es sich um Verhältnisse handelt, die ohne Mitwirkung des Steuerpflichtigen entweder nicht oder nur mit unverhältnismäßigen Schwierigkeiten ermittelt werden können"; ebenso: Urteil v. 16.4.1980 I R 75/78, BStBl. II 1981, 492; Urteil v. 19.6.1985 I R 109/82, BFH/NV 1986, 249, 250; Urteil v. 20.12.2000 I R 50/00, BStBl. II 2001, 381, 383.

827 Hartmann/Cortrie Wpg 1981, 165, 167 f.; Kupfer KÖSDI 1994, 10024, 10025.

828 Söhn in: Hübschmann/Hepp/Spitaler § 88 AO Rn. 94.

829 Müller-Franken, Maßvolles Verwalten, S. 166 m.w.N.

830 So auch: Puhl DStR 1991, 1141, 1142 m.w.N.

831 Sommerfeld, Sachverhaltsermittlung, S. 63 m.w.N.

lichkeiten bestehen, wohingegen in der Variante 3 die weitere Sachaufklärung durch die Behörde aus tatsächlichen Gründen entfällt.
Die Mitwirkungspflichtverletzung unterliegt nach dieser Ansicht der freien Beweiswürdigung[832].

3. Stellungnahme

Der Amtsermittlungsgrundsatz wird durch eine Mitwirkungspflichtverletzung des Steuerpflichtigen nicht eingeschränkt, es sei denn, die Finanzbehörde stößt an ihre tatsächlichen Grenzen. Diese Feststellung wird von verschiedenen Faktoren getragen, die im Folgenden dargestellt werden.

a) Untersuchung

Rückschlüsse lassen sich bereits aus dem Verhältnis von Amtsermittlungspflicht und Mitwirkungspflicht ziehen. Eine Mitwirkungspflichtverletzung würde bei Annahme einer rechtlichen Abhängigkeit die Amtsermittlungspflicht entfallen, bei Annahme der Unabhängigkeit dagegen fortbestehen lassen. Eine solche rechtliche Abhängigkeit lässt sich der gesetzlichen Systematik jedoch nicht entnehmen. Bei der Ermittlung des Sachverhaltes von Amts wegen (§ 88 Abs. 1 S. 1 AO) kann die Finanzbehörde den Beteiligten einerseits als Beweismittel selbst, d.h. als unmittelbarer Ermittlungsgehilfe zur Aufklärung des Sachverhalts, andererseits als Ermittlungsgehilfe zur Ermittlung weiterer Beweismittel heranziehen. In beiden Fällen wirkt er zwar mit, die Verantwortung bleibt aber – wie aus § 88 AO deutlich wird – bei der Finanzbehörde[833]. Da die Mitwirkung des Steuerpflichtigen, wie sich aus § 92 AO ergibt, als ein Beweismittel eingeordnet wird, bleibt dabei für irgendeine Form der Arbeitsteilung kein Raum, mag diese auch faktisch gegeben sein[834]. So besagt auch die Gesetzesbegründung[835], dass die Pflicht der Finanzbehörde lediglich *ergänzt* werde durch die Mitwirkungspflicht der Beteiligten, nicht etwa werde sie begrenzt oder ersetzt. Des Weiteren dient die Mitwirkungspflicht des Steuerpflichtigen genauso wie die Amtsermittlungspflicht der Finanzbehörde der Gesetzmäßigkeit der Besteuerung, so dass sie als solche die Amtsermittlungspflicht nicht einzuschränken vermag. Beide Pflichten stehen rechtlich unabhängig voneinander[836]. Dabei ist

[832] Hartmann in: Beermann § 90 AO Rn. 20; Kottke INF 1992, 462 f.; Schuhmann DStZ 1986, 583, 587 f.; Söhn in: Hübschmann/Hepp/Spitaler § 90 AO Rn. 130; vgl. Hey, Beweislast und Vermutungen, S. 45 f.
[833] so auch: Müller-Franken, Maßvolles Verwalten, S. 165 ff.
[834] Hanßen, Steuerhinterziehung, S. 90.
[835] BT-Drs. VI/1982 v. 19.3.1971, zu § 104, S. 132.
[836] Müller-Franken, Maßvolles Verwalten, S. 316 f.

die Einschätzung Seers[837], es handele sich um eine Verantwortungsteilung (Kooperationsmaxime), bei der die Letztverantwortung auf Seiten der Verwaltung verbleibe, zu teilen.

Die uneingeschränkte Geltung des Amtsermittlungsgrundsatzes lässt sich auch auf aus dem Prinzip der Gesetzmäßigkeit der Besteuerung ergebende praktische Erwägungsgründe stützen. Von den Finanzbehörden sind nur solche Sachverhalte unter das Gesetz zu subsumieren, die wirklich existieren. Die dafür notwendige Aufklärung hat die Behörde im öffentlichen Interesse vorzunehmen. Dabei ist allerdings zu beachten, dass eine Aufklärung zwar (quasi als Rechtsreflex) einem Individualinteresse zugute kommen mag, der Individualnutzen ist aber nur eine Folge des Verfahrens[838]. Daher kann keine Rolle spielen, ob ein Beteiligter dabei seine Mitwirkungspflichten verletzt oder nicht. Würde die Amtsermittlungspflicht dort enden, wo die Mitwirkungspflicht des Steuerpflichtigen beginnt, dann würde der Untersuchungsgrundsatz wegen der Fülle der in Abgabenordnung und Einzelsteuergesetzen enthaltenen Mitwirkungspflichten „über weite Strecken das Dasein einer funktionslosen Hülle führen“[839]. Nur ein uneingeschränkter Untersuchungsgrundsatz vermag zu verhindern, dass sich im Falle von Mitwirkungspflichtverletzungen die Verantwortung von Finanzbehörde auf den Steuerpflichtigen verschiebt. Ansonsten würde eine Beweislastumkehr zu Lasten des Steuerpflichtigen in Gestalt einer „Fiktion“ irgendwelcher von der Gegenseite behaupteten steuerbegründenden Sachverhalte ohne Rücksicht auf deren Wahrscheinlichkeit entstehen[840].

Eine dahingehende Wertung des Gesetzgebers lässt sich in den Regelungen der §§ 93 Abs. 1 S. 3, 97 Abs. 2 AO wiederfinden. Diese Regelungen setzen für die Inanspruchnahme Dritter einen Misserfolg der Sachverhaltsaufklärung durch die Beteiligten voraus; dementsprechend ist der Schluss zu ziehen, dass sich auch bei einer Mitwirkungspflichtverletzung die Sachaufklärungspflicht nicht vermindern kann. Müsste in diesen Fällen die Finanzbehörde die Sachaufklärung nicht weiter vorantreiben, wäre die Vorschrift sinnlos.

Auch aus der Regelung des § 162 Abs. 2 AO ergibt sich, dass im Falle einer Mitwirkungspflichtverletzung der Untersuchungsgrundsatz nicht eingeschränkt wird. Zwar wird vertreten[841], dass sich aus § 162 Abs. 2 AO in jedem Fall einer Mitwirkungspflichtverletzung unabhängig von den Voraussetzungen des § 162

---

837 Verständigungen in Steuerverfahren, S. 177, 179 f.

838 So auch: Pestalozza in: FS Boorberg, S. 185, 192 f.

839 Schromek, Mitwirkungspflichten, S. 183.

840 Osterloh, Gesetzesbindung und Typisierungsspielräume, S. 249.

841 So: von Wallis in: Hübschmann/Hepp/Spitaler (EL 126 v. Februar 1989) § 162 AO Rn. 10, 18, dem widersprechend in Fn. 16, 65.

Abs. 1 AO eine unmittelbare Schätzungsmöglichkeit ergebe. Dies würde bedeuten, dass insoweit die Amtsermittlungspflicht eingeschränkt ist[842]. Angesichts von Wortlaut und Systematik vermag das nicht zu überzeugen. § 162 Abs. 2 AO bezieht sich tatbestandlich auf Abs. 1 („Zu schätzen ist insbesondere dann [...]"). Er listet beispielhaft Fälle auf, in denen eine Schätzung geboten ist und übernimmt damit dessen erforderliche Voraussetzungen einer umfassenden Sachverhaltsaufklärung („Soweit die Finanzbehörde die Besteuerungsgrundlagen nicht ermitteln oder berechnen kann [...]"). Eine abweichende Sichtweise würde die vom Wortlaut des Gesetzes vorgegebene Verknüpfung außer Betracht lassen und übersehen, dass es einer ausdrücklichen Einbeziehung des „nicht ermitteln oder berechnen Könnens" in Abs. 2 nicht bedurfte[843]. Für dieses Verständnis spricht auch die Aussage des Gesetzgebers, dass eine Schätzung der Besteuerungsgrundlagen dann erfolge, wenn eine sichere Feststellung „trotz aller entsprechender Bemühungen"[844] nicht möglich ist.
Gegen eine Einschränkung des Untersuchungsgrundsatzes spricht auch der Zusammenhang der Mitwirkungspflichten mit dem Selbstbelastungsverbot, denn oft ist im Steuerverfahren Mitwirkung gleichbedeutend mit Selbstbezichtigung. Eine rechtliche Einschränkung des Untersuchungsgrundsatzes zieht eine früher mögliche Schätzung nach § 162 AO nach sich. Um dies zu vermeiden, muss sich der Steuerpflichtige evtl. steuerstrafrechtlich selbst belasten. Zwar führt auch eine nachteilige Schätzung und damit ebenso die ihr vorgelagerte Einschränkung des Untersuchungsgrundsatzes nicht zu einem Zwang i.S.d. Selbstbelastungsverbotes, dennoch lassen sich solche Konfliktlagen teilweise vermeiden bzw. mildern, wenn die Behörde weiterhin tätig wird[845].

b) Folgen dieser Auffassung

Die Mitwirkungspflichtverletzung ist im Rahmen der freien Beweiswürdigung zu berücksichtigen. Dabei ist, um eine Vorteilsziehung des Beweisverderbers aus der Beweisvereitelung zu verhindern, die Vermutung zulässig, dass der Steuerpflichtige durch seine Weigerung eigene Unregelmäßigkeiten im steuerlichen Verhalten verdecken will. Dies stellt keinen zwingenden Schluss im Sinne einer gesetzlichen Beweisregel dar, vielmehr hat der Rechtsanwender zu prüfen, „ob sich die durch die Beweisvereitelung gerissene Lücke in der Beweisführung schließen lässt, wenn er die Hilfstatsache, dass der Steuerpflichtige seiner Ver-

---

842 BFH Urteil v. 14.8.1991 X R 86/88, BStBl. II 1992, 128, 131. Dies kann nur aus § 162 Abs. 2 AO gefolgert werden, lässt sich Abs. 1 schon nach dem Wortlaut nicht heranziehen.
843 So: Schromek, Mitwirkungspflichten, S. 162 f.; wie hier: Müller-Franken, Maßvolles Verwalten, S. 318 f.; ausführlicher zu diesem Streit: Kapitel D.III.2).
844 BT-Drs. VI/1982 v. 19.3.1971, zu § 143, S. 147.
845 Ähnlich: Berg, Die verwaltungsrechtliche Entscheidung, S. 55 f.

pflichtung zuwidergehandelt hat, und den daran anknüpfenden Erfahrungssatz in die Beweiswürdigung einbezieht. Dabei kann er auf die steuerlich unmittelbar erheblichen Tatsachen schließen, wenn er auf Grund dieser Würdigung von ihrem Vorhandensein überzeugt ist; er muss es aber nicht"[846]. Ein solcher Schluss liegt bei Beweisvereitelung durch aktives Tun (z.B. Vernichten von Unterlagen, Einschüchtern von Zeugen) näher als bei der Beweisvereitelung durch pflichtwidriges Unterlassen. Die Verletzung einer Mitwirkungspflicht kann jedoch immer nur dann zu nachteiligen Rechtsfolgen führen, wenn zumindest Anhaltspunkte dafür bestehen, dass mit Hilfe der betreffenden Beweismittel eine weitere Sachverhaltsaufklärung möglich gewesen wäre[847]. Eine zulässige Versagung der Mitwirkung des Steuerpflichtigen ist dagegen als neutrale Tatsache zu würdigen[848]. Möglich ist aber auch, dass die Finanzbehörde trotz Mitwirkungspflichtverletzung des Steuerpflichtigen zur Überzeugung kommt, der vom Steuerpflichtigen vorgetragene Sachverhalt entspreche der Wahrheit. In diesem Fall hat die Mitwirkungspflichtverletzung keine entscheidungserhebliche Bedeutung[849]. Der Aussage des BFH-Urteils vom 17.10.2001, dass die Pflichtverletzung eine Reduzierung des Beweismaßes für die Ermittlung der jeweils aufzuklärenden einzelnen Tatbestandsvoraussetzung auslöse, ist daher nicht uneingeschränkt zu folgen. Denn eine Verletzung der Mitwirkungspflicht führt nach der hier vertretenen Auffassung nicht zwangsläufig zu einer Reduzierung des Beweismaßes[850].

c) Beweismaßreduzierung in Fällen der erhöhten Mitwirkungspflicht

Anknüpfend an die eben erwähnte Beweismaßreduzierung stellt sich die Frage, welche Anforderungen an das Beweismaß in Fällen der erhöhten Mitwirkungspflicht zu stellen sind. In einem Fall, dem eine Mitwirkungspflichtverletzung nach § 90 Abs. 2 AO zu Grunde lag, hat der BFH ausgeführt: „Verletzt ein Steuerpflichtiger seine Pflichten gemäß § 90 Abs. 2 AO und ist der Sachverhalt anderweitig nicht aufklärbar, so kann das FA zum Nachteil des Steuerpflichtigen von einem Sachverhalt ausgehen, für den unter Berücksichtigung der Beweisnähe des Steuerpflichtigen und seiner Verantwortung für die Aufklärung des Sachverhaltes *eine gewisse Wahrscheinlichkeit* [Hervorhebung d. Verf.] spricht"[851].

[846] Birkenfeld, Beweis und Beweiswürdigung im Steuerrecht, S. 130; vgl. ders. DStJG 1986, 245, 350, 358; vgl. Reuß, Grenzen steuerlicher Mitwirkungspflichten, S. 72.
[847] BFH Urteil v. 7.11.2001 I R 14/01, BStBl. II 2002, 861, 864 zur Beweismittelbeschaffungspflicht.
[848] Zutreffend: Söhn in: Hübschmann/Hepp/Spitaler § 88 AO Rn. 256.
[849] Birkenfeld DStJG 1986, 245, 350.
[850] Zutreffend daher: Söhn in: Hübschmann/Hepp/Spitaler § 90 AO Rn. 131, 158.
[851] BFH Beschluss v. 17.3.1997 I B 123/95, BFH/NV 1997, 730.

Ob eine derart niedrige Anforderung an das Beweismaß genügen kann, erscheint allerdings zweifelhaft. Auch bei internationalen Sachverhalten gelten die allgemeinen Grundsätze über die Beweiswürdigung, Beweismaß, Schätzung, Beweisverwertungsverbote und die Beweislast[852], so dass verfahrensmäßig – auch aus europarechtlichen Gründen – für nationale und internationale Sachverhalte gleiches Recht gilt[853]. Folglich sind auch in Fällen der Verletzung von erhöhten Mitwirkungspflichten an das Beweismaß die Anforderungen des § 162 AO zu stellen, nämlich die der größtmöglichen Wahrscheinlichkeit[854]. Erhöht ist bei § 90 Abs. 2 AO nur der Umfang der Pflicht, nicht aber der der Sanktion für die Nichterfüllung[855]. Die Mitwirkungspflicht rechtfertigt daher bei ihrer Verletzung nur, dass früher negative Folgen bei der Beweiswürdigung eintreten können. Ansonsten könnte der Steuerpflichtige konsequenterweise den Überzeugungsgrad des Rechtsanwenders durch sein Verhalten verändern. Geeignetes Gegenmittel auf das pflichtwidrige Verhalten ist eine sorgfältige Würdigung der Pflichtverletzung[856]. So führt der BFH[857] in einem neueren Urteil zutreffend aus, dass bei einer Mitwirkungspflichtverletzung von dem Sachverhalt auszugehen ist, für den die „größte Wahrscheinlichkeit" spricht.

d) Verhältnis der erhöhten Mitwirkungspflicht zum internationalen Auskunftsverkehr

Die hier vertretene Auffassung bedeutet in der Folge auch, dass die Finanzbehörden, wenn der Steuerpflichtige seinen Mitwirkungspflichten nicht nachkommt, die Möglichkeiten des internationalen Auskunftsverkehrs ausschöpfen müssen. Dies folgt aus der Geltung[858] des Untersuchungsgrundsatzes auch bei Auslandssachverhalten. Soweit ihnen hierfür Rechtsinstitute zur Aufklärung zur Verfügung stehen, z.B. nach der EG-Amtshilferichtlinie oder sonstigen internationalen Abkommen, müssen sie diese verwenden[859].

---

852 Birkenfeld DStJG 1986, 245, 349 ff.; Dreßler, Gewinn- und Vermögensverlagerungen, S. 397; Ruppel BB 1995, 750, 753; Schaumburg, Internationales Steuerrecht, Rn. 19.5, S. 1290.

853 Kluge, Das Internationale Steuerrecht, W Rn. 3, S. 1027.

854 A.A. wohl: Hruschka IStR 2002, 753, 755; Dreßler, Gewinn- und Vermögensverlagerungen, S. 397 f., 419 f.: es reiche, wenn die Finanzbehörde von einem von ihr für *möglich* gehaltenen Sachverhalt ausgeht.

855 So auch: Ritter FR 1985, 34, 39.

856 Birkenfeld, Beweis und Beweiswürdigung im Steuerecht, S. 156 ff.

857 BFH Urteil v. 18.12.2002 I R 92/01, DB 2003, 1147, 1148 f.

858 Söhn in: Hübschmann/Hepp/Spitaler § 90 AO Rn. 154.

859 Zutreffend: Engler in: Vögele/Borstell/Engler, Verrechnungspeise, F Rn. 26, 93 ff.; Frotscher in: Schwarz § 162 AO Rn. 15; Rasch in: Becker/Kroppen, Verrechnungspreise, O Tz.

Es stellt sich hierbei allerdings die Frage, ob die Finanzbehörden im Wege der Amtsermittlung zunächst alle ihnen zur Verfügung stehenden (nationalen und internationalen) Ermittlungsmöglichkeiten, insbesondere die internationale Rechts- und Amtshilfe, (erfolglos) auszuschöpfen haben, bevor sie den Steuerpflichtigen zur Mitwirkung auffordern können. In nationalen Sachverhalten ergibt sich aus den §§ 90 ff. AO keine Subsidiarität der Mitwirkung des Steuerpflichtigen gegenüber der Amtsermittlung, so dass seine primäre Inanspruchnahme zulässig ist[860]. Dementsprechend soll nach der h.M.[861] die primäre Inanspruchnahme des Steuerpflichtigen auch bei internationalen Sachverhalten zulässig sein. Begründet wird dies mit der Wertung in § 93 Abs. 1 S. 3 AO, wonach Dritte erst dann zur Auskunftserteilung aufgefordert werden dürfen, wenn die Sachverhaltsaufklärung durch den Beteiligten keinen Erfolg verspricht. Diese Vorschrift sei bei der internationalen Rechts- und Amtshilfe ihrem Rechtsgedanken nach entsprechend anwendbar[862]. Da aber nach der hier vertretenen Auffassung die Mitwirkung des Steuerpflichtigen nach § 90 Abs. 2 und 3 AO gegen Gemeinschaftsrecht verstößt, führt dies konsequenterweise dazu, dass bei internationalen Sachverhalten mit der Gegenauffassung die internationale Amtshilfe vorrangig gegenüber der Mitwirkung des Steuerpflichtigen ist.
Für die Frage, ob die Inanspruchnahme der (internationalen) Rechts- und Amthilfe der privater Dritter (z.B. Banken) vorzugehen hat, ist anzumerken, dass den gesetzlichen Vorschriften der §§ 90 ff. AO kein Rangverhältnis zu entnehmen ist, so dass beide selbständig nebeneinander stehen. Jedoch dürfte erstere für den privaten Dritten die weniger eingreifende Maßnahme sein.

e) Zusammenfassung

Die Finanzbehörde und der Steuerpflichtige stehen bei der Sachverhaltsaufklärung in einem Kooperationsverhältnis, wobei die Letztverantwortung bei der Finanzbehörde verbleibt. Dementsprechend führt eine Mitwirkungspflichtverlet-

---

5.6 Rn. 14; a.A. Blumers/Frick/Müller, Betriebsprüfungshandbuch, C Rn. 149; Gebbers StBp 1986, 179 f.

860 A.A. Ernst & Young, Verrechnungspreise, B 107.

861 BMF, Merkblatt zur zwischenstaatlichen Amtshilfe durch Auskunftsaustausch in Steuersachen v. 3.2.1999, BStBl. I 1999, 228 Tz. 2.1.2; BMF, VerwGrs-Verfahren 2005, Tz. 2.4; so auch: Baranowski, Auslandsbeziehungen, Rn. 37; Dreßler StBp 1982, 233, 236, ders. StBp 1999, 253, 262; ders. Gewinn- und Vermögensverlagerungen, S. 396; Engler in: Vögele/Borstell/Engler, Verrechnungspreise, F Rn. 93; so „in der Regel", Schlagheck, Sachverhaltsermittlung, S. 169 f.; Schnitger BB 2002, 332, 333; Schreiber, Anforderungen an die Mitwirkungspflichten, S. 52 f.; Sommerfeld, Sachverhaltsermittlung, S. 174 f.; Wassermeyer in: Flick/Wassermeyer/Baumhoff § 1 AStG Rn. 822.1; a.A. Becker IWB 2001, F. 3, Gr. 1, 1765, 1767 f.; Reuß, Grenzen steuerlicher Mitwirkungspflichten, S. 131 ff.

862 Wassermeyer in: Flick/Wassermeyer/Baumhoff § 1 AStG Rn. 822.1.

zung nicht zur rechtlichen Einschränkung des Untersuchungsgrundsatzes. Die Finanzbehörden müssen trotz Mitwirkungspflichtverletzung weitere Aufklärungsmöglichkeiten, insbesondere die internationale Amtshilfe, in Anspruch nehmen. Zwar kann der Steuerpflichtige primär zur Sachverhaltsaufklärung herangezogen werden, dies gilt jedoch nicht in Fällen erhöhter Mitwirkungspflichten und der Dokumentation von Verrechnungspreisen. Die Mitwirkungspflichtverletzung kann im Rahmen der Beweiswürdigung nachteilig gewürdigt werden.

III. Schätzung der Besteuerungsgrundlagen

Kann ein steuererheblicher Sachverhalt nicht zur Überzeugung der Finanzbehörde oder des Finanzgerichts im Wege der Beweiswürdigung festgestellt werden, können die Besteuerungsgrundlagen geschätzt werden. Daher haben sowohl Schätzung als auch objektive Beweislastentscheidung gemeinsam, dass sie beide an ein non liquet als Ergebnis der Sachverhaltsermittlung anknüpfen[863]. Die Schätzung ist ein „Urelement der Besteuerung"[864]. *Tipke*[865] stellte zutreffend fest, wie sehr die Schätzung dem Steuerbegriff immanent ist, indem er den Zusammenhang innerhalb des französischen Wortes „taxe", das zum einen die Steuer, zum anderen aber auch die Schätzung oder Wertschätzung bezeichnet, aufzeigte.

1. Ziel der Schätzung

Die Schätzung nach § 162 AO ist eine besondere Art der Sachaufklärung im Wege freier Beweiswürdigung[866]. Es wird ein Sachverhalt zugrunde gelegt, der mit einem geringeren Grad an Überzeugung als dem der an Sicherheit grenzenden Wahrscheinlichkeit (Regelbeweismaß) festgestellt wird. Ziel der Schätzung ist der Ansatz derjenigen Besteuerungsgrundlagen, die die *größtmögliche Wahrscheinlichkeit der Richtigkeit* haben und der Wirklichkeit am nächsten kommen (gesetzliche Beweismaßreduzierung)[867].

Ausgangspunkt der Schätzung ist der tatsächlich aufgeklärte Sachverhalt[868]. Dabei sind wegen des Untersuchungsgrundsatzes alle Umstände zu berücksichtigen, die für die Schätzung von Bedeutung sind (§ 162 Abs. 1 S. 2 AO), d.h. sowohl steuererhöhende als auch steuermindernde Faktoren. Schätzungen müssen insgesamt in sich schlüssig, wirtschaftlich vernünftig und möglich sein [869], und sie dürfen nicht zu einer Strafsteuer führen[870], d.h. keinen sog. Strafzuschlag für die Mitwirkungspflichtverletzung enthalten[871]. Deshalb sind bewusst und willkürlich zum Nachteil des Steuerpflichtigen erfolgende Schätzungen unzuläs-

---

[863] Osterloh, Gesetzesbindung und Typisierungsspielräume, S. 228.

[864] Bettermann, 46. DJT 1966, Bd. II, Teil E, S. 26, 28.

[865] VerwArch 60 (1969), S. 136, 139 mit weiteren Beispielen.

[866] Vgl. BFH Urteil v. 18.5.1993 VII R 44/92, HFR 1993, 627, 628.

[867] Seer in: Tipke/Kruse § 162 AO Rn. 2, 29; nach a.A. sei auf eine überwiegende Wahrscheinlichkeit abzustellen, vgl. Martin BB 1986, 1021, 1029; Ritter FR 1985, 34, 38: wahrscheinlicher bzw. möglicher Sachverhalt.

[868] BFH Urteil vom 2.2.1982 VIII R 65/80, BStBl. II 1982, 409, 411.

[869] BFH Urteil v. 24.6.1997 VIII R 9/96, BStBl. II 1998, 51, 54.

[870] Herff KÖSDI 1998, 11545.

[871] Brinkmann in: Pump/Lohmeyer/Leibner § 162 AO Rn. 86.

sig[872], wohingegen Sicherheitszuschläge zu dessen Lasten zulässig bleiben[873]. Bei der Schätzung, insbesondere bei Verrechnungspreisen, ist häufig eine Bandbreite möglicher Wertansätze, ein sog. Schätzungsrahmen, gegeben. Ermessensgerecht ist es im Falle einer Mitwirkungspflichtverletzung, wenn sich die Finanzbehörde bei steuererhöhenden Besteuerungsgrundlagen an der oberen, bei steuermindernden Besteuerungsgrundlagen an der unteren Grenze des in Betracht kommenden Schätzungsrahmens ausrichtet[874]. Eine Schätzung ist nicht schon deswegen rechtswidrig oder gar nichtig[875], weil sie von den tatsächlichen Verhältnissen abweicht. Diese Abweichungen sind typischerweise einer Schätzung immanent, die in Unkenntnis der wahren Gegebenheiten erfolgt[876]. Je geringer die tatsächlichen Anhaltspunke sind, desto größer sind die Unsicherheitsfaktoren, desto mehr wird das Schätzen zum Mutmaßen und Greifen[877].

2. Voraussetzungen der Schätzung

§ 162 Abs. 1 AO erlaubt eine Schätzung für den Fall, dass die Finanzbehörde – unabhängig von einer Mitwirkungspflichtverletzung des Steuerpflichtigen – die Besteuerungsgrundlagen nicht ermitteln oder berechnen kann. Zwingende Voraussetzung einer Schätzung ist daher, dass zuerst „eine vollständige Sachverhaltsaufklärung mit dem Ziel der Gewissheitserlangung"[878] versucht wurde. Dies umfasst wie dargelegt auch die Inanspruchnahme von internationaler Rechts- und Amtshilfe[879].

§ 162 Abs. 2 AO ist dagegen zugeschnitten auf den Fall, dass der Steuerpflichtige seine Mitwirkungs-, Informations- und Nachweispflichten verletzt. Umstritten ist das Verhältnis von § 162 Abs. 1 AO zu Abs. 2, insbesondere die Frage, ob auch im Falle einer Mitwirkungspflichtverletzung eine Schätzung nur dann erfolgen darf, wenn zuvor die Ermittlung des Sachverhaltes erfolglos geblieben ist.

---

872 BFH Urteil v. 20.12.2000 I R 50/00, BStBl. II 2001, 381, 383 m.w.N.

873 Baum in: Koch/Scholtz § 162 AO Rn. 4; Brinkmann in: Pump/Lohmeyer/Leibner § 162 AO Rn. 86.

874 Vgl. Kapitel B.II.2.c)ee) und B.II.2.d)gg)(1)(b)(ff); BFH Beschluss v. 1.12.1998 III B 78/97, BFH/NV 1999, 741; Urteil v. 20.12.2000 I R 50/00, BStBl. II 2001, 381, 382 m.w.N.; Apitz StBp 2002, 107, 108; Bruschke StB 2003, 253; so grds. auch Engler in: Vögele/Borstell/Engler, Verrechnungspeise, F Rn. 90; von Wedelstädt AO-StB 2002, 275, 276.

875 Zusammenfassung der Rspr. zur Nichtigkeit von Schätzungsbescheiden bei: Schmidt-Liebig INF 1996, 577 f.; ders. NWB F. 17, 1881, 1893 f.

876 Schreiber, Anforderungen an die Mitwirkungspflichten, S. 59.

877 Tipke VerwArch 60 (1969), 136, 140.

878 M. Schmidt, Beweislast, S. 260.

879 A.A. BMF, VerwGrs-Verfahren 2005, Tz. 4.5.

Ein *Teil der Literatur*[880] nimmt an, dass es sich um zwei selbständige Vorschriften handelt, § 162 Abs. 2 AO daher nicht bloß ein Unterfall des Abs. 1 sei. Der Wortlaut "insbesondere dann" sei eine Präzisierung des in § 162 Abs. 1 AO festgelegten Grundsatzes, dass nämlich die Finanzbehörde zu schätzen hat, wenn sie die Besteuerungsgrundlagen nicht ermitteln oder berechnen kann. Abs. 2 umschreibt jene Fälle, die als nicht ermittelbar oder berechenbar i.S.d. Abs. 1 zu werten sind. Das hat zur Folge, dass die Schätzung formell immer stattzufinden hat, wenn die speziellen Voraussetzungen des Abs. 2 erfüllt sind[881].
Nach der *Gegenauffassung*[882] sei § 162 Abs. 2 AO keine selbständige Vorschrift. Vielmehr knüpfe die Regelung an § 162 Abs. 1 AO an und setze diesen voraus. Eine solche Sicht bedeutet, dass eine Schätzung bei der Verletzung von Mitwirkungspflichten erst dann zulässig ist, wenn auch anderweitige Ermittlungsmöglichkeiten der Finanzbehörden nicht zum Erfolg geführt haben[883].
Betrachtet man die erstgenannte Auffassung, so fällt auf, dass die Finanzbehörden im Falle einer Mitwirkungspflichtverletzung nach § 162 Abs. 2 AO die Besteuerungsgrundlagen schätzen dürften, auch wenn sie ermittelbar wären. Ein derartiges Verständnis verstößt aber gegen den Untersuchungsgrundsatz. Der Wortlaut des § 162 Abs. 2 S. 1 AO („insbesondere“) bezieht sich auf Abs. 1 S. 1. Hiernach sind die Fälle der Mitwirkungspflichtverletzung nur Unterfälle des „nicht ermitteln bzw. nicht berechnen Könnens“. Auch die Gesetzesbegründung geht nicht von einer Selbständigkeit von § 162 Abs. 2 AO aus, wenn sie davon spricht, dass geschätzt werde, „wenn eine sichere Feststellung trotz aller entsprechender Bemühungen nicht möglich ist“[884]. Dies zugrundelegend, ist zu dem Schluss zu gelangen, dass eine Schätzung auch im Falle einer Mitwirkungspflichtverletzung nur erfolgen darf, wenn der Sachverhalt nicht ermittelbar ist.

---

880 Sauer in: Beermann § 162 AO Rn. 41; von Wallis in: Hübschmann/Hepp/Spitaler (EL 126 v. Februar 1989) § 162 AO Rn. 10, 18, dem widersprechend in Fn. 16, 65.
881 Sauer in: Beermann § 162 AO Rn. 41.
882 Cöster in: Pahlke/Koenig § 162 AO Rn. 52; Engler in: Vögele/Borstell/Engler, Verrechnungspeise, F Rn. 31; Gombert, Schätzung, S. 79 f.; Hey, Beweislast und Vermutungen, S. 48; Reiß, Besteuerungsverfahren und Strafverfahren, S. 265; Seer in: Tipke/Kruse § 162 AO Rn. 32; Trzaskalik in: Hübschmann/Hepp/Spitaler § 162 AO Rn. 21; vgl. Reichel StB 1981, 165, 166.
883 Frotscher in: Schwarz § 162 AO Rn. 12 ff.; Reichel, Schätzung, S. 40; Schromek, Mitwirkungspflichten, S. 166 f.
884 BT-Drs. VI/1982 v. 19.3.1971, zu § 143, S. 147.

3. Begriff der Besteuerungsgrundlagen

Nicht nur die Voraussetzungen der Schätzung sind umstritten, auch der Gegenstand, auf den sich die Schätzung bezieht, also die Frage, was „Besteuerungsgrundlagen" sind, wird uneinheitlich beurteilt.

a) Meinungsstand

Nach der heute *h.M.*[885] dürfen nur Quantitäten geschätzt werden, z.B. der Gewinn, Umsatz, Vermögen, Sonderausgaben oder der Gewerbeertrag. Nicht zu diesen Besteuerungsgrundlagen gehöre der Grundsachverhalt (das „Ob"). „Schätzen" bedeute danach ausschließlich zahlenmäßiges Veranschlagen[886]. Der Grundsachverhalt, z.B. das Unterhalten eines Gewerbebetriebs durch den Steuerpflichtigen, sei dagegen festzustellen und dürfe nicht geschätzt werden. Er bilde nur Grundlage, nicht Gegenstand der Schätzung[887]. Auch im Urteil des BFH vom 17.10.2001[888] findet sich die Aussage, dass eine Schätzung nur dann gerechtfertigt sei, wenn die Pflichtverletzung sich auf eine Rechtsfolge, d.h. auf

---

[885] Assmann StBp 2001, 255, 259; Berg, Die verwaltungsrechtliche Entscheidung, S. 122; Besson, Steuergeheimnis, S. 110 f.; Bettermann 46. DJT 1966, Bd. II, Teil E, S. 26, 30; Birk, Steuerrecht, Rn. 425; Birkenfeld, Beweis und Beweiswürdigung im Steuerrecht, S. 123 ff.; ders. DStJG 1986, 245, 331; Brockmann, Lebenserfahrungssätze, S. 47 ff.; Engler in: Vögele/Borstell/Engler, Verrechnungspeise, F Rn. 29; Frotscher in: Schwarz § 162 AO Rn. 8; Hartmann/Cortrie Wpg 1981, 165, 170; Herff KÖSDI 1998, 11545, 11549; Hey, Beweislast und Vermutungen, S. 53 f.; Hild DB 1996, 2300, 2301; Jakob, Abgabenordnung, Rn. 213, 219 Fn. 33; Klein, Beweislast, S. 10 f.; Kottke INF 1992, 462, 465; Marx, Untersuchungsmaxime, S. 170; Meyer, Beweislastprobleme, S. 5 ff.; Nierhaus, Beweismaß, S. 78 f.; Oppenländer, Verdeckte Gewinnausschüttung, S. 193 ff.; Sauer in: Beermann § 162 AO Rn. 34 f.; Schmidt-Liebig NWB F. 17, 1847, 1848 f.; Söhn in: Hübschmann/Hepp/Spitaler § 88 AO Rn. 227; Sommerfeld, Sachverhaltsermittlung, S. 318; Tipke VerwArch 60 (1969), 136, 142; Trzaskalik in: Hübschmann/Hepp/Spitaler § 162 AO Rn. 14 ff., 26; Wassermeyer in: Flick/Wassermeyer/Baumhoff § 1 AStG Rn. 822; Weber-Grellet StuW 1981, 48, 55 f.; Zapf, Beweislast und Beweisführungslast im Steuerprozess, S. 65 ff.; unklar: Brinkmann in: Pump/Lohmeyer/Leibner § 162 AO Rn. 14 ff.

[886] Hartmann/Cortrie Wpg 1981, 165, 170.

[887] Frotscher in: Schwarz § 162 AO Rn. 8.

[888] I R 103/00, BStBl. II 2004, 171, 175; zustimmend: Crezelius IStR 2002, 433, 439 ff.; ablehnend: Cöster in: Pahlke/Koenig § 162 AO Rn. 52, da die Differenzierung entbehrlich sei. Die bisherige Rechtsprechung ist uneinheitlich: Gegen eine Schätzung dem Grunde nach: BFH Urteil v. 18.12.2002 I R 92/01, DB 2003, 1147, 1148 f. (hier allerdings analoge Anwendung von § 162 AO); BFH Urteil v. 19.10.1978 V R 39/75, BStBl. II 1979, 345, 347; Für eine Schätzung auch dem Grunde nach: RFH Urteil v. 7.3.1922 V A 293/21, RFHE 8, 304, 305; v. 28.3.1927 VI A 452/27, RStBl. 1928, 186; BFH v. 5.10.1967 V 108/64, BStBl. II 1968, 99, 100.

numerische Besteuerungsgrundlagen beziehe, da es im Bereich der Tatbestandsvoraussetzungen keine Schätzung gebe[889].

Gegenteilig hierzu wird *vertreten*[890], dass die Schätzung sowohl der Höhe als auch dem Grunde nach zulässig sei. Dementsprechend können also nicht nur die quantifizierbaren Umstände geschätzt werden, sondern auch der Grundsachverhalt.

b) Stellungnahme

Mag es vom unbefangenen Verständnis her grundsätzlich schwer vorstellbar erscheinen, eine Sachlage wie etwa den Eintritt einer Erbschaft oder das Betreiben eines Gewerbebetriebs „schätzen" zu wollen, ist dennoch die letztgenannte Ansicht vorzugswürdig.

aa) Wortlaut der Regelung

Ausgangspunkt der Überlegung ist der Wortlaut der Regelung. „Schätzen" bedeutete seinem Ursprung nach „einen Wert veranschlagen" und „besteuern"; gewahrt blieb dabei jedoch nur die erste Bedeutung[891], also das näherungsweise Bestimmen von Gewicht, Länge, Höhe, Alter und Wert einer Sache[892]. Dies berücksichtigend liegt nahe, eine Schätzung nur auf quantifizierbare Umstände zu beziehen, da ansonsten die Grenze der Interpretation überschritten werde[893]. Doch muss auch beachtet werden, dass das Wort in der Umgangssprache auch „annehmen, vermuten, für wahrscheinlich halten"[894] bedeutet. In die Überlegung einzubeziehen ist auch der sprachliche Zusammenhang, wonach Besteuerungsgrundlagen zu schätzen sind, wenn die Finanzbehörde sie nicht „ermitteln oder berechnen" kann. Die Differenzierung zwischen „ermitteln" im Gegensatz zum „berechnen" deutet darauf hin, dass auch nicht quantifizierbare Umstände ge-

---

[889] Wassermeyer in: Flick/Wassermeyer/Baumhoff § 1 AStG Rn. 822.

[890] Baum in: Koch/Scholtz § 162 AO Rn.2; Gombert, Schätzung, S. 61 ff., 72; Helsper in: Koch/Scholtz § 88 Rn. 17; Kuckhoff/Schreiber IWB F. 3, Gr. 1, 1863, 1869; Müller AO-StB 2004, 156, 158; Rüsken in: Klein § 162 AO Rn. 9 f.; M. Schmidt, Beweislast, S. 266 ff.; i.E. Schmidt-Liebig in: Schröder/Muuss, Betriebsprüfung, 3450, S. 25 f.; Teske, Besteuerungsverfahren, S. 59 f.; von Wedelstädt AO-StB 2002, 275, 278; ders. in: Kühn/von Wedelstädt § 162 AO Rn. 12; so wohl auch: Martens StuW 1981, 322, 328 und Schreiber, Anforderungen an die Mitwirkungspflichten, S. 59; Weber, Mitwirkungspflichten nach der Abgabenordnung, S. 145; für zürcherisches Recht: Zweifel, Sachverhaltsermittlung, S. 129 ff. (sog. Ermessensveranlagung); differenzierend nach steuerbegründenden und -erhöhenden Umständen und Risikosphäre: Seer, Verständigungen in Steuerverfahren, S. 193; ders. in: Tipke/Kruse § 162 AO Rn. 20; ihm folgend: Cöster in: Pahlke/Koenig § 162 AO Rn. 33.

[891] Duden, Herkunftswörterbuch, „schätzen", S. 707.

[892] Duden, Das große Wörterbuch der deutschen Sprache, „schätzen", S. 3328.

[893] Müller-Franken, Maßvolles Verwalten, S. 324.

[894] Duden, Das große Wörterbuch der deutschen Sprache, „schätzen", S. 3328.

schätzt werden können[895]. Denn die AO verwendet den Begriff „ermitteln" regelmäßig im Zusammenhang mit der Ermittlung des Sachverhaltes (vgl. § 88 Abs. 1 S. 1 AO), meint damit also auch nicht quantifizierbare Umstände.
Es wird vielfach vorgebracht, dass, wenn der Gesetzgeber die Möglichkeit der Schätzung eines Sachverhalts gewollt hätte, er nicht den Begriff der „Besteuerungsgrundlagen", sondern den des „Sachverhalts" hätte verwenden können. Da er dies nicht getan hat, müsse unter Besteuerungsgrundlagen etwas anderes verstanden werden[896]. Ein solcher Schluss liegt nahe, zwingend ist er aber nicht. Besteuerungsgrundlagen sind nach dem Wortverständnis die Grundlagen, auf die die Besteuerung gestützt wird und damit alle Faktoren, die letztlich zur Festsetzung der Steuer führen[897]. Die Besteuerung wird aber nicht nur auf die Höhe der Einkünfte gestützt, sondern auch auf den den Einkünften zugrunde liegenden Sachverhalt. Dies bestätigt sich dadurch, dass auch § 38 AO, indem er eine Besteuerung nur zulässt, wenn ein steuerlicher Tatbestand verwirklicht wurde, den Tatbestand als Grundlage der Besteuerung versteht. Für ein derartiges Verständnis spricht zudem, dass auch in den §§ 88, 90 AO nicht irgendwelche Lebenssachverhalte ermittelt werden, sondern nur diejenigen, die für die Steuerfestsetzung bedeutsam sind, also diejenigen, die zur Grundlage der Besteuerung werden.

bb) Systematischer Zusammenhang zu § 199 AO

Der Gesetzgeber hat in § 199 Abs. 1 AO die Besteuerungsgrundlagen legaldefiniert als „die tatsächlichen und rechtlichen Verhältnisse, die für die Steuerpflicht und für die Bemessung der Steuer maßgebend sind". Durch Erwähnung der tatsächlichen Verhältnisse wird hier also auch der Lebenssachverhalt erfasst. Gegen eine entsprechende Anwendung der Legaldefinition auf die Schätzung wird jedoch vorgebracht, dass es sich hierbei ihrem systematischen Standort nach um eine auf die Außenprüfung beschränkte Sonderregelung handele[898]. Dem kann in der Tat nichts entgegengebracht werden und so spricht die systematische Stellung gegen eine Anwendung der Legaldefinition auf die Schätzung und damit gegen eine Schätzung des Grundsachverhaltes.

cc) Wille des Gesetzgebers

Mag die Legaldefinition auch nicht unmittelbare Anwendung finden, so lässt sich für die Anwendung der Schätzung auf Grundsachverhalte der gesetzgeberische Wille einbringen. Die Gesetzesbegründung geht von einem weiten Ver-

---

[895] Gombert, Schätzung, S. 61 f.
[896] U.a. Zapf, Beweislast und Beweisführungslast im Steuerprozess, S. 65.
[897] Weber, Mitwirkungspflichten nach der Abgabenordnung, S. 139.
[898] Müller-Franken, Maßvolles Verwalten, S. 323; Weber-Grellet StuW 1981, 48, 55.

ständnis der Regelung aus, wenn sie die Schätzung als das äußerste Mittel der Finanzbehörde einstuft, „um die Besteuerungsgrundlagen mit Hilfe von Wahrscheinlichkeitserwägungen – *dem Grunde und der Höhe nach* [Hervorhebung des Verf.] – möglichst zutreffend festzustellen.“[899] Hiernach erfasst der Begriff der Besteuerungsgrundlagen entsprechend der Legaldefinition des § 199 AO die tatsächlichen und rechtlichen Verhältnisse[900].

dd) Rechtsstaatlicher Zusammenhang

Während eine Schätzung von Quantitäten aufgrund von Wahrscheinlichkeiten aus Gründen der Erleichterung der Ermittlungen und der Gleichmäßigkeit der Besteuerung gerechtfertigt ist, wird befürchtet, dass eine Schätzung von Grundsachverhalten zu einer „Besteuerung auf Verdacht“ führe, was mit dem Rechtsstaatsprinzip nicht zu vereinbaren sei[901].

Diese Bedenken können allerdings angesichts der folgenden Argumente zurückgewiesen werden.

Zunächst ist zu berücksichtigen, dass eine Besteuerung auf Verdacht nur dann anzunehmen wäre, wenn das (Regel-)Beweismaß durch die Schätzung von Anfang an reduziert würde. Dann müsste die Finanzbehörde nur bis zum Eintritt einer größtmöglichen Wahrscheinlichkeit ermitteln, wodurch sie von einem Teil ihrer Ermittlungspflichten entlastet würde. Eine Reduzierung von vornherein ist bei konsequenter Anwendung des Untersuchungsgrundsatzes indes gerade ausgeschlossen. Denn dieser verlangt, dass die Finanzbehörde zur Erzielung einer an Sicherheit grenzenden Wahrscheinlichkeit alle finanzbehördlichen Ermittlungsmöglichkeiten ausschöpft, und reduziert erst dann, wenn dies gescheitert ist, das Beweismaß auf die größtmögliche Wahrscheinlichkeit. Dadurch ist die Wahrscheinlichkeit einer Fehlentscheidung bei der Schätzung geringer als bei von vornherein gemindertem Beweismaß.

Ein restriktives Verständnis der Schätzung vermag auch im Hinblick auf die gesetzgeberische Wertung in § 162 AO nicht zu überzeugen. Diesem kann entnommen werden, dass bei Unmöglichkeit der sicheren Feststellung der Besteuerungsgrundlagen das materielle Steuergesetz offenbar anstatt – wie üblich – durch eine Beweislastentscheidung zuverlässiger durch Wahrscheinlichkeits-

---

[899] BT-Drs. VI/1982 v. 19.3.1971, zu § 143, S. 147.

[900] So auch: Osterloh, Gesetzesbindung und Typisierungsspielräume, S. 242 f. Fn. 55; a.A. Dagegen wird vorgebracht, dass die historische und genetische Auslegung nicht den Ausschlag geben könne, Müller-Franken, Maßvolles Verwalten, S. 323 f.

[901] Müller-Franken, Maßvolles Verwalten, S. 325 f. m.w.N.; in diesem Sinne auch Klein, Beweislast, S. 11, der befürchtet, dass eine Befugnis zur Schätzung auch des Grundsachverhaltes zu einer Aufhebung des Grundsatzes der vollen Überzeugung (Regelbeweismaß) führen würde.; vgl. Osterloh, Gesetzesbindung und Typisierungsspielräume, S. 250 m.w.N.; vgl BFH Urteil v. 19.10.1978 V R 39/75, BStBl. II 1979, 345, 347;

überlegungen umgesetzt werden kann[902]. Eine Tatsachenfeststellung aufgrund größtmöglicher Wahrscheinlichkeit der Richtigkeit lockert nicht den strikten Vollzug der materiellen Steuergesetze, sondern führt im Gegenteil gerade zu deren größtmöglicher Verwirklichung. Die Gesetzmäßigkeit der Besteuerung verlangt kein Beweismaß der vollen Überzeugung, sondern sie kann durch ein geringeres Beweismaß ebenso und u.U. sogar besser erfüllt sein[903]. Ansonsten unterbliebe möglicherweise eine Steuerfestsetzung, obwohl der Tatbestand, an den das Gesetz die Leistungspflicht knüpft, tatsächlich verwirklicht worden ist (z.B. steuerbegründende Tatsachen, für die die Finanzbehörde die Beweislast trägt, bleiben infolge der Nichtmitwirkung des Steuerpflichtigen unbekannt)[904]. Die Schätzung ist weitaus besser als eine starre Beweislastregelung geeignet, dem Ideal einer nicht lediglich formal, sondern auch materiell gerechten Fallentscheidung nahe zu kommen[905], führt letztere schließlich zu einer Alles-oder-Nichts-Entscheidung. Kann der Sachverhalt nicht zur Gewissheit festgestellt werden, wird er nicht zugrunde gelegt, sondern eine Beweislastentscheidung getroffen. Diese kann materiell entweder nur zutreffend oder nur unzutreffend sein (ein Gewerbebetrieb besteht oder besteht nicht). Ein unter der Schwelle der Gewissheit feststehender Sachverhalt wird demnach nicht mehr berücksichtigt, dennoch kann er zutreffend sein. Dadurch entfernt sich die (Beweislast-) Entscheidung des Richters von der materiellen Wahrheit, vom Steuertatbestand und daher auch von der Gesetzmäßigkeit und Gleichmäßigkeit der Besteuerung.

Versteht man unter Besteuerungsgrundlagen i.S.d. § 162 AO auch den Grundsachverhalt, ergibt sich zwar vorerst kein anderes Bild, führt doch auch die Schätzung beim Grundsachverhalt zu einer Alles-oder-Nichts-Entscheidung (ein Gewerbebetrieb besteht oder besteht nicht, er besteht aber nicht nur halb)[906]. Der Unterschied ist aber darin zu sehen, dass bei Berücksichtigung von Sachverhalten, die nicht zur Gewissheit, aber zur größtmöglichen Wahrscheinlichkeit feststehen, die Quote von Fehlentscheidungen reduziert wird. Dadurch wird die Entscheidung dem Steuertatbestand angenähert.

---

[902] So auch: Seer, Verständigungen in Steuerverfahren, S. 185.

[903] Seer, Verständigungen in Steuerverfahren, S. 186.

[904] Gombert, Schätzung, S. 123 f.

[905] Kraft NJW 1967, 192.

[906] Dagegen ist klar, dass bei quantitativen Elementen eine Schätzung der Höhe, z.B. bei Aufteilungen, zu näher an der Wahrheit liegenden Ergebnissen führt als das Alles-oder-Nichts-Prinzip.

Ebenso ist dem Argument, durch Schätzung des Grundsachverhaltes wäre die Beweislast überflüssig, da jeder Zweifel schon auf Ebene der Beweiswürdigung mit Wahrscheinlichkeitserwägungen zu beseitigen sei[907], zu widersprechen. Auch die Schätzung kommt nur dann zu einem Ergebnis, wenn ein Sachverhalt mit größtmöglicher Wahrscheinlichkeit feststeht, was nicht immer der Fall ist. Zudem kommt man mit der die Schätzung als eine Beweiswürdigung mit einem abgemilderten Beweismaß verstehenden h.M. zu dem Ergebnis, dass diese doch nichts anderes darstellt als eine „Verlängerung" der ursprünglichen Beweiswürdigung. Hier liegt keine „Sachverhaltsschätzung" vor, sondern eine Beweiswürdigung bei Zulässigkeit eines Wahrscheinlichkeitsurteils[908]. Da aber auch die ursprüngliche Beweiswürdigung den Grundsachverhalt erfasst, wäre es aus einer solchen Betrachtungsweise heraus nicht verständlich, wenn man nun bei der verlängerten Beweiswürdigung den Grundsachverhalt ausschlösse.
Weiter spricht für die Erfassung von Grundsachverhalten auch der Umstand, dass sich eine Unterscheidung zwischen Grundsachverhalt und „Quantitäten" häufig nicht zweifelsfrei vornehmen lässt. So setzt – ist z.B. die Existenz eines Gewerbes festgestellt – die Schätzung von Quantitäten doch stets die Annahme bestimmter (gewerblicher) Geschäftsvorfälle voraus. Folglich werden auch hier in einer Vorstufe „nichtquantitative" Lebenssachverhalte geschätzt[909].
Auch ergäben sich, würde man die Schätzung von Grundsachverhalten nicht zulassen, paradoxe Ergebnisse. In einem solchen Fall wäre derjenige vor einer Schätzung geschützt, der es versteht, unversteuerte Einkünfte so geschickt (u.U. mit hoher krimineller Energie) vor den Finanzbehörden zu verbergen, dass noch nicht einmal der Grundsachverhalt hinreichend klar ermittelt werden kann[910].
Daher ist davon auszugehen, dass § 162 Abs. 1 und 2 AO auch die Schätzung des Grundsachverhalts erfassen.
Es ist an dieser Stelle abschließend noch zu bemerken, dass die Gegenauffassung meist über die Grundsätze der Beweisvereitelung entsprechend § 444 ZPO i.V.m. § 155 FGO[911] bzw. durch analoge Anwendung des § 162 Abs. 2 AO[912] zu

---

907 Klein, Beweislast, S. 10; vgl. Zapf, Beweislast und Beweisführungslast im Steuerprozess, S. 68 f.

908 Zutreffend: Martin BB 1986, 1021, 1029 f.

909 So auch: Brinkmann in: Pump/Lohmeyer/Leibner § 162 AO Rn. 15; ähnlich: Osterloh, Gesetzesbindung und Typisierungsspielräume, S. 232.

910 So zutreffend: Brinkmann in: Pump/Lohmeyer/Leibner § 162 AO Rn. 16; vgl. das Fallbeispiel bei: Gombert, Schätzung, S. 123.

911 Vgl. Weber, Mitwirkungspflichten nach der Abgabenordnung, S. 137 ff., 145; vgl. von Wedelstädt AO-StB 2002, 275, 278; z.B. Birkenfeld, Beweis und Beweiswürdigung im Steuerrecht, S. 130 ff.; Müller-Franken, Maßvolles Verwalten, S. 326 f.; Der Vorteil der analogen Anwendung des § 444 ZPO gegenüber einer bloßen Berücksichtigung bei der Beweiswürdi-

ähnlichen Ergebnissen kommen wird. Unterschiedliche Ergebnisse können dann auftreten, wenn überhaupt keine Pflichtverletzung, sondern ein Fall des § 162 Abs. 1 AO vorliegt. Weiter dann, wenn ausnahmsweise einmal eine schuldlose Pflichtverletzung vorliegt (denn dann liegt keine Beweisvereitelung i.S.d. § 444 ZPO vor) oder die Grundsätze über die Beweiswürdigung die Beweislücke, die die Pflichtverletzung „geschlagen" hat, nicht zu überbrücken vermögen. Auch ist denkbar, dass die Grundsätze schlichtweg nicht angewendet werden. In diesem Fall müsste die *Gegenauffassung*[913] konsequent zur Anwendung der Regeln über die objektive Beweislast kommen, während nach der hier vertretenen Auffassung die Schätzungsvorschrift trotzdem Anwendung finden kann.

4. Erforderlichkeit einer teleologischen Reduktion des § 162 AO

Aufgrund der Überlegung, dass der Steuerpflichtige, der seine Mitwirkungspflichten verletzt, nicht besser gestellt werden soll als ein pflichtgemäß handelnder Steuerpflichtiger, wird in der Literatur vorgeschlagen, die Schätzungsvorschrift in bestimmten Fällen teleologisch zu reduzieren.

So wird vertreten, die Schätzungsvorschrift nur dann anzuwenden, wenn der Steuerpflichtige das Sachaufklärungsdefizit aufgrund Verletzung seiner Mitwirkungspflicht verursacht hat[914], oder wenn ihn die Beweislast für die nicht aufgeklärten Umstände trifft[915].

Differenzierter ist Seers Theorie der sphärenorientierten Beweisrisikoverteilung[916], der danach unterscheidet, in wessen Sphäre das Sachaufklärungsdefizit liegt und wer für die aufzuklärenden Umstände nach der Normbegünstigungstheorie die Beweislast für diesen Umstand tragen müsste. Bei *ordnungsgemäßer*

---

gung sei der, dass dem Richter in deutlicher Abweichung von § 286 ZPO ausnahmsweise auch dann von der Gegebenheit einer Behauptung auszugehen gestattet, wenn er sich davon nicht hat überzeugen können. Er enthalte also eine über die Beweiswürdigung hinausgehende eigenständige Sanktionsmöglichkeit, Prütting, Beweislast, S. 188. Dagegen spricht m.E., dass man für das Steuerrecht genau für diesen Fall eine zusätzliche Sanktionsmöglichkeit erhält, nämlich die Schätzung. Deshalb ist dieses Argument – zumindest für das Steuerrecht – nicht stichhaltig.

912 So: BFH Urteil v. 18.12.2002 I R 92/01, DB 2003, 1147, 1148 f.

913 Vgl. Birkenfeld, Beweis und Beweiswürdigung im Steuerrecht, S. 136 f.

914 Weber-Grellet StuW 1981, 48, 56; vgl. Tenbrock, Beweislast, S. 121 f., 126 f., der die Vorschrift dann nicht anwenden will, wenn der Steuerpflichtige alles Zumutbare unternommen hat, um die Vollständigkeit und Richtigkeit seiner Erklärung zu belegen oder glaubhaft zu machen.

915 Reinisch BB 1963, 1107, 1112.

916 Seer, Verständigungen in Steuerverfahren, S. 193 f.: ders. in: Tipke/Lang Steuerrecht, § 21 Rn. 216 f.; ähnlich: Schär, Beweislastverteilung, S. 365 f.

Mitwirkung des Steuerpflichtigen sei die Finanzbehörde im Falle *steueraufhebender oder -entlastender* Tatsachen zur Schätzung verpflichtet. Dagegen dürfe bei Vorliegen *steuerbegründender bzw. -erhöhender* Umstände eine Schätzung (zum Nachteil des Steuerpflichtigen) nicht erfolgen (da das Sachaufklärungsdefizit nicht dem Steuerpflichtigen zugerechnet werden kann), sondern es muss eine für die Finanzbehörde nachteilige Beweislastentscheidung ergehen. Bei einem Sachaufklärungsdefizit *aufgrund Mitwirkungspflichtverletzung* des Steuerpflichtigen müsse bei *steuerbegründenden bzw. -erhöhenden Umständen* eine Schätzung erfolgen. Hingegen wird bei *steueraufhebenden oder -entlastenden Umständen* zum Nachteil des Steuerpflichtigen eine teleologische Reduktion der Schätzung erwogen (da das Sachaufklärungsdefizit dem Steuerpflichtigen zugerechnet werden kann), so dass eine für ihn nachteilige Beweislastentscheidung ergeht[917].

Seers Verdienst ist es, mit der Theorie der sphärenorientierten Beweisrisikoverteilung die Elemente der Normbegünstigungstheorie, der Pflichtverletzung und der unterschiedlichen Sphären zu kombinieren. Deshalb wird sie meist zu praktikablen Ergebnissen führen, die sich dadurch hervorheben, dass der mitwirkungswillige Steuerpflichtige belohnt, der mitwirkungsunwillige dagegen bestraft wird. Die teleologische Reduktion der Schätzungsvorschrift ist aber nicht zwingend erforderlich[918]. So ist sie im Fall der ordnungsgemäßen Mitwirkung nicht geboten, weil eine Beweislastentscheidung zu einer nicht unbedingt wahrheitsnäheren Alles-oder-Nichts-Entscheidung führt. Eine stets für die Finanzbehörde nachteilige Entscheidung ist mit der Gesetzmäßigkeit der Besteuerung nicht zu vereinbaren[919]. Deshalb ist, wenn der Steuerpflichtige seine Mitwirkungspflichten nicht verletzt hat, sowohl bei steuermindernden als auch bei steuerbegründenden Umständen vorrangig eine Schätzung durchzuführen.

Auch im Fall der Mitwirkungspflichtverletzung ist eine teleologische Reduktion des § 162 Abs. 2 AO nicht erforderlich. Denn zum einen hat die Finanzbehörde als Ausfluss des Untersuchungsgrundsatzes nach § 162 Abs. 1 S. 2 AO bei der Schätzung alle Umstände zu berücksichtigen, die für die Schätzung von Bedeutung sind, worunter auch für den Steuerpflichtigen günstige Umstände, daher auch steueraufhebende Tatsachen, fallen. Zum anderen wird es praktisch kaum Fälle geben, in denen eine Finanzbehörde, die eine an Sicherheit grenzende

---

[917] Osterloh, Gesetzesbindung und Typisierungsspielräume, S. 233 f., 236; Schär, Beweislastverteilung, S. 365 f.; Seer, Verständigungen in Steuerverfahren, S. 193; ders. in: Tipke/Kruse § 162 AO Rn. 5 f.; § 96 FGO Rn. 91; i.E. auch Brinkmann in: Pump/Lohmeyer/Leibner § 162 AO Rn. 53.

[918] Ausführlich: Gombert, Schätzung, S. 124 ff.

[919] Gombert, Schätzung, S. 127 f.

Wahrscheinlichkeit verneint hat, eine größtmögliche Wahrscheinlichkeit hinsichtlich der steueraufhebenden Tatsachen annehmen wird[920]. Folglich wird sie hier meist zu einer für den Steuerpflichtigen nachteiligen Beweislastentscheidung kommen.
Die Abhängigkeit der Schätzung von den oben dargestellten Einteilungsmöglichkeiten (Mitwirkungspflichtverletzung, Beweisrisikosphären sowie steuerbegründende und steuervermindernde Umstände) lässt sich außerdem dem Wortlaut des § 162 Abs. 1 und 2 AO und der Gesetzesbegründung nicht entnehmen.
Gegen eine Differenzierung zwischen steuerbegründenden und -aufhebenden Umständen bei Mitwirkungspflichtverletzung des Steuerpflichtigen spricht auch die Sichtweise des Gesetzgebers durch die Einfügung von § 90 Abs. 3 S. 1 und 2 AO. Im Falle einer Mitwirkungspflichtverletzung besteht eine widerlegbare Vermutung höherer Einkünfte, wobei der Gesetzgeber davon ausgeht, dass diese Einkünfte geschätzt werden können. Höhere Einkünfte können darauf beruhen, dass Verrechnungspreise des Steuerpflichtigen als steuerbegründende bzw. -erhöhende Umstände (Einnahmen) zu niedrig angesetzt wurden, oder darauf, dass Verrechnungspreise des Steuerpflichtigen als steuervermindernde Umstände (Ausgaben) zu hoch angesetzt wurden. Der Gesetzgeber ordnet die widerlegbare Vermutung aber nur der Mitwirkungspflichtverletzung zu, differenziert daher nicht danach, ob den höheren Einkünften ein steuerbegründender/-erhöhender oder ein steuermindernder Umstand zugrunde liegt. Konsequenterweise müsste aber die Literaturansicht, die eine teleologische Einschränkung der Schätzung im Falle einer Mitwirkungspflichtverletzung hinsichtlich steueraufhebender Umstände vertritt, hinterfragen, ob die höheren Einkünfte (hypothetisch) steuerbegründenden bzw. steuererhöhenden oder steueraufhebenden Ursprungs sind. Folgerichtig müsste sie bei steueraufhebenden Umständen eine für den Steuerpflichtigen nachteilige Beweislastentscheidung treffen, so dass hier keine Schätzung erfolgen dürfte. Dies steht aber wohl nicht mit der gesetzlichen Regelung in Einklang.

5. Verprobungsmethoden / Schätzungsmethoden

Hat die Finanzbehörde die Besteuerungsgrundlagen zu schätzen, steht die Auswahl der Schätzungsmethode in ihrem Ermessen. Sie muss sich für die Schät-

[920] Gombert, Schätzung, S. 128 f.; a.A. Oppenländer, Verdeckte Gewinnausschüttung, S. 196 Fn. 399, der argumentiert, dass ein solches Verständnis den Begriff der „größtmöglichen Wahrscheinlichkeit" verkenne, da diese kein starres Beweismaß sei, sondern eine (überwiegende Wahrscheinlichkeit), die der Wirklichkeit am nächsten komme. Diese müsse kein bestimmtes Wahrscheinlichkeitsmaß erfüllen, er müsse lediglich wahrscheinlicher sein als alle anderen Sachverhaltsalternativen.

zungsmethode entscheiden, die die größte Gewähr dafür bietet, mit zumutbarem Aufwand das wahrscheinlichste Ergebnis zu erzielen[921]. Als Schätzungsmethoden werden in der Praxis die Geldverkehrs- und Vermögenszuwachsrechnung, Kassenfehlbetragsrechnung, Richtsammlungsschätzung, Nachkalkulation sowie der innere und äußere Betriebsvergleich in Betracht gezogen. Diese Methoden versuchen, die Besteuerungsgrundlagen auf andere Art und Weise zu berechnen, als es der Steuerpflichtige getan hat (sog. indirekte Methoden)[922]. Dabei spielen die Schätzungsmethoden bei formell ordnungsgemäßer Buchführung, gleichfalls aber auch bei formell ordnungsgemäßer Verrechnungspreisdokumentation i.S.d. § 90 Abs. 3 AO eine doppelte Rolle. Da diese zunächst die Vermutung der Richtigkeit nach § 158 AO in sich tragen, muss zur Begründung einer Schätzungsbefugnis in einem ersten Schritt durch die Schätzungsmethoden die Schlüssigkeit der Aufzeichnungen nachgeprüft werden (sog. Verprobung). Stellt sich dabei heraus, dass die Buchführung (materiell) nicht ordnungsgemäß ist, ist ihre Beweiskraft widerlegt. Dabei sind aber nur Geldverkehrsrechnung, Vermögenszuwachsrechnung und Nachkalkulation geeignete Methoden, die Beweiskraft einer formell ordnungsgemäßen Buchführung zu erschüttern. An diesen Nachweis sind wesentlich strengere Anforderungen zu stellen als an die Begründung einer Schätzung des Umsatzes oder des Gewinnes bei bereits festgestellten, zur Schätzung berechtigenden Mängeln der Buchführung[923]. So genügen unwesentliche Abweichungen des Buchführungsergebnisses vom Verprobungsergebnis nicht, wobei es jeweils auf den Einzelfall und die Genauigkeit der Nachkalkulation ankommt. Erst wenn dieser Nachweis vollständig erbracht worden ist, liegen die Voraussetzungen für eine Schätzung nach § 162 Abs. 2 AO vor[924]. Erst danach ist in einem zweiten Schritt die eigentliche Schätzung durchzuführen, wobei regelmäßig auf die Ergebnisse der Verprobung zurückgegriffen werden kann.

[921] Spaniol/Becker INF 2004, 414, 416.
[922] Assmann StBp 1989, 252, 254 f.
[923] BFH Urteil v. 26.4.1983 VIII R 38/82, BStBl. II 1983, 618, 620.
[924] Apitz StBp 1996, 119, 120.

IV. Beweislastentscheidung im Falle des non liquet

Kommt die Finanzbehörde bzw. das Finanzgericht nach durchgeführter Beweiswürdigung und Schätzung zu keinem Ergebnis, erfolgt eine Entscheidung nach der Beweislast.

1. Unterscheidung zwischen subjektiver und objektiver Beweislast

In der Rechtslehre wird herkömmlich zwischen subjektiver und objektiver Beweislast unterschieden.

a) Subjektive Beweislast (Beweisführungslast)

Im Zivilrecht ist subjektive Beweislast[925] die den Parteien im Prozess erwachsene Notwendigkeit, zur Abwendung des Prozessverlustes alles zu beweisen, was streitig und zur Überzeugung des Gerichts von der Richtigkeit der anspruchsbegründenden bzw. anspruchsvernichtenden Tatsachen erforderlich ist. Sie ist die einer Partei obliegende Last, bei Meidung des Prozessverlustes durch eigene Tätigkeit den Beweis einer streitigen Tatsache zu führen[926] und meint ein Parteiverhalten, das zwar nicht erzwungen werden kann, an dessen Ausbleiben sich aber als *unabwendbare Folge* unmittelbare Nachteile für die Partei knüpfen[927]. Übertragen auf das Steuerrecht ist subjektive Beweislast die dem Steuerpflichtigen obliegende Last, durch eigenes Tätigwerden den Beweis der streitigen entscheidungserheblichen Tatsachen zu führen, um in den Genuss der begehrten Steuererleichterungen zu kommen[928].

Während *teilweise*[929] auch im Steuerrecht die Existenz einer subjektiven Beweislast bejaht wird, wird *ganz überwiegend*[930] angenommen, dass der

---

[925] Hierzu: Rosenberg, Beweislast, § 3 III, S. 18 ff.

[926] Rosenberg, Beweislast, § 3 II, S. 16.

[927] Osterloh, Gesetzesbindung und Typisierungsspielräume, S. 306 f.; Prütting, Beweislast, S. 25; Seer, Verständigungen in Steuerverfahren, S. 177.

[928] Herter DB 1985, 1311, 1312.

[929] Herter DB 1985, 1311, 1312; Seeliger, Beweislast, S. 43, 46: Nach ihm könne es die objektive Beweislast nicht ohne die subjektive Beweislast geben und umgekehrt.; vgl. Seer, Verständigungen in Steuerverfahren, S. 178 f.

[930] Bettermann 46. DJT 1966, Bd. II, Teil E, S. 31, 36; Eder DStZ/A 1975, 356 f.; Engler in: Vögele/Borstell/Engler, Verrechnungspeise, F Rn. 42; Frotscher in: Lüdicke, Fortentwicklung der Internationalen Unternehmensbesteuerung, S. 167, 186 f.; Günther in: Pump/Lohmeyer/Leibner § 88 AO Rn. 15; Hartmann in: Beermann § 88 AO Rn. 34; Hartmann/Cortrie Wpg 1981, 165, 166; Helsper in: Koch/Scholtz § 88 AO Rn. 12; Heuer DStZ 1952, 324; Jakob, Abgabenordnung, Rn. 215; Klein, Beweislast, S. 5 ff.; Marx, Untersuchungsmaxime, S. 171 f.; Osterloh, Gesetzesbindung und Typisierungsspielräume, S. 305 ff.; Prütting, Beweislast, S. 24 ff.; Reinisch BB 1963, 1107, 1109; Rosenberg/Schwab/Gottwald, Zivilprozessrecht, § 114

Untersuchungsgrundsatz eine subjektive Beweislast ausschließe.
Erstgenannter Ansicht ist insofern zuzustimmen, als dass sich bei einem Untätigbleiben des Steuerpflichtigen steuerliche Nachteile ergeben können. Der wesentliche Unterschied zur subjektiven Beweislast besteht aber darin, dass die Nachteile nicht unabwendbare Folge sind, ein Untätigbleiben bei der objektiven Beweislast daher nicht zwingend zu einem Verfahrensverlust führen *muss*. Denn im Idealfall gewährleistet der Untersuchungsgrundsatz, dass die Finanzbehörde den Sachverhalt dennoch vollständig aufklärt[931]. Da in der Praxis selbst bei Geltung des Untersuchungsgrundsatzes Tatsachen unerkannt bleiben können, bleibt die Finanzbehörde daher, um steuerliche Vergünstigungen gewähren zu können, auf die – auslösende oder ergänzende – Mitwirkung des Steuerpflichtigen angewiesen[932]. Daraus folgt, dass die Beteiligten keine Beweisführungslast haben, dennoch aber nicht gänzlich frei sind von den Konsequenzen unvollkommener Beweisführung durch die Behörde. Ihnen fällt es tatsächlich zur Last, wenn sich Voraussetzungen solcher Tatbestände nicht aufklären lassen, auf die sie sich berufen[933]. Kein Prozessbeteiligter wird es auf eine Entscheidung nach der objektiven Beweislast bei einem tatsächlich unaufgeklärten Sachverhalt ankommen lassen, wenn er es durch seine Mitwirkung verhindern kann[934]. Dadurch ergibt sich trotz des Untersuchungsgrundsatzes ein faktischer Zwang für den Steuerpflichtigen, das vorzutragen und zu beweisen, was ihm günstig ist. Dieses Faktum hat zutreffenderweise nicht die Rechtswirkung einer subjektiven Beweislast, sondern die einer *faktischen Vorwirkung der objektiven Beweislast*[935]. Es handelt sich um eine praktisch enorm wichtige, wenn auch rechtlich bedeutungslose Erscheinung[936]. Aus diesem Grund begründen auch die Mitwirkungspflichten des Steuerpflichtigen nach §§ 90 ff. AO grundsätzlich keine subjektive Beweislast[937], da selbst bei Nichtmitwirkung des Steuerpflichtigen nach der hier

---

Rn. 4, S. 780; Schuhmann DStZ 1986, 583, 588; Söhn in: Hübschmann/Hepp/Spitaler § 88 AO Rn. 348 ff.; Tietgen 46. DJT 1966, Bd. I, Teil 2B, S. 25 ff., 35; Weber-Grellet StuW 1981, 48; differenzierend: Pestalozza in: FS Boorberg, S. 185, 195 f., der annimmt, dass die Beweisführungslast auf die verfahrensbeherrschende Behörde konzentriert sei, andere Beteiligte hiervon aber frei seien; Zapf, Beweislast und Beweisführungslast im Steuerprozess, S. 38 ff.

931 Zutreffend: M. Schmidt, Beweislast, S. 183.

932 Schick StuW 1969, 361, 362.

933 So auch: Pestalozza in: FS Boorberg, S. 185, 196.

934 So: Meyer, Beweislastprobleme, S. 14; vgl. Martin BB 1986, 1021, 1023; ähnlich: Schär, Beweislastverteilung, S. 20.

935 So auch: Kupfer KÖSDI 1994, 10024, 10026.

936 Zutreffend: M. Schmidt, Beweislast, S. 129 m.w.N.

937 Crezelius IStR 2002, 433, 435; Eder DStZ/A 1975, 356 f.; Hartmann/Cortrie Wpg 1981, 165, 169; Söhn in: Hübschmann/Hepp/Spitaler § 88 AO Rn. 349; auch nicht die Mitwir-

vertretenen Auffassung die Finanzbehörde den Sachverhalt weiter aufklären muss. Der Prozessverlust ist also auch hier nicht unabwendbare Folge der Nichtmitwirkung.
Einig ist man sich[938], dass selbst bei grundsätzlicher Ablehnung einer subjektiven Beweislast im Steuerrecht eine solche dann anzunehmen ist, wenn sie gesetzlich kodifiziert ist. Handelt es sich bei den dargestellten Nachweispflichten um Mitwirkungspflichten, deren Nichtbefolgung automatisch die Nichtanerkennung steuerlicher Vergünstigungen zur Folge hat[939], bedeutet dies eine Einschränkung des Untersuchungsgrundsatzes und eine Qualifikation als Regelungen über die subjektive Beweislast.

b) Objektive Beweislast

aa) Grundlagen und Voraussetzungen einer objektiven Beweislastentscheidung

Objektive Beweislast ist der der beweisfällig gebliebenen Partei drohende Rechtsnachteil des Prozessverlustes wegen Nichterweislichkeit der den prozessualen Anspruch tragenden Tatsachenbehauptungen[940].
Auch der Untersuchungsgrundsatz vermag nicht zu verhindern, dass entscheidungserhebliche Tatsachen nicht aufgeklärt werden können[941]. Führt die freie Beweiswürdigung (Überzeugung des Richters) und die Schätzung (gemindertes Beweismaß) zu keinem Ergebnis, kommt es u.U. trotz Ausschöpfung aller Beweismittel zu einem non liquet. Dass dieses non liquet in der Tatfrage nicht zu einem non liquet in der Rechtsfrage führt, ermöglichen die Normen über die Beweislast[942]. Ihre Wirkungsweise liegt darin, dass sie „die Ungewissheit im Tatsächlichen […] in eindeutige, dauerhafte Entscheidungen“[943] transformiert. Infolge der Anwendung der Beweislastnorm wird nach h.M.[944] das betreffende Tatbestandsmerkmal fingiert (sog. Fiktionstheorie). Voraussetzung des Eingreifens der Regeln über die objektive Beweislast ist, wie *Bettermann*[945] es formu-

---

kungspflichten im Finanzgerichtsprozess nach § 76 Abs. 1 FGO: Zapf, Beweislast und Beweisführungslast im Steuerprozess, S. 47 ff.

[938] Günther in: Pump/Lohmeyer/Leibner § 88 AO Rn. 15 f.; Klein, Beweislast, S. 6 f.; Müller-Franken, Maßvolles Verwalten, S. 321 f.; M. Schmidt, Beweislast, S. 132, 134 ff., 176; Seer in: Tipke/Kruse § 90 AO Rn. 8 und § 76 FGO Rn. 46; Weber-Grellet, StuW 1981, 48; zu § 90 Abs. 3 AO: Kapitel D.IV.3.

[939] Kapitel B.III.

[940] Greger in Zöller Vor § 284 ZPO Rn. 18.

[941] Weber-Grellet StuW 1981, 48.

[942] Hartmann/Cortrie Wpg 1981, 165, 166.

[943] Berg, Die verwaltungsrechtliche Entscheidung, S. 175 a.E.

[944] Leipold, Beweislastregeln und gesetzliche Vermutungen, S. 64 ff.; Prütting, Beweislast, S. 171 ff.; M. Schmidt, Beweislast, S. 247 ff.; kritisch: Nierhaus, Beweismaß, S. 191 ff.

[945] Bettermann 46. DJT 1966, Bd. II, Teil E, S. 27.

lierte, die „Unaufgeklärtheit und Unaufklärbarkeit des Sachverhalts“. Hinzukommen muss freilich, dass es sich um eine *dauernde* Unaufgeklärtheit bzw. Unaufklärbarkeit des Sachverhalts handelt. Bei lediglich *vorübergehenden* Hindernissen in der Sachverhaltsaufklärung erfolgt keine objektive Beweislastentscheidung, sondern regelmäßig eine vorläufige Steuerfestsetzung nach § 165 AO[946].

bb) Objektive Beweislastentscheidung durch die Finanzbehörde

Trotz Unaufklärbarkeit des Sachverhalts kann sich der Richter aufgrund Sinn und Zweck des Prozesses (Streitschlichtung, Eindämmung der Selbsthilfe, Durchsetzung subjektiver Rechte mit Hilfe eines staatlichen Organs) und des Justizgewährungsanspruches nach Art. 19 Abs. 4 GG („effektiver Rechtsschutz“)[947] einer Sachentscheidung nicht entziehen, es gibt kein „Unentschieden“.

In der *Literatur*[948] wird meist ohne nähere Begründung die Auffassung vertreten, dass neben dem Richter auch die Finanzbehörden nach den Regeln der objektiven Beweislast entscheiden dürfen. Demgegenüber hegt *M. Schmidt*[949] erhebliche Zweifel an der Zulässigkeit eines solchen Vorgehens. Auch nach *Seeliger*[950] sei die Beweislast ein Problem ausschließlich der *richterlichen* Rechtsanwendung.

Letztere Auffassungen vermögen nicht zu überzeugen. Denn da die Finanzbehörden in derselben Weise wie die Finanzgerichte vor dem Problem der Unaufgeklärtheit und Unaufklärbarkeit eines Sachverhaltes stehen, ergibt sich auch für sie vor dem Hintergrund des § 85 S. 1 AO der Zwang, eine Entscheidung in der Sache treffen zu müssen. In der Situation des non liquet besteht eine Schwebelage, die bei Verzicht auf eine Sachentscheidung nicht beseitigt wird. Ein Verzicht würde der sich aus dem Rechtsstaatsprinzip ergebenden Forderung, Rechtsfrieden herbeizuführen, nicht gerecht[951]. Es erscheint unbedingt erforderlich und sinnvoll, für Entscheidungen der Finanzbehörde dieselben Beweislastregeln heranzuziehen, wie sie im finanzgerichtlichen Verfahren Anwendung

---

946 Vgl. Tipke in: Tipke/Kruse § 165 AO Rn. 7 f.

947 So auch: M. Schmidt, Beweislast, S. 82 f.; für den Zivilprozess: Prütting, Beweislast, S. 124 ff.

948 So z.B. Berg, Die verwaltungsrechtliche Entscheidung, S. 278 ff.; Hey, Beweislast und Vermutungen, S. 23 f.; Ohlms, Beweislast, S. 8 ff.; Söhn in: Hübschmann/Hepp/Spitaler § 88 AO Rn. 342 f., § 90 AO Rn. 37; vgl. Auflistung der Ansichten bei M. Schmidt, Beweislast, S. 88 ff.

949 Beweislast, S. 101 ff., 124 ff.

950 Seeliger, Beweislast, S. 22, 23.

951 Müller-Franken, Maßvolles Verwalten, S. 287 f.

finden, um eine Kontinuität zwischen beiden Entscheidungen zu erzielen[952]. Ansonsten käme es zu dem seltsam anmutenden Ergebnis divergierender Entscheidungen auf beiden Ebenen, was vor dem Hintergrund der Rechtssicherheit nicht erstrebenswert ist. Hierfür kann auch der Gedanke der *institutionellen Rücksichtnahme*[953] in Anspruch genommen werden. Da sowohl Besteuerungs- als auch Finanzgerichtsverfahren denselben Verwaltungsvorgang zum Gegenstand haben, können sie nicht beziehungslos nebeneinander stehen, sondern sind in einem funktionalen Zusammenhang zu sehen. Konkret bedeutet dies, dass es eines Mindeststandards an Abgestimmtheit in der konkreten Anwendung des jeweiligen Verfahrensrechts geben muss. Kein Gerichtsverfahren darf so gestaltet oder gehandhabt werden, dass es für die Beteiligten gänzlich uninteressant wird, sich vorher erst auf ein Verwaltungsverfahren einzulassen. Dies kann nicht nur für das Beweismaß[954], sondern muss auch für die Frage der Beweislast Geltung beanspruchen. Denn dürfte die Finanzbehörde keine Beweislastentscheidung treffen bzw. wäre diese Beweislastentscheidung von vornherein nicht kongruent mit der des Finanzgerichts, würde das Verwaltungsverfahren für die Beteiligten obsolet; ein solches Ergebnis hätte häufig eine Verlagerung des Rechtsstreits zum Finanzgericht zur Folge und würde zu deren unnötigen Mehrbelastung führen.

2. Objektive Beweislastverteilung

Eine im Gesetz ausdrücklich kodifizierte Beweislastverteilung gibt es im Steuerrecht nicht. Auch die gesetzlichen Mitwirkungspflichten der §§ 90 ff. AO können nicht zur objektiven Beweislastverteilung herangezogen werden. Sie dienen der Aufklärung des Sachverhaltes, während die objektive Beweislast gerade zur Voraussetzung hat, dass der Sachverhalt nicht aufgeklärt werden kann. Die Herrschaft der objektiven Beweislast beginnt daher dort, wo die Sachverhaltserforschung endgültig abgeschlossen ist und somit die Pflicht zur Mitwirkung aufgehört hat[955]. Das Steuerrecht muss sich daher der Herausforderung stellen, dass der Steuergesetzgeber die objektive Beweislast nicht mitbedacht hat[956]. Dahingehende Lösungsansätze sind vielfältig, so dass ein Überblick über die Grundsätze als notwendig erscheint.

---

[952] Klein, Beweislast, S. 16; Meyer, Beweislastprobleme, S. 26 f.
[953] Vgl. Schmidt-Aßmann in: Schoch/Schmidt-Aßmann/Pietzner, VwGO, Einl. Rn. 198; Müller-Franken, Maßvolles Verwalten, S. 307.
[954] hierzu: Müller-Franken, Maßvolles Verwalten, S. 307 ff.
[955] Zapf, Beweislast und Beweisführungslast im Steuerprozess, S. 60.
[956] Allgemeine Ansicht: vgl. Bettermann 46. DJT 1966, Bd. II, Teil E, S. 26, 38; M. Schmidt, Beweislast, S. 287; Seer in: Tipke/Kruse § 96 FGO Rn. 83.

a) Rosenbergsche Normbegünstigungstheorie

Die Beweislastverteilung im Zivilrecht richtet sich grundsätzlich nach der sog. Rosenbergschen Normbegünstigungstheorie: „Jede Partei hat die Voraussetzungen der ihr günstigen Norm (= derjenigen Norm, deren Rechtswirkung ihr zugute kommt) zu behaupten und zu beweisen.“[957]. Daraus folgte ursprünglich, dass der Anspruchsteller die Beweislast für die rechtsbegründenden Tatbestandsmerkmale trägt, während dem Anspruchsgegner die Beweislast für die rechtsvernichtenden, rechtshindernden und rechtshemmenden Tatbestandsmerkmale auferliegt[958]. Ob eine Tatsache dabei rechtsbegründend, -hindernd, -vernichtend oder -hemmend ist, bestimmt sich immer nach dem Tatbestand, „als dessen Voraussetzung diese Tatsache in Betracht kommt“[959].

b) Rechtsprechung des BFH

Kann die Rechtsprechung des BFH zu dieser Thematik wohl kaum als einheitlich bezeichnet werden[960], wird sie teilweise gar als „verwirrend“[961] bezeichnet. Während die frühe Rechtsprechung[962] keinerlei, dem Zivilprozess entsprechende Beweislast und Beweisregeln anerkannte, ging der BFH[963] später davon aus, dass im Steuerrecht nur eine objektive Beweislast in Betracht komme, und die Feststellungslast für den Steueranspruch begründende Tatsachen die Behörde treffe[964].
Beeinflusst von den Arbeiten *Rosenbergs*[965], *Tietgens*[966] und *Bettermanns*[967] ü-

---

[957] Rosenberg, Beweislast, § 9 II 1., S. 98 f.
[958] BGH NJW 1991, 1052; Rosenberg, Beweislast, § 9 II 2., S. 99 ff.; Rosenberg/Schwab/Gottwald, Zivilprozessrecht, § 114 Rn. 10, S. 782.
[959] Rosenberg, Beweislast, § 9 IV, S. 108.
[960] Vgl. die ausführliche Darstellung bei Tenbrock, Beweislast, S. 31-83.
[961] Martens StuW 1981, 322.
[962] Urteil vom 7.12.1955 V z 183/54, BStBl. III 1956, 75, 76; v. 17.1.1956 I 242/54 U, BStBl. III 1956, 68 f.; v. 12.7.1962 IV 124/58 U, BStBl. III 1962, 522, 523; v. 26.6.1963 I 384/60, HFR 1964, 167, 168; dieser Rspr. grds. folgend: Reinisch BB 1963, 1107, 1109, nach dem die Beweislast in der AO eigenständig und die Nachweislast grds. von der Finanzbehörde zu tragen sei; der Rspr. widersprechend: Hartung NJW 1959, 1900 f; hierzu: Weber-Grellet StuW 1981, 48 ff.; vgl. Tipke StBKongrRep 1967, 39, 41 ff.
[963] Urteil vom 19.6.1962 I 257/61 U, BStBl. III 1962, 377, 378; v. 24.1.1963 II 195/58 U, BStBl. III 1963, 213, 214.
[964] Urteil vom 7.5.1968 II 208/61, BStBl. II 1968, 612, 613; Urteil vom 20.5.1969 II 25/61, BStBl. II 1969, 550, 552.
[965] Rosenberg, Beweislast.
[966] Nach Tietgen bilde die Beweislastnorm einen notwendigen Bestandteil jedes vollständigen Rechtssatzes. Er stimmt Rosenbergs Normenbegünstigungstheorie grds. zu. Die Abgrenzung zwischen rechtsvernichtenden Normen von den rechtsbegründenden Normen bereite im Verwaltungsprozess nur geringe Schwierigkeiten, wohingegen die Unterscheidung der rechtshin-

bernahm der BFH im Urteil vom 5.11.1970[968] die Rosenbergsche Normbegünstigungstheorie für das Steuerrecht. Bei Steueransprüchen sei Rechtsprätendent die den Steuergläubiger repräsentierende Behörde. Daher trage sie die Feststellungslast für die Tatsachen, die vorliegen müssen, um einen Steueranspruch geltend machen zu können, während der in Anspruch genommene Steuerpflichtige sie für Tatsachen trage, die Steuerbefreiungen bzw. -ermäßigungen begründen oder den Steueranspruch aufheben bzw. einschränken. Diese Linie verfolgt der BFH auch in nachfolgenden Urteilen[969]. Doch kann man der Formulierung des BFH – die Frage, wen die objektive Beweislast trifft, lasse „sich nur von Fall zu Fall unter Würdigung der einschlägigen Rechtsnormen und ihrer Zweckbestimmung beantworten"[970] – entnehmen, dass Abweichungen gemacht werden. Hintergrund dessen ist der Gedanke, dass die konsequente Anwendung der reinen Normbegünstigungstheorie bei Mitwirkungspflichtverletzungen des Steuerpflichtigen stets Ungewissheiten über die Höhe der Einkünfte zu Lasten des Finanzamtes gehen lässt. Um eine sich hieraus ergebende Bevorteilung des Steuerpflichtigen zu vermeiden, greift die Rechtsprechung auch auf andere Beweislastkriterien zurück.

So wird aus dem *Sphärengedanken* der Grundsatz entnommen, dass jede Prozesspartei dafür Verantwortung trägt, die ihrem Herrschaftsbereich, ihrer Wissens- und Tätigkeitssphäre zuzurechnenden Tatsachen und Beweismittel zu beschaffen und demzufolge auch für die Aufklärbarkeit des sich dort abspielenden

---

dernden von den rechtsbegründenden große Schwierigkeiten bereite. Der Grund dafür liege darin, dass die Voraussetzungen der rechtshindernden Norm auch als Voraussetzungen der Rechtsbegründung verstanden werden können (46. DJT 1966, Bd. I, Teil 2B, S. 7, 36 ff.).

967 Bettermann stimmt Tietgen darin zu, dass es auch im Verwaltungsprozess eine materielle Beweislast gebe (46. DJT 1966, Bd. II, Teil E, S. 27). Allerdings ist er der Auffassung, dass es nicht möglich sei, die Rosenbergsche Normbegünstigungstheorie für die Beweislastverteilung im Verwaltungsprozess heranzuziehen. Diese funktioniere nur auf der Basis einer systematischen Kodifikation wie dem BGB, das auch unter dem Gesichtspunkt der Beweisverteilung formuliert und systematisiert worden sei. Im Verwaltungsrecht sei dies jedoch nicht der Fall (46. DJT 1966, Teil E, S. 37 ff.). Die Beweislast im Verwaltungsprozess bestimme sich u.a. nach einem Regel-Ausnahme-Verhältnis und der größeren Beweisnähe (46. DJT 1966, Teil E, S. 39 f., 44).

968 V R 71/67, BStBl. 1971, 220, 224.

969 U.a. Urteile v. 24.6.1976 IV R 101/75, BStBl. II 1976, 562; v. 20.1.1978 VI R 193/74, BStBl. II 1978, 338, 339; v. 16.3.1984 VII R 174/80, BStBl. II 1984, 433, 434; v. 11.4.1984 I R 175/79, BStBl. II 1984, 535, 537; v. 20.3.1987 III R 172/82, BStBl. II 1987, 679, 680.

970 BFH Urteil vom 5.11.1970 V R 71/67, BStBl. II 1971, 220, 224; v. 24.6.1976 IV R 101/75, BStBl. II 1976, 562 f.; v. 20.3.1987 III R 172/82, BStBl. II 1987, 679, 680.

Geschehens Vorsorge zu treffen[971]. Dazu verwendet die Rechtsprechung die Beweislastkriterien der *Beweisnähe*[972], der *Verantwortungssphäre*[973] und der *Einflusssphäre*[974]. Daneben hat die Rechtsprechung sich mehrfach an *Erfahrungssätzen*[975] orientiert und den Sachverhalt, für den die allgemeine Lebenserfahrung spricht, als gegeben unterstellt. Schließlich wurde zudem die *Mitwirkung des Beteiligten*[976] als maßgebendes Kriterium herangezogen. Daraus lässt sich der Schluss ziehen, dass die Mitwirkung der Beteiligten nicht nur auf Ebene der Beweiswürdigung, sondern auch auf Ebene der Beweislastverteilung als Kriterium herangezogen wird[977].

c) Auseinandersetzung mit verschiedenen Beweislastverteilungsgrundsätzen

In zivilrechtlicher bzw. verwaltungsrechtlicher Rechtsprechung und Literatur werden eine Vielzahl von Beweislastverteilungsmöglichkeiten diskutiert[978], von denen hier die für die vorliegende Verrechnungspreisthematik relevanten angesprochen werden sollen.

---

971 BFH Urteil v. 9.7.1986 I B 36/86, BStBl. II 1987, 487, 489; v. 20.3.1987 III R 172/82, BStBl. II 1987, 679, 680; Engler in: Vögele/Borstell/Engler, Verrechnungspeise, F Rn. 62.

972 BFH Urteil v. 15.7.1986 VII R 145/86, BStBl. II 1986, 857 f.; v. 23.5.1989 X R 17/85, BStBl. 1989, 879, 881; Urteil v. 28.9.2000 III R 43/97, BStBl. II 2001, 211, 215; vgl. Urteil v. 12.12.2000 VIII R 36/99, BFH/NV 2001, 789, 790; v. 21.3.2002 III R 42/00, BStBl. II 2002, 417, 420; FG Rh-Pf. Urteil v. 9.4.2002 2 K 2734/00, EFG 2002, 1145.

973 BFH Urteil v. 7.7.1983 VII R 43/80, BFH BStBl. II 1983, 760, 761; v. 9.7.1986 I B 36/86, BStBl. II 1987, 487, 489; v. 12.7.1988 VII R 3/85, BFH/NV 1989, 7, 9; v. 5.10.1994 I R 67/93, BStBl. II 1995, 95, 97; v. 23.1.2002 XI R 55/99, BFH/NV 2002, 1009, 1010.

974 Vgl. BFH Urteil v. 20.1.1978 VI R 193/74, BStBl. II 1978, 338 f.; v. 14.5.1982 VI R 266/80, BStBl. II 1982, 772, 773 f.; v. 13.3.1985 I R 7/81, BStBl. II 1986, 318, 319 f.

975 BFH Urteil v. 12.6.1975 IV R 10/72, BStBl. II 1975, 853, 855.

976 BFH Urteil v. 21.1.1976 I R 234/73, BStBl. II 1976, 513, 515; v. 9.11.1978 VI R 195/77, BStBl. II 1979, 149, 150; v. 18.11.1980 VIII R 194/78, BStBl. II 1981, 510, 514 f.; v. 19.6.1985 I R 109/82, BFH/NV 1986, 249, 250.

977 Zutreffend: Engler in: Vögele/Borstell/Engler, Verrechnungspreise, F Rn. 62.

978 Zu den frühen Literaturauffassungen siehe Weber-Grellet StuW 1981, 48, 51 f.; Gegen eine generelle Beweislastverteilung „in dubio pro fisco" und „in dubio contra fiscum" (so grds. z.B. Heuer DStZ 1950, 273, 274; DStZ 1952, 324, Mattern DStZ 1958, 265, 267) spricht, dass dies zu formalistisch und unempfindlich gegenüber den Wertungen des materiellen Rechts ist, und daher keine differenzierte Beweislastverteilung zugelassen wird, vgl. Berg, Die verwaltungsrechtliche Entscheidung, S. 189, 192 ff.; Schär, Beweislastverteilung, S. 64 ff., vgl. Metzler, In dubio pro fisco und in dubio contra fiscum.

aa) Normbegünstigungstheorie

Ein großer Teil der Literatur folgt der Normbegünstigungstheorie[979], völlig unumstritten ist diese jedoch nicht[980].

(1) Die Unterscheidung Rosenbergs zwischen rechtsbegründenden und rechtshindernden Merkmalen gilt heute zutreffend als überholt. Es handelt sich hierbei um eine rein „sprachlich differierende Ausformung eines Merkmals in positiver oder negativer Hinsicht"[981]. Ein materiellrechtlicher Unterschied zwischen beiden besteht nicht[982]. So macht es etwa für das Entstehen eines Anspruchs im Zivilrecht materiell-rechtlich keinen Unterschied, ob man als Voraussetzung auf das Vorliegen der Volljährigkeit oder das Nichtvorliegen der Minderjährigkeit abstellt. Die Beweislast ist nicht unterschiedlich verteilt, weil ein Merkmal rechtsbegründend oder rechtshindernd ist, sondern vielmehr ist ein Merkmal rechtsbegründend oder rechtshindernd, weil die Beweislastverteilung (nachträglich) ein Tatbestandsmerkmal in diese Kategorie fallen lässt[983]. Beide Merkmale bestimmen gleichermaßen konstitutiv die Begründung eines Rechts, so dass sie sich insoweit nicht unterscheiden. Unabhängig hiervon wäre die Qualifizierung z.B. von Werbungskosten als rechtshinderndes Merkmal nicht zutreffend. Denn die Werbungskosten wirken zwar auf die Entstehung des Steueranspruchs ein, indem sie als Abzugsposten seine Höhe begrenzen. Nur insoweit sind sie „rechtshindernd". Ihr Nichtvorliegen ist jedoch nicht in gleicher Weise rechtsbegründend wie das Vorliegen von Einnahmen, da diese durch entsprechende Ausgaben in ihrem Bestand nicht berührt werden[984].

(2) Aber auch die dergestalt *modifizierte Normbegünstigungstheorie*, die nur noch zwischen rechtsbegründenden und rechtsvernichtenden Merkmalen unter-

---

[979] Birkenfeld, Beweis und Beweiswürdigung im Steuerecht, S. 145 Fn. 817; ders. DStJG 1986, 245, 338 f.; Günther in: Pump/Lohmeyer/Leibner § 88 AO Rn. 17; Hartmann in: Beermann § 88 AO Rn. 36 ff.; Klein, Beweislast, S. 16 ff.; Metzler, In dubio pro fisco und in dubio contra fiscum, S. 98 ff; Söhn in: Hübschmann/Hepp/Spitaler § 88 AO Rn. 357, 361 ff.; Teske, Besteuerungsverfahren, S. 56 f.; Tipke in: Tipke/Kruse § 88 AO Rn. 32; Weber-Grellet StuW 1981, 52 ff.; Wünsch in: Pahlke/Koenig § 88 AO Rn. 27; Zapf, Beweislast und Beweisführungslast im Steuerprozess, S. 70; Für das Zivilrecht: Prütting, Beweislast, S. 265 ff., 352.

[980] Für das Verwaltungsrecht: z.B. Peschau, Beweislast, S. 38 ff.

[981] M. Schmidt, Beweislast, S. 193 m.w.N., S. 223.

[982] Leipold, Beweislastregeln und gesetzliche Vermutungen, S. 38 ff.; Musielak, Beweislast, S. 295 ff.; Osterloh, Gesetzesbindung und Typisierungsspielräume, S. 269 ff.; Rosenberg/Schwab, Zivilprozessrecht, (14. Auflage 1986), § 105 II 2 a, S. 630; Schär, Beweislastverteilung, S. 79 ff.; Schuster, Beweislastumkehr, S. 78.

[983] Schär, Beweislastverteilung, S. 82 m.w.N.

[984] Zutreffend: Müller-Franken, Maßvolles Verwalten, S. 289 f.; a.A. Osterloh, Gesetzesbindung und Typisierungsspielräume, S. 272, Tenbrock, Beweislast, S. 89.

scheidet, halte, so wird argumentiert, einer genaueren Untersuchung für das Steuerrecht nicht stand[985]. Es lasse sich nur bei oberflächlicher Betrachtungsweise vertreten, dass Betriebsausgaben bzw. Werbungskosten steuermindernde Merkmale sind. Der Steueranspruch bezieht sich nach § 2 Abs. 2 EStG nur auf die Einkünfte. Bei diesen handelt es sich nur um eine rechnerische Zusammensetzung von Einnahmen und Werbungskosten. Dem Wortlaut nach haben daher die Werbungskosten (wie die Einnahmen) „nur die Bedeutung eines Postens innerhalb einer Rechenoperation"[986], nicht aber die Bedeutung eines steuermindernden Merkmals. Dies ergebe sich auch daraus, dass Werbungskosten bzw. Betriebsausgaben im Wesentlichen der Einnahmeerzielung vorausgehen. Ihr Abfluss liegt regelmäßig vor dem Zufluss von Einnahmen. Es existiere somit noch kein Steueranspruch, der (nachträglich) gemindert werden könnte. Das Fehlen von Werbungskosten bzw. Betriebsausgaben sei also negative Voraussetzung des Steueranspruchs. So gewinne „jede Abzugsgröße durch § 2 EStG die Eigenschaft einer negativen Voraussetzung der Steuerpflicht des Erwerbsbezugs"[987]. Diese Ansicht ist zwar rechtsdogmatisch überzeugend. Dennoch ist der Terminus der rechtsvernichtenden Einwendung nicht überflüssig. Sie fasst begrifflich diejenigen Fälle zusammen, deren Verhältnis als Ausnahmetatbestand zu einem Regeltatbestand eine abweichende Beweislastverteilung erfordern, ist also von der Rechtsfolge her bestimmt[988]. Eine wertende Aufteilung rechtsbegründender Tatbestände ist möglich, also eine Aufteilung, von der abhängt, welche der Parteien eines Rechtsverhältnisses jeweils den Nachteil unvollständiger Sachverhaltskenntnis, also das Beweisrisiko, zu tragen hat[989]. Auch wenn im Steuerrecht, anders als im BGB, der Gesetzgeber eine solche Aufteilung nicht unmittelbar durch den Gesetzestext als sprachliches Ausdrucksmittel für eine beweisrechtliche Risikoverteilung angeordnet hat, ist die Zuordnungsfrage durch methodische Gesetzesauslegung zu entscheiden[990]. So sind z.B. Werbungskosten rechtstechnisch nicht als rechtsvernichtende Einwendungen anzusehen. Sie sind aber in ihrer *materiellen Wirkung* den rechtsvernichtenden Einwendungen zuzuordnen, da ohne sie im Ergebnis ein entsprechend höheres Besteuerungsrecht zustünde[991]. Die Ansicht Osterlohs und Tenbrocks ist daher zu formal an die

---

[985] Osterloh, Gesetzesbindung und Typisierungsspielräume, S. 268, 272 ff.; Schär, Beweislastverteilung, S. 90 ff.; vgl. Zweifel, Sachverhaltsermittlung, S. 50.

[986] M. Schmidt, Beweislast, S. 225.

[987] Tenbrock, Beweislast, S. 91.

[988] So zu rechtshindernden Einreden: Rosenberg/Schwab/Gottwald, Zivilprozessrecht, § 101 Rn. 9, S. 679.

[989] Vgl. Osterloh, Gesetzesbindung und Typisierungsspielräume, S. 271.

[990] Vgl. Rosenberg/Schwab/Gottwald, Zivilprozessrecht, § 114 Rn. 10 f., S. 782.

[991] Zutreffend: Müller-Franken, Maßvolles Verwalten, S. 290 Fn. 356.

Systematik des § 2 EStG angelehnt. Vielmehr müssen die Merkmale in ihrer materiell-rechtlichen Bedeutung gesehen und nach ihrer jeweiligen Wirkung auf den Steueranspruch entweder zu den steuerbegründenden oder steuermindernden Merkmalen gezählt werden. Insofern spricht nichts gegen die Anwendung einer modifizierten Normbegünstigungstheorie.

bb) Sphärentheorie

Eine Verteilung der Beweislast der Sphäre nach besagt, dass der Steuerpflichtige für alle Umstände verantwortlich ist, die in seiner Sphäre liegen. Dies rechtfertige auch die Konsequenzen aus einer Mitwirkungspflichtverletzung. Auch *Hey*[992] befürwortet (zumindest für Auslandssachverhalte) eine solche Beweislastverteilung, wobei die Sphärentheorie lediglich eingeschränkt werde durch Unmöglichkeit und Unzumutbarkeit der Beschaffung der Beweismittel.

Gegen eine Beweislastverteilung nach der Verantwortungssphäre spricht, dass der Sphärengedanke häufig kein geeignetes Abgrenzungskriterium ist. Denn verstünde man die „Sphäre" als einen räumlich-gegenständlichen Bereich, so wäre das Kriterium in vielen Fällen nicht praktikabel, weil mit dem Ereignis im räumlich-gegenständlichen Bereich einer Partei nicht immer zwingend der hinter der Sphärentheorie stehende Gedanke einer Beweisnot der anderen Partei und Beweisnähe der ersten Partei korrespondiert bzw. realisiert wird[993]. Regelmäßig wird die Ermittlung und Abgrenzung der jeweiligen Sphären als Interessenbewertung der Gesamtlage verbunden mit interessengerechter Zurechnung gesehen. Ein solches Verständnis brächte keine Rechtssicherheit im Sinne von Vorhersehbarkeit und Kalkulierbarkeit der Beweislastverteilung, da es vom Richter abhängig ist, wann eine solche Interessenbewertung zu Gunsten oder zu Lasten des Steuerpflichtigen ausschlägt.

Im Steuerrecht ist zudem bei der Entstehung des Steueranspruchs kaum eine Sphäre der Finanzbehörde vorstellbar, und genau aus diesem Grund bestehen die Mitwirkungspflichten des Steuerpflichtigen. Er steht grundsätzlich den steuerrelevanten Merkmalen sachlich und räumlich „näher", unabhängig davon, ob sie steuerbegründend oder steuermindernd sind[994]. Lediglich bei Fällen, die sich in der Sphäre der Finanzbehörde verwirklichen, wie z.B. Zugang von Erklärungen bei steuerlich relevanten Fristen, Aktenverlust u.ä., wäre sie „näher"[995]. Die konsequente Anwendung der reinen Sphärentheorie würde folglich dazu führen, dem Steuerpflichtigen die Beweislast für alle steuerlichen Tatbestandsmerkmale aufzuerlegen, weshalb sie für das Steuerrecht unbrauchbar ist.

---

992 Beweislast und Vermutungen, S. 125 ff., 131, 133, 143.

993 Prütting, Beweislast, S. 217 ff.

994 So auch: M. Schmidt, Beweislast, S. 209 ff., 217.

995 So auch: M. Schmidt, Beweislast, S. 226.

Denkbar erscheint, eine Beschränkung der Anwendung der Sphärentheorie auf Auslandssachverhalte zweckmäßig zu erachten. Allerdings würde dies regelmäßig bedeuten, dass der Steuerpflichtige stets die Beweislast für steuerbegründende Merkmale tragen müsste, was einer generellen Beweislastumkehr bei internationalen Sachverhalten nahe kommt. Dies wäre zudem nicht mit Europarecht zu vereinbaren.

Überdies würde die Anwendung der Sphärentheorie einen Verstoß gegen den Untersuchungsgrundsatz darstellen, indem eine Übertragung der Verantwortung für die Sachverhaltsaufklärung von der Finanzbehörde bzw. dem Finanzgericht auf den Steuerpflichtigen stattfände. Die Verantwortung und damit die Folgen der Unaufklärbarkeit dürfen nicht zu Lasten der zufällig näher stehenden Partei gehen[996]. Nur sofern materielles Recht den Sphärengedanken enthält, kann die Beweislast danach verteilt werden[997]. Der prozessuale und beweisrechtliche Gesichtspunkt, dass ein Beteiligter „näher am Beweis" sei, kann im Rahmen der Beweiswürdigung eine Rolle spielen, hingegen nicht bei der Beweislastverteilung. Die Sphärentheorie ist daher für den Regelfall abzulehnen[998], und darf nur im Ausnahmefall angewendet werden.

cc) Beweislastverteilung nach Pflichtverletzung

Nach *Tenbrock*[999] richtet sich die Beweislast nach der Mitwirkung (und der Bereitschaft zur Mitwirkung) des Steuerpflichtigen. Dieser trage den Nachteil der Unaufklärbarkeit einer Tatsache dann (und zwar nur dann), wenn er die ihm zumutbaren Beiträge zur Aufklärung dieser Tatsache nicht erbracht hat, insbesondere wenn er seine gesetzlichen Mitwirkungspflichten verletzt hat[1000]. Diese Beweislastgrundregel wird aus einer verfassungskonformen Interpretation der Schätzungsvorschrift des § 162 AO hergeleitet, die als Rechtsgrundlage der Beweislast des Steuerpflichtigen angesehen wird. Im Falle einer Pflichtverletzung

[996] Meyer, Beweislastprobleme, S. 34, 47 ff.

[997] Berg, Die verwaltungsrechtliche Entscheidung, S. 212 f., vgl. S. 224, 238.

[998] Für das Zivilrecht: Prütting, Beweislast, S. 217 ff.; für das Verwaltungsrecht: Berg, Die verwaltungsrechtliche Entscheidung, S. 209 ff.; a.A. für das Verwaltungsrecht: Nierhaus, Beweismaß, S. 430 ff.; Peschau, Beweislast, S. 58 ff.

[999] Beweislast, S. 28 f., 122, ff., 132. Diese Beweislastgrundregel findet Anwendung sowohl bei Verletzung von gesetzlich vorgeschriebenen Mitwirkungspflichten als auch bei Nichterfüllung weiterer Obliegenheiten, deren Erfüllung dem Steuerpflichtigen „generell möglich" sind. ähnlich: Weber-Grellet StuW 1981, 48, 56 f., nach dem vorsätzliche Pflichtverletzungen zu einer Beweislastumkehr hinsichtlich nicht-qantifizierbarer Besteuerungsgrundlagen führen können.; vgl. Schär, Beweislastverteilung, S. 146 ff., er schlägt vor, entweder die Normentheorie oder eine von ihm vorgeschlagene alternative Beweislastgrundregel mit einer „mitwirkungsorientierten Beweislastverteilung" zu verknüpfen (vgl. S. 366, 367).

[1000] Tenbrock, Beweislast, S. 132.

reicht Tenbrock eine Beweismaßsenkung auf Wahrscheinlichkeit wegen der Gesetzmäßigkeit der Besteuerung nicht, da ansonsten tatsächlich gegebene, aber unwahrscheinliche Steueransprüche sachlich ungerechtfertigt ausfielen[1001].
Einem solchen Verständnis hält *Zapf*[1002] zutreffend entgegen, dass die objektive Beweislast als Lehre von der Rechtsanwendung starr an den anzuwendenden Rechtssatz gebunden ist. Sie fragt nur danach, wer die ungünstigen Folgen zu tragen hat, falls ein Tatbestandsmerkmal nicht zur Überzeugung des Gerichts feststeht. Dabei ist es gleichgültig, ob die Beteiligten sich alle Mühe gegeben haben, den Sachverhalt aufzuklären, oder ob sie untätig geblieben sind. Die Feststellungslast ist daher begrifflich unabhängig vom Verhalten der Beteiligten und wird durch die Tätigkeit der Beteiligten nicht beeinflusst[1003]. Die Mitwirkungspflichten begründen aber gerade eine Tätigkeit des Steuerpflichtigen, so dass weder ihre Erfüllung noch ihre Nichterfüllung Einfluss auf die objektive Beweislast haben (können). Hierfür spricht, dass die Tatsache einer Mitwirkungspflichtverletzung schon auf zwei der Beweislastentscheidung vorhergehenden Ebenen, nämlich der der Beweiswürdigung und der der Schätzung, ihren Niederschlag gefunden hat und damit hinreichend berücksichtigt wurde. Ausschlaggebend ist allein die Frage, ob die Tatsachen, die zur Anwendung eines Rechtssatzes führen, festgestellt sind oder nicht.
Einer Beweislastverteilung, die sich an der Mitwirkung des Steuerpflichtigen orientiert, ist zudem entgegenzuhalten, dass dieser die Rechtsgrundlage fehlt. Eine negative Beweislastentscheidung ist ein Eingriff in das Freiheitsrecht des Steuerpflichtigen, der einer Ermächtigungsnorm bedarf. Tenbrocks Ansicht würde dazu führen, dem Steuerpflichtigen auch bei Mitwirkungspflichtverletzung hinsichtlich steuerbegründender und -erhöhender Umstände die Beweislast aufzubürden, was eine Beweislastumkehr zur Folge hätte. Zwar gilt im Steuerrecht der Grundsatz, dass der Steuerunehrliche nicht besser gestellt werden darf als der Steuerehrliche. Ausdruck eines solchen Gedankens ist § 162 Abs. 2 AO, der, wenn der Sachverhalt nicht anderweitig aufklärbar ist, eine Schätzung im Falle von Mitwirkungspflichtverletzungen anordnet. Über ihren aufgezeigten Anwendungsbereich hinaus kann der Vorschrift allerdings keine weitere Aussage zu einer Beweislastverteilung dahingehend entnommen werden, dass in jedem Fall einer Mitwirkungspflichtverletzung auch eine Beweislastumkehr eintritt.
Das Kriterium der Pflichtverletzung ist als allgemein gültiger und alleiniger Maßstab für eine Beweislastverteilung nicht geeignet. Es ist nicht in jedem Fall

---

[1001] Tenbrock, Beweislast, S. 127.
[1002] Zapf, Beweislast und Beweisführungslast im Steuerprozess, S. 60 ff.
[1003] So auch: Prütting, Beweislast, S. 17; Söhn in: Hübschmann/Hepp/Spitaler § 90 AO Rn. 37.

eindeutig, ob der Steuerpflichtige seine Mitwirkungspflichten erfüllt hat bzw. seine Mitwirkungsmöglichkeiten ausgeschöpft hat. Für eine Mitwirkungspflichtverletzung trüge die Finanzbehörde die Beweislast, so dass auch in diesen Fällen die Steuer ausfallen würde. Daher würde sich der Streit auf die Frage verlagern, ob eine Pflichtverletzung überhaupt vorliegt. Konsequenterweise würde sich dann die endgültige Beweislastverteilung erst im Laufe des jeweiligen Prozesses ergeben. Einer solchen Lösung würde daher auch der Aspekt der Rechtssicherheit entgegenstehen.

dd) Ergebnis

Die Uneinheitlichkeit der Rechtsprechung, die je nach den Umständen des Einzelfalles unter Anwendung verschiedener Beweislastkriterien die Beweislastgrundformel ergänzt und durchbricht, führt einerseits zu erheblicher Rechtsunsicherheit[1004], lässt den Finanzbehörden und den Finanzgerichten andererseits jedoch Spielraum für eine flexible Handhabung zukünftiger Fälle. *Prütting*[1005] hat dargelegt, dass es weder möglich ist, ein einzelnes Prinzip für die gesamte Beweislastverteilung heranzuziehen, noch dass eine Verteilung der Beweislast nach einer Vielzahl gleichrangiger Prinzipien möglich ist. So weist jedes einzeln herangezogene Merkmal in Beweislastfragen Grenzen auf, über die eine Entscheidung hinaus nicht möglich ist. Bei mehreren Prinzipien, die gleichberechtigt nebeneinander stehen, gelingt eine klare Abgrenzung nicht und es existiert kein Nachweis, dass die gewählte Anzahl der herangezogenen Kriterien abschließend ist. Sowohl eine Beweislastverteilung anhand der Sphäre als auch nach der Mitwirkung des Steuerpflichtigen vermögen nicht zu überzeugen.

Ausgangspunkt aller Beweislastentscheidungen muss daher die Normbegünstigungstheorie bleiben[1006]. Zur Sicherung der Rechtssicherheit und des Rechtsfriedens, und damit der Funktionsfähigkeit des Rechts- bzw. Steuersystems in seiner Gesamtheit, erscheint es unerlässlich, dem Steuerpflichtigen die Beweislast für steuermindernde, steuervernichtende oder steuerhemmende Tatsachen aufzuerlegen[1007]. Ohne sie wären die Finanzbehörden Schutzbehauptungen der Steuerpflichtigen und der Steuerunehrlichkeit ausgeliefert. Daher wird im Interesse der Allgemeinheit in Kauf genommen, dass bei der steuerrechtlichen Prüfung eines Sachverhaltes Entscheidungen zu Lasten des Bürgers ermöglicht

---

[1004] Tenbrock, Beweislast, S. 31 ff., 81 ff.

[1005] Prütting, Beweislast, S. 179 ff., 230 ff., 244, 255 ff.; ebenso: Berg, Die verwaltungsrechtliche Entscheidung, S. 243: „Eine einheitliche Beweislastlösung ist für das Verwaltungsrecht nicht zu finden.“; vgl. zum internationalen Beweisrecht: Buciek, Beweislast, S. 123.

[1006] So auch: Meyer, Beweislastprobleme, S. 29 f., der sie als unentbehrlich für die Rechtspraxis ansieht.

[1007] Meyer, Beweislastprobleme, S. 39 ff., 42 f., 49.

werden, die diesen unter Umständen einem Steueranspruch aussetzen, der materiell tatsächlich nicht besteht[1008]. Um die Voraussetzungen des Steuertatbestandes in steuerbegründende und -mindernde Merkmale einzuteilen, ist anhand grammatikalischer, teleologischer und historischer Auslegung vorzugehen[1009]. Wenn dies im Steuerrecht nicht möglich sein solle, ist auf die materielle Wirkung der Merkmale auf den Steueranspruch abzustellen. Dabei sollte geprüft werden, was für eine Steuerlast sich bei einer Nichtanwendung ergeben würde. Daran kann erkannt werden, wie die Norm sich steuerlich auswirkt und wer Begünstigter wäre[1010]. In beschränkten Einzelfällen erscheint eine Abweichung anhand anderer Kriterien, wie z.B. der Beweisnähe bzw. Sphäre, der Beweisnot und der Pflichtverletzung notwendig[1011].

d) Einordnung des BFH-Urteils vom 17.10.2001 in das bestehende Beweisgefüge

In diesem Urteil hat der BFH[1012] wegen einer Mitwirkungspflichtverletzung eine Reduzierung des Beweismaßes für das Tatbestandsmerkmal *Veranlassung durch das Gesellschaftsverhältnis* angenommen. Außerdem hat er die Beweislast für das Tatbestandsmerkmal *Vermögensminderung* als bei der Finanzbehörde liegend gesehen, aber eine Schätzung zugelassen. Beiden Fällen will er also eine Beweismaßreduzierung zugeordnet wissen.

Würde man auf den Sachverhalt in diesem Urteil für die Beweislastverteilung eine reine Sphärentheorie anwenden, müsste der Steuerpflichtige für die Voraussetzungen der Veranlassung durch das Gesellschaftsverhältnis und Vermögensminderung die Beweislast tragen, da diese Umstände typischerweise in der Sphäre des Steuerpflichtigen verwirklicht werden. Dies hat der BFH aber nicht angenommen.

Würde man dagegen auf den Sachverhalt Tenbrocks Theorie der Pflichtverletzung anwenden, dann würde wegen der Mitwirkungspflichtverletzung das Tatbestandsmerkmal Veranlassung durch das Gesellschaftsverhältnis unmittelbar unterstellt und der Steuerpflichtige für das Nichtvorliegen die Beweislast tra-

[1008] Krause DStR 1998, 553, 557.

[1009] Vgl. Berg, JuS 1977, 23, 26 f.; für besondere Berücksichtigung des Zwecks: Söhn in: Hübschmann/Hepp/Spitaler § 88 AO Rn. 365.

[1010] So auch: Meyer, Beweislastprobleme, S. 127.

[1011] A.A. Weber, Mitwirkungspflichten nach der Abgabenordnung, S. 161 f., nach ihm sei eine von der Normbegünstigungstheorie abweichende Beweislastverteilung zur Vermeidung unbilliger Ergebnisse nicht erforderlich, da die Verletzung der Mitwirkungspflicht zur Begrenzung der Sachaufklärungspflicht und zur Minderung des Beweismaßes führe. Die Verletzung der Mitwirkungspflicht könne im Wege der Beweiswürdigung gewürdigt werden.

[1012] Urteil vom 17.10.2001 I R 103/00, BStBl. II 2004, 171, 175 Tz. 2 d) bb) und 6. Leitsatz.

gen[1013]. Dagegen dürfte hinsichtlich der Vermögensminderung bzw. der Unangemessenheit keine Schätzung erfolgen, da der Steuerpflichtige diesbezüglich keine Mitwirkungspflicht verletzt hat. Beides hat der BFH so nicht angenommen.

Nach Seers Theorie der sphärenorientierten Beweisrisikoverteilung[1014] ist das Beweismaß herabzusetzen, wenn das Sachaufklärungsdefizit außerhalb der Sphäre des nach der Normbegünstigungstheorie Beweisbelasteten liegt. Beweisbelasteter nach der Normbegünstigungstheorie ist bei der vGA die Finanzbehörde, da die vGA im Rahmen des § 8 Abs. 3 S. 2 KStG ein steuererhöhender Umstand ist. Die Veranlassung durch das Gesellschaftsverhältnis und die Angemessenheit der Verrechnungspreise steht außerhalb der Sphäre der Finanzbehörde. Dem entspricht es, wenn der BFH nun im Falle einer Mitwirkungspflichtverletzung, die sich nur auf das Merkmal Veranlassung durch das Gesellschaftsverhältnis bezog (und nicht auch auf die Vermögensminderung), eine Beweismaßreduzierung (nur) für das Merkmal Veranlassung durch das Gesellschaftsverhältnis angenommen hat. Aber auch im Hinblick auf die Vermögensminderung bzw. Unangemessenheit des Entgelts hat der BFH eine Beweismaßreduzierung nach § 162 Abs. 1 AO angenommen. Damit trägt er dem Umstand Rechnung, dass die Vereinbarung des Entgelts einen Umstand darstellt, der in den Risikobereich (also in die Sphäre) des Steuerpflichtigen fällt[1015]. Zwingend ist dies aber nicht. Denn stellt die Unangemessenheit einen von der Finanzbehörde zu ermittelnden Umstand dar, trifft diese also für diesen Umstand die Amtsermittlungspflicht, könnte durchaus vertreten werden, dass dieser Umstand in die Sphäre der Finanzbehörde fällt. In diesem Fall hätte eine für die Finanzbehörde nachteilige Beweislastentscheidung ergehen müssen, ohne dass es zur Schätzung gekommen wäre. Der BFH ist einem solchen Verständnis aber offenbar nicht gefolgt.

Es wird daher in diesem Urteil im Wesentlichen der sphärenorientierten Beweisrisikoverteilung Seers, die auf der Normbegünstigungstheorie aufbaut, gefolgt[1016].

[1013] Tenbrock, Beweislast, S. 126 f.

[1014] Seer, Verständigungen in Steuerverfahren, S. 193 f.: ders. in: Tipke/Lang Steuerrecht, § 21 Rn. 216 f.:

[1015] So auch: Crezelius IStR 2002, 433, 440 f.

[1016] Vgl. Schnorberger DB 2002, 2184, 2187; Schreiber, Anforderungen an die Mitwirkungspflichten, S. 63 f.; Seer in: Piltz/Schaumburg, Internationale Einkünfteabgrenzung, S. 35, 46 ff.

3. Einordnung der Beweisregel des § 90 Abs. 3 i.V.m. § 162 Abs. 3 S. 1 AO in das bestehende Beweisgefüge

a) Verteilung der Beweislast

Aussage des § 162 Abs. 3 S. 1 AO ist, dass im Falle einer Mitwirkungspflichtverletzung eine widerlegbare Vermutung besteht, dass die tatsächlichen Einkünfte höher sind als die erklärten. Wie festgestellt, müsste für höhere Einkünfte nach der Normbegünstigungstheorie die Finanzbehörde die Beweislast tragen. Der Gesetzgeber vereinfacht durch die widerlegbare Vermutung das Beweisverfahren insofern, als dass der erforderliche Beweis nicht mehr auf die vermutete Tatsache (höhere Einkünfte) selbst gerichtet ist, sondern auf die Vermutungsbasis (Mitwirkungspflichtverletzung), die in der Regel einfacher zu beweisen ist[1017]; die Vermutung bewirkt also eine Verschiebung des Beweisthemas. Bei einer widerlegbaren Vermutung trägt derjenige, der den Rechtssatz mit der Vermutung für sich in Anspruch nimmt, die Beweislast für die Tatsachen der Vermutungsbasis, während der Anspruchsgegner sie sowohl für den Beweis gegen die Vermutungsbasis wie gegen die vermutete Tatsache selbst trägt[1018]. Für das Vorliegen einer Mitwirkungspflichtverletzung obliegt daher nach der Normbegünstigungstheorie der Finanzbehörde die Beweislast genauso, wie sie ihr für die Voraussetzungen einer vGA obliegen würde. Dagegen trägt sie der Steuerpflichtige dafür, dass eine Mitwirkungspflichtverletzung nicht vorliegt und dass seine Verrechnungspreise angemessen sind.

Nach *Moebus*[1019] trage der Steuerpflichtige von Anfang an die Beweislast für die Richtigkeit seines Handelns, d.h. für die Angemessenheit seiner Verrechnungspreise. Eine Umkehr der Beweislast im Vergleich zur bisherigen Rechtslage sei mit dem Rechtsstaatsprinzip aber in keiner Weise vereinbar.

Dem kann nicht gefolgt werden. Solange und soweit der Steuerpflichtige seine Aufzeichnungspflichten nicht verletzt, verbleibt die Beweislast bei der Finanzbehörde[1020]. Erst wenn der Steuerpflichtige Aufzeichnungen nicht vorlegt oder im Wesentlichen unverwertbare Unterlagen vorlegt, kommt es zu einer Beweislastumkehr, d.h. der Steuerpflichtige muss erst dann seinerseits belegen, dass die

[1017] Hey, Beweislast und Vermutungen, S. 55.

[1018] So zutreffend: Tietgen 46. DJT 1966, Bd. I, Teil 2B, S. 1, 55 f.

[1019] BB 2003, 1413; ähnlich: Uterhark in: Schwarz § 90 AO Rn. 46: Beweislastverschiebung von der Finanzbehörde auf den Steuerpflichtigen.

[1020] So auch: Baumhoff/Ditz/Greinert DStR 2004, 157, 159; Engler in: Vögele/Borstell/ Engler, Verrechnungspeise, F Rn. 65, 70; Schreiber Stbg 2003, 474, 476, 478, 484; Söhn in: Hübschmann/Hepp/Spitaler § 90 AO Rn. 196; Stahl KÖSDI 2004, 14188, 14191; Vögele DB 2005, 1079, 1080; Wulf/Derlien StB 2004, 140, 147; vgl. BR-Drs. 583/03, Begründung zu § 1 Abs. 1 GAufzV, S. 7.

von ihm angesetzten Verrechnungspreise dem Arm's Length-Grundsatz entsprechen[1021]. Die Annahme einer widerlegbaren Vermutung bedeutet, dass der Steuerpflichtige darlegen und nachweisen kann und muss, weshalb der tatsächlich vereinbarte Verrechnungspreis dennoch angemessen ist[1022].
Nach Auffassung der *Finanzverwaltung*[1023], *Frotschers*[1024] , *Englers*[1025] und *Krüger/Lamms*[1026] werde durch § 162 Abs. 3 AO eine echte subjektive Beweislast geschaffen, nicht nur eine objektive Regelung für den Fall der Beweislosigkeit.
Dem ist zuzustimmen. Es wurde bereits ausgeführt[1027], dass die Regelung des § 162 Abs. 3 S. 1 AO bei einer Mitwirkungspflichtverletzung dazu führt, dass der Amtsermittlungsgrundsatz eingeschränkt ist. Das bedeutet, dass bei einer Mitwirkungspflichtverletzung, unabhängig von einer tatsächlichen Unangemessenheit der Verrechnungspreise, die Annahme höherer Einkünfte unabwendbare Folge ist. Anzumerken ist, dass die Auferlegung zu einer Doppelbesteuerung führen kann. Denn es ist tatsächlich kaum zu erwarten, dass ein ausländischer Staat zu einer Gegenberichtigung bereit sein wird, wenn die Erhöhung der im Inland steuerpflichtigen Einkünfte (und damit korrespondierend die Verminderung der im Ausland steuerpflichtigen Einkünfte) nur mit der unilateral dem Steuerpflichtigen auferlegten Beweislast begründet wird[1028]. Da im Falle einer Verletzung der Dokumentationspflicht die widerlegbare Vermutung höherer Einkünfte unabwendbare Folge ist, trägt der Steuerpflichtige insofern – wird die Mitwirkungspflichtverletzung festgestellt – eine subjektive Beweislast[1029].

b) Vergleich der Beweislastverteilung mit den vorgestellten Beweislasttheorien

§ 162 Abs. 3 S. 1 AO führt dazu, dass unabwendbare Folge einer Verletzung der Dokumentationspflicht die Umkehr der Beweislast ist. Eine Mitwirkungspflichtverletzung wird durch viele der gängigen Beweislastverteilungskriterien sanktioniert. Am nächsten kommt einer Beweislastverteilung anhand der Pflichtverlet-

---

[1021] Vgl. Naumann/Förster NWB F. 2, 8483, 8487; Schmidt/Gröger FR 2003, 813, 821; Vögele/Vögele IStR 2003, 466, 467; gegen Beweislastumkehr: Schoss in: Lademann/Söffing § 1 AStG Rn. 107.
[1022] Lausterer in: Linklaters, Verrechnungspreise, S. 127.
[1023] BMF, VerwGrs-Verfahren 2005, Tz. 4.6.1.
[1024] Frotscher in: Schwarz § 162 AO Rn. 19b f. und 19h; ders. in: FS Wassermeyer, S. 391, 404 f.
[1025] Engler in: Vögele/Borstell/Engler, Verrechnungspeise, F Rn. 54.
[1026] Krüger/Lamm StB 2005, 249, 253.
[1027] Kapitel B.II.2.d)gg)(1)(b)(bb).
[1028] Frotscher in: Schwarz § 162 AO Rn. 19h.
[1029] Vgl. Kapitel D.IV.1.a); zur Wirkung einer widerlegbaren gesetzlichen Vermutung allgemein: M. Schmidt, Beweislast, S. 300.

zung der von Tenbrock allgemeingültig vorgeschlagene Ansatz. Werden dessen Ansicht grundsätzliche Bedenken hinsichtlich des Bestehens einer Ermächtigungsgrundlage entgegengebracht, können diese in der vorliegenden Konstellation aufgrund der gesetzlichen Normierung einer solchen in § 162 Abs. 3 S. 1 AO nicht greifen.

E. Zusammenfassung der wesentlichen Ergebnisse

1. Die Mitwirkungspflichten des Steuerpflichtigen beziehen sich auf die Aufklärung des steuererheblichen Sachverhaltes und sind zur Verwirklichung der Grundsätze der Gesetzmäßigkeit und Gleichmäßigkeit der Besteuerung notwendig. Dabei zählen sie auf der einen Seite zu den Beweismitteln, auf der anderen Seite sind sie Eingriffsbefugnisse des Staates gegenüber dem Bürger, die einer Ermächtigungsgrundlage bedürfen.
2. Die Pflicht zur Beifügung einer Gewinnermittlung nach amtlich vorgeschriebenem Vordruck zur Steuererklärung bei der Gewinnermittlung nach § 4 Abs. 3 EStG enthält mit § 60 Abs. 4 EStDV eine legislative Rechtsgrundlage.
3. Steuerpflichtige sind nicht verpflichtet, eine von ihnen vertretene und vertretbare Rechtsmeinung, die von der der Rechtsprechung oder der Finanzverwaltung abweicht, in ihrer Steuererklärung offen zu legen. Erforderlich ist lediglich, dass die der Rechtsmeinung zugrunde liegenden Tatsachen vollständig angegeben werden, so dass der Finanzbehörde eine Rechtswürdigung ermöglicht wird.
4. Auch nach § 79 AO nicht verfahrensfähige Personen, z.B. Minderjährige, können zur Auskunftserteilung mitwirkungsverpflichtet sein, sofern sie die Fähigkeit besitzen, eine verständliche, der Wahrheitsfindung dienende Sachverhaltsdarstellung zu geben.
5. Die Urkundenvorlage nach § 97 AO ist subsidiär gegenüber dem Auskunftsverlangen der Finanzbehörde und entfällt nicht schon bei Geltendmachung von jeglichen steuermindernden Umständen, sondern nur bei Geltendmachung von besonderen Steuervorteilen, wie z.B. Sonderabschreibungen, Steuerbefreiungen, außergewöhnlichen Belastungen, die eine Ausnahme gegenüber den gewöhnlichen Sachverhaltskonstellationen darstellen.
6. Unterlagen, die nach den §§ 140 ff. AO nicht aufzeichnungspflichtig sind, unterliegen nicht der Aufbewahrungspflicht des § 147 AO, so dass sich der digitale Datenzugriff auch nicht auf sie erstrecken kann.
7. Die Vorlagepflicht für Urkunden bezieht sich auch auf solche steuererheblichen Unterlagen, die rechtlich nicht geführt werden müssen, aber tatsächlich geführt werden.
8. Für die Vorlage von Rechtsgutachten besteht keine rechtliche Grundlage.
9. Die erweiterte Mitwirkungspflicht des Steuerpflichtigen bei Auslandsbeziehungen ist unvereinbar mit Europarecht, soweit die steuererheblichen Informationen im Einzelfall aufgrund der EG-Amtshilferichtlinie oder sonstigen internationalen Informationsmöglichkeiten erlangt werden können. Gleiches gilt für die Mitwirkungspflichten der §§ 16 und 17 AStG, sofern nicht ausländische Domizil- bzw. Basisgesellschaften zwischengeschaltet sind, die keine eigene wirtschaftliche Funktion erfüllen.

10. Während nach alter Rechtslage keine Dokumentationspflicht für Verrechnungspreise existierte, schreibt nun § 90 Abs. 3 AO eine solche Erstellungspflicht für grenzüberschreitende Sachverhalte vor. In diesem Rahmen sind neben dem verwirklichten Sachverhalt auch die für die Angemessenheitsbeurteilung durch die Finanzbehörde notwendigen (verrechnungspreisrelevanten) Informationen aufzuzeichnen. Dies gilt unabhängig davon, ob diese Informationen im Einzelfall tatsächlich verrechnungspreisbeeinflussend waren. Entscheidend ist nur, dass sie es sein könnten. Dagegen besteht keine (unmittelbare) Pflicht zur Beachtung des Fremdvergleichsgrundsatzes und daher zur Ermittlung und Vereinbarung von angemessenen Geschäftsbedingungen. Im Einzelnen bringt die Neuregelung erhebliche Probleme mit sich und ist nicht vereinbar mit Europarecht, da Inlands- und Auslandssachverhalte ungerechtfertigt ungleich behandelt werden. Auf europäischer Ebene gibt es Bemühungen zur Harmonisierung der verschiedenen Dokumentationsvorschriften in den Mitgliedsstaaten, wobei das Masterfile-Konzept zu favorisieren ist.
11. Die in den Einzelsteuergesetzen niedergelegten Nachweispflichten stellen subjektive Beweislastregeln dar, die den Untersuchungsgrundsatz durchbrechen.
12. Das Selbstbelastungsverbot steht einer Mitwirkungspflicht des Steuerpflichtigen wegen des öffentlichen Informationsbedürfnisses im Besteuerungsverfahren auch im Hinblick auf strafrechtlich relevante Umstände nicht entgegen. Es verlangt aber, dass die im Besteuerungsverfahren gemachten strafrechtlich relevanten Angaben nicht in einem nachfolgenden Strafverfahren verwertet werden. Während die Nichtverwertung hinsichtlich Steuerstraftaten durch ein Zwangsmittelverbot und die Möglichkeit der Selbstanzeige garantiert ist, geschieht dies hinsichtlich Nichtsteuerstraftaten durch das Steuergeheimnis und ein Verwertungsverbot. Wird die Mitwirkung bei ersteren unter Berufung auf das Zwangsmittelverbot verweigert, bleibt dennoch auch eine u.U. nachteilige Schätzung zulässig, sofern sie keine Strafschätzung darstellt. Für Angaben, die in nachfolgenden Veranlagungszeiträumen gemacht werden, und die einen Rückschluss auf in vorhergehenden Veranlagungszeiträumen verwirklichte Steuerstraftaten zulassen, muss ein Verwertungsverbot bestehen. Die Verwertungsmöglichkeit von unter Zwang gemachten Angaben zu schwerwiegenden Nichtsteuerstraftaten im zwingenden öffentlichen Interesse verstößt gegen das Selbstbelastungsverbot.
13. Die Verletzung der Mitwirkungspflichten lässt den Untersuchungsgrundsatz der Finanzbehörde und des Finanzgerichts rechtlich unberührt. Sie ist im Rahmen der Beweiswürdigung frei zu würdigen, wobei der Schluss gezogen werden kann, dass der Steuerpflichtige seine Mitwirkung verletzt hat, um für sich steuerliche Nachteile abzuwenden.

14. Es ist eine Schätzung der Höhe und dem Grunde nach zulässig, wobei es keiner teleologischen Reduktion der Schätzungsvorschrift bedarf.
15. Ausgangspunkt für die Beweislastverteilung bleibt nach wie vor die Rosenbergsche Normbegünstigungstheorie. Im Einzelfall darf auf andere Verteilungskriterien zurückgegriffen werden. Während das Urteil des BFH vom 17.10.2001 eine Verteilung der Beweislast anhand Seers Theorie der sphärenorientierten Beweisrisikoverteilung vorgenommen hat, entspricht die Verteilung der Beweislast im Rahmen der Dokumentationspflichten bei Verrechnungspreisen Tenbrocks Pflichtverletzungstheorie. Da durch § 90 Abs. 3 i.V.m. § 162 Abs. 3 S. 1 AO der Untersuchungsgrundsatz eingeschränkt wird, ist die Vorschrift als subjektive Beweislastregelung einzuordnen.

Literaturverzeichnis

Andresen, Ulf — Fremdvergleichsgrundsatz und verdeckte Gewinnausschüttungen – Neuorientierung bei der internationalen Einkünfteabgrenzung, RIW 2002, 134-140

Neue gesetzliche Verpflichtung zur Dokumentation von Verrechnungspreisen: Handlungsbedarf für grenzüberschreitend tätige Unternehmen, RIW 2003, 489-494

Zwangsrabatte und Verrechnungspreisanpassungen in der Pharmaindustrie – Anpassungsbedarf oder –notwendigkeit bei internationalen Pharmakonzernen mit Vertriebsgesellschaften in Deutschland, IStR 2004, 355-360

Apitz, Wilfried — Würdigung der Ausstattung und Einrichtung eines Arbeitszimmers nach Augenscheinnahme, StBp 1995, 226-230

Verfahrensrechtliche Aspekte der Schätzung im Rahmen der Betriebsprüfung, StBp 1996, 96-100, 119-124

Digitale Buchführung und Datenzugriff der Finanzverwaltung ab 1.1.2002, StBp 2002, 33-46

Schätzungsbescheide bei „willkürlicher“ Schätzung, StBp 2002, 107-113

Arnold, Jörg — Der Einfluss des BVerfG auf das nationale Straf- und Strafverfahrensrecht, StraFo 2005, 2-9

Assmann, Eberhard — Die Geldverkehrsrechnung in der Außenprüfungspraxis, StBp 1989, 252-260, 269-277; 1990, 1-10

Rechte und Mitwirkungspflichten beim Erstellen von Geldverkehrs- bzw. Vermögenszuwachsrechnungen, DB 1989, 851-854

Schätzungen bei Außenprüfungen, StBp 2001, 255-262, 281-287

Balmes, Frank/Waldens, Stefan — Verrechnungspreisdokumentation: Von der Pflicht zur Kür, AO-StB 2005, 17-21

Baranowski, Karl-Heinz — Besteuerung von Auslandsbeziehungen, 2. Auflage, Herne, Berlin 1996

Die Kapitalgesellschaft im Spektrum des Internationalen Steuerrechts, in: Burmester/Endres (Hrsg.), Aussensteuerrecht, Doppelbesteuerungsabkommen und EU-Recht im Spannungsverhältnis, Festschrift für Helmut Debatin zum 70. Geburtstag, München 1997, S. 1-24 (zitiert: Baranowski in: FS Debatin, S.)

Bärlein/Pananis/Rehmsmeier — Spannungsverhältnis zwischen der Aussagefreiheit im Strafverfahren und den Mitwirkungspflichten im Verwaltungsverfahren, NJW 2002, 1825-1830

Bauer, Dan — Neuausrichtung der internationalen Einkunftsabgrenzung im Steuerrecht, Berlin 2004 (zugl. Hamburg, Diss., 2004, u.d.T. Rechtsdogmatische und methodische Neuausrichtung der internationalen Einkunftsabgrenzung im Steuerrecht) (zitiert: Bauer, Neuausrichtung der internationalen Einkunftsabgrenzung, S.)

Bauer, Dan/Taetzner, Tobias — Zugriff ohne Ende? – Grenzen der steuerlichen Vorlagepflicht von Gutachten des Steuerberaters zur Angemessenheit grenzüberschreitender Verrechnungspreise in multinationalen Konzernen, BB 2004, 2267-2272

Zur Vorlagepflicht sachverhaltswürdigender Beratergutachten – Replik auf Weiß in StBp 2004, 220 –, StBp 2005, 39-41

Baumbach, Adolf/Lauterbach, Wolfgang — Zivilprozessordnung, 63. Auflage, München 2005

Baumhoff, Hubertus

Anmerkung zum BFH-Urteil vom 17.10.2001, IStR 2001, 751-753

Aktuelle Entwicklungen bei den internationalen Verrechnungspreisen, IStR 2003, 1-6

Die Bestimmung angemessener Verrechnungspreise bei der Existenz von Preisbandbreiten, in: Gocke, Rudolf/Gosch, Dietmar/Lang, Michael (Hrsg.), Körperschaftsteuer, internationales Steuerrecht, Doppelbesteuerung: Festschrift für Franz Wassermeyer zum 65. Geburtstag, S. 347-369 (zitiert: Baumhoff in: FS Wassermeyer, S.)

Baumhoff/Ditz/Greinert

Grundsätze der Dokumentation internationaler Verrechnungspreise nach der Gewinnabgrenzungsaufzeichnungsverordnung (GAufzV), DStR 2004, 157-164

Die Dokumentation internationaler Verrechnungspreise nach den „Verwaltungsgrundsätze-Verfahren", DStR 2005, 1549-1556

Becker, Arno

Beweismaßreduzierung bei Steuerhinterziehung und Reaktionsmöglichkeiten der Finanzverwaltung bei Mitwirkungsverweigerung des Hinterziehers oder seiner Erben beim Bestehen von Strafverfolgungshindernissen, StBp 2002, 168-177

Becker, Helmut

Koreferat zum Referat Neubauer, JbFfSt 1977/1978, 132-141

Die Dokumentation bei grenzüberschreitenden Verrechnungspreisen, in: Schön, Wolfgang (Hrsg.), Gedächtnisschrift für Brigitte Knobbe-Keuk, Köln 1997, S. 557-582 (zitiert: Becker in: GS Knobbe-Keuk)

Neues Gesetz zur Dokumentationspflicht? IWB Fach 3, Gruppe 1, 1765-1768

Becker/Höppner/Grotherr/Kroppen — DBA-Kommentar, Herne, Berlin, Losebl.-Ausg., Stand: Ausgust 2004 (zitiert: Bearbeiter in: Becker/Höppner/Grotherr/ Kroppen Art. ... OECD-MA Rn.)

Becker, Helmut/Kroppen, Heinz-Klaus — Handbuch Internationale Verrechnungspreise, Köln, Losebl.-Ausg., Stand: 6. Lieferung (November 2004) (zitiert: Bearbeiter in: Becker/Kroppen, Verrechnungspreise)

Beermann, Albert — Steuerliches Verfahrensrecht: AO, FGO, Nebengesetze, Bonn, Losebl.-Ausg., Stand: 50. Lieferung (Januar 2005) (zitiert: Bearbeiter in: Beermann § ... AO Rn.)

Bellstedt, Christoph — Die verdeckte Gewinnausschüttung – neue Definition, neue Tendenzen, internationale Auswirkungen, FR 1990, 65-70

Anspruchsgrundlagen zur Korrektur von „Verrechnungspreisen" unter Doppelbesteuerungsabkommen, IWB Nr. 11 v. 11.6.1990, Fach 3, 495-506

Berg, Wilfried — Die Beweislast im Verwaltungsprozeß am Beispiel des Wohngeldrechts – BverwGE 44, 265, JuS 1977, 23-27

Die verwaltungsrechtliche Entscheidung bei ungewissem Sachverhalt, Berlin 1980 (zugl. Bonn, Habil.) (zitiert: Berg, Die verwaltungsrechtliche Entscheidung, S.)

Berthold, Volker — Der Zwang zur Selbstbezichtigung aus § 370 Abs. 1 AO und der Grundsatz des nemo tenetur, Frankfurt a.M., 1993 (zugl. Kiel, Diss., 1992) (zitiert: Berthold, Zwang zur Selbstbezichtigung, S.)

Besson, Philipp A. — Das Steuergeheimnis und das Nemo-tenetur-Prinzip im (steuer-)strafrechtlichen Ermittlungsverfahren, Frankfurt a.M. 1997 (zugl. Bochum, Diss., 1996) (zitiert: Besson, Steuergeheimnis, S.)

Bettermann, Karl August — Die Beweislast im Verwaltungsprozess, Verhandlungen des 46. DJT 1966, Bd. II, Teil E S. 26-41 (zitiert: Bettermann 46. DJT 1966, Bd. II, Teil E, S.)

Bilsdorfer, Peter — Die Informationsquellen und -wege der Finanzverwaltung bei internationalen Sachverhalten, in: Grotherr (Hrsg.), Handbuch der internationalen Steuerplanung, 2. Auflage, Herne/Berlin 2003, S. 1689-1707 (zitiert: Bilsdorfer in: Grotherr, Handbuch der internationalen Steuerplanung, S.)

Birk, Dieter — Steuerrecht I, Allgemeines Steuerrecht, 2. Auflage, München 1994 (zitiert: Birk, Steuerrecht I (1994), § … Rn.)

Sachverhaltsermittlung und Kontrollbefugnisse der Verwaltung im Besteuerungsverfahren, StVj 1991, 310-321

Steuerrecht, 7. Auflage, Heidelberg 2004 (zitiert: Birk, Steuerrecht, Rn.)

Das sog. „Europäische“ Steuerrecht, FR 2005, 121-127

Birkenfeld, Wolfram — Beweis und Beweiswürdigung im Steuerrecht, 1973 (zugl. Köln, Diss., 1973) (zitiert: Birkenfeld, Beweis und Beweiswürdigung im Steuerrecht, S.)

Sachverhaltsermittlung und Rechtsanwendung bei der Lohnsteuer in- und ausländischer Arbeitnehmer, in: Stolterfoht, Joachim N. (Hrsg.), Grundfragen des Lohnsteuerrechts, Jahrestagung der Deutschen Steuerjuristischen Gesellschaft v. 26.9. und 27.9.1985 in Bad Ems, Köln 1986, S. 245-376 (zitiert: Birkenfeld DStJG 1986, 245, …)

Blomeyer, Arwed — Die Umkehr der Beweislast, AcP 158 , 97-106

Blumers, Wolfgang — Grenzen der Sachaufklärungspflicht in Steuererklärungen, DB 1987, 807-810

Blumers/Frick/Müller — Betriebsprüfungshandbuch, München, Losebl.-Ausg., Stand: Juli 2001 (Blumers/Frick/Müller, Betriebsprüfungshandbuch, Kapitel Rn.)

Blümich, Walter — Ertragsteuerliche Nebengesetze, Band 5, München, Losebl.-Ausg., Stand: 84. Ergänzungslieferung (Oktober 2004) (zitiert: Bearbeiter in: Blümich § … AStG Rn.)

Borstell, Thomas/Prick, Michael — Grundsatzentscheidung zu anonymen Vergleichsdaten in der Prüfung von Verrechnungspreisen, IStR 1999, 304-307

Böse, Martin — Die Strafbarkeit wegen Steuerhinterziehung und der Nemo-tenetur-Grundsatz, wistra 2003, 47-51

Braun, Georg/Hof, Markus — Die Verrechnungspreisdokumentation vor dem Hintergrund der Verwaltungsgrundsätze – Verfahren, IStR 2005, 69-72

Brenner, Karl — Zum Auskunftsverweigerungsrecht des Steuerpflichtigen bei der Betriebsprüfung, BB 1978, 910-911

Brezing, Klaus — Konzernverrechnungspreise in betriebswirtschaftlicher, aktienrechtlicher und steuerrechtlicher Sicht, AG 1975, 225-232

Brezing/Krabbe/Lempenau/Mössner/Runge — Außensteuerrecht, Berlin 1991 (zitiert: Bearbeiter in: Brezing/Krabbe/Lempenau/Mössner/Runge § … AStG Rn.)

Briel, Olaf G. von — Steuerrechtliche Erklärungspflichten und das nemo-tenetur-Prinzip, StraFo 1998, 336-338

Brockmann, Karl-Wilhelm — Lebenserfahrungssätze, Sachverhaltsvermutungen und Sachverhaltsfiktionen im Steuerrecht, Köln 1966 (zugl. Köln, Diss., 1964) (zitiert: Brockmann, Lebenserfahrungssätze, S.)

Bruschke, Gerhard — Betretungsrecht der Finanzämter bei der Überprüfung eines steuerlich geltend gemachten Arbeitszimmers, DStZ 1985, 404-406

	Schätzung von Besteuerungsgrundlagen – Voraussetzungen und Angriffsmöglichkeiten, StB 2003, 253-259
Buciek, Klaus	Beweislast und Anscheinsbeweis im internationalen Recht, Eine Untersuchung zum Grundsatz des „Verfahrens nach eigenem Recht", 1984 (zugl. Bonn, Diss., 1984) (zitiert: Buciek, Beweislast, S.)
	Grenzen des „maßvollen Gesetzesvollzugs", DStZ 1995, 513-516
Burchert, Bernd	Aktuelle Fragen zur Umsetzung des Datenzugriffs durch die Finanzverwaltung, INF 2002, 677-682
Burmester, Gabriele	Probleme der Gewinn- und Verlustrealisierung – insbesondere bei grenzüberschreitenden Transaktionen zwischen inländischem Stammhaus und ausländischer Betriebstätte, Baden-Baden 1986
	Internationale Minderbesteuerung und ihre Vermeidung, in: Burmester/Endres (Hrsg.), Aussensteuerrecht, Doppelbesteuerungsabkom-men und EU-Recht im Spannungsverhältnis, Festschrift für Helmut Debatin zum 70. Geburtstag, München 1997, S. 55-79 (zitiert: Burmester in: FS Debatin, S.)
Carl, Dieter/Klos, Joachim	Inhalt und Reichweite der Kontenwahrheitspflicht nach § 154 AO als Grundlage der steuerlichen Mitwirkungspflichten der Kreditinstitute, DStZ 1995, 296-308
	Die Steuererklärung, JuS 1996, 402-407
Carlé, Thomas	Direkte Steuern und Europarecht, KÖSDI 2003, 13583-13588
	Schätzungen bei Auslandssachverhalten, AO-StB 2004, 360-362

Clemens, Martin — Gewährung grenzüberschreitender Nutzungsvorteile: Vermeidung einer Geschäftsbeziehung im Sinne von § 1 Abs. 4 AStG, INF 2004, 865-870

Coester-Waltjen, Dagmar — Internationales Beweisrecht, Ebelsbach a.M. 1983 (zugl. München, Habil., 1981/82) (zitiert: Coester-Waltjen, Internationales Beweisrecht, S. ... Rn.)

Cordewener, Axel — Europäische Grundfreiheiten und nationales Steuerrecht, „Konvergenz" des Gemeinschaftsrechts und „Kohärenz" der direkten Steuern in der Rechtsprechung des EuGH, Köln 2002 (zugl. Bonn, Diss., 2001) (zitiert: Cordewener, Europäische Grundfreiheiten, S.)

Deutsche Unternehmensbesteuerung und europäische Grundfreiheiten – Grundzüge des materiellen und formellen Rechtsschutzsystems der EG, DStR 2004, 6-15

Crezelius, Georg — Steuerrechtliche Verfahrensfragen bei grenzüberschreitenden Sachverhalten, IStR 2002, 433-441

Grenzüberschreitungen bei steuerrechtlichen Dokumentationspflichten, BB 2002, 1121-1123

Crüger, Arwed/Bodenstein, Roland — Fremdvergleich im Rahmen der deutschen Thin-Capitalization-Rules des § 8a KStG sowie der Dokumentationsvorschriften nach § 90 Abs. 3 AO, RIW 2005, 500-503

Danzer, Jürgen — Die strafrechtliche Verantwortlichkeit des steuerlichen Beraters, in: Kohlmann, Günter (Hrsg.), Strafverfolgung und Strafverteidigung, Grundfragen des Steuerstrafrechts heute, Köln 1983, S. 66-97 (zitiert: Danzer in: Kohlmann, Strafverfolgung und Strafverteidigung, S.)

Dautzenberg, Norbert — Gedanken zur Rechtsprechung des EuGH zu den direkten Steuern im Jahre 2004, BB-Special 6/2004, 8-15

Debatin, Helmut/Vogel, Hans | Anforderungen und Grenzen der steuerlichen Nachweispflicht bei ausländischen Unternehmen und Auslandsbeziehungen, RIW 1958, 202-206.

Debatin, Helmut/Wassermeyer, Franz | Doppelbesteuerung, München, Losebl.-Ausg., Stand: 95. Ergänzungslieferung (Januar 2005) (zitiert: Bearbeiter in: Debatin/Wassermeyer Art. ... OECD-MA Rn.)

Derlien, Ulrich/Weissinger, Andreas | Praxishinweise zur Erstellung einer sachgerechten Verrechnungspreisdokumentation, BC 2004, 5-8

Ditz, Xaver | Reichweite des digitalen Datenzugriffs der Finanzverwaltung im nationalen und internationalen Konzern, DStR 2004, 2038-2042

Internationale Gewinnabgrenzung bei Betriebsstätten, Berlin 2004 (zugl. Hamburg, Diss., 2003) (zitiert: Ditz, Internationale Gewinnabgrenzung, S.)

Döllerer, Georg | Verdeckte Gewinnausschüttung, verdeckte Einlagen – neue Rechtsprechung, neue Fragen, DStR 1989, 331-338

Dörn, Harald | Steuerhinterziehung und Steuerrecht, wistra 1992, 241-247

Fragen des Steuerstraf- und Steuerordnungswidrigkeitenrechts bei Beauftragung eines Steuerberaters, DStZ 1993, 478-487

Offenlegungspflicht gegenüber dem Finanzamt und Erkundigungspflicht über die Rechtslage, StBp 2001, 329 f.

Dreßler, Günter | Auskunftserteilung zu internationalen Sachverhalten, StBp 1982, 205-217, 233-239

Unbeachtlichkeit ausländischer Auskunftsverbote im deutschen Steuerrecht, StBp 1992, 149-159

Gewinn- und Vermögensverlagerungen in Niedrigsteuerländer und kein Ende? StBp 1999, 253-264

Gewinn- und Vermögensverlagerungen in Niedrigsteuerländer und ihre steuerliche Überprüfung, 3. Auflage, Neuwied 2000 (zitiert: Dreßler, Gewinn- und Vermögensverlagerungen, S.)

Droscha/Reimer — Verlagerung der Buchführung in andere EG-Mitgliedstaaten? DB 2003, 1689-1694

Duden — Das große Wörterbuch der deutschen Sprache, 3. Auflage, Mannheim u.a. 1999, Band 1 (A-Bedi), Band 2 (Bedr-Eink), Band 7 (Pekt-Schi) (zitiert: Duden, Das große Wörterbuch der deutschen Sprache, „Stichwort", S.)

Herkunftswörterbuch, Etymologie der deutschen Sprache, 3. Auflage, Mannheim u.a. 2001 (zitiert: Duden, Herkunftswörterbuch, „Stichwort", S.)

Eder, Reinhard — Mitwirkungspflichten und subjektive Beweislast im finanzgerichtlichen Verfahren, DStZ/A 1975, 356-359

Eicker, Klaus/Stockburger, Lars — Internationale Verfahren zur Beseitigung der Doppelbesteuerung – Überblick und Folgerungen für die Praxis anlässlich des rückwirkenden Wiedereintritts der EU-Schiedskonvention zum 1.1.2004, IWB Nr. 4 v. 23.2.2005, Fach 11, Gruppe 2, 661-672

Eidam, Lutz — Einschränkende Auslegung des Verwendungsverbotes aus § 393 Abs. 2 S. 1 AO im Fall einer Selbstanzeige gem. § 371 AO? – Eine Anmerkung zu BGH wistra 2004, 309, wistra 2004, 412-414

Eigelshoven, Axel/Kratzer, Carsten — Rechtsverordnung zu Aufzeichnungspflichten bei der Bestimmung angemessener Verrechnungspreise, IStR 2004, 30-36

Eigelshoven, Axel/Nientimp, Axel — Internationale Verrechnungspreise und formale Kriterien beim Institut der verdeckten Gewinnausschüttung – Zugleich Anmerkungen zum Urteil des FG München vom 16.7.2002, DB 2003, 2307-2310

Die Dokumentation angemessener Verrechnungspreise nach den Verwaltungsgrundsätze-Verfahren: Eine kritischer Analyse, DB 2005, 1184-1189

Elicker, Michael — Die „steuerrechtliche Kohärenz" in der Rechtsprechung des Europäischen Gerichtshofes, IStR 2005, 89-92

Endres, Dieter — Dokumentation für Verrechnungspreise und Konzernumlagen in der Praxis, Der praktische Fall, PIStB 2004, 69-72

Endres, Dieter/Oestreicher, Andreas — Grenzüberschreitende Ergebnisabgrenzung: Verrechnungspreise, Konzernumlagen, Betriebsstättengewinnermittlung – Bestandsaufnahme und Neuentwicklungen, IStR 2003, Beihefter zu Heft 15, 1-16

Eppler, Gerold — Die Beweislast (Feststellungslast) bei der verdeckten Gewinnausschüttung, DStR 1988, 339-341

Ernst & Young — Verrechnungspreise, Dokumentationsmanagment nach den neuen Mitwirkungspflichten, Bonn, Berlin 2003 (zitiert: Ernst & Young, Verrechnungspreise)

Finsterwalder, Oliver — Einführung von Dokumentationssystemen bei internationalen Verrechnungspreisen – Anlass zur Prüfung grenzüberschreitender Risiko- und Funktionsverlagerungen –, IStR 2004, 763-768

Einkunftsabgrenzung bei grenzüberschreitenden Geschäftsbeziehungen, Das BMF-Schreiben „Verwaltungsgrundsätze – Verfahren", DStR 2005, 765-770

Fischer H./Zanzinger, D. — Privatsphäre im Steuerrecht? DB 1979, 127-131

Flick, Hans — Besondere Mitwirkungspflichten der Steuerpflichtigen bei Auslandsbeziehungen, DStR 1964, 479-483

Flick/Wassermeyer/Baumhoff — Kommentar zum Außensteuerrecht, Köln, Losebl.-Ausg., Stand: 55. Lieferung (November 2004) (zitiert: Bearbeiter in: Flick/Wassermeyer/ Baumhoff § ... AStG Rn.)

Flick/Wassermeyer/Wingert/Kempermann — Doppelbesteuerungsabkommen Deutschland-Schweiz, Losebl.-Ausg., Stand: November 2004 (zitiert: Bearbeiter in: Flick/Wassermeyer/ Wingert/Kempermann Art. 9 DBA Schweiz Rn.)

Foddanu, Frauke M. — Europäischer Rat nimmt Verhaltenskodex an, PIStB 2005, 125-129

Förster, Jutta — Steuerfragen und Dokumentationspflichten bei der Mitarbeiterentsendung aus Sicht der Unternehmen, in: Gocke, Rudolf/Gosch, Dietmar/Lang, Michael (Hrsg.), Körperschaftsteuer, internationales Steuerrecht, Doppelbesteuerung: Festschrift für Franz Wassermeyer zum 65. Geburtstag, S. 371-389 (zitiert: Förster in: FS Wassermeyer, S.)

Franzen/Gast-De Haan/Joecks — Steuerstrafrecht mit Steuerordnungswidrigkeiten und Verfahrensrecht, Kommentar §§ 369-412 AO, München, 6. Auflage 2005 (zitiert: Bearbeiter in: Franzen/Gast-de Haan/Joecks § ... AO Rn.)

Freudenberg, R. — Schätzung von Besteuerungsgrundlagen, INF 1987, 205-208

Frotscher, Gerrit — Verdeckte Gewinnausschüttung, in: Widmann, Siegfried (Hrsg.), Besteuerung der GmbH und ihrer Gesellschafter, Veröffentlichungen der Deutschen Steuerjuristischen Gesellschaft e.V., DStJG, Köln, Band 20 (1997), 205-249 (zitiert: Frotscher DStJG Bd. 20 (1997), S.)

Mitwirkungs-, Nachweis- und Dokumentationspflichten im Internationalen Steuerrecht, in: Lüdicke, Jürgen (Hrsg.), Fortentwicklung der Internationalen Unternehmensbesteuerung, Forum der Internationalen Besteuerung, Bd. 23, Köln 2002 (zitiert: Frotscher in: Lüdicke, Fortentwicklung der Internationalen Unternehmensbesteuerung, S.)

Verfassungsrechtliche Fragen zu den Dokumentationspflichten bei Verrechnungspreisen und den Rechtsfolgen ihrer Verletzung, in: Gocke, Rudolf/Gosch, Dietmar/Lang, Michael (Hrsg.), Körperschaftsteuer, internationales Steuerrecht, Doppelbesteuerung: Festschrift für Franz Wassermeyer zum 65. Geburtstag, S. 391-409 (zitiert: Frotscher in: FS Wassermeyer, S.)

Gehm, Matthias | Advance Pricing Agreements – Eine kritische Betrachtung, Stbg 2005, 149-153

Giesberts, Franz J. | Die steuerliche Betriebs- und Außenprüfung, 2. Auflage, Bonn 1981 (zitiert: Giesberts, Betriebs- und Außenprüfung, Rn.)

Gebbers, Harald | Zur steuerlichen Behandlung fragwürdiger „Darlehen", StBp 1986, 179-185

Gombert, Irene | Die Schätzung der Besteuerungsgrundlagen nach § 162 der Abgabenordnung, Berlin 2001 (zugl. Köln, Diss., 1999) (zitiert: Gombert, Schätzung, S.)

Gosch, Dietmar | Anm. BFH-Urteil vom 17.10.2001 – I R 103/00, StBp 2001, 360-363

Wechselbezügliches zwischen internationalen und nationalen Gewinnkorrekturvorschriften, in: Carlé, Dieter/Stahl, Rudolf/Strahl, Martin (Hrsg.), Gestaltung und Abwehr im Steuerrecht: Festschrift für Klaus Korn zum 65. Geburtstag am 28. Januar 2005, Bonn, Berlin 2005, S. 391-414 (zitiert: Gosch in: FS Korn, S.)

Göschl, Gabriele | Die in den OECD-Verrechnungspreisrichtlinien angeführten Dokumentationspflichten und ihre rechtliche Bedeutung, in: Schuch, Josef/Zehetner, Ulf (Hrsg.), Verrechnungspreisgestaltung im Internationalen Steuerrecht, Wien 2001, S. 385-401 (zitiert: Göschl in: Schuch/Zehetner, Verrechnungspreisgestaltung, S.)

Gotzens, Markus/Wegner, Carsten — Zur Steuererklärungspflicht nach den Nemo-Tenetur-Entscheidungen des BGH, Praxis Steuerstrafrecht 2003, 207-211

Grabitz, Eberhard/Hilf, Meinhard — Das Recht der Europäischen Union, Losebl.-Ausg., Stand: 24. Ergänzungslieferung (September 2004) (zitiert: Bearbeiter in: Grabitz/Hilf Art. ... EGV Rn.)

Graf, Mathias — Dokumentationspflichten bei Verrechnungspreisen, Steuer&Studium 2004, 380-388

Die Verwaltungsgrundsätze Verfahren – Anmerkungen zum Entwurf eines BMF-Schreibens vom 18.10.2004, IStR 2005, 175-180

Grezesch, Wolf — Steuererklärungspflichten im Strafverfahren, DStR 1997, 1273-1276

Großfeld, Bernhard — Inländische Auskunftspflichten und ausländische Auskunftsverbote im internationalen Steuerrecht, in: Pawlowski/Wieacker (Hrsg.), Festschrift für Karl Michaelis, Göttingen 1972, S. 118-133 (zitiert: Großfeld in: FS Michaelis, S.)

Grotherr, Siegfried — Advance Pricing Agreements – Verfahren zur Vermeidung von Verrechnungspreiskonflikten, BB 2005, 855-867

Überlegungen zur Ausgestaltung von speziellen Verfahrensregelungen für Advance Pricing Agreements, IStR 2005, 350-360

Grupp, Klaus — Mitwirkungspflichten im Verwaltungsverfahren, VerwArch 80 (1989), 44-73

Grützner, Dieter — Dokumentationspflichten bei Auslandsbeziehungen, StuB 2003, 1108-1111

Die Dokumentation von Verrechnungspreisen zwischen nahe stehenden Unternehmen bei grenzüberschreitenden Geschäftsbeziehungen – Ein erster Überblick über das BMF-Schreiben vom 12.4.2005 –, StuB 2005, 442-448

Ermittlung von Verrechnungspreismethoden unter Fremdvergleichsgesichtspunkten, StuB 2005, 612-618

Anforderungen an die Aufzeichnungspflichten nach § 90 Abs. 3 AO – Rechtsfolgen bei der Korrektur von Verrechnungspreisen –, StuB 2005, 792-798

Hagen, Jürgen — Das Empfängerbenennungsverlangen nach § 160 AO, DStZ 2004, 564-570

Mitwirkungs- und Aufzeichnungspflichten des Steuerpflichtigen bei Sachverhalten mit Auslandsbezug und Rechtsfolgen bei Pflichtverletzung, StBp 2005, 33-39

Hahn, Hartmut — DBA- und EG-rechtliche Diskriminierungsverbote – zwei Paar Schuhe, BB 2005, 521-529

Hahn, Hartmut/Suhrbier-Hahn, Ute — Mitwirkungspflichten bei Auslandssachverhalten europarechtswidrig? – Neukonzeption der §§ 90 Abs. 3 und § 162 Abs. 3 und 4 AO im SteVAG, IStR 2003, 84-86

Hahn, Hartmut/Ziegler, Jörg — „Penalties" i.S. des § 162 Abs. 4 AO im Lichte des Art. 6 Abs. 1 EMRK, IStR 2004, 78-83

Hambitzer, Rolf — Prüfung internationaler Verrechnungspreise nach der jüngeren BFH-Rechtsprechung und der noch jüngeren Steuergesetzgebung, StBp 2003, 295-302

Hangarter, Dieter — Erweiterte Mitwirkungspflicht bei Auslandsbeziehungen und schweizerischer Geheimnisschutz, Zugleich eine Besprechung des BFH-Urteils vom 16.4.1980 – I R 75/78, RIW/AWD 1981 S. 497, RIW/AWD 1982, 176-181

Hanßen, Klaus — Steuerhinterziehung und leichtfertige Steuerverkürzung (§§ 370, 378 AO) durch Abweichen von der höchstrichterlichen Finanzrechtsprechung – insbesondere durch Steuerberater? Frankfurt a.M. 1984 (zugl. Kiel, Diss., 1984) (zitiert: Hanßen, Steuerhinterziehung, S.)

Happe, Rüdiger
Aufzeichnungspflichten für internationale Verrechnungspreise, BBK Nr. 6 vom 19.3.2004 (251-256), Fach 5 695-700

Harms, Monika
Steuerliche Beratung im Dunstkreis des Steuerstrafrechts, Stbg 2005, 12-19

Hartmann, Michael
Aufzeichnungs- und Aufbewahrungspflichten bei der Gewinnermittlung nach § 4 Abs. 3 EStG, StBp 1992, 139-141

Hartmann, Bernhard/Cortrie, Hildegard
Beweiswürdigung und Beweislast im Besteuerungsverfahren, Wpg 1981, 165-175

Hartung, Hans
Die Beweislast im Steuerverfahren, NJW 1959, 1900-1903

Heerspink, Frank
Strafe aufgrund zutreffender Steuererklärung? Steuerliche Mitwirkungspflichten und das nemotenetur-Prinzip, AO-StB 2006, 51-55

Hellmann, Uwe
Anmerkung zu BGH, Beschluss v. 23.1.2002, JZ 2002, 617-620

Henneberg, Ernst
Der Steuerpflichtige im Spannungsfeld zwischen Besteuerungsverfahren und Streuerstrafverfahren, BB 1988, 2181-2188

Herff, Arnd
Schätzungen durch Finanzbehörden und Finanzgerichte: Streitfragen und Probleme, KÖSDI 1998, 11545-11555

Herter, Wilfried
Beweislast und Beweiswürdigung im Besteuerungsverfahren, DB 1985, 1311-1316

Hervé, Yves/von Jesche, Lars
Praxishinweise zu den neuen Dokumentationspflichten bei Verrechnungspreisen, BC 2003, 125-129

Heuer
Grenzen der Nachweisungspflicht, DStZ 1950, 273-276

Die Beweislast im Steuerermittlungsverfahren und Steuerstrafverfahren, DStZ 1952, 324-327

Hey, Friedrich	Beweislast und Vermutungen im deutschen internationalen Steuerrecht, Baden-Baden 1992 (zugl. Hamburg, Diss., 1992) (zitiert: Hey, Beweislast und Vermutungen, S.)
Hild, Dieter	Schätzungen im Steuer- und Strafrecht, DB 1996, 2300-2303
Hild, Dieter/Dörn	Steuerstrafrecht von A-Z, Losebl.-Ausg., Stand: 9. Ergänzungslieferung (September 2004) (zitiert: Hild/Dörn, Steuerstrafrecht, „Stichwort" Rn.)
Hildebrandt, Bernd	Steuerliche und strafrechtliche Folgen unzureichender Mitwirkung des Steuerpflichtigen bei der Sachverhaltsaufklärung, StBp 1991, 108-111
Hillenbrand, Josef/Brosig, Manfred	Steuerflucht und ihre Bekämpfung, Zum Informationsaustausch zwischen in- und ausländischen Finanzverwaltungen, BB 1997, 445-451
Höppner, Horst-Dieter	Der Bericht des OECD-Steuerausschusses über „Verrechnungspreise und multinationale Unternehmen", StBp 1981, 56-61
	Der neue Verrechnungspreis-Erlaß – Grundsätzliche Probleme aus der Sicht der Verwaltung -, StBp 1983, 121-129
Hruschka, Franz	Feststellungslast und Mitwirkungspflicht bei Auslandsbetriebsstätten, IStR 2002, 753-758
Hübschmann/Hepp/Spitaler	Abgabenordnung, Finanzgerichtsordnung, Köln, Losebl.-Ausg. Stand: 184. Lieferung (März 2005) (zitiert: Bearbeiter in: Hübschmann/Hepp/Spitaler § ... AO Rn.)
IDW	Stellungnahme zum Entwurf eines BMF-Schreibens zu den Verwaltungsgrundsätzen v. 17.11.2004, Wpg 2004, 1408
	Stellungnahme zum überarbeiteten Entwurf zu den Verwaltungsgrundsätze-Verfahren v. 14.2. 2005, Wpg 2005, 469

Irrgang, Werner | Steuerhinterziehung durch Abweichung von der Auffassung der Finanzverwaltung oder höchstrichterlicher Rechtsprechung? DB 1988, 781-782

Isensee, Josef | Die typisierende Verwaltung, Berlin, 1976 (zugl. Erlangen-Nürnberg, Habil., 1975) (zitiert: Isensee, Typisierende Verwaltung, S.)

Jahn, Ralf | Basisgesellschaft: FA kann Benennung der „wahren Zahlungsempfänger" verlangen, PIStB 2004, 8-10

Jakob, Wolfgang | Abgabenordnung, 3. Auflage, München 2001 (zitiert: Jakob, Abgabenordnung, Rn.)

Jacobs, Otto H. | Internationale Unternehmensbesteuerung, 5. Auflage, München 2002 (zitiert: Jacobs, Internationale Unternehmensbesteuerung, S.)

Janssen, Bernhard | Beweislast bei der verdeckten Gewinnausschüttung, DStR 1994, 314 f.

Jarass, Hans D./Pieroth, Bodo | Grundgesetz für die Bundesrepublik Deutschland, 7. Auflage, München 2004 (zitiert: Bearbeiter in: Jarass/Pieroth Art. ... GG Rn.)

Jenzen, Holger | Internationale Verrechnungspreise – Die Einkunftsabgrenzung im Besteuerungsverfahren, NWB Fach 2, S. 8867-8884

Joecks, Wolfgang | Der nemo-tenetur-Grundsatz und das Steuerstrafrecht, in: Hirsch/Wolter/Brauns (Hrsg.), Festschrift für Günter Kohlmann zu 70. Geburtstag, Köln 2003, S. 451-464 (zitiert: Joecks in: FS Kohlmann, S.)

Joecks, Wolfgang/Kaminski, Bert | Dokumentations- und Sanktionsvorschriften für Verrechnungspreise in Deutschland, IStR 2004, 65-72

Kaminski, Bert/Strunk, Günther | Auswirkungen des BFH-Urteils vom 17.10.2001 auf die Verrechnungspreisbestimmung, IWB Fach 3, Gruppe 1, 1831-1856

Dokumentationspflicht bei Verrechnungspreisen – Erste Analyse des Entwurfs der Rechtsverordnung zu § 90 Abs. 3 AO, RIW 2003, 561-570

Die „Gewinnabgrenzungsaufzeichnungsverordnung" – Eine Würdigung –, StBp 2004, 1-10, 29-35

Die Verwaltungsgrundsätze-Verfahren vom 12. April 2005, StBp 2005, 213-219, 245-255

Analyse der aktuellen Rechtsprechung des BFH zur Verrechnungspreisbestimmung, BB 2005, 2379-2382

Kanzler, Hans-Joachim — Die eidliche Vernehmung nach § 94 AO 1977, DStZ/A 1977, 326-330

Kempermann, Michael — Amtsermittlung, Mitwirkungspflichten und Beweislast bei Auslandssachverhalten, FR 1990, 437-442

Keßeböhmer, Elisabeth — Beweis steuermindernder Tatsachen im Besteuerungsverfahren und im Steuerstrafverfahren, Baden-Baden 1995 (zugl. Kiel, Diss., 1995) (zitiert: Keßeböhmer, Besteuerungsverfahren, S.)

Kessler, Wolfgang/Spengel, Christoph — Checkliste potenziell EG-rechtswidriger Normen des deutschen direkten Steuerrechts – Update 2004, DB Beilage Nr. 6/2004 zu Heft Nr. 43, 1-8

Kippenberg, Johannes — Diskussion zum Vortrag Professor Crezelius' auf der Jahrestagung der Deutschen Vereinigung für Internationales Steuerrecht am 27.4.2002 in Leipzig, IStR 2002, 441-443

Klein, Franz — Abgabenordnung, 8. Auflage, München 2003 (zitiert: Bearbeiter in: Klein § … AO Rn.)

Klein, Guido — Die Auswirkungen der unterschiedlichen Beweislast im Steuerrecht und im Strafrecht, Köln, 1989 (zugl. Köln, Diss., 1988) (zitiert: Klein, Beweislast, S.)

Kluge, Volker | Das Internationale Steuerrecht, 4. Auflage, München 2000 (zitiert: Kluge, Das Internationale Steuerrecht, Kapitel Rn. …, S.)

Knauer, Arnd | Mitwirkungspflichten des Klägers im finanzgerichtlichen Verfahren – zugleich ein Beitrag zur Vereinheitlichung der verwaltungsgerichtlichen Verfahrensordnungen, VerwArch 60 (1969), 148-170

Koch, Karl/Scholtz, Rolf-Detlev | Abgabenordnung, 5. Auflage, Köln 1996 (zitiert: Bearbeiter in: Koch/Scholtz § … AO Rn.)

Kohlmann, Günter | Steuerstrafrecht mit Ordnungswidrigkeitenrecht und Verfahrensrecht, Kommentar zu den §§ 369 – 412 AO 1977, Köln, Losebl.-Ausg., Stand: 33. Lieferung (Januar 2005) (zitiert: Kohlmann § … AO Rn.)

Köstler, Bernhard | Klärung von Auslandssachverhalten durch die Finanzverwaltung und vorbeugende Maßnahmen zur Sicherung des Betriebsausgabenabzugs, INF 1998, 235-239

Kottke, Klaus | Beweislast im Besteuerungsverfahren und im Steuerprozeß, INF 1992, 462-467

Kraft, Wolfgang | Steuerprozeß ohne Schätzung? NJW 1967, 192 f.

Krause, Daniel-M. | Besonderheiten der Beweislast bei der Feststellung von Steuerdelikten im finanzgerichtlichen Verfahren, DStR 1998, 553-558

Kromer, Christoph | Datenzugriff der Finanzverwaltung auf die IT-Systeme des Unternehmens ab 2002: Umfang und Lösungsansätze, DStR 2001, 1017-1020

Kroppen, Heinz-Klaus | Betriebsstättengewinnermittlung, IStR 2005, 74-75

Kroppen, Heinz-Klaus/Eigelshoven, Axel — Die Bestimung angemessener Verrechnungspreise mit Hilfe des externen Betriebsvergleichs, Anm. zum Urteil des FG Düsseldorf v. 8.12.1998, IWB vom 12.1.2000, Fach 3, Gruppe 1, 1587-1602

BMF-Schreiben zu Verrechnungspreisen, IWB vom 28.6.2000, Fach 2, 707-708

Keine Dokumentationspflicht bei der Bestimmung von Verrechnungspreisen? IWB vom 27.6.2001, Fach 3, Gruppe 1, 1745-1748

Kroppen/Eigelshoven/Roeder — Mitwirkungspflichten nach deutschem Steuerrecht vs. Mitwirkungswünsche der deutschen Finanzverwaltung im neuen Entwurf der Verwaltungsgrundsätze, IWB vom 26.7.2000, Fach 3, Gruppe 2, 925-940

Kroppen/Himmelsbach/Dika — Geplante Strafmaßnahmen bei Verrechnungspreisen nach dem Steuervergünstigungsabbaugesetz, IWB vom 27.8.2003, Fach 3, Gruppe 1, 1965-1976

Kroppen, Heinz-Klaus/ Rasch, Stephan — Die Reformierung der Unternehmensbesteuerung in der Europäischen Union – Analyse des Berichts der EU-Kommission vom 23.10.2001, IWB vom 13.11.2002, Fach 11, Gruppe 2, 1069-1080

Das SteVAG und die Dokumentation von Verrechnungspreisen – Entwurf der Rechtsverordnung im Sinne des § 90 Abs. 3 AO-E, IWB v. 26.3.2003, Fach 3, Gruppe 1, 1921-1932

Entwurf der Rechtsverordnung zu § 90 Abs. 3 AO vom 12.6.2003, IWB v. 9.7.2003, Fach 3, Gruppe 1, 1955-1958

Die Aufzeichnungspflichten für internationale Verrechnungspreise, IWB vom 12.11.2003, Fach 3, Gruppe 1, 1977-1988

Das Anwendungsschreiben zum Urteil des BFH vom 17.10.2001, IWB vom 9.6.2004, Fach 3, Gruppe 1, 2057-2070

Die Konkretisierung der Aufzeichnungspflichten für internationale Verrechnungspreise in den Verwaltungsgrundsätzen Verfahren, IWB Fach 3, Gruppe 1, 2091-2104

Aufzeichnungspflichten für internationale Verrechnungspreise – Verwaltungsgrundsätze Verfahren, IWB Fach 3, Gruppe 1, 2113-2118

Kroppen/Rasch/Roeder — Bedeutende Entscheidung des BFH in Verrechnungspreisfragen – Anmerkungen zum Urteil vom 17.10.2001 – I R 103/00-, IWB vom 12.12.2001, Fach 3, Gruppe 1, 1787-1796

Kroppen, Heinz-Klaus/Rehfeld, Lars — Vereinbarkeit der deutschen Verrechnungspreisvorschriften mit EU-Recht, Anmerkung zum Urteil des EuGH in der Rechtssache C-436/00, IWB vom 11.12.2002, Fach 11a, 617-622

Kroppen, Heinz-Klaus/Schnell, Marc — Verrechnungspreisauswirkungen der neuen Grundsätze zum digitalen Datenzugriff der Finanzverwaltung, IWB vom 24.10.2001, Fach 3, Gruppe 1, 1769-1772

Krüger, Karl M./Lamm, Christian-Peter — Erhöhte Anforderungen der Finanzverwaltung an die Dokumentation von Verrechnungspreisen innerhalb multinationaler Konzerne, StB 2005, 249-254

Kuckhoff, Harald — Ausgewählte Betriebsstättenprobleme - Entgeltprinzip versus Veranlassungsprinzip; grenzüberschreitende Realisationstatbestände -, in: Gocke, Rudolf/Gosch, Dietmar/Lang, Michael (Hrsg.), Körperschaftsteuer, internationales Steuerrecht, Doppelbesteuerung: Festschrift für Franz Wassermeyer zum 65. Geburtstag, S. 681-689 (zitiert: Kuckhoff in: FS Wassermeyer, S.)

Kuckhoff, Harald/Schreiber, Rolf — Verrechnungspreise in der Betriebsprüfung, München, München 1997 (zitiert: Kuckhoff/Schreiber, Verrechnungspreise, Rn.)

Quo vadis Fremdvergleich? IStR 1999, 513-523

Ist die Prüfung von Verrechnungspreisen noch sinnvoll? IWB Fach 3, Gruppe 1, 1863-1882

Kühn, Rolf/von Wedelstädt — Abgabenordnung, 18. Auflage, Stuttgart 2004 (zitiert: Bearbeiter in: Kühn/von Wedelstädt § ... AO Rn.)

Kupfer, Gerhard — Beweislast und Beweisführung im Steuerrecht, KÖSDI 1994, 10024-10032

Lademann, Fritz/Söffing, Günter — Kommentar zum Einkommensteuergesetz, Stuttgart u.a., Stand: Nachtrag 115 (Oktober 2004) (zitiert: Bearbeiter in: Lademann/Söffing § ... EStG Rn.)

Lahodny-Karner, Andrea — Die geschäftsfallbezogenen Standardmethoden in den OECD-Verrechnungspreisrichtlinien 1995, in: Lang (Hrsg.): Die neuen Verrechnungspreisrichtlinien der OECD, Wien 1996, Schriftenreihe zum internationalen Steuerrecht, Bd. 4, S. 31-59 (zitiert: Lahodny-Karner in: Lang, Verrechnungspreisrichtlinien der OECD, S.)

Lammerding, J. — Besteht eine Pflicht zur Aufbewahrung von Steuerbelegen aus dem Privatbereich und bei Überschussrechnern? DB 1979, 2452-2454

Lang, Michael — Unterkapitalisierung, in: Gassner/Lang/Lechner (Hrsg.), Aktuelle Entwicklungen im Internationalen Steuerrecht, Wien 1994, S. 127-156 (zitiert: Lang in: Gassner/Lang/Lechner, Aktuelle Entwicklungen, S.)

Laule, Gerhard — Auswirkungen der EuGH-Rechtsprechung auf deutsche Steuervorschriften, Institut „Finanzen und Steuern", IFSt-Schrift Nr. 407, Bonn 2003 (zitiert: Laule, EuGH-Rechtsprechung, S.)

Lausterer, Martin — Der Binnenmarkt hat keine Steuergrenzen, Anmerkung zu dem EuGH-Urteil vom 18.9.2003, C-168/01, Bosal, IStR 2003, 666, IStR 2003, 705-707

Leipold, Dieter — Beweislastregeln und gesetzliche Vermutungen, Berlin 1966 (zugl. München, Diss.) (zitiert: Leipold, Beweislastregeln und gesetzliche Vermutungen, S.)

Lenz, Martin/Fischer, Wolfgang Wilhelm — Verrechnungspreisdokumentation in Deutschland – erste Praxiserfahrungen, BB 2004, 2043-2047

Lenz/Fischer/Schmidt — Verwaltungsgrundsätze-Verfahren – Konsequenzen für die Dokumentation von Verrechnungspreisen, BB 2005, 1255-1259

Linklaters Oppenhoff&Rädler — Dokumentation von Verrechnungspreisen, F.A.Z.-Institut für Management-, Markt- und Medieninformationen, Frankfurt a.M. 2004 (zitiert: Linklaters,Verrechnungspreise, S.)

List, Heinrich — Das Verhältnis von Strafverfahren und Besteuerungsverfahren (§ 393 AO) in verfassungsrechtlicher Sicht, DB 2006, 469-473

Lohmeyer, Heinz — Die Bedeutung des § 393 Abs. 1 AO, DB 1986, 85

Lohschmidt, Alexander — Ziele und Zielkonflikte bei der Festlegung von Verrechnungspreisen, Aachen 2005 (zugl. Chemnitz, Diss., 2004) (zitiert: Lohschmidt, Festlegung von Verrechnungspreisen, S.)

Lüdicke, Jochen/Rieger, Norbert — Münchener Anwalts Handbuch Unternehmenssteuerrecht, München 2004 (zitiert: Lüdicke/Rieger, Unternehmenssteuerrecht, Kapital Rn.)

Maier-Frischmuth, Markus — Verwendung entgeltpflichtiger Datenbanken bei der Angemessenheitsdokumentation nach § 90 Abs. 3 AO i.V. mit der GAufzV, IWB Fach 3, Gruppe 1, 1989-1994

Mann, F.A. — Staatliche Aufklärungsansprüche und Völkerrecht, in: Bernhardt/Geck/Jaenicke/Steinberger (Hrsg.), Völkerrecht als Rechtsordnung, Internationale Gerichtsbarkeit, Menschenrechte, Festschrift für Hermann Mosler, Berlin 1983, S. 529-544 (zitiert: Mann in: FS Mosler, S.)

Martens, Joachim — Einführung in die Praxis des Verwaltungsverfahrens, 4. Teil, JuS 1978, 247-251

Die eigenartige Beweislast im Steuerrecht, StuW 1981, 322-332

Marti, Armin/Wyss, Markus — Dokumentation der Verrechnungspreise – Chance oder nur schmerzliche Pflicht? Der Schweizer Treuhänder 2003, 873-880

Martin, Suse — Wechselwirkungen zwischen Mitwirkungspflichten und Untersuchungspflicht im finanzgerichtlichen Verfahren, BB 1986, 1021-1030

Marx, Manfred — Die Notwendigkeit und Tragweite der Untersuchungsmaxime in den Verwaltungsprozessgesetzen (VwGO, SGG, FGO), Frankfurt a.M. 1985 (zugl. Gießen, Diss. 1984) (zitiert: Marx, Untersuchungsmaxime, S.)

Marx, Thomas — Nemo tenetur se ipsum accusare – Der Steuerpflichtige in der Klemme von Besteuerungs- und Strafverfahren –, in: Der Fachanwalt für Steuerrecht im Rechtswesen: Festschrift 50 Jahre Arbeitsgemeinschaft der Fachanwälte für Steuerrecht e.V. und 50 Jahre Steuerrechtliche Jahresarbeitstagung, Berlin, 1999, S. 673-680 (zitiert: Marx in: FS AG FStR, S.)

Mattern, G. — Die Feststellung des Tatbestandes im Besteuerungs- und im Steuerstrafverfahren, DStZ 1958, 265-267

Meier, Norbert — Ist der Steuerpflichtige verpflichtet, dem Außenprüfer Geschäftsunterlagen und Urkunden zwecks Erstellung von Fotokopien an Amtsstelle zu überlassen? StBp 1987, 156-157

Erwiderung auf Stellungnahme Möllingers, StBp 1987, 241

Meine, Hans-Gerd — Die Reichweite des Verwertungsverbotes nach § 393 Abs. 2 AO, wistra 1985, 186 f.

Steuervermeidung, Steuerumgehung, Steuerhinterziehung, wistra 1992, 81-85

Mellinghoff, Rudolf — Vertrauen in das Steuergesetz, in: Pezzer, Jürgen (Hrsg.), Vertrauensschutz im Steuerrecht, Veröffentlichungen der Deutschen Steuerjuristischen Gesellschaft, DStJG, Köln, Band 27 (2004), S. 25-53 (zitiert: Mellinghoff DStJG Bd. 27 (2004), S.)

Menner, Stefan/Broer, Frank — Probleme bei europäischen Verrechnungspreisen, Börsenzeitung vom 29.08.2003, S. 19

Metzler, Eberhard — Zur Problematik der Sätze „in dubio pro fisco" und „in dubio contra fiscum", 1959 (zugl. Tübingen, Diss, 1959) (zitiert: Metzler, In dubio pro fisco und in dubio contra fiscum, S.)

Meyer, Harald — Beweislastprobleme im Steuerrecht, Augsburg 1988 (zugl. Augsburg, Diss., 1987/88) (zitiert: Meyer, Beweislastprobleme, S.)

Meyer-Goßner, Lutz — Strafprozessordnung, 47. Auflage, München 2004 (zitiert: Meyer-Goßner § … StPO Rn. …)

Michael, Alexander R. — Die Verteilung der objektiven Beweislast im Verwaltungsprozeß, 1976 (zugl. Heidelberg, Diss., 1976) (zitiert: Michael, Beweislast, S.)

Moebus, Ulrich — Neue Dokumentationspflichten bei Transferpreisen – Irrweg und/oder Irrglaube? BB 2003, 1413-1414.

Möllinger — Ist der Steuerpflichtige verpflichtet, dem Außenprüfer Geschäftsunterlagen und Urkunden zwecks Erstellung von Fotokopien an Amtsstelle zu überlassen? StBp 1987, 249

Möller, Thomas — Fremdvergleichsgrundsatz für die Steuer und den Zoll einheitlich anwenden, PIStB 2005, 208-214

Mösbauer, Heinz — Zum Umfang der Mitwirkungspflichten der Beteiligten und anderer Personen im Besteuerungsverfahren, DB 1985, 410-416

Verdacht einer Steuerordnungswidrigkeit während einer steuerlichen Außenprüfung, StBp 2004, 229-235

Mössner, Jörg u.a. — Steuerrecht international tätiger Unternehmen, 2. Auflage, Köln 1998 (zitiert: Bearbeiter in: Mössner, Steuerrecht, Rn.)

Mrosek, Bettina — Mitwirkungspflichten bei der Betriebsprüfung, AO-StB 2004, 367-370, 411-413

Müller, Arnold — Die Glaubwürdigkeit des Versichernden in § 174 AO, DStR 1972, 209-211

In dubio pro reo im Steuerrecht und Steuerstrafrecht, AO-StB 2004, 156-160

Das Schweigerecht des Steuerstraftäters und seine Folgen, AO-StB 2004, 222-227

Müller, Jürgen R. — Die Berichtigungserklärung nach § 153 Abs. 1 AO, StBp 2005, 195-199

Müller-Franken, Sebastian — Maßvolles Verwalten, Tübingen 2004 (zugl. Passau, Habil., 2002/03) (zitiert: Müller-Franken, Maßvolles Verwalten, S.)

Münchener Kommentar — Zivilprozessordnung, 2. Auflage, München 2000 (zitiert: Bearbeiter in: Münchener Kommentar § … ZPO Rn.)

Musielak, Hans-Joachim — Die Grundlagen der Beweislast im Zivilprozeß, Berlin 1975 (zugl. Köln, Habil.) (zitiert: Musielak, Beweislast, S.)

Musielak, Hans-Joachim/Stadler, Max — Grundfragen des Beweisrechts, München 1984 (zitiert: Musielak/Stadler, Grundfragen des Beweisrechts, Rn.)

Naumann, Manfred — Die neuen Dokumentationspflichten bei Verrechnungspreisen, NWB vom 26.7.2004, Fach 2, 8483-8496

Neubauer, Heinz — Mitwirkungspflichten bei Auslandsbeziehungen, JbFfSt 1977/1978, 110-131

Neufang, Bernd/Schmid, Franz — Vordruck EÜR und Beratungspraxis – Ein rechtswidriger Beitrag zur Verkomplizierung des Steuerrechts? Stbg 2004, 161-167

Neyer, Wolfgang — Neue Nachweisanforderungen bei steuerbefreiten Einkünften, Anmerkungen zu § 50d Abs. 8 EStG, BB 2004, 519-521

Niehus, Rudolf — Abzug von „Regie-Kosten“ bei inländischen Tochtergesellschaften, RIW/AWD 1971, 225-233

Niemann, Ursula — Welche Rechtsauffassung ist der Steuererklärung zugrunde zu legen? FR 1988, 70

Niemann, Walter/Kiera-Nöllen, Maren — Dokumentation der Geschäftsbeziehungen mit Auslandsbezug im Mittelstand, DStR 2004, 482

Nierhaus, Michael — Beweismaß und Beweislast: Untersuchungsgrundsatz und Beteiligtenmitwirkung im Verwaltungsprozeß, München 1989 (zugl. Köln, Habil., 1989) (Nierhaus, Beweismaß, S.)

Niggli, Marcel Alex./Wiprächtiger, Hans — Strafgesetzbuch, Teil II, Art. 111-401 StGB, Basel u.a. 2003 (zitiert: Bearbeiter in: Niggli/Wiprächtiger § … StGB Rn.)

Novacek, Erich — Gemeinschaftsrechtliche Bedenken gegen die Pflicht zur Führung von Büchern und Aufzeichnungen im Inland, Vergleich mit der Rechtsentwicklung in Österreich, DStZ 2004, 611-613

Oestreicher, Andreas/Duensing, Matthias — Eignung von Unternehmensdatenbanken zur Bestimmung der Verrechnungspreise an deutsche Vertriebsunternehmen, IStR 2005, 134-144

Oestreicher, Andreas/Vormoor, Christoph — Verrechnungspreisanalyse mit Hilfe von Unternehmensdatenbanken – Vergleichbarkeit und Datenlage, IStR 2004, 95-106

Offerhaus, Klaus — Einzelfragen zur vereinfachten Gewinnermittlung durch Überschussrechnung, BB 1977, 1493-1501

Ohlms, Winfried | Die Beweislast und die Verantwortung für die Aufklärung der Besteuerungsgrundlagen, Münster 1967 (zugl. Münster, Diss., 1967) (Ohlms, Beweislast, S.)

Oppenländer, Steffen | Verdeckte Gewinnausschüttung, Systematik und Stellung des § 8 Abs. 3 S. 2 KStG bei der Gewinnermittlung von Kapitalgesellschaften, Köln 2004 (zugl. Bonn, Diss., 2003) (Oppenländer, Verdeckte Gewinnausschüttung, S.)

Osterloh, Lerke | Gesetzesbindung und Typisierungsspielräume bei der Anwendung der Steuergesetze, Baden-Baden 1992 (zugl. Berlin, Habil., 1988/89) (zitiert: Osterloh, Gesetzesbindung und Typisierungsspielräume, S.)

Pahlke, Armin/Koenig, Ulrich | Abgabenordnung, §§ 1 bis 368, München, 2004 (zitiert: Bearbeiter in: Pahlke/Koenig § ... AO Rn.)

Palandt | Bürgerliches Gesetzbuch, 64. Auflage, München 2005 (zitiert: Bearbeiter in: Palandt § ... BGB Rn.)

Paulick, Heinz | Die Auskunftspflicht der Steuerpflichtigen und dritter Personen im Steuerermittlungs-, Steueraufsichts- und Steuerstrafverfahren und ihre rechtsstaatlichen Grenzen, in: Thoma, Gerhard (Hrsg.), Gegenwartsfragen des Steuerrechts, Festschrift für Armin Spitaler, Köln 1958, S. 53-106 (zitiert: Paulick in: FS Spitaler, S.)

Peschau, Hans-Hermann | Die Beweislast im Verwaltungsrecht, Berlin 1983 (zugl. Köln, Diss., 1982/83) (zitiert: Peschau, Beweislast, S.)

Pestalozza, Christian | Der Untersuchungsgrundsatz, in: Schmitt-Glaeser, Walter (Hrsg.): Verwaltungsverfahren: Festschrift zum 50jährigen Bestehen des Richard Boorberg Verlages, Stuttgart 1977, S. 185-204 (zitiert: Pestalozza in: FS Boorberg, S.)

Pezzer, Heinz-Jürgen — Die verdeckte Gewinnausschüttung im Körperschaftsteuerrecht: Erfassung, Vorraussetzungen, Rechtsfolgen, Rückgängigmachung, Köln 1986 (zitiert: Pezzer, Die verdeckte Gewinnausschüttung, S.)

Pfaar, Michael — Keine Besteuerung bei Überführung von Wirtschaftsgütern in ausländische Betriebsstätten, IStR 2000, 42-46

Pohl, Dirk/Raupach, Arndt — Überreglementierung der Besteuerung des Inlandsfalls – Ausweg aus der EG-Rechtswidrigkeit oder Irrweg? in: Gocke, Rudolf/Gosch, Dietmar/Lang, Michael (Hrsg.), Körperschaftsteuer, internationales Steuerrecht, Doppelbesteuerung: Festschrift für Franz Wassermeyer zum 65. Geburtstag, S. 179-205 (zitiert: Pohl/Raupach in: FS Wassermeyer, S.)

Poppe, Hubert — Die Bildung von Verrechnungspreisen in der Praxis, DB 1988, 973-977

Prütting, Hanns — Gegenwartsprobleme der Beweislast, München 1983 (zugl. Erlangen, Nürnberg, Habil., 1981) (zitiert: Prütting, Beweislast, S.)

Grundprobleme des Beweisrechts, JA 1985, 313-320

Puhl, Thomas — Besteuerungsverfahren und Verfassung (Teil I), DStR 1991, 1141-1145

Pump/Lohmeyer/Leibner — Abgabenordnung, Kommentar, Neuwied, Kriftel/Ts., Losebl.-Ausg., Stand: 51. Lieferung (April 2005) (zitiert: Bearbeiter in: Pump/Lohmeyer/Leibner § … AO Rn.)

Rasch, Stephan — Konzernverrechnungspreise im nationalen, bilateralen und europäischen Steuerrecht, Köln 2001 (zugl. Bochum, Diss., 2000) (zitiert: Rasch, Konzernverrechnungspreise, S.)

Rasch, Stephan/Roeder, Achim — Neues Verrechnungspreisgesetz in Deutschland, IWB Fach 3, Gruppe 1, 1933-1934

Rehkugler, Heinz/Vögele, Alexander — Quantitative Verfahren der Prüfung von Verrechnungspreisen – Perspektiven und offene Fragen, BB 2002, 1937-1945

Reichel, Fritz — Die Schätzung der Besteuerungsgrundlagen im Spiegel der höchstrichterlichen Rechtsprechung, Heidelberg 1979 (zitiert: Reichel, Schätzung, S.)

Beweiswürdigung und Beweislast bei der Schätzung, StB 1981, 165-173

Die Abgabenordnung kennt keinen Schätzungszwang, BB 1982, 1981-1983

Reinisch, Günther — Beweislast und Vermutung im Steuerrecht, BB 1963, 1107-1112

Reiß, Wolfram — Zwang zur Selbstbelastung nach der neuen Abgabenordnung, NJW 1977, 1436-1437

Gesetzliche Auskunftsverweigerungsrechte bei Gefahr der Strafverfolgung in öffentlichrechtlichen Verfahren, NJW 1982, 2540-2541

Besteuerungsverfahren und Strafverfahren, Köln 1987 (zugl. Bonn, Habil., 1985/86) (zitiert: Reiß, Besteuerungsverfahren und Strafverfahren, S.)

Rengier, Rudolf — Aushöhlung der Schweigebefugnis des auch steuerlich belangten Beschuldigten durch „nachteilige" Schätzung der Besteuerungsgrundlagen? BB 1985, 720-723

Reuß, Andreas — Grenzen steuerlicher Mitwirkungspflichten, dargestellt am Beispiel der erhöhten Mitwirkungspflicht des Steuerpflichtigen bei Auslandsbeziehungen, München 1979 (zugl. Hamburg, Diss., 1979) (zitiert: Reuß, Grenzen steuerlicher Mitwirkungspflichten, S.)

Reuter, Wolfgang — Das globale Monopoly, Spiegel Heft Nr. 7 v. 14.2.2005, S. 86-88

Ritter, Wolfgang — Steuerliche Prüfung internationaler Verrechnungspreise, BB 1983, 1677-1687

Beweisrecht bei internationalen Verrechnungspreisen, FR 1985, 34-44

Rödder, Thomas

Deutsche Unternehmensbesteuerung im Visier des EuGH, DStR 2004, 1629-1634

Deutsche Unternehmensbesteuerung im Visier des EuGH, in: Gocke, Rudolf Gosch, Dietmar/Lang, Michael (Hrsg.), Körperschaftsteuer, internationales Steuerrecht, Doppelbesteuerung: Festschrift für Franz Wassermeyer zum 65. Geburtstag, S. 163-177 (zitiert: Rödder in: FS Wassermeyer, S.)

Rogall, Klaus

Der Beschuldigte als Beweismittel gegen sich selbst, Berlin 1977 (zugl. Bonn, Diss., 1975/76) (zitiert: Rogall, Der Beschuldigte als Beweismittel gegen sich selbst, S.)

Das Verwendungsverbot des § 393 Abs. 2 AO, in: Hirsch/Wolter/Brauns (Hrsg.), Festschrift für Günter Kohlmann zu 70. Geburtstag, Köln 2003, S. 465-498 (zitiert: Rogall in: FS Kohlmann, S.)

Rolletschke, Stefan

Die Abgabe einer unrichtigen Umsatzsteuerjahreserklärung und das nemo-tenetur-Prinzip, wistra 2004, 246-249

Die neuere Rechtsprechung zum Nebeneinander von Strafverfahren und Besteuerungsverfahren, StV 2005, 355-359

Rosenberg, Leo

Die Beweislast auf der Grundlage des Bürgerlichen Gesetzbuchs und der Zivilprozessordnung, 5. Auflage, München, Berlin 1965 (zitiert: Rosenberg, Beweislast, Kapitel, S.)

Rosenberg/Schwab

Zivilprozessrecht, 14. Auflage, München 1986 (zitiert: Rosenberg/Schwab, Zivilprozessrecht, Kapitel Rn., S.)

Rosenberg/Schwab/Gottwald

Zivilprozessrecht, 16. Auflage, München 2004 (zitiert: Rosenberg/Schwab/Gottwald, Zivilprozessrecht, Kapitel Rn., S.)

Ruegenberg, Guido — Das nationale und internationale Steuergeheimnis im Schnittpunkt von Besteuerungs- und Strafverfahren, Köln 2001 (zugl. Bayreuth, Diss. 1999/2000) (zitiert: Ruegenberg, Das nationale und internationale Steuergeheimnis, S.)

Rüping, Hinrich/Kopp, Thomas — Steuerrechtliche Mitwirkungspflichten und strafrechtlicher Schutz vor Selbstbelastung, NStZ 1997, 530-534

Rupp, Thomas — Verschärfte Dokumentationspflichten für internationale Verrechnungspreise, Nürnberg 2004 (zitiert: Rupp, Dokumentationspflichten, S.)

Ruppel, Alfred — Beweismaß bei Schätzung aufgrund der Verletzung von Mitwirkungspflichten, BB 1995, 750-753

Rust, Alexander — Anmerkung zu BMF, Schreiben v. 8.12.2004, IStR 2005, 27-28

Rüster, Susanne — Rechtsstaatliche Probleme im Grenzbereich zwischen Besteuerungsverfahren und Strafverfahren, wistra 1988, 49-56

Der Steuerpflichtige im Grenzbereich zwischen Besteuerungsverfahren und Strafverfahren, Göttingen 1989 (zugl. Berlin, Diss., 1988) (zitiert: Rüster, Besteuerungsverfahren und Strafverfahren, S.)

Salditt, Franz — Anmerkung zu BGH, Beschluss v. 26.4.2001, NStZ 2001, 544

Samson, Erich — Steuerhinterziehung, nemo tenetur und Selbstanzeige – eine Dokumentation, Anm. zu BGH, Beschluss v. 15.1.1988 – 3 StR 465/87, wistra 1988, 151, wistra 1988, 130-136

Schachtschneider, Karl Albrecht — Steuerverfassungsrechtliche Probleme der Betriebsaufspaltung und der verdeckten Gewinnausschüttung, Berlin 2004 (zitiert: Schachtschneider, Steuerverfassungsrechtliche Probleme, S.)

Schär, Daniel — Grundsätze der Beweislastverteilung im Steuerrecht unter besonderer Berücksichtigung des gemischten Veranlagungsverfahrens sowie des Steuerjustizverfahrens, Bern u.a. 1998 (zitiert: Schär, Beweislastverteilung, S.)

Schaumburg, Harald — Internationales Steuerrecht, 2. Auflage, Köln 1998 (zitiert: Schaumburg, Internationales Steuerrecht, Rn.)

Der Datenzugriff und andere Kontrollmöglichkeiten der Finanzverwaltung, DStR 2002, 829-838

Schick, Walter — Antragstatbestände, Mitwirkungspflichten des Steuerpflichtigen und Amtsermittlungsgrundsatz im Besteuerungsverfahren, StuW 1969, 361-378

Die Steuererklärung, StuW 1988, 301-334

Schießl, Harald — Europäisierung der deutschen Unternehmensbesteuerung durch den EuGH, NJW 2005, 849-855

Schlagheck, Stephan — Sachverhaltsermittlung bei internationalen Besteuerungssachverhalten, 1993 (Passau, Diss., 1993) (zitiert: Schlagheck, Sachverhaltsermittlung, S.)

Schleifer, Carl-Herrmann — Zum Verhältnis von Besteuerungs- und Steuerstrafverfahren, wistra 1986, 250-253

Schmid-Gassmann, Jürg — Der schweizerische Schutz von Geschäftsgeheimnissen gegenüber dem Ausland, RIW 1970, 464-465

Schmid-Pickert, Gisela — Verrechnungspreise bei internationalen Leistungsbeziehungen aus ertragsteuerlicher Sicht, Steuer&Studium 2005, 254-262

Schmidt, Klaus — Die Reichweite des Steuergeheimnisses, Köln 1964 (zugl. Köln, Diss., 1964) (zitiert: Schmidt, Steuergeheimnis, S.)

Schmidt, Ludwig — Einkommensteuergesetz, 24. Auflage, München 2005 (zitiert: Bearbeiter in: Schmidt § ... EStG Rn.)

Schmidt, Michael — Die Problematik der objektiven Beweislast im Steuerrecht, Berlin 1998 (Würzburg, Diss., 1996) (zitiert: M. Schmidt, Beweislast, S.)

Schmidt, Peter J. — Die Verwaltungsgrundsätze für die Prüfung der Einkunftsabgrenzung bei international verbundenen Unternehmen, DB 1983, 1389-1394

Schmidt/Ertle/Fölmli — Die Verordnung zu Dokumentationspflichten bei Verrechnungspreisen ist da, FR 2003, 1228-1231

Schmidt, Wolfgang/Gröger, Johannes — Neue Dokumentationspflichten und „Strafzuschläge" bei Geschäftsbeziehungen mit Auslandsbezug oder :"Zuckerbrot und Peitsche", FR 2003, 813-823

Schmidt-Liebig, Axel — Wirksamkeit von Schätzungsbescheiden, INF 1996, 577 f.

Die Schätzung im Steuerrecht, NWB Fach 17, 1847-1880, 1881-1904

Schmitz, Klaus — Aufzeichnungspflichten des Freiberuflers bezüglich der Betriebseinnahmen bei Gewinnermittlung nach § 4 Abs. 3 EStG, StBp 1988, 43-44

Schmitz, Ralf — Empfängerbenennung bei Auslandssachverhalten – § 16 AStG oder § 160 AO? IStR 1997, 193-198

Schmitz, Stephan — Zweifelsfragen im Zusammenhang mit dem Zugriffsrecht der Finanzverwaltung auf DV-gestützte Buchführungssysteme, Teil 1, StBp 2002, 189-198

Schnieder, Ernst-August — Der „beherrschende Gesellschafter" und Artikel 9 des OECD-Musterabkommens, IStR 1999, 65-69

Schnitger, Arne — Die erweiterte Mitwirkungspflicht und ihre gemeinschaftsrechtlichen Grenzen, BB 2002, 332-338

	Internationale Aspekte des Entwurfs eines Gesetzes zum Abbau von Steuervergünstigungen und Ausnahmeregelungen (Steuervergünstigungsabbaugesetz – StVergAbG), IStR 2003, 73-78
Schnorberger, Stephan	Unzulässigkeit gewinnvergleichender Verrechnungspreismethoden in Deutschland? IStR 1999, 523-527
	Fremdvergleich, Mitwirkungspflichten und Dokumentationslasten – Anmerkungen zu dem BFH-Urteil vom 17.10.2001 I R 103/00 –, DB 2002, 2184-2188
	Verrechnungspreis-Dokumentation und StVergAbG – Offene Fragen und Probleme, DB 2003, 1241-1247
Schnorberger, Stephan/Wingendorf, Petra	Zur zukünftigen Bedeutung von Advance Pricing Agreements über Verrechnungspreise, DB 2004, 2234-2235
Schoch/Schmidt-Aßmann/Pietzner	Verwaltungsgerichtsordnung, Kommentar, München, Losebl.-Ausg., Stand: September 2004 (zitiert: Bearbeiter in: Schoch/Schmidt-Aßmann/Pietzner, VwGO)
Scholz, Christian M.	Bestimmung von Verrechnungspreisen anhand der angemessenen Kapitalverzinsung, IStR 2004, 209-214
	Dokumentation der Fremdüblichkeit von Verrechnungspreisen am Beispiel von Gewinnaufschlägen für Management Services, BB 2004, 2159-2160
Scholz, Christian/Crüger, Arwed	Die Rolle von datenbankgestützten Margenanalysen bei der Bestimmung fremdüblicher Verrechnungspreise, RIW 2005, 34-38
Schön, Wolfgang	Besteuerung im Binnenmarkt – die Rechtsprechung des EuGH zu den direkten Steuern, IStR 2004, 289-300

Schöneborn, Klaus — Das Finanzamt prüft – Prüfungsschwerpunkte, die Rechte und Pflichten des Steuerpflichtigen, DStZ 1996, 589-597

Schreiber, Rolf — Anforderungen an die Mitwirkungspflichten bei der Verrechnungspreisbestimmung in Deutschland, Vortrag gehalten am 07.02.2002 im Rahmen einer Veranstaltung des Instituts für Ausländisches und Internationales Finanz- und Steuerwesen der Universität Hamburg, Hefte zur Internationalen Besteuerung, Heft 139, Hamburg 2002 (zitiert: Schreiber, Anforderungen an die Mitwirkungspflichten, S.)

Aufzeichnungspflichten für internationale Verrechnungspreise – Notwendigkeit und Zweifelsfragen, Stbg 2003, 474-478, 483-488

Beweismaßreduzierung bei Verletzung von Mitwirkungspflichten – zugleich eine Erwiderung auf Wehnert/Stalberg IStR 2004, 466, IStR 2004, 694-696

Pflicht zur Angemessenheitsdokumentation bei internationalen Verrechnungspreisen? IWB Fach 3, Gruppe 1, 2105-2112

Schröder/Muuss — Handbuch der steuerlichen Betriebsprüfung – Die Außenprüfungen, Berlin, Losebl.-Ausg., Stand: April 2005 (zitiert: Bearbeiter in: Schröder/Muuss, Betriebsprüfung, Kapitel, S.)

Schromek, Klaus-Dieter — Die Mitwirkungspflichten der am Verwaltungsverfahren Beteiligten – eine Grenze des Untersuchungsgrundsatzes ? Frankfurt a.M. u.a. 1989 (zugl. Bremen, Diss., 1988) (zitiert: Schromek, Mitwirkungspflichten, S.)

Schuch, Josef — Nachweise für die Fremdvergleichskonformität von Verrechnungspreisen, in: Lang (Hrsg.): Die neuen Verrechnungspreisrichtlinien der OECD, Wien 1996, Schriftenreihe zum Internationalen Steuerrecht, Bd.4, S. 97-132 (zitiert: Schuch in: Lang, Verrechnungspreisrichtlinien der OECD, S.)

Schuhmann, Helmut — Untersuchungsgrundsatz und Mitwirkungspflichten der Beteiligten, DStZ 1986, 583-588

Ordentlicher und gewissenhafter Geschäftsführer – quo vadis? StBp 2005, 114-117

Schüler, Verena — Vergleich der OECD-Verrechnungspreisrichtlinien mit den deutschen Verwaltungsgrundsätzen, in: Schuch, Josef/Zehetner, Ulf (Hrsg.), Verrechnungspreisgestaltung im Internationalen Steuerrecht, Wien 2001, S. 417-435 (zitiert: Schüler in: Schuch/Zehetner, Verrechnungspreisgestaltung, S.)

Schulze zur Wiesche/Ottersbach — Verdeckte Gewinnausschüttungen und verdeckte Einlagen im Steuerrecht, Berlin 2004 (zitiert: Schulze zur Wiesche/Ottersbach, Verdeckte Gewinnausschüttungen, S.)

Schuster, Wolfgang — „Beweislastumkehr extra legem“, Die Verteilung der Beweislast nach der Verantwortungsbereichs- und Normentheorie, 1975 (zugl. Freiburg i. Br., Diss., 1975) (zitiert: Schuster, Beweislastumkehr, S.)

Schwarz, Bernhard — Kommentar zur Abgabenordnung, Freiburg im Breisgau, 11. Auflage, Losebl.-Ausg., Stand: 113. Lieferung (April 2005) (Bearbeiter in: Schwarz § ... AO Rn.)

Schwarz, Helmut — Rechtswegautonomie zwischen Besteuerungs- und Steuerstrafverfahren, Pfaffenweiler 1994 (zugl. Freiburg i. Br., Diss., 1992) (zitiert: Schwarz, Besteuerungs- und Steuerstrafverfahren, S.)

Schwedhelm, Rolf/Olbing, Klaus — Selbstanzeigenberatung in den Luxemburg-Fällen, Stbg 1999, 145-150

Sedemund, Jan — Die Anwendung von § 160 AO auf Leistungen an europäische Gesellschaften im Spannungsverhältnis zum Europarecht, IStR 2002, 279-282

Seeger, Siegbert F. — Betriebssphäre, Betriebsausgabe und verdeckte Gewinnausschüttung, in: Gocke, Rudolf Gosch, Dietmar/Lang, Michael (Hrsg.), Körperschaftsteuer, internationales Steuerrecht, Doppelbesteuerung: Festschrift für Franz Wassermeyer zum 65. Geburtstag, S. 81-93 (zitiert: Seeger in: FS Wassermeyer, S.)

Seeliger, Gerhard — Beweislast, Beweisverfahren, Beweisarten und Beweiswürdigung im Steuerprozess, Berlin 1981 (zitiert: Seeliger, Beweislast, S.)

Seer, Roman — Der Konflikt zwischen dem Schweigerecht des Beschuldigten im Steuerstrafverfahren und seiner Mitwirkungspflicht im Besteuerungsverfahren, StB 1987, 128-132

Verständigungen in Steuerverfahren, Köln 1996 (zugl. Köln, Habil., 1996) (zitiert: Seer, Verständigungen in Steuerverfahren, S.)

Möglichkeit und Grenzen eines „maßvollen" Gesetzesvollzugs durch die Finanzverwaltung, FR 1997, 553-588

Kodifikation von Dokumentationspflichten über die Verrechnungspreisgestaltung im multinationalen Konzern? FR 2002, 380-384

Reform des Veranlagungsverfahrens, StuW 2003, 40-59

Neue Dokumentations- und Nachweispflichten? in: Piltz/Schaumburg (Hrsg.), Internationale Einkünfteabgrenzung, Forum der Internationalen Besteuerung, Bd. 24, Köln 2003, S. 35-60 (zitiert: Seer in: Piltz/Schaumburg, Internationale Einkünfteabgrenzung, S.)

Die gemeinschaftsrechtliche Beurteilung der erweiterten Mitwirkungspflicht bei Auslandssachverhalten, IWB Fach 11, Gruppe 2, 673-680

Seidl-Hohenveldern, Ignaz | Das Recht der Internationalen Organisationen einschließlich der Supranationalen Gemeinschaften, 7. Auflage, Köln u.a. 2000 (zitiert: Seidl-Hohenveldern, Das Recht der Internationalen Organisationen, Rn.)

Selmer, Peter | Steuerrecht und Bankgeheimnis, Hamburg 1981 (zitiert: Selmer, Steuerrecht und Bankgeheimnis)

Sidhu, Karl/Schemmel, Jan Alexander | Steuerhinterziehung bei grenzüberschreitenden Gewinnverlagerungen durch Festlegung unangemessener Konzernverrechnungspreise, BB 2005, 2549-2552

Sidow, Friedrich Wilhelm | Die Vereinbarkeit der steuerlichen Mitwirkungspflichten mit dem Grundgesetz, Hamburg 1969 (Hamburg, Diss., 1968) (zitiert: Sidow, Die Vereinbarkeit steuerlicher Mitwirkungspflichten mit dem Grundgesetz, S.)

Siegers, Ellen | Anm. zu FG Münster, Urteil v. 31.10.2000, 5 K 6660/98, EFG 2001, 402-403

Sommerfeld, Dirk | Die Sachverhaltsermittlung im Besteuerungsverfahren, Sinzheim 1997 (zugl. Heidelberg, Diss., 1997) (zitiert: Sommerfeld, Sachverhaltsermittlung, S.)

Spaniol, Iris/Becker, Werner | Einkünfte aus ungeklärtem Vermögenszuwachs „nach § 162 AO" – (k)eine neue Einkunftsart? INF 2004, 414-417

Spitaler, Armin | Beweislast, FR 1963, 134-135

Spriegel, Helmut | Steuergeheimnis und Strafverfahren, Aachen 1999 (zugl. Augsburg, Diss., 1989) (zitiert: Spriegel, Steuergeheimnis, S.)

Stahl, Rudolf | Grenzfälle von Mitwirkungspflichten im Besteuerungs- und Steuerstrafverfahren, KÖSDI 1991, 8360-8368

Steuerfolgen und strafrechtliche Risiken ungeklärter Vermögenszuwächse und -minderungen, KÖSDI 2001, 13071-13079

Neue Dokumentationspflichten bei internationalen Geschäftsbeziehungen, KÖSDI 2004, 14188-14195

„Elektronische Betriebsprüfung", KÖSDI 2005, 14532-14539

Zum Verfassungsrang der Selbstanzeige, in: Carlé, Dieter/Stahl, Rudolf/Strahl, Martin (Hrsg.), Gestaltung und Abwehr im Steuerrecht: Festschrift für Klaus Korn zum 65. Geburtstag am 28. Januar 2005, Bonn, Berlin 2005, S. 757-777 (zitiert: Stahl in: FS Korn, S.)

Steichen, Alain — Der Gleichheitssatz im Europäischen Steuerrecht, in: Burmester/Endres (Hrsg.), Aussensteuerrecht, Doppelbesteuerungsabkommen und EU-Recht im Spannungsverhältnis, Festschrift für Helmut Debatin zum 70. Geburtstag, München 1997, S. 417-451 (zitiert: Steichen in: FS Debatin, S.)

Streck, Michael — Betriebsprüfung und Steuerstrafverfahren, BB 1980, 1537-1541

Der Beschluß des Bundesverfassungsgerichts zum strafrechtlichen Verwertungsverbot bei Aussagen des Gemeinschuldners und seine Auswirkungen im Steuerstrafrecht, StrafV 1981, 362-364

Über Betriebsprüfung und Steuerstrafverfahren im Widersinn, BB 1984, 199-204

Die Steuerfahndung, 3. Auflage, Köln 1996 (zitiert: Streck, Die Steuerfahndung, Rn.)

Streck/Mack/Schwedhelm — Die Dokumentationspflichten bei internationalen Verrechnungspreisen verstoßen gegen Europarecht, Stbg 2003, 428

Streck, Michael/Spatscheck, Rainer — Steuerliche Mitwirkungspflicht trotz Strafverfahrens? wistra 1998, 334-342

Strobl, Jakob/Zirkel, Klaus — Zum Problem des „angemessenen" Verrechnungspreises im internationalen Konzern in steuerlicher Hinsicht, RIW 1968, 463-469

Strunk, Günther/Kaminski, Bert — Pflicht zur Dokumentation als Bestandteil der allgemeinen Mitwirkungspflichten der AO? IWB Fach 3, Gruppe 1, 1749-1760

Anmerkungen zum Betriebsstättenerlaß, IStR 2000, 33-42

Suhr, Gerhard — Die Mitwirkungspflichten und Mitwirkungsverweigerungsrechte bei einer Außenprüfung nach der AO 1977, StBp 1978, 97-106

Taetzner, Tobias — Rendite bei jeder Marktlage – das Comeback der Kapitalverzinsung als Gewinnuntergrenze für Vertriebsgesellschaften, IStR 2004, 726-732

Taetzner, Tobias/Büssow, Thomas — Grundsätze zum Datenzugriff und zur Prüfbarkeit digitaler Unterlagen – Quo vadis? BB 2002, 69-73

Tenbrock, Frank — Die Verteilung der objektiven Beweislast im Steuerrecht, Frankfurt a.M. u.a. 1997 (zugl. Frankfurt a.M., Diss, 1996) (zitiert: Tenbrock, Beweislast, S.)

Teske, Doris — Die Abgrenzung der Zuständigkeiten und der Beweisverfahren im Besteuerungsverfahren und im Steuerstrafverfahren unter besonderer Berücksichtigung des § 393 AO de lege lata und de lege ferenda, 1988 (zugl. Köln, Diss., 1988) (zitiert: Teske, Besteuerungsverfahren, S.)

Das Verhältnis von Besteuerungs- und Steuerstrafverfahren unter besonderer Berücksichtigung des Zwangsmittelverbots (§ 393 Abs. 1 S. 2 und S. 3 AO), wistra 1988, 207-216

Thesling, Hans-Josef — Steuerliches Verfahrensrecht und Europarecht, DStR 1997, 848-858

Thomas, Heinz/Putzo, Hans — Zivilprozessordnung, 26. Auflage, München 2004 (zitiert: Bearbeiter in: Thomas/Putzo § … Rn.)

Thömmes, Otmar — Tatbestandsmäßigkeit und Rechtfertigung steuerlicher Diskriminierungen nach EG-Recht, in: Schön, Wolfgang (Hrsg.), Gedächtnisschrift für Brigitte Knobbe-Keuk, Köln 1997, S. 795-834 (zitiert: Thömmes in: GS Knobbe-Keuk, S.)

Tietgen, Walter — Beweislast und Beweiswürdigung im Zivil- und Verwaltungsprozess, Gutachten zum 46. DJT 1966, Bd. I, Teil 2B (zitiert: Tietgen, 46. DJT 1966, Bd. I, Teil 2B, S.)

Tipke, Klaus — In dubio pro fisco? StBKongrRep 1967, 39-61

Über Schätzung im Verwaltungsverfahren und im Verwaltungsprozeß, VerwArch 60 (1969), 136-147

Die Steuerrechtsordnung, Band III, Köln 1993 (zitiert: Tipke, Die Steuerrechtsordnung § ..., S.)

Tipke, Klaus/Lang, Joachim — Steuerrecht, 17. Auflage, Köln 2002 (zitiert: Bearbeiter in: Tipke/Lang, Steuerrecht, § ... Rn. ... S.)

Tipke, Klaus/Kruse, Heinrich Wilhelm — Abgabenordnung, Finanzgerichtsordnung, Kommentar, Köln, Stand: 106. Lieferung (März 2005) (zitiert: Bearbeiter in: Tipke/Kruse § ... Rn.)

Tormöhlen, Helmut — Der nemo-tenetur-Grundsatz im Steuerstrafverfahren und die Mitwirkungspflichten für nicht streitbefangene Veranlagungszeiträume, in: Carlé, Dieter/Stahl, Rudolf/Strahl, Martin (Hrsg.), Gestaltung und Abwehr im Steuerrecht: Festschrift für Klaus Korn zum 65. Geburtstag am 28. Januar 2005, Bonn, Berlin 2005, S. 779-797 (zitiert: Tormöhlen in: FS Korn, S.)

Tucha, Thomas — Der Einsatz von Unternehmensdatenbanken im Rahmen von Verrechnungspreisanalysen: Möglichkeiten und Grenzen, IStR 2002, 745-752

Uhländer, Christoph — Erhöhte Mitwirkungspflichten bei Auslandssachverhalten, AO-StB 2003, 239-241

Ulmer, Eckhart — Steuervermeidung, Steuerumgehung, Steuerhinterziehung, DStZ 1986, 292-297

van Lengerich, Johann Rotger — Das Verhältnis von steuerrechtlichen Mitwirkungspflichten und strafrechtlicher Schweigepflicht des § 203 StGB, Berlin 1999 (zugl. Kiel, Diss., 1999) (zitiert: van Lengerich, Verhältnis von steuerrechtlichen Mitwirkungspflichten und strafrechtlicher Schweigepflicht, S.)

Vetter, Tobias — Die normative Bedeutung der OECD-Verrechnungspreisrichtlinien, in: Lang (Hrsg.): Die neuen Verrechnungspreisrichtlinien der OECD, Wien, 1996, Schriftenreihe zum internationalen Steuerrecht, Bd.4, S. 9-29 (zitiert: Vetter in: Lang, Verrechnungspreisrichtlinien der OECD, S.)

Vogel, Klaus/Lehner, Moris — Doppelbesteuerungsabkommen der Bundesrepublik Deutschland auf dem Gebiet der Steuern vom Einkommen und Vermögen, 4. Auflage, München 2003 (zitiert: Bearbeiter in: Vogel/Lehner, DBA, Art. 9 Rn.)

Vögele, Alexander — Die Verwaltungsgrundsätze zur Dokumentation von Verrechnungspreisen – Der Fremdvergleich und die Angemessenheit der Verrechnungspreise, DB 2005, 1079-1081

Vögele, Alexander/Bader, William — Systematik der Schätzung von Verrechnungspreisen, IStR 2002, 354-360

Vögele, Alexander/Borck, Rainald — Quantifizierung von Risiken zur Verrechnungspreisbestimmung, IStR 2002, 176-180

Vögele/Borstell/Engler — Handbuch der Verrechnungspreise, 2. Auflage, München 2004 (zitiert: Bearbeiter in: Vögele/Borstell/Engler, Verrechnungspeise, Kapitel Rn.)

Vögele, Alexander/Brem, Markus — Die neue Rechtsverordnung zu § 90 Abs. 3 AO: Systematik zu Aufbau und Struktur der Verrechnungspreisdokumentation, IStR 2004, 48-53

Vögele, Alexander/Vögele, Florence — Vorschriften zur Verrechnungspreisdokumentation im SteVergAbG, IStR 2003, 466-468

Völlmeke, Monika — Überlegungen zur tatsächlichen Vermutung und zum Anscheinsbeweis im finanzgerichtlichen Verfahren, DStR 1996, 1070-1078

Voss-Jäger, Adelheid — Die Mitwirkung Dritter im Besteuerungsverfahren, insbesondere während einer Außenprüfung, DB 1979, 1315-1319

Waldens, Stefan — Grenzüberschreitendes Cash Pooling im Spannungsfeld sich ändernder Rahmenbedingungen – Eine ertragsteuerliche Analyse, IStR 2003, 497-504

Waldens, Stefan/Balmes, Frank — Neue Dokumentationsvorschriften für Verrechnungspreise und ihre Folgen, PIStB 2003, 124-131

Waldens, Stefan/Klöpping, Kay — Geeignete Dokumentationsstrategien für die Verrechnungspreispraxis im Konzern, PIStB 2004, 180-187

Waldens, Stefan/Kohl, Stephanie — Verlagerung von Produktionsfunktionen und anknüpfende Verrechnungspreisfragen, PIStB 2005, 171-175

Wannemacher, Wolfgang — Steuerstrafrecht, Handbuch, 5. Auflage, Bonn 2004 (zitiert: Bearbeiter in: Wannemacher, Steuerstrafrecht, Rn.)

Wassermeyer, Franz — Sind Verrechnungspreise justitiabel? in: Schaumburg, Harald (Hrsg.): Internationale Verrechnungspreise zwischen Kapitalgesellschaften, Köln 1994, Forum der Internationalen Besteuerung, Bd.6, S. 123-135 (zitiert: Wassermeyer in: Schaumburg, Internationale Verrechnungspreise, S.)

Mehrere Fremdvergleichsmaßstäbe im Steuerrecht? StBJb 1998/99, 157-172

Anm. zu BFH, Urteil v. 29.11.2000, I R 85/99, IStR 2001, 319-320

Verdeckte Gewinnausschüttung: Veranlassung, Fremdvergleich und Beweisrisikoverteilung, DB 2001, 2465-2469

Aktuelle Rechtsprechung des I. Senats des BFH – Inhalt und Auwirkungen –, Wpg 2002, 10-16

Dokumentationspflichten bei internationalen Verrechnungspreisen – Zum zweiten Entwurf einer Verordnung zu § 90 Abs. 3 AO, DB 2003, 1535-1540

Wassermeyer, Franz/Wagner, Jürgen — Zur Sachverhaltsaufklärung nach dem Außensteuergesetz, RIW/AWD 1975, 406-409

Weber, Sebastian — Die Mitwirkungspflichten nach der Abgabenordnung und die Verantwortung des Steuerpflichtigen für die Sachaufklärung, 1992 (zugl. Münster, Diss., 1991) (zitiert: Weber, Mitwirkungspflichten nach der Abgabenordnung, S.)

Weber-Grellet, Heinrich — In dubio pro quo? StuW 1981, 48-60

Weber/Stoffels/Kleindienst — Internationale Verrechnungspreise im Konzern, Vallendar 2004 (zitiert: Weber/Stoffels/ Kleindienst, Verrechnungspreise, S.)

Wedelstädt, Alexander von — Rechtsschutz bei Schätzungsveranlagungen, AO-StB 2002, 275-280

Sammelauskunftsersuchen – Zulässigkeit, Auswertung der Auskunft, Rechtsschutz, DB 2004, 948-951

Auskunfts- und Vorlageverweigerungsrechte im Besteuerungsverfahren, AO-StB 2005, 13-17

Weigell, Jörg — Dokumentationspflichten bei der Ermittlung von Verrechnungspreisen: Einzug des Steuerstrafrechts in das internationale Steuerrecht! IStR 2005, 162-164

Wehnert, Oliver/Selzer, Dagmar — Verrechnungspreise – Grenzen der Mitwirkungspflicht nach § 90 Abs. 2 AO, DB 2005, 1295-1299

Wehnert, Oliver/Stalberg, Peter — Grundsatzentscheidung des BFH zur Bestimmung von Verrechnungspreisen im internationalen Konzern, IStR 2002, 141-144

Anmerkungen zum BMF-Schreiben vom 26.2.2004 zur Anwendung des BFH-Urteils vom 17.10.2001 (I R 103/01), IStR 2004, 466-468

Wehnert/Brüninghaus/Marx u.a. — Dokumentation von Verrechnungspreislisten: Ausgewählte Aspekte der Verwaltungsgrundsätze – Verfahren, IStR 2005, 714-720, 749-756 (zitiert: Wehnert/Brüninghaus/Marx IStR 2005, S.)

Weilbach, Erich A. — Amtliche Gliederung der Überschussrechnung nach § 4 Abs. 3 EStG ohne Rechtsgrundlage, DB 2005, 578-580

Weiß, Gerhard — Das an den Steuerpflichtigen gerichtete Verlangen auf Vorlage vorhandener Rechtsgutachten, StBp 2004, 220-228

Duplik zu Bauer/Taetzner in StBp 2005, 39, StBp 2005, 42-45

Wellens, Ludger — Dokumentation von Verrechnungspreisen, IStR 2004, 655-660

Wendel, Dirk — Vereinfachte Einkunftsabgrenzung bei Geschäftsbeziehungen zwischen nahe stehenden Personen, IStR 2004, 122-125

Wenzig, Herbert — Die Mitwirkungspflicht des Steuerpflichtigen und ihre Grenzen, DStZ 1986, 375-382

Der Augenschein, StBp 1991, 149-150

Außenprüfung, Betriebsprüfung, 9. Auflage, Achim 2004 (zitiert: Wenzig, Außenprüfung, S.)

Werra, Matthias — Der 1995-OECD-Bericht zu den Verrechnungspreisen, IStR 1995, 457-464, 511-516

Zweifelsfragen bei der Dokumentation von Verrechnungspreisen – zum Entwurf der Verwaltungsgrundsätze – Verfahren zur Einkunftsabgrenzung zwischen verbundenen Unternehmen, IStR 2005, 19-23

Westerhoff, Wilhelm — Unklare Rechtsgestaltungen in ihrer Bedeutung für das Steuerrecht, Düsseldorf 1959 (zitiert: Westerhoff, Unklare Rechtsgestaltungen, S.)

Wiese, Götz Tobias/Klass, Tobias — „Steuervergünstigungsaubbaugesetz in der Unternehmenspraxis“, GmbHR 2003, 557-563

Wiethölter, Jürgen — Anforderung von Privatkonten, StBp 2001, 330-332

Wilke, Kay-Michael — Inhalt und Umfang der Mitwirkungspflichten bei Auslandssachverhalten, IWB v. 26.10.1992, Fach 3, Gruppe 1, 1335-1338

Wittmann, Rolf — Mitwirkungspflicht und Aufklärungspflicht in der AO – Reduktion der Mitwirkungspflicht durch finanzbehördliches Verhalten, StuW 1987, 35-50

Woerner, Lothar — Verdeckte Gewinnausschüttungen, verdeckte Einlagen und § 1 des Außensteuergesetzes, BB 1983, 845-851

Wöhrle/Schelle/Gross — Außensteuergesetz, Stuttgart, Losebl.-Ausg., Stand: 24. Ergänzungslieferung (Januar 2005) (zitiert: Wöhrle/Schelle/Gross § ... AStG Rn.)

Wolff, Heinrich Amadeus — Selbstbelastung und Verfahrenstrennung – Das Verbot des Zwangs zur aktiven Mitwirkung am eigenen Strafverfahren und seine Ausstrahlungswirkung auf die gesetzlichen Mitwirkungspflichten des Verwaltungsrechts, Berlin 1997 (zugl. Speyer, Diss., 1995/96) (zitiert: Wolff, Selbstbelastung, S.)

Wulf, Martin/Derlien, Ulrich — Verrechnungspreisrichtlinie – ein Ausweg aus den Dokumentationspflichten zum 1.1.2003? StB 2004, 140-147

Zatloukal, Tomáš — Die rechtliche Bedeutung der OECD-Verrechnungspreisrichtlinien, in: Schuch, Josef/Zehetner, Ulf (Hrsg.), Verrechnungspreisgestaltung im Internationalen Steuerrecht, Wien 2001, S. 93-106 (zitiert: Zatloukal, OECD-Verrechnungspreisrichtlinien, S.)

Zapf, Hellmut — Beweislast und Beweisführungslast im Steuerprozess, 1976 (zugl. Würzburg, Diss., 1979) (zitiert: Zapf, Beweislast und Beweisführungslast im Steuerprozess, S.)

Zöller, Richard — Zivilprozessordnung, 25. Auflage, Köln 2005 (zitiert: Bearbeiter in: Zöller § ... Rn.)

Zweifel, Martin — Die Sachverhaltsermittlung im Steuerveranlagungsverfahren, Unter besonderer Berücksichtigung der Mitwirkung des Steuerpflichtigen und der Ermessensveranlagung bei der direkten Bundessteuer und der zürcherischen Einkommens- und Vermögenssteuer bzw. Ertrags- und Kapitalsteuer, Zürich 1989 (zitiert: Zweifel, Sachverhaltsermittlung, S.)

Internetquellen

- Deutscher Anwaltverein, Stellungnahme Nr. 8 2005 (Januar), Strafrechtsausschuss, URL: http://www.anwaltverein.de/03/05/2005/08-05.pdf (Abrufdatum: 30.6.2005)

- Europäische Kommission, Studie über die Unternehmensbesteuerung im Binnmarkt vom 23.10.2001, SEK (2001) 1681, URL: http://europa.eu.int/comm/taxation_customs/resources/documents/company_tax_study_de.pdf (Abrufdatum 30.6.2005)

- Europäische Kommission, Mitteilung, Ein Binnenmarkt ohne steuerliche Hindernisse, Strategie zur Schaffung einer konsolidierten Körperschaftsteuer-Bemessungsgrundlage für die grenzüberschreitende Unternehmenstätigkeit in der EU, KOM (2001) 582 endg., URL: http://europa.eu.int/eur-lex/lex/LexUriServ/site/de/com/2001/com2001_0582de01.pdf (Abrufdatum: 30.6.2005)

- Europäische Kommission, Mitteilung, Vorschlag eines Verhaltenskodexes zur effektiven Durchführung des Schiedsübereinkommens (90/436/EWG vom 23. Juli 1990) vom 23. April 2004, KOM (2004) 297 endg., URL: http://europa.eu.int/eur-lex/lex/LexUriServ/site/de/com/2004/com2004_0297de01.pdf (Abrufdatum: 30.6.2005)
  bzw. Annahme durch den Rat der Europäischen Union, Vermerk vom 31.3.2005, URL: http://register.consilium.eu.int/pdf/de/04/st12/st12695-re02.de04.pdf (Abrufdatum: 30.6.2005)

- EU Joint Transfer Pricing Forum, Draft Revised Secretariat Discussion Paper on Documentation Requirements v. 31.8.2004, DOC: JTPF/019/REV3/2003/EN (marked version), URL: http://europa.eu.int/comm/taxation_customs/resources/documents/forum9/Documentation_Discussion_Paper.pdf (Abrufdatum: 30.6.2005)

- Europäische Kommission, European Tax Survey vom 10.9.2004, SEC (2004) 1128/2 URL: http://europa.eu.int/yourvoice/ebtp/latestnews/files/Full_report-SEC(2004)1128.2_10.09.2004_1.pdf (Abrufdatum: 30.6.2005)

- Europäische Kommission, Commission Staff Working Document, Report on the Activities of the EU Joint Transfer Pricing Forum in the Field of Documentation Requirements, Report prepared by the EU Joint Transfer Pricing Forum vom 7.11.2005, SEC (2005) 543 final
URL:http://europa.eu.int/eur-lex/lex/LexUriServ/site/de/com/2005/com2005_0543de01.pdf (Abrufdatum 5.3.2006)

- Europäische Kommission, Vorschlag für einen Verhaltenskodex zur Verrechnungspreisdokumentation für verbundene Unternehmen in der EU vom 7.11.2005, KOM (2005) 543 endgültig
(URL:
http://europa.eu.int/comm/taxation_customs/resources/documents/taxation/company_tax/transfer_pricing/forum/MEMO-05-414-de.pdf (Abrufdatum 5.3.2006)

- OECD v. 2.8.2004, Discussion Draft on the Attribution of Profits to Permanent Establishment – Part I (General Considerations),
URL: http://www.oecd.org/dataoecd/22/51/33637685.pdf (Abrufdatum: 30.6.2005)

- PriceWaterhouseCoopers/Universität Göttingen, Dokumentation der Angemessenheit von Verrechnungspreisen, Eine empirische Untersuchung zum Einsatz von Unternehmensdatenbanken, Januar 2005 (zitiert: PwC, Angemessenheit von Verrechnungspreisen, S.),
URL:
http://www.pwc.com/de/ger/ins-sol/publ/angemessenheit_verechnungspreise.pdf (Abrufdatum: 30.6.2005)

Trierer Studien zum Internationalen Steuerrecht

Herausgegeben von Gabriele Burmester

Band 1 Steffen Alexander Lindenthal: Mitwirkungspflichten des Steuerpflichtigen und Folgen ihrer Verletzung. Unter besonderer Berücksichtigung der Dokumentationspflichten bei Verrechnungspreisen. 2006.